D1722176

Sigfried Schibli (Hrsg.)

Musikstadt Basel

Sigfried Schibli (Hrsg.)

Musikstadt Basel. Das Basler Musikleben im 20. Jahrhundert.

Mit Beiträgen von Bernhard Batschelet, Theo Mäusli, Regula Rapp, Martin Schäfer, Sigfried Schibli und Klaus Schweizer

Buchverlag der Basler Zeitung

Die Herausgabe dieses Buches wurde ermöglicht durch finanzielle Beiträge des Lotteriefonds des Kantons Basel-Stadt, der Kulturstiftung Pro Helvetia, Zürich, und der SUISA-Stiftung für Musik, Neuchâtel.

© 1999 Buchverlag der Basler Zeitung, Basel
Alle Rechte vorbehalten
Gestaltung Umschlag: George Valenta, Ziefen
Dirigenten-Hände unter Verwendung zweier Fotografien
von André Muelhaupt und Mathias Leemann
Gestaltung Inhalt: Max Thalmann, Basel
Lithos, Satz, Druck: Basler Zeitung, Basel
ISBN 3-85815-348-6

Inhalt

Vorwort, Einleitung 10, 11
1. Basel oder die Region? 11
2. Mythos «Musikstadt» 12
3. Bestandsaufnahme in Zahlen 13

Kapitel 1. Das Musikleben der sogenannten E-Musik
Über Dirigenten, Orchester, Strukturen und das Unstrukturierte:
Eine erste Annäherung 17
1. Hermann Suter und die Allgemeine Musikgesellschaft 18
2. Über Orchesterstrukturen 20
3. Die Abspaltung der Kammermusik und der Neuen Musik ... 22
4. Felix Weingartner – ein Stardirigent in Basel 25
5. Von Hans Münch bis zu Mario Venzago 26
6. Das Orchester – die Orchester 30
7. Kulturfaktor Radio 33

Kapitel 2. Eine Ruhmeshalle für die Musik
Das Basler Stadt-Casino und sein Musiksaal 37
1. Ein klassisches architektonisches Werk 38
2. «Ohne weitere Absicht ...» 40
3. «Dem Verkehr ist nun geholfen» 40
4. Grosse Solisten in Basel 44

Kapitel 3. Ein Haus und seine Wandlungen
Musiktheater und Tanz im Basler Stadttheater 49
1. Rang- oder Amphitheater? 50
2. Vom Steinenberg an die Theaterstrasse 51
3. Die Sprache der Spielpläne 54
4. Ballettstadt Basel 57
5. Funktionen, Träger und Finanzen 59
6. Macht und Ohnmacht der Direktoren 62
7. Musiktheater ausserhalb des Stadttheaters 64

Kapitel 4. Rund um die «Vox humana»
Chöre und Orgeln der Stadt 67
1. Private Gesangszirkel 68
2. Die grossen Traditionschöre 69
3. Orgeln und Organisten 73

Kapitel 5. Basler Festspiele
Zum Beispiel die Gedenkfeiern 1901, 1944 und das geplante
Festspiel 1998 77
1. Eine umstrittene Gattung 78
2. Die Basler Bundesfeier 1901 79
3. «St. Jakob an der Birs» 83
4. Ein Festspiel zur Helvetik-Feier 1998 85

Kapitel 6. Die Musik der Basler Fasnacht
Das Basler Trommeln und Pfeifen im 20. Jahrhundert 91
1. Das Eigene und das Fremde 92
2. Die Entwicklung des Basler Trommelstils 92
3. Die neueren klassischen Pfeifermärsche 95
4. Die Konsolidierung des Basler Trommelstils 95
5. Wie erneuert sich unsere Volksmusik? 96
5. Das «Museumskonzärtli» – Pionierarbeit in der Fasnachtsmusik 98
6. Avantgarde, Neuerungen, Perspektiven 99

Kapitel 7. Volksmusik jenseits der Fasnacht
Traditionelle Musik unter städtischen Bedingungen 101
1. Was ist überhaupt Volksmusik? 102
2. Die Welt der Blasmusiken 105
3. Ein Archiv für das Volkslied 108

Kapitel 8. Basel swingt
Jazzleben in Basel 111
1. Zur Methode 112
2. Jazz ist nicht gleich Jazz 112
3. Die Musiker 114
4. Wo und wie hörte man in Basel Jazz? 119
5. Jazzinstitutionen 122

Kapitel 9. Basel, wie es rockt und rollt
Vier Jahrzehnte Rock und Pop in Basel 125
1. What Is This Thing Called Rock? 126
2. Nichts Neues unter der Sonne? 127
3. Roll Over, Beethoven! 128
4. Basel Underground 129
5. «Basilea on the Rocks» 131
6. «Basel, dä Räp isch für di!» 132
7. Über die «Rock-Förderung» zur «B-Scene» 133

Kapitel 10. Die Renaissance der alten Musik
Basels Rolle im Prozess der Wiederfindung der Tradition 137
1. Die Vorgeschichte der Schola Cantorum Basiliensis 138
2. Zur Cembalofrage 138
3. Die Gründung der Schola Cantorum Basiliensis 140
4. Arbeitsgemeinschaft, Konzertgruppe, Kirchen- und Hausmusik 142
5. Alte Instrumente und Freunde alter Musik 144
6. Im Spannungsfeld von Spezialisierung und Improvisation 149
7. Die heutige Perspektive 152

Kapitel 11. Exiljahre in Basel
Der Musikerkreis um Adolf Busch 155
1. Busch, der Solist und Lehrer 156
2. Yehudi Menuhin, der Meisterschüler 161
3. Rudolf Serkin, Begleiter und Schwiegersohn 164

Kapitel 12. Musik und Emanzipation
Musikausbildung, Schulmusik und gewerkschaftliche Bildungsarbeit ... 169
1. Die Idee einer allgemeinen Musikschule 170
2. Das Wirken Hans Hubers 172
3. Von der Schule zur Akademie 175
4. Eine Institution – drei Abteilungen 176
5. Musik in der Schule: Vom Singen zur Musik 179
6. Die Methode Jaques-Dalcroze 179
7. Grundkurse und Reformen 183
8. Musik in der Arbeiterbewegung: Volkskonzerte 183
9. Konzerte für die Jugend 184

Kapitel 13. Feiern und feiern lassen
Musikfeste und Festivals der E-Musik in Basel 187
1. Vielfalt der Anlässe, der Themen 188
2. Richard Strauss und Gustav Mahler in Basel 190
3. Das IGNM-Weltmusikfest 192

Kapitel 14. Eine Schlüsselfigur der musikalischen Moderne
Paul Sacher, seine Persönlichkeit, sein Wirken, sein Vermächtnis 197
1. Dirigent, Anreger, Mäzen 198
2. Im Bann der musikalischen Jugendbewegung 200
3. Eine Art Künstlerkreis 202
4. Eine Stiftung für die Zukunft 202
5. Weisse Flecken auf der Landkarte 204
6. Macht und Mythos 205

Kapitel 15. Musica nova made in Basel
Komponisten von Hans Huber bis zu Heinz Holliger und jüngeren 209
1. Bericht eines Ethnologen 210
2. In der Tradition verwurzelt 210
3. Bewahrer, Einzelgänger 212
4. Komponierend Zeugnis ablegen 216
5. Ferne Klänge, Tonscherben 220
6. Unterwegs auf vielerlei Wegen 223
7. Ausblick 225

Kapitel 16. Musik im Museum, Musik aus dem Museum
Sammeln, Zeigen, Staunen machen 227
1. Von der Instrumentensammlung zum Musikmuseum 228
2. Konzeptionelle Fragen 231
3. Die grossen Ausstellungen im Kunstmuseum 233
4. Die aussereuropäische Volksmusik in Basel 235

Die Autoren 238
Die Abbildungen 239
Literatur 241
Personenverzeichnis 245

Kapitel 6 verfasste Bernhard A. Batschelet, Kapitel 8 Theo Mäusli, Kapitel 9 Martin Schäfer, Kapitel 10 Regula Rapp, Kapitel 13 und 15 Klaus Schweizer. Die Kapitel 1, 2, 3, 4, 5, 7, 11, 12, 14, 16 stammen vom Herausgeber.

Vorwort

Dieses Buch hätte ohne die freundliche Informationsbereitschaft einer grossen Anzahl von Personen nicht geschrieben werden können. Ihnen allen hier namentlich danken zu wollen, wäre ein verzweifeltes Unterfangen. Namentlich danken aber darf der Herausgeber dem Lotteriefonds des Kantons Basel-Stadt, der Schweizer Kulturstiftung Pro Helvetia und der SUISA-Stiftung für Musik für ihre Unterstützungsbeiträge. Dank gebührt auch dem Buchverlag der Basler Zeitung für seine Risikobereitschaft und die sorgfältige Betreuung des Projekts, dem Staatsarchiv und der Universitätsbibliothek Basel für freundliche Hilfeleistung. Nicht zuletzt sei der Redaktion der Basler Zeitung gedankt, die es ihrem Musikredaktor erlaubt hat, nicht wenige Stunden Arbeitszeit in ein so zeitungsfernes Unternehmen wie die Herausgabe dieses Buches zu investieren.

Basel, im August 1999   Sigfried Schibli

Einleitung

Basel oder die Region?

Unmittelbare Anregung zu dieser Publikation ist eine andere: Wilhelm Merians 1920 erschienenes «Basler Musikleben im XIX. Jahrhundert». Merians gleichermassen von chronistenhafter Präzision wie von Erlebnisfähigkeit geprägte Studie sollte in der vorliegenden ihre natürliche Fortsetzung finden. Wobei die Tatsache, dass die Autorschaft jetzt auf mehrere Federn verteilt ist, dem Umstand Rechnung trägt, dass sich auch unser Begriff von «Musikleben» erweitert hat.

Merian (1889–1952) war von 1920 bis 1951 Musikredaktor der «Basler Nachrichten» und lehrte seit 1921 Musikwissenschaft an der Universität; er verkörperte die ideale Verbindung von musikwissenschaftlichem Forschergeist und journalistischem Pragmatismus. Sein Buch gliederte er in vier grosse Kapitel, die jeweils zwischen etwa zwanzig und vierzig Jahre umfassen. Dabei konnte eines dieser Kapitel noch «Die Ära Reiter 1839–1875» (bezogen auf den Dirigenten und Komponisten Ernst Reiter) überschrieben sein, was heute undenkbar wäre: Nicht nur hat sich die Verweildauer der prägenden Dirigenten in Basel erheblich verringert, auch ihre Prägekraft auf «das» Musikleben ist heute schwächer. Die Leserin, der Leser wird hier ein anderes, thematisches Strukturierungsprinzip vorfinden. Es nimmt Rücksicht auf die gewachsene Vielfalt (oder negativ ausgedrückt auf den verloren gegangenen «Kern») des städtischen Musiklebens, das sich mehr denn je in zahlreiche «Szenen» zersplittert darbietet.

Dass die Beschränkung auf die Stadt Basel im Zeitalter des Regionalismus, der bequemen Reisemöglichkeiten und der zunehmenden Vernetzung der Städte und Regionen provozieren (oder als «alter Zopf» erscheinen) könnte, weiss der Herausgeber. Er hat sich gleichwohl für das städtische Basler Musikleben als Gegenstand entschieden, weil es bisher fast immer das Zentrum Basel war, das in die Peripherie wirkte; weil die bedeutenden Schulen, Konzertinstitutionen und Räume nach wie vor fast ausnahmslos im städtischen Raum angesiedelt sind und von dort ihre Anziehungskraft auf die Umgebung im In- und Ausland ausüben; und weil – wie Wilhelm Merian schon 1937 gültig formulierte – Basel auch in musikalischer Hinsicht durchaus «Brennpunkt seiner Umgebung und alles dessen, was ‹Basel, Stadt und Land› heisst», ist.[1]

Die Einteilung der Geschichte in Jahrhunderte sollte nicht zu einem einseitig buchhalterischen Verständnis des geschichtlichen Prozesses führen. Wilhelm Merian schrieb bewusst über die «magische» Jahrhundert-Schwelle hinaus, indem er als letzten Teil ein Kapitel «Übergang und neueste Zeit 1900–1918» anschloss. Solches ist hier nicht möglich. Trotz seiner sympathischen Abneigung gegen die Suggestivkraft der runden Zahlen konnte Merian feststellen, dass der chronologische Sprung vom 19. zum 20. Jahrhundert mit einer «gewissen Änderung im musikalischen Kurs und zugleich einem Wechsel in den führenden Persönlichkeiten» zusammenfiel.[2] Autoren und Herausgeber nehmen diese Tatsache zum Anlass, sich grundsätzlich an den runden Zahlen 1900 und 2000 als chronologischen Eckpunkten zu orientieren – natürlich nicht, ohne gelegentlich in das Säkulum, das viele «Errungenschaften des 20. Jahrhunderts» vorbereitete, zurückzublicken.

Mythos «Musikstadt»

Fast jeder Mensch hört gerne Musik, und viele Leute musizieren selbst – seien es Laien, seien es Professionelle. Und wenn das Wort von der «Musikstadt» Basel mehr als eine Phrase ist, dann meint es wohl, dass beide Bereiche – professionell-institutionelles und dilettantisch-unorganisiertes Musizieren – hier gleichermassen bedeutsam und entwickelt, dass sie im Gleichgewicht seien; dass die Musik, die hier gemacht wird, auch ein waches und verständiges Publikum findet. Basel ist seit vielen Jahrzehnten eine Stadt der Orchester, der Kammermusik, der Chöre und der Fasnachtscliquen, die fast jeden Basler zum Musiker machen. Auch eine Stadt der Oper, wenngleich keine Metropole des Musiktheaters. Als der Kanton Basel-Stadt 1992/93 daran ging, seine Theatersubventionen um fast ein Viertel zu kürzen, dachte niemand ernstlich daran, den Opernbetrieb zu beschneiden. Ballett und Schauspiel bluteten – selbstverständlich?

Der Mythos «Musikstadt Basel» ist hier zum Greifen nah – das Bild einer Stadt, welcher unter allen Künsten die Musik am meisten bedeutet. Fraglos eine Formulierung, die man leicht verdächtigen könnte, sie übersehe die starke Präsenz der bildenden Kunst, setze die Bedeutung des Sprechtheaters und der Literatur herab, habe gleichsam Scheuklappen. Und eine Formulierung, die leicht zu ideologischer Verfälschung verleitet; als gäbe es nicht in Basel eine starke Industrie und einen Handel, die erst die «harten Voraussetzungen» eines blühenden Kunstbetriebs bereitstellen ...

Mythen haben selten personifizierbare Urheber; doch wird in Bezug auf das Thema «Basel als Musikstadt» 1931 vom damaligen Musikkritiker der National-Zeitung, Otto Maag, ausdrücklich der Pianist und Dirigent Hans von Bülow zitiert, der tatsächlich in einem seiner Briefe Basel die «kunstsinnigste Stadt der Schweiz» genannt hat – wohingegen er Bern als «die wenigst avancirte Musikstadt der Republik» bezeichnete, weil dort «die Leute exclusiv Politik treiben». Schon 1881 warf die fortschrittliche Zeitung «Der Volksfreund» dem Publikum in Basel, dem «musikalischen Vorort der Schweiz», vor, es habe «viel Wärme für die Musik», aber «Kälte für das Theater». Ernst Jenny meinte im ausgehenden 19. Jahrhundert mit Blick auf das Basler Theaterpublikum: «Unsere musikalische Kultur ist bedeutend grösser als unsere literarische.» Und der populäre Basler Lokaldichter Fridolin alias Robert B. Christ hat das baslerische Verhältnis zur Musik genauer charakterisiert und es mit der «pietistischen» Tradition in Verbindung gebracht. Ihr gelten allein Kammermusik, Münsterkonzerte und Sinfoniekonzerte als «anständige» Musik, im Gegensatz zum Musiktheater. Dieser Antagonismus mag heute überholt erscheinen; geblieben ist aber eine von Fridolin mit leiser Ironie beschriebene Zurückhaltung des Publikums den interpretatorischen Leistungen gegenüber[3]:

> **Nichts wäre wohl aufschlussreicher als Tonbandaufnahmen, heimlich unter dem Publikum eingefangen, welches die Konzerte verlässt, wenn der seltsam unbaslerisch lebhafte Beifall verklungen ist. Des Baslers Wesensart verleugnet sich auch hier nicht. Selten wird er in Worte fassen, was er beim Anhören «seines» Bachs, Haydns, Mozarts oder Beethovens wirklich zutiefst empfunden hat. Überschwängliche oder wortreiche Äusserungen gar – oh, nein! Das tut «man» nicht. Höchstes Lob, Ausdruck wahrer Begeisterung ist es, wenn sich der Basler dazu versteigt zu sagen: «'s isch aaständig gsi.» Alles andere trägt er in seinem durchaus nicht unempfänglichen Herzen still mit sich nach Hause und freut sich wie ein Kind auf das nächste Mal.**

Bestandsaufnahme in Zahlen

Dieses Buch will eine Bestandsaufnahme leisten – und es will gelesen werden. Die Menschen, die Musik machen und Musik hören, sollen sich darin wiedererkennen können wie in einem Spiegel, der mehr zeigt als die Oberfläche. «Musik» ist hier nicht auf sogenannte autonome Kunst, auf die klassische oder ernste Musik eingeschränkt, die man einst die «höhere» nannte, sondern wird sozialgeschichtlich breiter aufgefasst, umfasst auch Popmusik, Jazz und Volksmusik; darin liegt ein Hauptunterschied zu der noch im Bildungsbürgerlichen und in der «Opusmusik» befangenen Studie von Wilhelm Merian.

Eine Bestandsaufnahme – und mehr. Eine Neuauflage der in ihrer enzyklopädischen Vollständigkeit verdienstvollen Broschüre «Musikleben in Basel», die Christiane Muschter 1982 vorgelegt hat, kann und soll durch das vorliegende Werk nicht geleistet werden. Man wird darin kaum «objektive» Tabellen, keine Adressenverzeichnisse und Mitgliederlisten finden. Die offiziellen oder offiziösen Selbstdarstellungen der Institutionen finden darin wenig Raum. Dagegen bemüht sich das Autorenteam um ein eigenes, unabhängiges Verständnis der Vorgänge, das allein Geschichtsschreibung zu rechtfertigen scheint. Man kann nicht in einem Schema darstellen, wie der Jazz nach Basel gekommen ist oder worin die Besonderheit der Orchesterstrukturen liegt. Themen wie diese verlangen eine Reflexion, welche die Fakten in einen Zusammenhang bringt. Nüchtern interpretierende Beobachtung anstelle von lokalpatriotischer Nabelschau und betriebsblinder Innenperspektive.

Geschichtsschreibung, lernten wir einst, soll sich des Wertens enthalten und beschreibend vorgehen. Versucht man, die künstlerische Entwicklung einer Stadt in Worte zu fassen, so wird man sich freilich schwerlich des Eindrucks enthalten können, es habe Höhen und Tiefen gegeben. Auch im Basler Musikleben gab es Wellenbewegungen, die man ohne falschen Modernismus, aber auch ohne Hang zur «Laudatio temporis acti», zur Verklärung des Vergangenen, benennen kann. Fraglos ist Basel heute eine wichtige Stätte der Popkultur und des Jazz. Und ebenso fraglos besitzt die Avantgarde der E-Musik hier ein Publikum und institutionelle Heimstätten. Wie aber steht es mit der sogenannten bürgerlichen Musikkultur, die lange Zeit als das Rückgrat der Kultur schlechthin betrachtet worden ist? Das Kommen und Gehen der jeweils massgebenden Dirigenten, die Basel im Nebenamt jeweils «mitnehmen», stimmt nachdenklich. Dies ist nicht mehr der Ort, der – wie zu Zeiten eines Felix Weingartner – international renommierte Dirigenten oder Musiker wie Adolf Busch und Rudolf Serkin anzieht, bindet und hält. Eher schon ein Umschlagplatz auf dem internationalen Interpreten-Markt, einem Zweig der musikalischen Künste also, der eng mit dem schnellen Gelderwerb verflochten ist.

Der wachsenden Schnellebigkeit und dem Verlust einer musikkulturellen «Mitte» steht eine beachtliche Steigerung der musikalischen Ereignisdichte gegenüber. Sie entspricht zum Teil dem seit der Mitte des 20. Jahrhunderts zunehmend erweiterten Kulturbegriff, der mit dem Aufkommen von Schlager und Popmusik und dem wachsenden Interesse an der aussereuropäischen Musik neue Schauplätze erobert und neue Existenzformen von Musik hervorgebracht hat. Sicherlich sind auch der im allgemeinen gestiegene Wohlstand und die länger gewordene Freizeit für das Anwachsen von Musikangeboten mitverantwortlich.

Quantifizierungen von Kulturleistungen sind gewiss fragwürdig; aber eine Ahnung können sie schon vermitteln von der Physiognomie der Musikkultur. Es mag deshalb aufschlussreich sein, einmal den Versuch zu unternehmen, das musikalische Leben der Stadt Basel in Zahlenverhältnissen darzustellen. Als Stichdaten wurden dafür die traditionell konzertreichen Novembermonate der Jahre 1900, 1950 und 1996 gewählt. Quellen sind die Tageszeitungen von Basel und ihre Inseraterubriken sowie Veranstaltungshinweise. Die Einwohnerzahl des Kantons Basel-Stadt betrug im Jahr 1900 rund 112 000, 1950 196 000 und 1996 rund 198 000 Personen.[4]

1. Der November 1900, ein laut «National-Zeitung» vom 23.11.1900 einige Wochen vor dem Übergang in ein neues Jahrhundert liegender Zeitraum (!), war in Basel reich an Konzerten eines Genres, das es heute kaum noch gibt: Wir zählen nicht weniger als 85 Anlässe, die als «humoristische Konzerte» mit Nähe zum Variété oder zum französischen «Café-Concert» beziehungsweise zum deutschen «Tingeltangel» zu bezeich-

nen wären. Es sind Darbietungen, in denen sich Gesang und Instrumentalspiel aus dem volkstümlichen Bereich mit Jongleur- und Akrobatennummern abwechselten und die meist im «Küchlin», im «Cardinal-Theater» oder in Bierhallen und «Beizen» stattfanden. Ihnen verwandt sind Konzerte der Jodelvereinigungen. Verhältnismässig zahlreich waren Aufführungen von Militärkapellen und anderen Harmoniemusiken (22), aber auch Salonorchester- und Streicherkonzerte (17). Produktionen der (meist gemischten) Chöre schlagen mit 16 zu Buche. Orgelkonzerte, Liederabende und Kammermusikabende waren vergleichsweise selten, ebenso reine Klavierabende (zwischen 2 und 6 Termine). Sinfonische Orchesterkonzerte gab es in jenem Monat nur gerade vier. Opern (11) und Operetten (8) standen regelmässig, aber nicht täglich auf dem Theaterspielplan; ein ständiges Ballett gab es noch nicht. Im ganzen zählen wir für November 1900 rund 190 musikalische Anlässe, wobei die Abgrenzung zwischen «Konzert» im modernen rein musikalischen Sinne und «Konzert» im Sinne von Unterhaltungsprogramm oder «Show» sicherlich schwierig ist. Unterscheidet man grob zwischen «U»- und «E»-Musik (wobei wir die Grenze zwischen Operette und Oper verlaufen lassen), so resultiert ein Verhältnis von annähernd 3:1 zugunsten des leichteren Genres (ca. 140:50 Anlässe). Die Presse sprach von einer «Unzahl von Konzerten, die uns dieses Jahr die Saison bringt», gar von einer «wahren Konzertflut» («National-Zeitung» vom 3. bzw. vom 20. November 1900) und wies öfter auf mangelhaften Besuch vieler Anlässe hin.

2. Fünfzig Jahre später, im November 1950, ist das Musikaufkommen nur leicht höher; insgesamt gab es 208 musikalische Anlässe. Wiederum fallen zahlenmässig die Variété-Programme (jetzt im «Clara», «Singerhaus» oder «Touring») mit rund 125 Anlässen am meisten ins Gewicht. Daneben beobachten wir auf der Seite der leichteren Musik 24 Operettenabende, ein «Neger-Ballett» mit Musikbegleitung und ein einziges Jazzkonzert (von Sidney Bechet). Diesen gut 150 Terminen stehen ungefähr 50 aus dem E-Musik-Bereich gegenüber. Zahlenmässig führend sind wiederum Chorkonzerte (11), gefolgt von Sinfonie- und Kammermusikprogrammen (je 10) und Klavierabenden (6); Konzerte mit alter und solche mit zeitgenössischer Musik sowie Orgelkonzerte fallen weniger ins Gewicht. Als Kuriosum ist ein Konzert mit Schallplattendarbietungen zu registrieren.

3. Im November 1996 haben sich die statistischen Proportionen radikal zugunsten der neuen angelsächsischen Popularmusik verschoben; wobei sich U-Musik und E-Musik wiederum nach dem groben Verhältnis von 3:1 ergänzen. Wir zählen jetzt 145 Popkonzerte und 65 Musical-Aufführungen (eine Folge des neu eröffneten Musical-Theaters) sowie 43 Jazzkonzerte. Auffällig ist die Zahl von 28 Konzerten mit folkloristischer Musik grösstenteils nichtschweizerischer Herkunft. 4 Blasorchester-Termine fallen daneben zahlenmässig kaum ins Gewicht. 12 Anlässe boten vermischte Gattungen wie zum Beispiel musikalisches Kabarett. Diesen fast 300 Terminen stehen deutlich weniger Veranstaltungen der sogenannten E-Musik gegenüber: 17 klassische Orchesterkonzerte, 22 Chorkonzerte und 11 Liederabende, 13 Kammermusik-Anlässe, 9 Konzerte mit spezifisch alter und 5 mit zeitgenössischer E-Musik, 8 Orgelkonzerte und 3 Klavierabende. Oper und Ballett bzw. Tanztheater schlagen mit 22 Aufführungen zu Buche; die Operette fehlt vollständig, sie scheint durch das Musical abgelöst worden zu sein. Insgesamt sind 418 öffentliche Konzerte in diesem einen Monat zu verzeichnen, Vereinsanlässe und Vortragsübungen der Musikschule und des Konservatoriums nicht eingerechnet. Das ergibt eine Durchschnittszahl von stattlichen 13,9 Aufführungen pro Tag. Von den rund 135 Millionen Franken, die der Kanton Basel-Stadt 1995 für Kultur aufwendete, kam wohl ein gutes Drittel der Tonkunst in all ihren Ausprägungen zugute.

Sicherlich lassen diese Zahlen keine einfachen Rückschlüsse auf die Hörerzahlen in den einzelnen Sparten zu; viele Jazzveranstaltungen, Kammermusik- und Liederabende mögen im kleinen Rahmen stattgefunden haben, während Sinfoniekonzerte, grosse Chorkonzerte und Opern- oder Tanztheateraufführungen in aller Regel Hundertschaften von Hörern fanden. Mit Gewissheit aber lässt sich feststellen, dass altehrwürdige Darbietungsformen wie der Klavierabend in eine extrem minoritäre Position zurückgefallen sind und dass auch Avantgarde-Anlässe, denen im Bewusstsein der Öffentlichkeit (Basel als «Stadt der modernen Musik») und in der Musikkritik grosse Bedeutung zukommt, eher Randerscheinungen waren. Die kleine Zahl von zwischen E- und U-Musik vermittelnden Musiksparten (etwa Blasorchester-Konzerte) legt die Vermutung nahe, dass der Musikgeschmack der allermeisten Hörerinnen und Hörer entschieden entweder in die Richtung der modernen Unterhaltungsmusik oder aber in die der traditionellen seriösen Musik tendiert. Auch das Verschwinden der früher so beliebten gemischten Programme (etwa mit Chorwerken, Liedern und Kammermusik) lässt auf eine Polarisierung des musikalischen Geschmacks schliessen.

Kontinuität im Wandel – dieses Schlagwort drängt sich angesichts dieser Zahlen auf. In allen drei erfassten Monaten war die Konzertanzahl hoch, und Klagen über die «Konzertflut» gehörten schon vor hundert Jahren zum Repertoire der Musikberichterstatter. Konstant blieb in etwa das Verhältnis von eher unterhaltender und ernster (Konzert-)Musik; es betrug jeweils etwa 3:1. Die bisweilen zu hörende Klage, die Unterhaltungsmusik nehme heute überhand, ist so zumindest für den Konzertbereich nicht haltbar. Gewandelt haben sich die Formen und Stileigentümlichkeiten des Gebotenen. Aber eine musikreiche Stadt ist Basel offenbar schon seit langem – was letzten Endes mit dem protestantisch-reformatorischen Geist der Stadt zusammenhängen mag, dem die abstrakte «Tonkunst», die Sprache der verinnerlichten Leidenschaften, immer schon näher war als die durch das Sprechtheater gebotenen Belustigungen.[5] Ohne die Zahlen zu strapazieren, kann man von einer gewissen Konstanz sprechen, und die Rede von der «Musikstadt Basel» wäre ein fragwürdiger Mythos, verstände man darunter nur die Institutionen und Veranstaltungen der sogenannten E-Musik.

Anmerkungen

[1] Wilhelm Merian: «Basels Musikleben», in: «Basel – Stadt und Land. Ein aktueller Querschnitt», Red. A. Bruckner, Basel 1937, S. 131.

[2] Wilhelm Merian: «Basels Musikleben im XIX. Jahrhundert», Basel 1920, S. 209.

[3] Hans von Bülow: «Briefe», Bd. 7., Leipzig 1908, S. 26; das «Volksfreund»-Zitat aus: Stefan Koslowski «Stadttheater contra Schaubuden. Zur Basler Theatergeschichte des 19. Jahrhunderts», Zürich 1998, S. 106f; das Zitat Ernst Jennys nach: Leo Melitz: «Theatererinnerungen», Basel 1919, S. 40; Fridolin (= Robert B. Christ): «Der Basler», 4. Auflage, Basel 1978, S. 22.

[4] Statistisches Jahrbuch des Kantons Basel-Stadt 1996, Hrsg. vom Statistischen Amt, 75. Jahrgang, Basel 1997, S. 11.

[5] René Teuteberg: «Basler Geschichte», Basel 1986, S. 379.

Mario Venzago, künstlerischer Leiter der Allgemeinen Musikgesellschaft Basel seit 1997
(Foto Kurt Wyss)

Sigfried Schibli

Das Musikleben der sogenannten E-Musik. Über Dirigenten, Orchester, Strukturen und das Unstrukturierte: Eine erste Annäherung.

Hermann Suter und die Allgemeine Musikgesellschaft

Wir haben uns daran gewöhnt, unser Musikleben als ein in vielfältige Kreise und Szenen Zersplittertes wahrzunehmen. Der Name einer Institution erinnert allerdings heute noch daran, wie sehr in früheren Zeiten einmal das Musikinteresse als einend und einigend verstanden wurde: «Allgemeine Musikgesellschaft» (AMG). Entstanden 1876 als Fusionsprodukt von «Capellverein» (gegründet 1855) und «Concertgesellschaft» (1826), unterhielt diese Gesellschaft ein «vollständig stehendes Orchester» (so § 1 der Statuten), um es einerseits für eigene Konzertaufführungen zu benutzen und andererseits an andere Veranstalter zu vermieten. Die finanziellen Ressourcen für ihre Unternehmungen verdankte die AMG einerseits Mitgliederbeiträgen und Konzerteinnahmen, zum andern aber den grosszügigen Legaten und Fonds, die sie hauptsächlich von Angehörigen der alten Basler Familien beziehungsweise von deren Firmen erhielt. Die 1976 erschienene Hundert-Jahr-Festschrift der AMG weist aus, dass gerade um die Jahrhundertwende zahlreiche Stiftungen von alten Basler Familien wie Merian, Fürstenberger, Iselin, Paravicini, Vischer, VonderMühll, Preiswerk, Burckhardt, Sarasin usw. der AMG zugute kamen, aber auch ausserordentlich viele anonyme Spenden – echtes, uneigennütziges Mäzenatentum.[1]

Eine Kommission der AMG wachte in der Anfangszeit nicht nur über die Engagements der Dirigenten, sondern auch über die der Orchestermitglieder und die Konzertprogramme. Bürgerliche Partizipation an der Musikkultur wurde gross geschrieben: Eine Generalversammlung hatte über die personelle Besetzung der Kommission zu befinden und akzeptierte meist deren Vorschläge – und so ist es bis auf den heutigen Tag bei den demokratischen, aber kaum je kontrovers verlaufenden Generalversammlungen der Allgemeinen Musikgesellschaft geblieben.

Ein Blick auf die Zahlen: 1926 zählte die AMG 768 Mitglieder; 1929 erreichte man die Tausender-Schwelle und zur Jahrhundertmitte lag die Mitgliederzahl nur knapp unter 3000. 1995 waren rund 3400 Personen Mitglieder der Allgemeinen Musikgesellschaft. Die durchschnittlichen Mitgliederbeiträge beliefen sich 1926 auf 20 Franken; 1950 war man bei bescheidenen Fr. 8.65 angelangt und 1995 war die Mitgliedschaft mit 40 Franken jährlich immer noch sehr preisgünstig. Der Erwerb eines Abonnements war und ist nicht zwingend mit der Mitgliedschaft verbunden; doch kommen Mitglieder in den Genuss von Preisermässigungen und werden nach dem «Anciennitätsprinzip» bevorzugt behandelt. Zahlreiche, bis heute Zinsgewinn abwerfende zweckgebundene Fonds zugunsten der AMG zeugen davon, wie eng sich die Basler Bürgerschaft mit «ihrer» Konzertinstitution verbunden fühlt.

Erster Dirigent der AMG in diesem Jahrhundert war Alfred Volkland (1841–1905) aus Braunschweig, der die künstlerische Leitung seit 1875/76 innehatte. Er zog in seinen Programmen deutlich die deutsche Romantik allem anderen vor. Als Volkland 1902 aus gesundheitlichen Gründen demissio-

Hermann Suter, Komponist und Dirigent
(Foto Archiv der Basler Zeitung)

nierte, wählte die AMG-Kommision den Dirigenten Hermann Suter (1870–1926) als Nachfolger. Mit dem aus dem Aargau stammenden Suter endete – wie der Amerikaner John Kmetz in seinem Basel-Beitrag in der neuen Enzyklopädie «Musik in Geschichte und Gegenwart» ohne jeden Anflug von Chauvinismus konstatiert – mit Suter also endete vorläufig eine durch Persönlichkeiten deutscher Nationalität geprägte Phase des Musiklebens in Basel. Neben Suter wirkten damals der Solothurner Dirigent Hans Huber und der aus St. Gallen stammende Musikwissenschafts-Professor Karl Nef an führenden Positionen in Basel.

Wilhelm Merian hat es in seiner zweibändigen Monografie unmissverständlich ausgedrückt: Hermann Suter war «der musikalische Führer Basels vom ersten Tag seiner Berufung an. Diese Führerschaft nimmt ihn mit allen seinen Fasern in Anspruch. Sogar der Komponist Suter muss zunächst in den Hintergrund treten vor der Neuheit und der Grösse der Basler Aufgaben».[2] Suter hatte nicht nur die Leitung der Sinfoniekonzerte, sondern seit 1902 auch die des Gesangvereins (für deren Konzerte der Suter-Freund Burkhard Mangold zahlreiche Plakate schuf) und der Liedertafel inne. Als er sich 1918 auch noch die Direktion von Musikschule und Konservatorium aufbürdete, war das Mass der Belastbarkeit offenbar erreicht: Nach nur drei Jahren demissionierte er als Musikschulleiter, 1925 gab er auch die Leitung der beiden Chöre ab, um sich ganz der AMG zu widmen. Doch schon im Juni 1926 starb Suter, erst 56-jährig.

Pionierhaft wirkt von heute aus gesehen Suters Umgang mit der alten Musik. Zur Aufführung von Barockmusik zog er behutsam Instrumente aus der jeweiligen Zeit heran (das Cembalo war allerdings noch nicht geläufig). Mit Suter traten nicht nur die Orchesterkomponisten des Barockzeitalters verstärkt in den Gesichtskreis des Publikums, auch Werke Mozarts wurden häufiger aufs Programm gesetzt sowie die französischen Romantiker und Impressionisten. Bei der Aufführung klassischer Werke scheint er tendenziell die äussere Hülle der Musik, die Tonschönheit, der «Sache» geopfert zu haben. Jedenfalls monierten Kritiker das «zu schnelle» Tempo in Ecksätzen von Beethoven-Sinfonien. Dennoch fand der junge Dirigent rasch die Zustimmung der Presse. «Herr Kapellmeister Suter schreitet mit seinen Scharen von einem Sieg zum andern», schrieb das «Basler Volksblatt» nach der ersten Produktion Suters mit dem Basler Gesangverein, Verdis «Messa da Requiem» im Jahre 1903.

Das Orchestermusikleben zu jener Zeit war vorwiegend der zeitgenössischen Produktion gewidmet. Es mag heute schwer vorstellbar sein, dass damalige Dirigenten, Orchester und Konzertveranstalter eine ihrer Hauptaufgaben darin sahen, das Publikum mit der Musik seiner Zeit bekannt zu machen. Es war keineswegs Ausdruck kunstrevolutionärer Gesinnung, sondern entsprach der Tradition, dass Suter seine Basler Ära mit Liszt, Elgar, Tschaikowsky, Franck, Saint-Saëns, Hausegger, Dvořák, d'Albert, Schillings und vor allem Richard Strauss begann – eher sparsam die Romantiker Schubert und Weber einstreuend. Kaum komponiert, erlebten «Don Juan» und «Heldenleben» in Basel ihre Aufführung. Angesichts der Schwierigkeit dieser Werke erhöhte Suter die Probenzahl des Orchesters von zwei auf drei pro Konzert und führte eine neue Orchesteraufstellung ein, bei welcher die Instrumentengruppen kompakter als bisher formiert wurden. Das Stehen im Orchester schaffte er ebenso ab wie den Beifall zwischen einzelnen Sinfoniesätzen und den bei Solistenauftritten verbreiteten «Zugabenbettel».

Suter vollzog nach, was die Kompositionen vorgegeben hatten: die musikalische Moderne mit ihrem ästhetischen «Vorsprung» gegenüber dem Publikum. Und er verhielt sich wahrhaft konsequent. Als das Publikum einmal nach einer Aufführung von Honeggers «Pacific 231» nicht applaudieren mochte, drehte er sich um und erklärte, zum besseren Verständnis werde das Stück wiederholt (so hatte es auch Hans von Bülow etwa mit Strauss' Tondichtung «Tod und Verklärung» gehalten). Als Höhepunkt dieser Phase der AMG gilt dem AMG-Chronisten Tilmann Seebass die Saison 1925/26, in welcher Werke von Bach, Händel, Mozart und Beethoven neben solchen von Hugo Wolf, Gustav Mahler, Igor Strawinsky (dessen «Feuervogel» hatte Suter schon 1918 in Basel vorgestellt), Heinrich Kaminski, Claude Debussy, Maurice Ravel, Gabriel Fauré, Gian Francesco Malipiero und Béla Bartók erklangen. Suters dirigentische Kompetenz in Sachen zeitgenössischer Musik war allerdings umstritten. Der Komponist Ernst Krenek, dessen Klavierkonzert 1924 von Suter mit Eduard Erdmann am Kla-

Das Musikleben der sogenannten E-Musik

vier in Basel aufgeführt wurde, äusserte sich im Rückblick unzufrieden mit Suter:[3]

> Der gute Mann war völlig verloren, obgleich die Partitur nicht zu dem beunruhigenden Typus «moderner» Musik zählte, sondern eher romantischen Charakter hatte (...). Es war eines der ersten Male, dass ich erlebte, wie ein Dirigent bei dem blossen Gedanken an die sprichwörtlichen Komplikationen moderner Musik in Panik geriet, obwohl alle verfügbaren Anhaltspunkte seine Befürchtungen hätten zerstreuen müssen.

Unbestritten ist indes, dass die AMG unter Suter nicht eine Museumshüterin der anerkannten Kulturwerte war, sondern ein (von heute aus gesehen erstaunlich geschmackssicherer) Spiegel aktueller zeitgenössischer Musiktendenzen. Suter, der mit der Saison 1925/26 sein Wirken bei der AMG beschloss, muss ein origineller, kantiger Charakter gewesen sein, erfüllt von der Idee, aus seiner künstlerischen Kompetenz heraus dem Publikum wertvolle Musik aus allen Epochen zuzumuten. Als Komponist überlebt er zumindest mit dem Franziskus-Oratorium «Le Laudi» bis heute. Übrigens vermerkte Strawinsky in seiner «Chronique de ma vie» ausdrücklich, dass er im November 1925 sein Konzert für Klavier und Bläser «unter dem inzwischen leider verstorbenen Hermann Suter» gespielt hatte.

Um die Jahrhundertwende war im häuslichen Musizieren die Vermischung von «Profis» und «Dilettanten» alles andere als ungewöhnlich. Im Gegenteil, für die musikliebenden Basler Familien – meist Angehörige des Grossbürgertums – war es eine Ehrensache, zu ihren Hausmusikabenden Berufsmusiker und oft sogar regelrechte «Stars» zur aktiven Mitwirkung einzuladen. Und diese wiederum waren sich dafür keineswegs zu schade. So konnte man etwa Hans Huber regelmässig bei den «Kränzchen» der Familie Preiswerk-Braun an der Hammerstrasse am Klavier hören; auch beim Universitätsprofessor und Regierungsrat Paul Speiser-Sarasin an der Langen Gasse spielte Huber in manchem Beethoven-, Schumann-, Schubert-, Mendelssohn- oder Brahms-Abend mit. Huber hielt es darin nicht anders als früher die Pianistin Clara Schumann, der Pianist Hans von Bülow oder der Sänger Julius Stockhausen, die während ihrer Anwesenheit in Basel regelmässig in solchen privaten Kammermusik-Zirkeln mitgewirkt hatten.[4]

Auch im Orchester spielten Laien und Professionelle gleichberechtigt nebeneinander. In den Zwanzigerjahren zerbrach diese Einheit. Zur Zeit von Hermann Suters Amtsantritt bei der AMG spielten fünf Laienmusiker im Orchester mit; Suter machte deren Mitwirkung zum Ausnahmefall. «Bemerkenswert an der Zusammensetzung des Orchesters», vermeldet die AMG-Festschrift von 1926, sei, «dass heute gar keine Dilettanten mehr regelmässig mitspielen», was darauf zurückzuführen sei, dass die Proben nicht mehr abends, sondern vormittags stattfänden. Sicherlich darf man dies aber auch auf die zunehmende Schwierigkeit der modernen Orchesterpartituren zurückführen. Für eine Aufführung der Sinfonischen Dichtungen von Richard Strauss oder der Sinfonien Peter Tschaikowskys ist nun einmal ein solide laienhaftes Musizieren nicht ausreichend.

Über Orchesterstrukturen

Das musikliebende Publikum nimmt in der Regel wenig von den Strukturen «hinter den Kulissen» der Konzerte wahr. Gleichwohl gehören die Organisationsformen des Orchesterbetriebs zu den kulturellen Spezifika einer jeden Stadt. Grundsätzlich sind drei Modelle der Verbindung von Orchester, Konzertveranstalter und Konzertort denkbar: Entweder ist ein Konzertveranstalter zugleich auch Saalverwalter und Orchesterträger – wie einst in Zürich die Tonhalle-Gesellschaft oder in Bern die Bernische Musikgesellschaft, ähnlich auch in Winterthur und St. Gallen, wo sogar noch die Musikschule assoziiert ist; oder ein Orchester ist selbst Veranstalter seiner Konzerte, ohne aber Saalbesitzer zu sein – wie die AML Luzern, das einstige Basler Kammerorchester, das Kammerorchester Basel (Serenata) und die «basel sinfonietta»; oder aber es gibt zusätzlich zu Veranstaltern, Saalverwaltung und Klangkörpern eine vierte Instanz, die sich ausschliesslich mit der Verwaltung der Orchester beschäftigt.

Von 1876 bis 1921 funktionierte der Basler Orchesterbetrieb nach dem zweiten Modell: Die AMG war nicht nur Konzertveranstalterin, sondern auch Orchesterträgerin, aber nicht Besitzerin des Stadt-Casinos. Dennoch

1966 vom Eidgenössischen Departement des Innern prämiertes Plakat der AMG. Entwurf Celestino Piatti
(Foto Archiv der Basler Zeitung)

war das Verhältnis zwischen Orchester und Konzertveranstalter nicht immer reibungslos. In den Jahren 1916 bis 1920 brachten Gehaltsforderungen der Orchestermusiker die Finanzierungsbasis der rein privat verfassten AMG aus dem Gleichgewicht. Da die städtische Subvention von rund 130 000 Franken nicht ausreichte, um das Orchester zu finanzieren, sammelte man privat – und erzielte just den Betrag, den es brauchte. Diese Aktion kulturbewussten Bürgerwillens überzeugte die Regierung, ihre Subvention zu erhöhen. Allerdings nur unter der Bedingung, dass ein unabhängiger Verein als Orchesterträger und Subventionsempfänger gegründet würde, und dies war die Basler Orchestergesellschaft (BOG) – das dritte der genannten Modelle.

Die BOG – sie hatte in ihrer bisherigen Geschichte nur zwei «Verwalter», die Juristen Edgar Refardt und seit 1948 Hans Ziegler – wurde ins Leben gerufen, «um eine treuhänderische Verwendung von Staatsbeiträgen zu Unterhalt und Entwicklung des hiesigen Berufsorchesters zu gewährleisten» (Hans Ziegler).[5] Unter der Verwaltung der BOG gewann der Musikerberuf an Ansehen und sozialer Sicherheit – und wuchs das Orchester stetig an: Hatte es 1921 noch 57 Musikerstellen gezählt, so waren es 1964 schon 64 und 1972 gar 94. Die Tatsache, dass immer wieder Regierungsräte und andere hohe Politiker als Staatsdelegierte im BOG-Vorstand sassen, machte sich bezahlt.

Zwar veranstaltete die BOG auch eigene Konzerte (etwa im römischen Amphitheater in Augst), aber ihre Haupttätigkeit bestand in der Verwaltung (Disposition) des Orchesters zum Zwecke der «Vermietung» an die Musikveranstalter der Stadt: das Theater, die AMG, den Gesangverein, die Mozartgemeinde und viele andere. Dieses System bestand volle 67 Jahre lang offenbar zu aller Zufriedenheit: Die AMG blieb die grösste und wichtigste Konzertveranstalterin, überliess aber die Orchesterverwaltung einem privaten Träger, der BOG, der die kantonalen Orchestersubventionen verwaltete. Als 1970 noch das Radio-Sinfonieorchester Basel als zweites Orchester neben dem «Orchester der BOG» (ab 1988: Basler Sinfonie-Orchester) zum Verwaltungsbereich der BOG hinzukam (vgl. unten «Kulturfaktor Radio»), zerbrach allmählich die Harmonie im Basler Orchesterleben. Zehn Jahre später sprachen auch Musiker des Basler Sinfonie-Orchesters von einer «Krise der BOG» und beklagten das Fehlen einer eigentlichen künstlerisch verantwortlichen Intendanz.

Im Jahr 1988 tobte ein Abstimmungskampf um die neu zu errichtende «Stiftung Basler Orchester» (SBO), die der Grosse Rat mit grosser Mehrheit als BOG-Nachfolgerin einzusetzen wünschte.

Gegen diesen Entscheid kam aus bürgerlichen Kreisen das Referendum zustande. Die Stiftung wollte grundsätzlich dieselbe Funktion ausüben wie bisher die BOG, aber demokratischer strukturiert und staatsnäher sein – im Stiftungsrat sollten von Anfang an Vertreter der grossen Konzertveranstalter, der Chöre, des Radios, der beiden Orchester sowie Staatsvertreter sitzen. Am letzten Septemberwochenende 1988 schlug bei einer Stimmbeteiligung von nur 30 Prozent die Stunde der Wahrheit und es kam zu einem knappen Ja zugunsten der Orchesterstiftung (19 545 gegen 18 570 Stimmen). Die Stiftung nahm ihre Arbeit auf und setzte der privaten BOG als Orchesterhalterin ein Ende – nicht aber den chronischen Problemen um die Organisation des Basler Orchesterbetriebs.

Das Stimmvolk hatte letzten Endes im Sinn der Mehrheit der Orchestermusiker gehandelt. Was 1988 an die Stelle der BOG trat, war eine von allen wichtigen Partnern des Orchestermusiklebens getragene und demokratisch kontrollierte, aber in ihrem Handlungsspielraum ausserordentlich begrenzte und dadurch wenig effiziente Struktur. In der Praxis änderte sich nicht viel. Es gab weiterhin zwei Orchester, die von einer «neutralen» dritten Instanz ohne künstlerischen Leistungsauftrag verwaltet wurden, sowie als «Benutzer» der Klangkörper die diversen Veranstalter vom Theater Basel über die AMG bis zur Mozart-Gemeinde und den Laienchören. Immerhin gelang es der Stiftung, den Kanton Baselland zu einer markanten Erhöhung seiner Staatsbeiträge an die Basler Orchester zu bewegen und damit zu deren Erhalt beizutragen. Die BOG, geradezu personifiziert durch ihren Verwalter Hans Ziegler, machte noch durch einen gewonnenen Prozess, bei welchem sie als Eigentümerin des Instrumentenfundus definiert wurde, von sich reden. Sie blieb weiterhin als Konzertinstitution bestehen, ging aber ihrer herausragenden Rolle im Orchestermusikleben verlustig. Ihr Name überlebt in einer Stiftung, im «Kammerorchester der BOG» aus Musikerinnen und Musikern, die zumeist von der Stiftung Basler Orchester angestellt sind, und in den beliebten sommerlichen «BOG-Serenaden» an vielen stimmungsvollen Orten der Stadt.

Gänzlich beruhigt war das Basler Orchestermusikleben durch den Wechsel von der BOG zur SBO nicht. Das Nebeneinander von Orchester, Orchesterträger und Konzertveranstaltern wurde immer wieder als ineffizient und unpraktisch beklagt. Kein Wunder, gab es Versuche, die Strukturen zu vereinfachen, zuletzt vonseiten der AMG unter ihrem langjährigen Präsidenten Thomas Staehelin. 1994 sprach sich die Generalversammlung der AMG für ein Orchestermodell der Zukunft aus, nach welchem sie wieder wie vor 1921 Trägerin des (grösseren) Basler Sinfonie-Orchesters wäre; nach diesem Plan sollte das (kleinere) Radio-Sinfonieorchester Basel Theaterorchester werden. Eine auf den ersten Blick stimmige Konstruktion, die aber mit verschiedenen Konstruktionsfehlern behaftet war und vom «Partner», dem Theater Basel, gar nicht gewünscht wurde. Es blieb deshalb vorläufig bei der spezifisch baslerischen Unübersichtlichkeit im Orchesterbetrieb und bestehen blieb auch die Grundstruktur des «Mietens» von Orchesterleistungen bei einer dritten Instanz, was der Dirigent Michael Boder einmal respektlos, aber triftig mit einem «Partyservice» verglich und was man zwanglos durch ein ähnliches Bild ergänzen möchte: das von den vielen Köchen, die leicht den Brei verderben. Mit der Zusammenlegung der beiden Orchester zum «Sinfonieorchester Basel» im Spätsommer 1997 ergab sich eine neue, aber strukturell und planerisch noch nicht wesentlich einfachere Situation. Das Orchester blieb hin- und hergerissen zwischen den unterschiedlichen Benutzern und der Stiftung als Arbeitgeberin, ohne klare Identität, ohne Chefdirigent. Den damals neu an die Spitze der AMG gewählten Mario Venzago veranlasste dies, von sich als «usurpiertem Chefdirigenten» zu sprechen …[6]

Die Abspaltung der Kammermusik und der Neuen Musik

Kehren wir zurück zum frühen 20. Jahrhundert. Zu den Tendenzen der Differenzierung (oder der Auflösung) des «allgemeinen» Charakters des Musiklebens gehörte 1926 die Gründung einer spezifischen «Gesellschaft für Kammermusik» durch Ernst Reiter – eine Programmatik, welche sich ursprünglich die AMG auf ihre Fahnen geschrieben hatte. Natürlich gab es schon vor 1926 Kammermusik in Basel. Bis 1920 hatten vier «ausserordentliche Mitglieder» des Orchesters der AMG unter dem Namen «Basler Streichquartett» die Kammermusikabende dieser Institution bestritten (die Herren Kötscher, Krüger, Küchler und Treichler); nun trennten sich institutionell die Wege zwischen Orchesterkonzerten und Kammermusik-Anlässen. Von 1926 bis 1951 veranstaltete die AMG 520 Orchesterkonzerte und nur gerade einen Kammermusik-Abend; erst in den Achtzigerjahren nahm sie vorübergehend wieder eine kammermusikalische Tradition auf.

Inzwischen freilich hatte sich der Musikbetrieb internationalisiert; die Orchestermusiker zogen sich mit ihren (nach wie vor gepflegten) Kammermusikformationen eher in den privaten Bereich zurück und überliessen die mit viel Prestige ausgestatteten Kammermusik-Konzerte in der Regel der mit internationalen Agenten und spezialisierten Kammermusik-Formationen zusammenarbeitenden «Gesellschaft für Kammermusik», die es in ihren ersten 25 Jahren auf die stolze Zahl von 200 Konzerten brachte – plus drei Extrakonzerte mit dem Végh-Quartett, das 1950 alle sechs Bartók-Quartette interpretierte.

Die Programme der ersten 25 Jahre der «GfK» – dokumentiert in einer kleinen Chronik[7] – spiegeln getreulich den Prozess der Internationalisierung des Musiklebens. In der ersten Saison 1926/27 wurden sechs von acht Abenden vom «Basler Streichquartett» bestritten (jetzt bestehend aus Fritz Hirt, Josef Lasek, Walther Geiser, Hermann Beyer-Hané); gleich das erste Konzert am 12. Oktober 1926 galt dem Gedenken an den am 22. Juni verstorbenen Hermann Suter. Mit den Jahren nahm der Anteil auswärtiger Ensembles stetig zu; in den Neunzigerjahren lag der Anteil einheimischer Formationen bei den Konzerten der «GfK» bei rund zehn Prozent. Das alte «Basler Streichquartett» gab es noch 1947; Fritz Hirt war immer noch Primarius, mit ihm spielten seit etwa 1930 Rodolfo Feliciani, Albert Bertschmann und August Wenzinger. Gut zwanzig Jahre nach Beendigung der Konzerttätigkeit dieses Quartetts tauchte 1973 ein neues «Basler Streichquartett» am Horizont auf, nach alter Tradition aus den Stimmführern des Sinfonie-Orchesters der BOG gebildet (Primoz Novsak, Herbert Hoever, Max Lesueur, Ernest Strauss). In die ideelle Nachfolge des Basler Streichquartetts teilen sich heute mehrere Formationen: das Amati-, das Euler-, das Erato-, das Aria-Quartett.

Im Schoss der Kammermusik-Gesellschaft überlebte ein positiv «dilettantisches» Wesen des Musikbetriebs. Von Anfang an wirkten an ihrer Spitze Laien-Kammermusiker (vor allem Quartettspieler) wie der hauptberufliche Knabenrealschul-Lehrer Leo Eder (1886–1965), der unter dem Kürzel «-ck.» (von «Schneck» – Eder hatte über die gehäusetragenden Tessiner Schnecken promoviert) zahlreiche Rezensionen in der Basler Presse schrieb. Das Publikum der Kammermusikkonzerte war wohl immer einige Grade kennerhafter als das durchschnittliche Konzertpublikum. Noch in den Neunzigerjahren zog die Gesellschaft für Kammermusik einen weit überdurchschnittlichen Anteil aktiver und damit aussergewöhnlich kundiger und kritischer Laienmusikerinnen und -musiker an. Eine Kammermusik-Börse der GfK führte musizierfreudige Damen und Herren nach dem Modell «Bin Bratscher und suche Streichquartett» zusammen und übt diese verdienstvolle Funktion noch heute, in einer scheinbar ganz vom Musiker-Starkult beherrschten Zeit, aus. Nach dem Zeugnis Leo Eders von 1968 überwogen unter den akademischen Liebhaber-Instrumentalisten die Naturwissenschaftler, während Philologen und Juristen deutlich in der Minderheit waren.

Die Gesellschaft für Kammermusik blieb nicht die einzige Heimstätte der kleinen Besetzungen in Basel. 1934, acht Jahre nach Gründung der zunehmend sich an internationalen Standards ausrichtenden «GfK», fanden in Basel «Abendmusiken junger Basler Künstler» statt, die sich zur «Gesellschaft für Unterhaltungskunst» formierten und schon im folgenden Jahr den endgültigen Namen «Kammerkunst Basel» annahmen. Ihr Ziel war vor allem die Förderung von Basler Komponisten und Interpreten; wobei man es keineswegs verschmähte, im Marionettentheater und im Tea-Room aufzuspielen. Erster künstlerischer Mentor war Max F. Schneider, später vor allem als Mendelssohn-Forscher bekannt. Der langjährige Leiter Hans Balmer, im Hauptberuf Klavierlehrer und Organist, sorgte in «seinen» langen Jahren 1946–1974 für jene bunte Durchmischung der Sparten Musik und Literatur, die zu einem Markenzeichen der «Kammerkunst Basel» wurde (eine Programmatik, die seit 1975 auch von Elena Bopp-Panajotowas «Art Ensemble» übernommen wurde). Sie führte auch eigentliche

Kammermusik-Wettbewerbe durch, die natürlich in der Aufführung der prämierten Werke gipfelten. Thüring Bräm und – seit 1991 – Jean-Jacques Dünki führten das «Programm» der Kammerkunst fort, zu deren vielen Kontinuitäten die Vorliebe für Gattungs-Mischungen, das nachdrückliche Interesse an Basler Komponisten, die personelle Nähe zur Musik-Akademie und das Balancieren am finanziellen Abgrund gehörten. 1999 geht die Leitung der «Kammerkunst» in die Hände des Flötisten Felix Renggli über. (Dass das Bedürfnis nach Kammermusik in all seinen Varianten am Ende des Jahrhunderts noch nicht befriedigt war, zeigt die Gründung weiterer junger Reihen wie der «Kammermusik um halb acht», der «Solistenabende junger Interpreten» oder der «Neuen Solistenkonzerte»).

Fast gleichzeitig mit der Gesellschaft für Kammermusik entstand die Basler Ortsgruppe der «Internationalen Gesellschaft für Neue Musik» (IGNM), die als Weltorganisation («International Society for Contemporary Music», ISCM) am 11. August 1922 in Salzburg ins Leben gerufen worden war. Die Initialzündung für die Basler Gründung erfolgte in Zürich, wo 1926 das vierte Musikfest der IGNM stattfand; auf dem Programm standen damals Kompositionen von Arthur Honegger, Zoltán Kodály, Manuel de Falla, Alfredo Casella, Arnold Schönberg und Anton Webern. Welch grosse öffentliche Anerkennung das Zürcher Musikfest fand, zeigt die Tatsache, dass am offiziellen Empfang sowohl ein Bundesrat als auch je ein Zürcher Regierungs- und Stadtrat teilnahmen. Und das IGNM-Fest strahlte bis nach Basel aus: Während es bis 1934 dauerte, bis man in Zürich eine regionale IGNM-Ortsgruppe etablierte (sie nannte sich «Pro Musica»), riefen in Basel Freunde der zeitgenössischen Musik schon am 26. Januar 1927 mit einem «Programmierungskonzert» eine Basler IGNM-Ortsgruppe ins Leben; auf dem Programm Werke von Alfredo Casella, Igor Strawinsky und Arnold Schönberg.

Diese Initiative rief sogleich fünf Basler Musiker auf den Plan, die mit einem Konkurrenzunternehmen antworteten: «Die Fünf» (Max Adam, Hans Ehinger, Ernst Mohr, Paul Sacher, August Wenzinger), so genannt in Analogie zur Pariser Gruppe «Les Six». Für wenige Jahre lebten die beiden Konzertreihen für Neue Musik in produktivem Wettstreit nebeneinander. Die IGNM war stärker nach der Wiener Schule um Arnold Schönberg hin ausgerichtet, während «Die Fünf» einen deutlicheren Basler und französischen Akzent hatten. Die Konzerte der IGNM-Ortsgruppe – man sprach von «Studienaufführungen», um die kritische Stellung gegen den auf reinen Konsum ausgerichteten etablierten Musikbetrieb zu verdeutlichen – fanden meist im Konservatoriumssaal, des öfteren aber auch in Privathäusern statt. Von Anfang an hatte die Basler IGNM, die sich am 24. Juni 1927 als Verein konstituierte, Sinn für internationale Reputation; schon in ihrem zweiten Jahr lud sie das berühmte Wiener Kolisch-Quartett sowie den Pianisten und Komponisten Béla Bartók ein. Ihr Ziel ist seit der Formulierung in den Statuten von 1927 immer dasselbe geblieben: «Neue Musik zu fördern, sowohl durch Veranstaltung von Konzerten als auch durch jede andere hierzu geeignete Tätigkeit.»

Wirkliche Rivalität bestand nicht zwischen den beiden Gruppierungen, und so war es folgerichtig, dass die als Verein konstituierte IGNM und die lose Gruppierung «Die Fünf» am 1. Oktober 1929 zusammengingen. Erster Präsident wurde der Bankier Paul Dreyfus; Männer der ersten Stunde waren neben ihm der Musikredaktor Hans Ehinger (1902–1966), Konzertmeister Fritz Hirt (1899–1985), der Komponist Walther Geiser (1897–1993) und der Fabrikant Willy Senn-Dürck, der fast vierzig Jahre lang mäzenatisch im Interesse der IGNM wirkte. Schon in ihrem ersten Jahr wurde Paul Sacher Vorstandsmitglied und Programmleiter der Ortsgruppe – eine gute Voraussetzung für manche Koproduktion der IGNM mit Sachers Basler Kammerorchester; Sacher blieb bis 1943 Programmleiter. Spätere Präsidenten – das Amt des Programmleiters wurde einem Ausschuss übergeben – waren Hans Ehinger, Robert Suter, Hans Ulrich Lehmann, Francis Travis, Jürg Wyttenbach, Daniel Weissberg und seit 1998 Jürg Henneberger. Seit Inkrafttreten des «Kulturvertrags» zwischen Basel-Stadt und Basel-Landschaft erhält die IGNM eine feste Subvention. Ihre Arbeit war in Basel stets von ruhiger Kontinuität geprägt. In den Anfangsjahren hatte sie knapp 150 zahlende Mitglieder; 440 Mitglieder sorgten in den Neunzigerjahren für steten Publikumszustrom in den meist acht Konzerten pro Saison – und mithin auch dafür, dass man die Abkürzung IGNM in Basel kaum je als «Ich gehe nicht mehr» dechiffrieren musste.[8]

Sinfoniekonzert im Grossen Musiksaal unter Leitung von Felix Weingartner
(Foto W. Brückner, Archiv der Basler Zeitung)

Felix Weingartner – ein Stardirigent in Basel

Neben den regulären AMG-Abonnementskonzerten gab es in den Zwanzigerjahren sogenannte «Populäre Konzerte» (rund die Hälfte), später wurden sie «Volkskonzerte» oder «Zykluskonzerte» genannt. Diese Veranstaltungen zeichneten sich durch besonders niedrige Eintrittspreise aus. Eine weitere Sondersparte waren die «Pensionskassenkonzerte», die der Alterssicherung der Orchestermusiker zugutekamen.

An der Spitze wurde durch internationale Prominenz aufgerüstet. In der Saison 1927/28 kam als neuer künstlerischer Leiter der AMG der 64-jährige Österreicher Felix Weingartner (1863–1942) nach Basel, wo er zugleich auch die Leitung von Musikschule und Konservatorium übernahm sowie als Operndirigent am Theater wirkte – ein «weltweit bewunderter Schaudirigent», wie Leo Eder leicht ironisch sagt, «der letzte aus der klassischen Zeit der grossen Dirigentenpersönlichkeiten, Hüter einer gewaltigen Tradition», wie Otto Maag 1931 schwärmt. Die Begeisterung war zuerst nicht ungeteilt. Da es in der Presse hiess, Weingartner sehne sich nach einem «ruhigen Tätigkeitsfeld» und gehe aus diesem Grund nach Basel, gab es auch enttäuschte Stimmen. Max F. Schneider schreibt in Erinnerung an die Berufung Weingartners[9]:

Wir waren gar nicht erbaut davon, dass nun das Dirigentenpult Hermann Suters sozusagen das Alterasyl für einen weltmüde gewordenen Meister des Taktstocks abgeben sollte. Wie hatten wir doch Hermann Suter verehrt und bewundert (...); wie lebten wir wohl an seinem Mute, mit dem er dem Basler Publikum moderne Musik aufzwang, und wie hassten wir jene allem Neuen feindliche, kompakt-verstockte Hörermasse, die wir im frevelhaften Übermut unserer Jugend die Brahms- und Beethovensäufer nannten. Und nun sollte ausgerechnet ein Dirigent nach Basel kommen, der sich mit lauter solchen gesicherten Grössen seinen Weltruhm erworben hatte.

Für Weingartners Entscheidung für Basel gab es auch einen privaten Grund. Er hatte schon seit dem Ersten Weltkrieg Wohnsitz in der Westschweiz und wohnte seit 1924 in Erlenbach am

Zürichsee, von wo aus er seine internationale Dirigententätigkeit ausübte. Er war, wenn man so formulieren darf, ein «Schweiz-Fan», der sich erfolgreich um das Schweizer Bürgerrecht bemüht hatte, in Frack und Zylinder abstimmen ging, in Basel (damals noch erfolglos) eine baseldeutsche Grammatik suchte, um den lokalen Dialekt lernen zu können und 1929 den Ehrendoktortitel der Universität empfing; übrigens starb er auch in der Schweiz, 1942 in Winterthur, sieben Jahre nach der Demission von Basel.

In seiner Basler Ära scheint sich Weingartner, der auch einige Platten mit dem BOG-Orchester aufgenommen hat, voll und ganz für das hiesige Musikleben engagiert zu haben. Im Unterschied zur später gängigen Praxis dirigierte er sämtliche AMG-Konzerte einer Saison selbst; erst in seiner Abschiedssaison 1934/35 überliess er den Dirigentenstab einmal seinem Nachfolger Hans Münch und einmal dem langjährigen Konzertmeister Fritz Hirt. Das heisst, dass Weingartner pro Saison allein bei der AMG mehr als zwanzigmal auf dem Konzertpodium stand – die «Populären Konzerte», Jugend- und Pensionskassenkonzerte eingeschlossen.

Selbstverständlich bedeutete diese starke Präsenz eines einzigen Dirigenten auch eine deutliche Prägung der Konzertprogramme durch seine musikalischen Präferenzen. Ausserordentlich stark vertreten war die Musik der deutschen Romantik und Spätromantik sowie der Wiener Klassik; daneben führte man nicht wenige zeitgenössische Werke gemässigten Charakters (öfter auch solche von Weingartner selbst) auf. Die französische Musik war, mit Ausnahme von Hector Berlioz, weitgehend ausgespart, ebenso die Musik der Wiener Schule, aber auch Strawinskys und der anderen modernen Russen. Eine extreme Verdichtung auf Weingartners Stammrepertoire ist etwa in der Saison 1928/29 zu verzeichnen.

Dort erklangen in den ersten acht Konzerten überhaupt nur Werke von Mozart, Beethoven, Schubert, Mendelssohn und Brahms (plus die zweite Symphonie von Fritz Brun).

Die AMG widmete Weingartner zu seinem Siebzigsten am 2. Juni 1933 eine opulente Festschrift, die unmissverständlich zum Ausdruck brachte, dass Basel durch ihn zu einer musikalischen «Weltstadt» geworden sei.[10] Tatsächlich betrat in jenen Jahren viel musikalische Prominenz das Podium des Musiksaals – von den Pianisten Clara Haskil, Emil von Sauer, Wilhelm Backhaus, Wladimir Horowitz und Alfred Cortot bis zu den Geigern Nathan Milstein und Adolf Busch (der in Basel wohnte, vgl. das 11. Kapitel) und den Cellisten Pablo Casals und Gregor Piatigorsky. Ein Stardirigent, würde man heute sagen, der andere Stars anzog – aber auch ein höchst gebildeter Musiker, ausgewiesen auch als fruchtbarer Komponist und Bearbeiter sowie als Musikschriftsteller, dessen Bücher «Über das Dirigieren» und «Die Symphonie nach Beethoven» hohe Auflagen erzielten. Glaubt man Diana Menuhin, deren Gatte Yehudi öfter unter Weingartner aufgetreten ist, so glichen Orchesterproben mit Felix Weingartner fast musikologischen Vorlesungen, so dass die eigentliche Probenzeit oft nur für den ersten Satz ausreichte.[11] Als Dirigent verkörperte Weingartner, wie Otto Maag in der Festschrift sagt, den «apollinischen Typus», hielt stets Mass und Form, was heute dank einiger CD-Wiederveröffentlichungen mit dem Dirigenten Weingartner nachvollziehbar ist. Mit Weingartner, einst Nachfolger Gustav Mahlers in Wien und 1929 Ehrendoktor der Universität Basel, zogen auch seine Werke ins Basler Musikleben ein, vor allem seine (heute vergessenen) Opern. Dass Weingartner freilich «zu den eigentlichen Modernen kaum ein inneres Verhältnis hatte», musste auch Wilhelm Merian in seinem Festschrift-Beitrag einräumen. Gleichwohl war die Ära Weingartner eine der Glanzperioden des Basler Musiklebens, wenn man Prominenz und Renommee der Interpreten zum Massstab nimmt. Mit ihr nahm allerdings auch ein Hang zum Museal-Konservativen Einzug in die AMG, der beim breiten Publikum einen schwer einholbaren Informationsrückstand in Bezug auf das zeitgenössische Musikschaffen hervorrief. Epochale Werke der musikalischen Moderne wie «La mer» und die «Trois Nocturnes» von Debussy oder Strawinskys «Petruschka» wurden dem Basler Publikum erst in den Jahren nach Weingartner dargeboten.

Von Hans Münch bis zu Mario Venzago

Weingartner blieb anders als seine Vorgänger nicht ein Vierteljahrhundert, sondern nur acht Jahre in Basel, bis er 1935 nach Wien an die Staatsoper zurückkehrte (Basel erlebte den bereits schwerkranken Meister 1941 noch einmal als Dirigenten der von ihm kompilierten Schubert-Oper «Schneewittchen» auf einen Text von Otto Maag). Auch durchbrach Weingartner das ungeschriebene Gesetz der Personalunion der wichtigsten musikalischen Ämter – denn die Chöre blieben in der Hand des unmittelbar nach Suters Tod an die Spitze des Basler Gesangvereins und der Basler Liedertafel gewählten Hans Münch (1893–1983). Der Elsässer Hans – Taufname: Johann Sebastian! – Münch hatte bei Albert Schweitzer Tasteninstrumente und am Basler Konservatorium Komposition und verschiedene Instrumente studiert; zuerst (1914–1926) wirkte er als Cellist im Orchester der AMG mit. Er entstammte einer Musikerfamilie aus Mulhouse und war ein Vetter des als Chef des Boston Symphony Orchestra weltberühmt gewordenen Charles Münch.

Durch seine Tätigkeit als Leiter des Basler Bach-Chors hatte Münch eine dirigentische Praxis erworben, die ihm für seine Karriere zugute kommen sollte. Schon 1925/26 trat er einen wichtigen Teil des Erbes von Hermann Suter an, indem er sowohl die Basler Liedertafel als auch den Basler Gesangverein übernahm. Und als Weingartner demissionierte, ernannte ihn die AMG zu ihrem künstlerischen Chef. Münch, der wie Weingartner auch komponierte, sollte das Basler Musikleben über fünfzig Jahre lang wesentlich prägen; 1939 erhielt er als Dank die Ehrendoktorwürde der Basler Universität. Dabei gelang es ihm, eines der Defizite der Weingartner-Ära zu kompensieren, indem er zahlreiche neuere Werke vor allem aus dem romanischen Kulturkreis zur Aufführung brachte – von Debussy, Ravel und Strawinsky bis zu den Schweizern Arthur Honegger, Frank Martin, Conrad Beck, Willy Burkhard, Walther Geiser, Albert Moeschinger und Heinrich Sutermeister, aber auch wohldosiert Mahler (2. Sinfonie), Bartók («Konzert für Orchester»), Berg (Orchesterlieder) und Karl Amadeus Hartmann (3. Sinfonie). Ein engstirniger Reaktionär war Münch ganz gewiss nicht, wenngleich sein künstlerischer Schwerpunkt in der Sinfonik des 19. Jahrhunderts lag. Besonders tiefe Eindrücke hinterliess er bei Publikum und Kritik mit seinen Aufführungen der damals noch kaum bekannten Sinfonien Franz Schuberts und der Werke Anton Bruckners (so etwa anlässlich eines von Münch geleiteten Bruckner-Festes 1952) sowie als Oratoriendirigent im Basler Münster.

Münchs altersbedingter Rücktritt von der Allgemeinen Musikgesellschaft scheint die AMG-Kommission in eine gewisse Verlegenheit gestürzt zu haben. 1966 ernannte sie im Sinne einer Übergangslösung den damals 43-jährigen Deutschen Wolfgang Sawallisch zum Ersten Gastdirigenten. Danach scheiterte der Versuch, Pierre Boulez als AMG-Chef zu gewinnen, was sicherlich dem Basler Musikleben einen Zuwachs an Internationalität und Modernität gesichert hätte – wobei offenbar mehrere Faktoren eine Rolle spielten. Laut Boulez' späterem Zeugnis wollte er sich nicht darauf beschränken, mit dem Orchester nur in Basel zu spielen, sondern stellte sich vor, mit seinen Programmen und dem Orchester der BOG auch in Zürich, Freiburg und anderswo zu gastieren, was im Rahmen der starken Inanspruchnahme des Orchesters vor allem durch das Theater nicht möglich gewesen wäre[12]; laut dem langjährigen AMG-Präsidenten Andreas Theodor Beck war für das Scheitern der Verhandlungen dagegen Boulez' Weigerung ausschlaggebend, einen Sechsjahresvertrag statt nur einen Dreijahresvertrag mit der AMG zu unterzeichnen. Dass das Scheitern der Verhandlungen keine bleibenden Wunden hinterliess, zeigt die Tatsache, dass der Dirigent Boulez immer wieder nach Basel zurückkehrte – mal mit dem BBC-Sinfonieorchester, mal mit seinem «Ensemble Intercontemporain» und immer wieder mit dem nachmaligen Basler Sinfonie-Orchester.

Fast sechs Jahre lang blieb nach Münchs Demission 1966 die künstlerische Leitung der AMG vakant; lediglich 1969/70 hatte die AMG in der Person von Leopold Ludwig (1908–1979) einen ständigen künstlerischen Chef, doch endete Ludwigs Amtszeit abrupt bereits nach einem Jahr im Streit mit dem Orchester und mit einer finanziellen Abfindung für den gleichzeitig auch an der Hamburger Oper tätigen Dirigenten. Eine dauerhaftere Lösung der Dirigentenfrage zeichnete sich erst wieder ab, als es gelungen war, den 1931 in Budapest geborenen Israeli Moshe Atzmon nach Basel zu berufen. Atzmon amtierte von 1972 bis 1986 als künstlerischer Leiter der AMG. Als bedeutendste Leistung brachte er in die «Bruckner-Stadt» Basel das gesamte sinfonische Werk Gustav Mahlers (der 1903 anlässlich des Tonkünstlerfestes persönlich seine «Auferstehungs-

Das Musikleben der sogenannten E-Musik

Sinfonie» dirigiert hatte) – ähnlich, wie Hans Münch vierzig Jahre zuvor das Orchesterwerk Franz Schuberts in Basel heimisch gemacht hatte. Kein Zufall, dass Atzmon seine Basler Tätigkeit 1986 mit Gustav Mahlers «Auferstehungssinfonie» beendete. Basel verdankt ihm überdies die Basler Erstaufführung der um die Jahrhundertwende komponierten «Gurrelieder» von Arnold Schönberg (1976) und manche Uraufführung, so etwa des Violinkonzerts von Krzysztof Penderecki (1977, mit dem Solisten Isaac Stern) und mehrerer Werke zeitgenössischer Schweizer Komponisten (Albert Moeschinger, Robert Suter, Jacques Wildberger, Rudolf Kelterborn u.a.).

Moshe Atzmon war vorläufig der letzte AMG-Dirigent, der auch in Basel Wohnsitz nahm; gleichwohl brach mit ihm wohl endgültig das Zeitalter der «multiplen» Dirigenten an, die fast häufiger auf Flughäfen als in den Proberäumen der Orchester anzutreffen sind. Gleichzeitig mit seinem Basler AMG-Amt war Atzmon nämlich noch Chefdirigent des Sinfonie-Orchesters des Norddeutschen Rundfunks in Hamburg; anschliessend hatte er wichtige Dirigentenpositionen in Köln, in Japan und den Vereinigten Staaten inne. Von den 32 Orchesterkonzerten seiner letzten AMG-Saison dirigierte er nur noch deren zwölf persönlich. Auch die Nachfolger Atzmons betrachteten ihre Basler Verpflichtung als «Teilzeitbeschäftigung», während ein Hans Münch noch mit ungeteilter Seele (und ebensolchem Zeitbudget) am Rheinknie gewirkt hatte – gewiss keine baslerische Besonderheit, sondern ein internationaler Trend. Unter den Gastdirigenten der letzten Saison Atzmons (1985/86) finden sich neben dem Altmeister Antal Dorati die Namen zweier Dirigenten, die für die Geschicke der AMG in den darauf folgenden Jahren massgeblich sein sollten: Horst Stein und Walter Weller. 1984 übernahm Horst Stein (geboren 1928 in Wuppertal) die künstlerische Leitung der Basler AMG, die er 1994 an den 1939 geborenen Wiener Walter Weller weitergab. Das Basler Sinfonie-Orchester hielt unter dem überaus erfahrenen Orchestererzieher Stein seinen hohen Standard. Mit Stein trat aber auch ein verhältnismässig konservativer Zug der AMG in den Vordergrund; Mozart und Beethoven, auch Strauss und Reger wurden häufig gespielt, die Wiener Schule um Arnold Schönberg «verirrte» sich dagegen eher selten aufs Programm. Gewiss gab es auch neuere Musik, sogar Uraufführungen (von Hans Vogt, Helmut Eder, Robert Suter u.a.); doch zur «klassischen Moderne» hielt Stein ebenso Distanz wie zur avantgardistischen E-Musik.

Nach vier Jahren in Basel (Stein lebte seit 1978 in Genf und war seit 1980 Chef des Orchestre de la Suisse Romande, seit 1985 Chefdirigent der Bamberger Symphoniker) trug sich Horst Stein schon mit Rücktrittsgedanken und war nur durch intensives Liebeswerben seitens der AMG zu einem weiteren Verbleiben in Basel zu gewinnen – bei reduziertem Pensum. Er beklagte die Schwerfälligkeit der Basler Orchester-Organisation, die aus Kostengründen zunehmend häufiger eingeführten «halben Stellen» im Orchester und die Erschwernisse, die sich durch die Dienstpläne der Musiker ergaben, wenn der «Chef» eine Konzerttournee mit seinem Klangkörper unternehmen wollte. Steins Amtszeit endete im Mai 1994 zwar repräsentativ und festlich (mit Beethovens 9. Sinfonie), aber auch ein wenig desillusioniert.

Mit der Berufung Walter Wellers – er war als Primarius des Weller-Quartetts, aber auch als Dirigent kein Unbekannter in der Konzertwelt – wagten die Architekten des Basler Orchesterbetriebs eine bedeutende Reform in Richtung «Musikdirektoren»-Konstruktion, die wenigstens vorübergehend einen absurden Zug im Basler Orchesterleben beseitigte: die hermetische Trennung von Konzertveranstaltern, Orchester und Theater. Diese hatte beispielsweise dazu geführt, dass ein in Bayreuth, Hamburg, Genf und anderswo gern gesehener Operndirigent wie Horst Stein niemals in der Basler Oper dirigierte – was auch für den an der Zürcher Oper, an der Mailänder Scala und anderswo, aber zumindest in seiner Zeit als Radioorchester-Chef nicht an der Basler Oper wirkenden Nello Santi galt.

Hans Münch im Basler Musiksaal
(Foto Hans Bertolf)

Weller wurde, was Stein und Atzmon nie waren, in Personalunion Leiter der AMG, Musikalischer Oberleiter am Theater und Chefdirigent des Basler Sinfonie-Orchesters (wobei er letzteren Titel kraft der AMG und formell ohne den «Segen» des Orchesterträgers, der Stiftung Basler Orchester, trug). Endlich schien es gelungen, ein paar der auseinanderstrebenden Fäden zu bündeln, und nicht zuletzt die Musikerinnen und Musiker des Basler Sinfonie-Orchesters freuten sich auf den neuen Chef, der ja aus den Reihen eines Orchesters, der Wiener Philharmoniker, stammte. Vor allem die Streicherkultur lag ihm, dem langjährigen Geiger, am Herzen. Wellers Präsenz war gleichwohl sehr beschränkt, seine Prägekraft für Basel begrenzt. Letzten Endes war auch für ihn Basel ein Teilengagement, wirkte er doch gleichzeitig noch als Musikdirektor und Chefdirigent des Royal Scottish Orchestra und erster Gastdirigent in Madrid.

Er studierte am Theater gerade zwei Opern ein («Die Frau ohne Schatten», «Die Zauberflöte») und gab nach weniger als zwei Jahren sein Amt als Musikalischer Oberleiter des Theaters aus gesundheitlichen Gründen wieder auf. Künstlerischer Leiter der AMG blieb er noch bis 1997. An seiner Stelle wählte die AMG dann den 1948 geborenen Schweizer Mario Venzago, der ein moderneres Dirigentenprofil verkörperte, viel mit «Alternativ-Orchestern» gearbeitet hatte und zur zeitgenössischen Musik weit bessere Kontakte unterhielt als seine Vorgänger. Allerdings war die Zeit der prägenden «Musikdirektoren» offenbar vorbei. Venzago studierte zwar am Theater Basel die erste Saisonpremiere 1997/98 ein (Puccinis «Turandot»), aber er wurde weder offizieller Chefdirigent des Orchesters noch Musikalischer Oberleiter am Theater (den Posten einer «Chefdirigentin» am Theater übernahm 1998/99 die britische Dirigentin Julia Jones). Die Zeit für eine grosse «Generalmusikdirektor»-Lösung war noch nicht reif.

Das Orchester – die Orchester

Wenn bis dahin von «dem» Orchester die Rede war, dann war dies im Grunde ungenau; denn das Basler Sinfonie-Orchester existiert unter diesem Namen erst seit 1970, das Sinfonieorchester Basel seit 1997. Bis 1921 war das Hauptorchester der Stadt der AMG zugeordnet und von da an bis 1988 der BOG. Um die Jahrhundertwende spielte also in Basel das «Orchester der Allgemeinen Musikgesellschaft», das damals 64 bis 68 Musiker umfasste und dessen Streichkörper fast jährlich um einen Musiker vermehrt wurde. Doch die Finanzknappheit des Kantons und steigende Musikerlöhne führten zu einer Verringerung der Orchesterstärke bis auf 46–49 in den Dreissigerjahren; erst in den Fünfzigerjahren stieg die Zahl wieder über 60 und kulminierte in 95 Positionen (105 Musiker) im Jahr 1990.

Seit der Gründung der Basler Orchestergesellschaft hiess der städtische Klangkörper «Orchester der BOG», häufig auf den Programmzetteln als «Verstärktes Orchester der BOG» verzeichnet, weil für grösser besetzte Werke das «Stammorchester» durch Musiker mit Saisonvertrag, «ausserordentliche Mitglieder» und Zuzüger erweitert werden musste. Zu den «ausserordentlichen Mitgliedern» gehörten übrigens die Stimmführer der Streicher, die direkt von der AMG angestellt waren.

Ein wichtiger Einschnitt in der Basler Orchestergeschichte fällt ins Jahr 1970. Damals zog das zuerst 59-köpfige, später noch vergrösserte Sinfonieorchester des Deutschschweizer Radios von Zürich nach Basel, sodass es rund 165 feste Musikerstellen in den beiden Berufsorchestern gab. Da die BOG fortan zwei Klangkörper verwaltete, erhielt das bisherige «Orchester der BOG» den neuen Namen «Basler Sinfonie-Orchester», während das bisherige Radioorchester Beromünster «Radio-Sinfonieorchester Basel» getauft wurde. Angesichts der Zahlen ist es gewiss nicht übertrieben, von einer beträchtlichen Erweiterung des Orchester-Angebots im letzten Jahrhundertdrittel zu sprechen, relativiert nur durch die im Zuge der allgemeinen Arbeitszeitverkürzung erfolgte Verkürzung und Verringerung der Dienstzahlen und durch die kantonalen Sparmassnahmen, die den Musikerbestand 1997/98 wieder auf 110 Musikerstellen schrumpfen liessen. Die Ankündigung der Schweizerischen Radio- und Fernsehgesellschaft, ihren Vertrag mit dem Basler Orchesterträger «Stiftung Basler Orchester» nicht über 1995 hinaus verlängern zu wollen, und ein finanzieller Engpass des Stadtkantons seit Anfang der Neunzigerjahre hatten konkrete Fusionspläne der beiden Orchester aufkommen lassen; endgültig vollzogen wurde die Vereinigung zum «Sinfonieorchester Basel» nach zähem Ringen im Spätsommer 1997.

Daneben sorgten einige andere, mehr oder weniger professionelle, mit mehr oder weniger Subventionsgeldern ausgestattete Orchester für flächendeckende Versorgung Basels mit sinfonischer Musik. Zu nennen sind zunächst das 1926 gegründete und 1987 aufgelöste «Basler Kammerorchester» Paul Sachers (vgl. ausführlicher im 14. Kapitel), dann das 1951 gegründete und seit dem Anfang von Albert E. Kaiser geleitete «Collegium Musicum» – ein Name, der sich bis aufs Jahr 1692 zurückschreiben darf –, sowie das 1972 ebenfalls von Albert E. Kaiser begründete Jugend-Symphonieorchester der Regio Basiliensis, das «Neue Orchester Basel», das der Dirigent Béla Guyas 1982 ins Leben gerufen hat, das «Kammerorchester der BOG», das 1984 von Johannes Schlaefli als selbstverwalteter Klangkörper ins Leben gerufene «Kammerorchester Basel (Serenata)», die sporadisch auftretende «Chamber Symphony Basel» sowie die verschiedenen Laienorchester, die zum Teil auf eine hundertjährige Geschichte zurückblicken können: allen voran das 1899 gegründete «Akademische Orchester» und der nur ein Jahr jüngere «Philharmonische Orchesterverein», denen nach wie vor eine ausserordentlich wichtige Funktion in der Musixpraxis der Laienspieler zukommt, aber auch das «Kammerorchester der Basler Chemie». Andere Gründungen wie das Orchester des Zwinglivereins (1907) und das Gundeldinger Orchester (1913) sind inzwischen von der Bildfläche verschwunden.

Viele Klangkörper sind im 20. Jahrhundert in Basel entstanden und auch wieder vergangen. Die ausstrahlungsmächtigste und visionärste Orchestergründung des letzten Jahrhundertfünftels ist sicherlich die chefdirigentenlose, demokratisch strukturierte «basel sinfonietta», die 1981 aus dem Geist von Hans Werner Henzes «alternativem» Musikfestival in Montepulciano in Basel erwuchs (im gleichen Jahr nahm auch die «Kulturwerkstatt Kaserne» ihren Betrieb auf). Die «sinfonietta» ist eine musische Erbin antiautoritär-emanzipatorischer Geistesbewegungen der Nach-68er-Jahre; sie verstand und versteht es mit unkonventionellen innovativen Multimedia-Konzerten, aber auch mit anspruchsvoller zeitgenössischer Musik (wie Balz Trümpys 1997 uraufgeführter Symphonie «Helios») immer wieder, ein junges, neugieriges, nicht unbedingt auf «E-Musik» fixiertes Publikum zu fesseln.[13]

Hornist des Radio-Sinfonieorchesters Basel in einer Produktion des Schweizer Fernsehens
(Foto B.R. Eberhard)

Das Musikleben der sogenannten E-Musik

Nello Santi und das Radio-Sinfonieorchester Basel im Orchesterstudio im Basler Volkshaus
(Foto André Muelhaupt)

Kulturfaktor Radio

Zu den wichtigsten kulturellen Errungenschaften des 20. Jahrhunderts gehört zweifellos das Radio, das dank seiner vorzüglichen Eignung zur Musikübertragung und zur Vermittlung von Musik unmittelbaren Anteil an der Geschichte der Tonkunst hat – auch an jener Basels. Am 3. Februar 1926 wurde in Basel eine «Radio-Genossenschaft» gegründet, die über den Sender «Aviatik beider Basel» am 31. Mai ihre Versuchssendungen aufnahm. Die offizielle Eröffnung des ersten Studios, das im Bahnhofsgebäude SBB untergebracht war, erfolgte am 19. Juni 1926; von da an wurde allabendlich ein Programm ausgestrahlt. Das Studio zog 1932 in den Margarethenpark um und befindet sich seit 1940 an der Novarastrasse auf dem Bruderholz. Seit der Inbetriebnahme des zweiten Programms (DRS 2) im Jahr 1956 befindet sich die Leitung dieses Kultursenders in Basel. Mit der 1995 eingeführten Schwerpunktbildung der drei DRS-Studios wurde der Sitz in Basel etabliert. Das dritte Programm, der Jugendsender DRS 3, wurde indes im Studio Zürich angesiedelt. Dieser Sender begann übrigens gleichzeitig mit der Einführung privater Lokalradios am 1. November 1983 zu senden – in Basel am bekanntesten und für den «offiziellen» Sender als Konkurrenz am gefährlichsten wurde «Radio Basilisk».

Seit jeher wurde in Radiostudios nicht nur Musik gesendet, sondern auch solche aufgenommen. Basel war für viele später zu Weltruhm gelangte Musikerinnen und Musiker der Ort, an dem ihre Karriere gleichsam im geschützten Raum des Radios begann – häufig unter der Obhut des langjährigen Produzenten René Sachs. Edith Mathis sang schon in den Fünfzigerjahren vor den Basler Radiomikrofonen; jüngere Instrumentalmusiker wie Krystian Zimerman, David Geringas oder Andrej Gawrilow traten in den «Präsentationskonzerten» des Radio-Studios Basel im Hans-Huber-Saal auf. Auch Ensembles wie das Tokyo String Quartet, das Philip Jones Brass Ensemble oder die London Sinfonietta präsentierten sich frühzeitig dem Basler Publikum unter der «Regie» des örtlichen Radiostudios. Kaum zu überschätzen ist die Bedeutung des Basler Radios für die Durchsetzung des Jazz in der Schweiz (vgl. das 8. Kapitel).

Mit dem Umzug des Radioorchesters von Zürich nach Basel im Jahr 1970 wurden die Beziehungen des Schweizer Radios zum Musikleben Basels besonders eng. Dieser Wechsel ist im Kontext der Sparmassnahmen der Schweizerischen Radio- und Fernsehgesellschaft (SRG) zu sehen, die nach einem Partner zur Finanzierung ihres kostbaren und kostspieligen Orchesters suchte. Sie fand ihn im Kanton Basel-Stadt, der nicht geringe Anstrengungen unternahm, das Zürcher Orchester als zweiten Basler Klangkörper zu bekommen; denn die Nachfrage nach Orchesterdiensten in Oper, Ballett und Konzert hatte – auch als Folgeerscheinung der wirtschaftlichen Hochkonjunktur – stetig zugenommen. Schon 1964 meinte der damalige Ressortleiter Kultur im Erziehungsdepartement, Emil Vogt, es wäre eine «Ideallösung», wenn das Radioorchester nach Basel zöge, und die Regierung warf den Prestigegewinn für Basel («kulturpropagandistisch für unser Land und insbesondere auch für das Gemeinwesen, das solche Leistungen erbringt») in die Waagschale. Von Radioseite aus betrachtet sprach für Basel auch der Gedanke des Ausgleichs – hatte die SRG doch eben gerade Zürich als Standort des Schweizer Fernsehens erkoren.

Der Umzug nach Basel bedeutete für das jetzt «Radio-Sinfonieorchester Basel» geheissene Orchester ein Stück Existenzsicherheit. 1970 schloss die BOG mit der SRG einen über 25 Jahre laufenden Subventionsvertrag, der zunächst einmal die chronische Auflösungsangst des Radioorchesters beseitigte. Die Finanzierung wurde zwischen Radio und Kanton geteilt: Ursprünglich übernahm die SRG die Kosten für die sogenannten Radiodienste (70%); die restlichen «Stadtdienste» des Orchesters übernahm der Kanton Basel-Stadt. Doch im Lauf des Vierteljahrhunderts von 1970 bis 1995 änderten sich die Verhältnisse auf dem Musikmarkt in einer für die Existenz der Radio-Klangkörper bedrohlichen Weise. Einerseits wurde die Schallplatte zu einem immer wichtigeren «Tonträger», der das Standard-Repertoire der Klassik und Romantik – und nicht nur dieses – in einer Fülle vorzüglicher Einspielungen anbietet. Radioaufnahmen von Beethoven-, Brahms- oder Strauss-Werken wurden zum luxuriösen Anachronismus. Zum andern geriet die zeitgenössische Musik, für die sich Rundfunkorchester immer besonders stark engagiert hatten, in eine Krise der gesellschaftlichen Akzeptanz. Gewiss: Es gab und gibt immer noch genügend Schweizer Komponisten, die für Orchester komponierten und komponieren; doch fehlte vonseiten der aus den Hörerkonzessions-Gebühren finanzierten SRG ebenso wie vonseiten der breiteren Öffentlichkeit offenbar die Bereitschaft, die finanziellen Mittel für die sorgfältige «Produktion» dieser Werke bereitzustellen.

Arbeitslos wurde das Radioorchester darüber nicht. Aber sein Schwerpunkt verlagerte sich von den Radiodiensten auf das Konzert- und Theaterleben Basels – Mitte der Neunzigerjahre überstieg die Zahl der Radioorchester-Dienste im Auftrag der radiounabhängigen Veranstalter (Theater Basel, Coop-Sinfoniekonzerte, Volkssinfoniekonzerte, Chorbegleitungen usw.) die Zahl der im Auftrag von Radio und Fernsehen DRS erbrachten Dienste – und auch diese waren nur zum geringsten Teil «radiospezifisch» und bestanden zu einem grossen Teil aus Proben und öffentlichen Konzertaufführungen, die man nicht eben zu den Hauptaufgaben eines Senders zählen wird. Nicht vergessen seien allerdings die in hohem Masse «medienspezifischen» Auftritte des Radio-Sinfonieorchesters Basel in einer Reihe von «narrativen» Musikfilmen, die das Schweizer Fernsehen DRS unter der Regie von Adrian Marthaler (Redaktion: Armin Brunner) produzierte und die ausserordentlich viel internationale Anerkennung erreichten.

Die Chronik der Radioorchester-Dirigenten spiegelt Aufstieg und Niedergang dieser Institution und verrät einiges über die Verlegenheit, in welche die SRG mit ihrem Flaggschiff, dem Radio-Sinfonieorchester Basel, kam. In den Anfängen des Radioorchesters Beromünster waren es – selbstverständlich, möchte man sagen – Spezialisten der Musik im und für das Radio, die dem Orchester vorstanden: zuerst (ab 1938) der Basler Hans Haug und von 1945 an Hermann Scherchen, ein engagierter Mann der Neuen Musik, der elektroakustischen Forschung und der Musiktheorie, der nach politischen Differenzen im «Kalten Krieg» als erklärter «Linker» seinen Posten nach fünf Jahren an den «unpolitischen» Komponisten Paul Burkhard abtreten musste. Danach leiteten Erich Schmid und Jean-Marie Auberson das Orchester, bis 1977 Matthias Bamert das Zepter des nunmehr Radio-Sinfonieorchester Basel genannten Klangkörpers übernahm – auch er ein Experte des spezifisch radiophonischen und televisionären Einsatzes von Musik. Als Bamert 1986 demissionierte, wählten die SRG-Oberen einen zwar prominenten, aber viel mehr am Opernbetrieb als an der Musik im Radio interessierten Dirigenten: Nello Santi, der zum letzten Chefdirigenten des Radioorchesters wurde, denn nach seinem Rücktritt 1994 liess man vorsichtshalber einmal die Chefposition vakant.

Die Basler Ära des einstigen Radioorchesters Beromünster, des Radio-Sinfonieorchesters Basel, war insgesamt keine glanzvolle. Vom stolzen Prestigeobjekt der SRG wurde es zu einem aufgrund seiner hohen Kosten – Mitte der Neunzigerjahre kostete das Orchester die SRG ein Viertel des gesamten Aufwandes für Radio DRS 2 – wenig geliebten Anhängsel. Hohe SRG-Funktionäre wie Radiodirektor Andreas Blum verhehlten nicht, dass sie die Institution des Radio-Sinfonieorchesters am liebsten ganz auflösen würden. Als die baselstädtische Finanzlage nach 1990 prekär und der Schuldenberg immer höher wurde, war auch aus politischer Sicht der Ruf nach einer Einsparung des Kostenfaktors Orchester zu hören, an dem der Kanton Basel-Stadt mit mehreren Millionen jährlich beteiligt war. Erste Folge der Sparmassnahmen bei den Orchestersubventionen um ca. 22 Prozent war 1994 eine Verkleinerung des Orchesters auf 60,5 Stellen, was allgemein als unterste Grenze für einen sinfonischen Klangkörper angesehen wird.

Die Zusammenlegung des Radio-Sinfonieorchesters Basel mit dem grösseren Basler Sinfonie-Orchester war lange Zeit ein Tabu, das Regierung und Parlament in Basel nicht antasten mochten. Wobei man den von der baselstädtischen Regierung vorgegebenen Kurs nicht anders denn als Zickzackkurs bezeichnen kann – bald wurde die Zusammenlegung angestrebt, bald wieder verworfen. Dieselbe Regierung, die 1993 eine Fusion der Klangkörper vorsah, hielt knapp ein halbes Jahr später am Zwei-Orchester-Modell fest. Sie folgte damit dem Druck einer Interessengemeinschaft, bestehend aus der AMG, den grossen Laienchören und einem Teil der Musikerschaft. Womit noch einmal bewiesen wurde, dass der in der AMG vertretene Bürgersinn auch am Jahrhundertende durchaus potent genug war, Regierung und Parlament wenigstens vorübergehend von ihren finanzpolitischen Sparabsichten abzubringen.

Allerdings hatte diese geballte Bürgeraktion nicht die geistige Kraft, eine inhaltliche Diskussion über Art, Sinn und Zweck staatlich subventionierter Orchesterleistungen zu initiieren, und sie musste deshalb letzten Endes scheitern. Während die von der Tradition ererbte Institution Orchester noch in den Sechzigerjahren von klugen Dirigenten wie Pierre Boulez oder Michael Gielen hinterfragt wurde (man skizzierte damals die Idee eines Musiker-«Pools», aus welchem je neue Formationen gebildet werden könnten), war die Diskussion der Neunzigerjahre klar dominiert von Besitzstand-Wahrung und Finanz-Rechnereien. Eine inhaltlich bestimmte Neukonstruktion der Orchesterstrukturen wollte Basel offenbar dem 21. Jahrhundert überlassen. Zu Beginn der Saison 1997/98 wurden die Orchester zusammengelegt, die Rolle des Deutschschweizer Radios für das Basler Musikleben war damit ausgespielt. Ein letztes Mal wirkte die SRG aktiv in Basel mit, als sie die Kosten für einen Sozialplan für die entbehrlich gewordenen Musikerinnen und Musiker der beiden Orchester in der Höhe von 4,4 Millionen Franken zu 90 Prozent übernahm und sich mit dieser Zahlung von der Erfüllung ihres Subventionsvertrags, der sie eigentlich bis zum Jahr 2000 verpflichtete, freikaufte.

Anmerkungen

1 Tilmann Seebass (Hrsg.): «Die Allgemeine Musikgesellschaft Basel 1876–1976. Festschrift zum hundertjährigen Bestehen», Basel 1976, S. 91 f.
2 Wilhelm Merian: «Hermann Suter», Bd. 1, S. 72.
3 Tilmann Seebass, op. cit., S. 75 ff. Das Krenek-Zitat in seiner Autobiographie: «Im Atem der Zeit. Erinnerungen an die Moderne», Hamburg 1998, S. 496 f.
4 Hans Peter Schanzlin: «Basels private Musikpflege im 19. Jahrhundert», Basel 1961, S. 48.
5 Hans Ziegler: «50 Jahre Basler Orchester-Gesellschaft 1921/22–1971/72», S. 32 f.
6 Vgl. die sehr kritische Darstellung durch Christian Fluri: «Neue Basler Orchestergeschichte – eine Leidensgeschichte», in: «Basler Stadtbuch 1996», 117. Jahr, Basel 1997, S. 169–173.
7 «Die Konzerte der Gesellschaft für Kammermusik Basel 1926–1951» zusammengestellt von Hans Oesch und Leo Eder, Basel 1954.
8 Diese Angaben laut den im Zehnjahresabstand erschienenen Protokollen der Basler IGNM, zuletzt: «Zum 60-jährigen Jubiläum der IGNM Basel (1927–1987)», Basel 1987. Zur Zürcher «Pro Musica» vgl. Joseph Willimann (Hrsg.): «Pro Musica. Der neuen Musik zulieb», Zürich 1988.
9 Max F. Schneider: «Musik der Neuzeit in der bildenden Kunst Basels», Basel 1944, S. 97.
10 Wilhelm Merian, Henning Oppermann, Otto Maag (Hrsg.): «Festschrift für Dr. Felix Weingartner zu seinem siebzigsten Geburtstag», Basel 1933. Vgl. auch: Christopher Dyment (Hrsg.): «Felix Weingartner: recollections and recordings», Rickmansworth 1976.
11 Diana Menuhin: «Durch Dur und Moll. Mein Leben mit Yehudi Menuhin», München/Zürich 1984, S. 187.
12 «Geschichte ist immer Bewegung und Rückkehr». Interview von Sigfried Schibli mit Pierre Boulez, «Basler Zeitung» vom 25. November 1996, S. 31.
13 Sigfried Schibli: «Ein Modell, kein Rezept – das Orchester ‹basel sinfonietta› wurde zehn Jahre alt», in: Basler Stadtbuch 1991, Basel 1992, S. 177–181.

Der Orchestereingang des Stadt-Casinos in Basel
(Foto Kurt Wyss)

Sigfried Schibli

Eine Ruhmeshalle für die Musik.
Das Basler Stadt-Casino und sein Musiksaal.

Ein klassisches architektonisches Werk

Keine bürgerliche Musikkultur ohne Konzertsäle. Der Einbau eines Fest- und eines grossen Konzertsaals in das 1826 vom klassizistischen Architekten Melchior Berri als eigentliches Basler Volks- oder Gesellschaftshaus konzipierte Basler Stadt-Casino («Kasino», wie die älteren Quellen sagen) war 1876 eng verbunden mit der Neustrukturierung des Orchesterlebens durch die Gründung der Allgemeinen Musikgesellschaft (AMG). «Ich wollte die Konzerte billiger und einem grössern Publikum zugänglich machen und gleichzeitig die Einnahmen aus denselben mehren, um Besseres bieten zu können», schrieb der erste Präsident der Allgemeinen Musikgesellschaft, der Staatsanwalt und spätere Regierungsrat Johann Jacob Burckhardt zu dem gemeinsamen Vorstoss von Kapellverein und aristokratisch geschlossener Konzertgesellschaft (die sich zur Allgemeinen Musikgesellschaft zusammentaten), Gesangverein, Liedertafel, Männerchor und Stadt-Casino.

Architektonisch war der neue Saal im neubarocken Stil – er fasste 900 Plätze im Parkett und 400 auf dem um den ganzen Saal herumgeführten Balkon – das Werk von Johann Jakob Stehlin d.J., Sohn des einflussreichen Politikers und langjährigen Basler Bürgermeisters Johann Jakob Stehlin-Hagenbach (1803–1879). Der jüngere Stehlin (1826–1894) gestaltete in den Siebzigerjahren neben dem Bernoullianum, der Hauptpost, der Kaserne und dem Gerichtsgebäude auch das Basler Stadttheater, die Kunsthalle und das Steinenschulhaus sowie eben den Musiksaal. Eine Häufung repräsentativer Staats-Aufträge, die vom früheren Basler Bauinspektor und Architekten Amadeus Merian (1808–1889) in seiner Autobiografie bitter kommentiert wurde: Stehlin-Hagenbach (der Vater des Architekten) sei «ein praktischer Zimmermeister» gewesen, «der die künstlerischen und theoretischen Kenntnisse durch gewandtes Mundstück, gegenüber seinen Bauherren, zu ersetzen wusste, sodass alle anderen nur Stümper wären», und er habe «auch in späteren Jahren in seiner hohen Stellung hier und in Bern» vieles «zu Gunsten seines Sohnes durchzusetzen vermocht».[1] Trotz dieser harschen Kritik werden die vier Kulturbauten um den Steinenberg aus heutiger Sicht als bedeutende städtebauliche Anlage, als eigentliches Basler Kulturzentrum betrachtet. Lucius Burckhardt charakterisierte es so[2]:

> Aus der Zeit, der man sonst den grössten Hang zum Monumentalismus und die schlimmsten restaurativen Tendenzen vorwirft, haben wir hier ein städtebauliches Ensemble, das durchaus anderen Gesetzen folgt (…). Zwischen der Schaffung einer Einheitlichkeit, deren Eigengewicht für die Stadt zu gross wäre, und einer künstlichen Disharmonie nach Art der spätromantischen Historisten wird der einzig richtige Weg gewählt: der des vierfachen Anklanges und Gegenspiels unter vierfacher Abwandlung.

Stehlin lehnte sich bei der Konzeption des Musiksaals vermutlich an den alten Leipziger Gewandhaus-Saal von 1781 an, der nur etwa 500 Sitzplätze hatte; sein Entwurf wies aber auch stilistische Verwandtschaftsbeziehungen zum Münchner Odeon auf, das Leo von Klenze 1826–1828 gebaut hatte.[3] Über den «Umweg» Leipzig scheint ein Stück Basler Konzertsaalkultur nach Zürich gekommen zu sein; denn als man dort eine neue «Tonhalle» plante (sie wurde 1895 vollendet), studierte man gleichermassen die als massstabsetzend geltenden neuen Säle in Basel und Leipzig (Gewandhaus-Neubau, 1880 gestaltet von den Berliner Architekten Gropius und Schmieden). Auch der von Gropius und Schmieden um 1880 konzipierte Musiksaal in Dresden kommt den Basler Massen sehr nahe. Beim Bau des «neuen» Leipziger Saals behielt man die Proportionen des kleineren alten Saals bei und vergrösserte nur die Abmessungen. Es scheint aber, dass der neue Leipziger Gewandhaus-Saal mit seinen 1560 Plätzen auch mit Blick auf den wenige Jahre älteren Basler Musiksaal konzipiert wurde (Stehlin publizierte 1881 in der «Deutschen Bauzeitung» einen Artikel über «seinen» Basler Musiksaal), sodass man von einer echten Wechselwirkung zwischen Leipzig und Basel sprechen darf.[4] Doch war es im späten 19. Jahrhundert nicht ungewöhnlich, beim Konzertsaalbau nach Leipzig zu blicken. Auch die Erbauer der «Symphony Hall» in Boston (1900) orientierten sich am neuen Gewandhaus und ausserdem am Wiener Musikvereinssaal.[5]

Stehlin-Burckhardt schrieb 1893 rückblickend in seinen «architektonischen Mitteilungen aus Basel»[6]:

Bei der Ausarbeitung des Projektes erhielt der Saal ohne weitere Absicht 21 m Breite, 36 m Länge und 15 m Höhe. Erst später, als diese Dimensionen auch in anderen Konzertsälen Anwendung fanden, wurde der Verfasser darauf aufmerksam gemacht, dass die Länge gleich der Breite und Höhe ist und dieses arithmetische Verhältnis der drei Raumdimensionen vielleicht zu den hervorragenden akustischen Eigenschaften des Saales in Beziehung stehen dürfte.

Allerdings folgten gerade die Basler Raumproportionen nicht denen in Leipzig: Das alte Gewandhaus mass 23 Meter in der Länge gegenüber 11,5 in der Breite und 7,5 in der Höhe; das neue Gewandhaus – es fiel 1944 einem Bombenangriff zum Opfer – wahrte das Verhältnis 2:1 bei der Proportion Länge zu Breite (38:19 m) bei einer Höhe von 14,9 Metern. Nur im Grossen, nicht im Detail folgt der Basler Saal dem Leipziger Prinzip der «Schuhschachtel»: wesentlich länger als breit, breiter als hoch und mit parallelen Seitenwänden – eine Form, die sich im 19. Jahrhundert in zahlreichen bedeutenden Konzertsälen bewährt hatte. Raumvolumen (Leipzig 10 600, Basel 11 500 m³) und Nachhallzeit (Leipzig 1,6, Basel 1,7 Sekunden) der beiden Säle sind vergleichbar.

Der Basler Musiksaal 1999
(Foto André Muelhaupt)

«Ohne weitere Absicht...»

Raumakustik – eine Frage der Intuition, des Glaubens, des Zufalls? In gewissem Sinn ja. Stehlin spricht von den «geheimnisvollen Gesetzen der Akustik». Und tatsächlich baute man jahrhundertelang Konzertsäle aus einer Mischung von Traditionsbewusstsein und Instinkt für das Wesentliche. Vermutlich wusste man nicht, dass selbst scheinbar überflüssige Verzierungen eine akustische Funktion haben können. Im Standardwerk von Prof. Willi Furrer, «Raum- & Bauakustik, Lärmabwehr» werden der Basler Musiksaal und das alte Leipziger Gewandhaus als akustisch vorzügliche Bauten hervorgehoben. Dabei, sagt Furrer, «erhöht die dem Geschmack des 19. Jahrhunderts entsprechende Ausschmückung des Saals die Diffusität stark, was zweifellos mit ein Grund für die vorzügliche Akustik ist.»[7] Wieder ein «ohne weitere Absicht» für die Akustik glücklicher Faktor!

1905 kam als Kammermusikraum im Stadt-Casino der Hans-Huber-Saal hinzu, den der Architekt Fritz Stehlin (Neffe von Stehlin-Burckhardt und Grossvater von Maja Sacher geborene Stehlin) gestaltete. Mit dieser Erweiterung vollzog Basel, dessen «Collegium Musicum» bis weit ins 19. Jahrhundert noch in privatem Rahmen vor ausgewähltem, privilegiertem Publikum konzertiert hatte, vollends die Öffnung zum grossen bürgerlichen Publikum und zum Musikmarkt in der eigentlichen kapitalistischen Bedeutung des Wortes hin.

Doch hinter dem Glanz der musikalischen Ereignisse, die jetzt im Musiksaal Einzug hielten, verbargen sich bauliche Unzulänglichkeiten, die sich als irreparabel erwiesen. Sie führten 1937 zum Abriss des alten Berri-Baus, der einem von den Architekten W. Kehlstedt, W. Brodtbeck und A. Dürig konzipierten Neubau mit dem sogenannten Festsaal weichen musste – wobei man den rund 1400 Plätze zählenden Musiksaal bewahrte und sozusagen um diesen Kern herum neue Foyers, Diensträume, Stimmzimmer und ein Restaurant baute. Ursprünglich gehörte auch das Basler Sommercasino an der St. Jakobs-Strasse – also ausserhalb der alten Stadtmauern – der als Aktiengesellschaft strukturierten Casino-Gesellschaft; es wurde 1937 aus finanziellen Gründen an den Kanton Basel-Stadt (Liegenschaften) beziehungsweise die Christoph Merian Stiftung (Park) verkauft. Dadurch und dank der Subventionen durch den «Arbeitsrappen» des Kantons Basel-Stadt, den Eidgenössischen Fonds für Arbeitsbeschaffung und einen Baukredit, wurden die finanziellen Voraussetzungen für den Neubau am Barfüsserplatz geschaffen.

«Dem Verkehr ist nun geholfen»

Unmittelbar nach Beginn des Zweiten Weltkriegs, im Dezember 1939, fand die Einweihung statt. Im Sommer 1941 war das grosse Wandbild «Apoll und die Musen» von Alfred Heinrich Pellegrini fertig und der Bau damit vollendet. Allerdings ist die Architektur des «neuen» Stadt-Casinos nie ganz unumstritten gewesen. Die Enge des Treppenhauses und der Foyers sowie das Fehlen eines eigentlichen Aussenplatzes vor dem Casino sind bis heute ein Ärgernis. Und schon Albert Baur kritisierte die Architektur heftig im Abschnitt «Baukunst» des dem Jahr 1939 gewidmeten «Basler Jahrbuchs»[8]:

> Wir sind bescheiden geworden. Was im verflossenen Jahr neu erstellt wurde, ist weder der Zahl noch den künstlerischen Vorzügen nach überwältigend. Das neue Stadtkasino erhebt sich nun am formlosen Barfüsserplatz, wo alles der Not (und dem Geschäft) gehorchend, aber nicht dem künstlerischen Sinn gemäss gestaltet wurde. (...) Dem Verkehr ist nun geholfen, neue grosse und bequeme Räume sind geschaffen. Die Masse des Neubaus neben dem alten Musiksaal ist nicht von schlechten Verhältnissen. Unbefriedigt lässt der Vorbau des Erdgeschosses mit schwachen Pfeilern und noch schwächeren Stichbogen; das sieht etwas nach nicht sehr überlegter Schreinerarbeit aus, in Stein ausgeführt, ohne die Kraft und Würde des Steins. (...) Das wäre nun eine lässliche Bausünde; unverzeihlich ist es aber, dass man die gute alte Fassade des Musiksaals, die ganz auf plastische Wirkung in einer Farbe ersonnen wurde, nun in Weiss und Braun aufgeteilt hat, wobei man die Kapitelle und Basen der Pilaster weiss bemalte und ihre Schäfte in den braunen wolkigen Putz hineinfallen liess. So sollte man denn doch nicht mit unsern guten Architekturen umspringen, auch wenn sie nur aus dem 19. Jahrhundert stammen!

Das Stadt-Casino in den Dreissigerjahren und nach dem Neubau 1951
(Fotos Staatsarchiv)

Eine Ruhmeshalle für die Musik

*Sanierung des
Stadt-Casinos 1997*
(Foto Kurt Wyss)

«Dem Verkehr ist nun geholfen ...» – dieser Stossseufzer um das Basler Stadt-Casino wurde zu einem Leitmotiv in der neueren Geschichte des Musiksaals. Im Interessenkonflikt zwischen Kunst und Verkehr hatte offenbar letzterer obsiegt. Max Adam, Tonmeister vom Radio-Studio Basel, gehörte zu den vehementesten Kritikern, die öffentlich gegen den das Stadt-Casino bedrängenden Verkehrslärm protestierten. «Wie viele der schönsten Aufnahmen waren unbrauchbar und mussten noch und noch wiederholt werden, weil das Tram in ein zartes Piano polterte oder eine Autohupe in die Welt Mozarts drang», klagte er am 26. Januar 1961 in einem Leserbrief an die «Basler Nachrichten» unter der Überschrift «Darf unser Casinosaal noch Musiksaal heissen?». Drei Jahre später mauerte man aus diesem Grund die Fenster des Musiksaals zu (sie wurden 1980 wieder sichtbar gemacht – als Attrappen). Doch das Hauptproblem blieb bestehen: Der Tramverkehr, der in Form des sogenannten Körperschalls von den Herzstücken der Weichen an der Verzweigung Steinenberg/Theaterstrasse Teile des Musiksaals zum Schwingen brachte und dadurch zu einer spürbaren Beeinträchtigung der vielgerühmten akustischen Eigenschaften dieser Konzerthalle führte.

Auch Paul Sacher beklagte 1961 (in den «Mitteilungen des Basler Kammerorchesters») nicht nur die Mehrzweck-Belegung des sogenannten Musiksaals durch Autoausstellungen und Boxmatches, sondern vor allem die Immissionen durch den Verkehrslärm, und er sprach vielen Musikfreunden aus dem Herzen. Das ist kein blosser Ausdruck eines baslerischen Lokalpatriotismus. Das Standardwerk «Music, Acoustic, Architecture» des amerikanischen Akustikers Leo L. Beranek zählt den Basler Musiksaal zu den vier weltbesten Konzertsälen – neben dem Wiener Musikvereinssaal, dem Amsterdamer Concertgebouw und der Bostoner Symphony Hall.[9] Aber das war er allenfalls nachts, wenn die Strassenbahnen stillstanden.

Nachdem die Tramweichen als Ursache der Vibrations- und Rumpelgeräusche entdeckt worden waren, erhielt die Casino-Gesellschaft von manchen Experten Ratschläge. Einer von ihnen, der japanische Akustiker Yoshimasa Sakurai, empfahl kurzerhand, das Tram umzuleiten – ein Ding der Unmöglichkeit angesichts der für die Lebensadern der Stadt zentralen Lage des Casinos. Realistischer waren Pläne, ein drittes Tramgeleise zur Erleichterung der Durchfahrt zum Barfüsserplatz einzubauen und alle drei Geleise am Steinenberg auf Federn und Dämpfern zu lagern, wofür Kosten von über 13 Millionen Franken projektiert wurden. Als diese Planung im Dezember 1992 vor den Grossen Rat kam, herrschte allerdings in Basel wieder einmal angestrengtes Sparklima. Man tat sich schwer mit kostspieligen Korekturen, die «nur» die Akustik eines Konzertsaals betrafen. Die Bauvorlage wurde mit grossem Mehr an die Gesamtverkehrskommission überwiesen und im Frühjahr 1993 vom damaligen Baudirektor Christoph Stutz ganz zurückgestellt, obwohl sich die Situation seit der neuen Linienführung des 11er-Trams mit seinen längeren mehrachsigen Wagen noch verschärft hatte. Ständerat Gian-Reto Plattner lancierte 1995 die Idee eines «Rumpelfrankens» (jedes Konzertbillett sollte mit einer Gebühr zur Sanierung der Tramschienen belegt werden), ohne Gefolgschaft zu finden.

Damit nun aber nicht genug. In den Jahren 1987 bis 1989 erfolgte eine gründliche Renovation des Musiksaals, die den Einbau einer neuen Heizung, einer Brandmeldeanlage sowie neuer Toilettenräume und die Vergrösserung der Stimmzimmer für die Musiker umfasste; vor allem aber stellte man die ursprünglichen Farben wieder her (das «monotone Hellgrau» des Saals war schon früher kritisiert worden) und baute anstelle der knarrenden Holzstühle eine neue, fest montierte Bestuhlung nach dem Modell der Frankfurter Alten Oper ein (was zugleich das Ende der variablen Bestuhlung etwa für experimentelle Wandelkonzerte bedeutete). Stumpfes Grau und düsteres Weinrot wichen freundlich-aktivem Terra di Siena und Terracotta.[10]

Freude herrschte. Bis Experten feststellten, dass sich die Akustik-Messwerte im Musiksaal seit der Renovation verschlechtert hatten – in für Laien kaum feststellbarem Mass zwar, aber immerhin. «Die Nachhallzeit im tiefen Frequenzbereich ist etwas gesunken (...), während sie im höheren und hohen Frequenzgebiet ansteigt. Die Musik kann dadurch im jetzigen Zustand als etwas spitz, als etwas brillanter als vorher empfunden werden», heisst es im Messprotokoll des Akustikers Karl Trefzer. Für den Tonmeister Jürg Jecklin vom Radio-Studio Basel bestand Anlass zu einem dramatischen Aufschrei: «Meiner Meinung nach ist die Akustik des Musiksaals kaputtrenoviert worden, und zwar irreparabel.» Jecklin führte die schlechteren Werte auf die fest montierte, ein natürliches Schwingen des Bodens verhindernde Bestuhlung und den neuen Anstrich zurück. «Die geballten Anstrengungen der Verkehrsplaner, der BVB und der Denkmalschützer haben den Musiksaal akustisch erledigt.»

Was folgte, war eine kleine Kontroverse unter Architekten, Akustikern und Malermeistern, die aber kaum über ein Expertengeplänkel hinausführte. Das Publikum schien froh zu sein, «seinen» Musiksaal in altem Glanz wiederzuhaben und scherte sich wenig um Akustikwerte in einem Messbereich, den nicht einmal die Orchestermusiker wahrzunehmen vermochten.

Grosse Solisten in Basel

Mit dem Bau des Musiksaals im Basler Stadt-Casino und der Gründung der Allgemeinen Musikgesellschaft als zentraler Konzertveranstalterin waren 1876 die äusseren Voraussetzungen dafür geschaffen worden, dass auch in Basel das grosse internationale Musikleben Einzug halten konnte. Schon im späten 19. Jahrhundert konzertierten weltbekannte Grössen wie Clara Schumann, Anton Rubinstein und Hans von Bülow regelmässig im Musiksaal, sodass Eduard Hanslicks Klage («Ich wüsste kein civilisiertes Land, wo dem Reisenden so wenig Musik entgegenklänge, als in der Schweiz») zumindest für Basel keine Gültigkeit mehr hatte.[11]

Es ist unmöglich – und wäre auch sinnlos –, an dieser Stelle alle grossen Solisten aufzuzählen, die Basel und insbesondere seinem Musiksaal im Lauf des 20. Jahrhunderts ihre Aufwartung machten. Ein paar wenige Beobachtungen müssen genügen, einen Eindruck vom zunehmend internationalen Charakter des Basler Musiklebens zu vermitteln. Bereits fürs Jahr 1900 vermeldet die Chronik das Auftreten des «Violinkünstlers» Joseph Joachim in einem AMG-Konzert sowie den «sensationellen Erfolg», den das Brüsseler Streichquartett im Stadt-Casino verbuchen konnte. Auch dem Konzert des jungen Geigers Jacques Thibaut – er sollte noch zur Jahrhundertmitte in Basel spielen! – wird der Rang einer «Sensation» zugesprochen. Im ersten Jahrzehnt waren es vor allem zwei Pianisten, die sehr häufig nach Basel kamen: Eugen d'Albert (der auch als Opernkomponist hohes Ansehen genoss) und Ferruccio Busoni. Busoni brachte auch seinen Meisterschüler Egon Petri nach Basel und gab 1910 am Konservatorium einen Meisterkurs, der in die Annalen dieser Institution eingegangen ist. Zu den Pianisten – von 1911 an trat auch Alfred Cortot häufig in Basel auf – gesellten sich in zahlreichen AMG-Konzerten der Cellist Pablo Casals, die Geiger Joseph Szigeti, Fritz Kreisler und Carl Flesch sowie die Altistin Ilona Durigo. Für das Jahr 1911 ist als aussergewöhnliches Faktum festzuhalten, dass der Komponist Hans Pfitzner als Dirigent der Basler Liedertafel auftrat. Dass der in Basel geborene Pianist Edwin Fischer (1886–1960) zu den häufigsten Solisten im städtischen Musikleben gehörte, versteht sich fast von selbst. 1912 hörte das AMG-Publikum einen bedeutenden Komponisten als Klavier-Solisten: Max Reger.

**Arthur Rubinstein
1961 in Basel**
(Foto Hans Bertolf)

Die Jahre des Ersten Weltkriegs bedeuteten einen tiefen Einschnitt in das musikalische Geschehen der Stadt. Ein ständiger Opernbetrieb existierte in den ersten Kriegsjahren formell nicht; trotzdem gelang es 1914/15, Wagners «Lohengrin» und den «Fliegenden Holländer», «Fidelio», «Freischütz» und «Zauberflöte» aufzuführen. Reduziert waren auch die Orchesterkonzerte, da zahlreiche Musiker im Heeresdienst waren. In diese Lücke sprangen ausländische Orchester. So spielten allein in der Saison 1916/17 in Basel das Richard-Strauss-Ensemble München («Elektra», «Ariadne auf Naxos»), das Leipziger Gewandhaus-Orchester, das Arthur-Nikisch-Ensemble («Tristan und Isolde») und der Leipziger Bachverein, alle unter Nikisch, das Pariser Conservatoire-Orchester unter André Messager, das Darmstädter Orchester und die Wiener Philharmoniker, beide unter Felix Weingartner – eine Fülle und Prominenz, die beim Verfasser der Jahrbuch-

Chronik den chauvinistischen Argwohn hervorrief, dies alles sei doch wohl nur «ausländische Kunstpropaganda».

In die Zwanzigerjahre fiel die Gründung der Basler Orchester-Gesellschaft, der Gesellschaft für Kammermusik und der Internationalen Gesellschaft für Neue Musik (vgl. das 1. Kapitel). Dies hatte auch Folgen für das Musikleben im Stadt-Casino. International bekannte Streichquartette wie das Wiener Rosé- und das Leipziger Gewandhaus-Quartett waren von da an in Basel immer häufiger zu hören. Am Solistenhimmel aber war ein neuer Stern aufgegangen: Adolf Busch, der sich 1926 in Basel niederlassen und das Basler Musikleben nachhaltig prägen sollte (vgl. das 11. Kapitel). Busch trat schon 1915 bei der AMG auf; von 1920 an taucht sein Name jährlich im Konzertkalender auf, sei es als Solist oder als Primarius des Busch-Quartetts. Während viele Solistenkonzerte offenbar mangelhaft besucht waren, scheint Busch in Basel immer sein Publikum gefunden zu haben, sodass er bisweilen mehrmals pro Saison im Casino spielen konnte, ohne sich selbst allzu viel Konkurrenz zu machen. Nur Edwin Fischer und später Rudolf Serkin brachten es auf eine vergleichbare Konzertsaal-Präsenz.

Längst waren in den Zwanzigerjahren die Pianisten Emil von Sauer, Alfred Cortot, Walter Gieseking, Wilhelm Backhaus, Elly Ney und die Cembalistin Wanda Landowska bekannt geworden; sie alle wurden dem Publikum der AMG und der frei veranstalteten Konzerte rasch zum Begriff. Die Zeit von Wirtschaftskrise und Arbeitslosigkeit in der Schweiz vermochte das Musikleben in Basel nicht wirklich zu tangieren. Für die frühen Dreissigerjahre möchte man die Gesamtaufführung aller Beethoven-Streichquartette durch das Busch-Quartett und die Wiedergabe sämtlicher Klavierwerke Arnold Schönbergs durch Else C. Kraus (im Rahmen der IGNM) hervorheben.

1931 taucht bei den Solistenkonzerten der Name des 15-jährigen Geigers Yehudi Menuhin auf, 1934 bei der AMG der des Pianisten Vladimir Horowitz – kommende Weltgrössen. Trotz der Krise gab es herausragende Engagements wie 1938 bei der IGNM Fritz Stiedrys Dirigat von Arnold Schönbergs «Pierrot lunaire». Im selben Jahr gastierte Wilhelm Furtwängler in einem Solistenkonzert mit den Berliner Philharmonikern im Basler Musiksaal.

Während des Zweiten Weltkriegs war es für auswärtige Musiker und Orchester schwierig, in Basel Engagements zu finden. Doch fehlten auch in dieser Zeit Rudolf Serkin, Heinrich Schlusnus, Pablo Casals, Wilhelm Backhaus, Alfred Cortot, Dinu Lipatti, Julius Patzak, Carl Flesch und Nikita Magaloff nicht. Einige Jahre nach Kriegsende erwuchs der AMG als bedeutendster Konzertveranstalterin starke Konkurrenz, und der Basler Musiksaal öffnete sich vollends den internationalen Grössen des Musiklebens. 1949 gründeten der Musiker und Impresario Pio Chesini und der Kaufmann Hans Rudolf Fuog die «Basler Solistenabende»; drei Jahre später folgten in Idealkonkurrenz zu dieser Institution die «Klubhaus-Konzerte», die der Migros-Genossenschaftsbund 1948 in sozialer Absicht in Zürich ins Leben gerufen hatte und die jetzt auch nach Basel ausschwärmten.

Seither spielen sich die beiden Konzertveranstalter die Bälle zu, immer noch Raum lassend für zusätzliche Gastspiele. Dies führte zu einer ausserordentlichen Häufung von Orchestergastspielen in den Fünfzigerjahren. In der Saison 1951/52 spielten sowohl die Wiener als auch die Berliner Philharmoniker (unter Wilhelm Furtwängler bzw. Herbert von Karajan) im Musiksaal; im Rahmen des Brucknerfestes, ein Jahr später, kamen das Amsterdamer Concertgebouw-Orchester, das Orchestre de l'Opéra de Paris und gleich zweimal die Berliner Philharmoniker nach Basel. Halten wir noch fest, dass der deutsche Dirigent Hans Rosbaud den Baslern 1955 die lokale Erstaufführung des «Sacre du Printemps» von Igor Strawinsky und 1957 die der «Turangalîla-Sinfonie» von Olivier Messiaen brachte – das erste Werk mit seinem Südwestfunk-Sinfonieorchester, das zweite mit dem Orchester der Zürcher Tonhalle. In derselben Saison 1956/57 erlebte man in Basel unter anderem die Dirigenten Ernest Ansermet, John Barbirolli, Otto Klemperer und George Szell (Cleveland Orchestra).

Zwischen «Solistenabenden» und «Klubhaus» herrschte ein eifriges Kommen und Gehen. Einmal gastierte das Concertgebouw-Orchester unter Eduard van Beinum im Klubhaus, in der nächsten Saison dann bei den Solistenabenden; Herbert von Karajan spielte 1953/54 mit den Wiener Symphonikern bei den Solistenabenden und in derselben Saison mit den Philharmonikern im Klubhaus. Auch die Solisten Yehudi Menuhin, Nathan Milstein, Arthur Rubinstein, seit den Sechzigern Friedrich Gulda und Arturo Benedetti

Michelangeli sowie später Daniel Barenboim, Gidon Kremer, Maurizio Pollini, Krystian Zimerman und Anne-Sophie Mutter, kamen regelmässig in den Basler Musiksaal und schienen sich in beiden Reihen wohlzufühlen. Dabei liessen die Solistenabende auch einheimische Interpreten wie die Pianisten Karl Engel und Peter Zeugin regelmässig zum Zuge kommen, während das Klubhaus stärker international ausgerichtet war (seit den Achtzigerjahren kehrte sich dieses Verhältnis um). Zum Teil profitierte Basel auch davon, dass Künstler, die nach dem Krieg wegen der Judenverfolgung nicht mehr in Deutschland auftreten wollten (wie Arthur Rubinstein und Isaac Stern), hier in unmittelbarer Grenznähe doch ein kunstverständiges Publikum finden konnten.

Mit der allmählichen Öffnung des «Eisernen Vorhangs» fanden vermehrt Solisten und Ensembles aus dem damals sozialistischen Machtbereich den Weg in Europas Konzertsäle, auch ins Basler Stadt-Casino. Hatte das Klubhaus 1976/77 noch unter erheblichen bürokratischen Schwierigkeiten die Leningrader Philharmonie unter Jewgenij Mrawinskij engagiert, so waren derartige Gastspiele zehn Jahre später keine Seltenheit mehr. Keine nennenswerte Aktivität entwickelten die beiden Konzertreihen auf dem Feld der historisierenden Aufführungspraxis: Während Aufnahmen von Nikolaus Harnoncourt, Roger Norrington oder John Eliot Gardiner und ihrer Alte-Musik-Ensembles auf dem Plattenmarkt längst Spitzenplätze einnahmen, sucht man diese Namen in den Verzeichnissen der Solistenabende und des Klubhauses fast vergeblich.

Heute kommen die solistischen Grössen des internationalen Musikbetriebs immer noch gerne nach Basel. Internationale Spitzenorchester und Spitzendirigenten aber sind viel seltener im Musiksaal zu hören als in den Fünfziger- und Sechzigerjahren. Der vergleichsweise wenig Publikum fassende Musiksaal macht solche Engagements wirtschaftlich unattraktiv, sodass es besonderen Sponsoren-Engagements bedarf, um eines der «grossen» Orchester in den Musiksaal zu locken.

Anmerkungen

1 Amadeus Merian: «Erinnerungen. Von ihm selbst verfasste Biographie». Basel 1902, S. 315.
2 Lucius Burckhardt: «Johann Jakob Stehlin der Jüngere und sein Basler ‹Kulturzentrum›», in: «werk», 50. Jahrgang 1963, H. 12, S. 464 ff.
3 Franziska Gross: «Die Basler Stadtcasinobauten und ihre Projektierung im 19. Jahrhundert», in: Zeitschrift für Schweizerische Archäologie und Kunstgeschichte, Bd. 40, 1983, H. 4, S. 269–293, hier S. 291.
4 Dorothea Baumann: «Ein Spätling im goldenen Zeitalter des Konzertsaalbaus», in: René Karlen/Andreas Honegger/Marianne Zelger-Vogt: «‹Ein Saal, in dem es herrlich klingt›. Hundert Jahre Tonhalle Zürich», Zürich 1995, S. 44.
5 Michael Forsyth: «Buildings for Music. The Architect, the Musician, an the Listener from the Seventennth Century to the Present Day», Cambridge 1985, hier S. 214.
6 Johann Jacob Stehlin-Burckhardt: «Architectonische Mitteilungen aus Basel», Stuttgart 1893, S. 39.
7 Willi Furrer, Anselm Lauber: «Raum- und Bauakustik. Lärmabwehr». 3. Auflage Basel/Stuttgart 1972, S. 152.
8 Basler Jahrbuch 1941, S. 199 f.
9 Leo Beranek: «Music, Acoustic, Architecture».
10 Vgl. Peter Hagmann: «Ein alter Raum in neuem Glanz. Renovation des Musiksaals im Basler Stadt-Casino», in: Basler Stadtbuch 1989, S. 167–170. Zur Kontroverse über die Akustik vgl. Sigfried Schibli: «Basler Musiksaal: kaputtrenoviert? Nach der Renovation des Basler Musiksaals ist eine Kontroverse über die Akustik entbrannt», in: Basler Zeitung vom 14. April 1989, S. 49.
11 Zit. nach «Basler Jahrbuch 1950», Basel 1949, S. 212. Die folgenden Angaben nach dem «Basler Jahrbuch» bzw. «Basler Stadtbuch», dem Archiv der Basler Solistenabende, der «Klubhaus»-Festschrift «45 Jahre im Schweizer Musikleben» (1993) und dem Archiv der Basler Zeitung.

Das alte Stadttheater vor dem Abriss 1975
(Foto Peter Stöckli)

Sigfried Schibli

Ein Haus und seine Wandlungen.

Musiktheater und Tanz im Basler Stadttheater.

Rang- oder Amphitheater?

Stadttheater stehen in ganz besonderem Masse im Schnittpunkt künstlerischer und politischer Interessen. In ihnen kommen bürgerlicher Bildungsanspruch und kritische Auseinandersetzung mit der Gesellschaft zusammen, häufig auch in einer produktiven Reibung von Repräsentationswillen, Unterhaltungsbedürfnis und Aufklärungsanspruch. Dies gilt nicht nur hinsichtlich der Spielpläne und der künstlerischen Leistungen, sondern auch für die baulich-architektonischen Grundentscheidungen. Das wird am Beispiel des Basler Stadttheaters um die Jahrhundertwende ganz besonders deutlich. Dieses Haus bot Anlass zu Diskussionen, die weit über architektonische Stilfragen hinaus ins Zentrum des Kulturbegriffs selbst führten.

Architektonisch war das Basler Stadttheater von 1875 ebenso wie die Kunsthalle, der Musiksaal und das Steinenschulhaus ein Werk von Johann Jakob Stehlin-Burckhardt; es lehnte sich stilistisch an die französische Neo-Renaissance des 18. Jahrhunderts an. Eröffnet wurde es am 4. Oktober 1875 mit Mozarts Oper «Don Giovanni» (dem Zeitstil entsprechend «Don Juan» genannt und in deutscher Sprache aufgeführt). Erster Direktor war August Grosse, zuvor Theaterleiter in Göttingen, Sondershausen, Chemnitz, Neustrelitz und Görlitz. Sein künstlerisches Personal rekrutierte sich aus 15 Damen und Herren in der Oper, 19 im Schauspiel, 15 im Chor und fünf Damen im Ballett. Die Subvention betrug im Eröffnungsjahr 1875 12 000 Franken.[1]

Aber das rund 1400 Sitzplätze und 200 Stehplätze umfassende Haus – das grösste Theater der Eidgenossenschaft – überlebte die Jahrhundertwende nicht lange. In der Nacht vom 6. zum 7. Oktober 1904 wurde es nach einer Aufführung der «Fledermaus» von Johann Strauss ein Raub der Flammen, und die Theaterkommission musste sich schon wieder mit neuen Plänen, Konzepten – und mit der Standortfrage auseinandersetzen. Denn dass das neue Haus am selben Ort stehen sollte wie das alte, war durchaus nicht ausgemacht. Neben dem Steinenberg standen die St. Elisabethenschanze, das Gelände zwischen Innerer Margarethen- und Viaduktstrasse (das spätere Schlotterbeck-Areal), das Areal des alten Zeughauses am Petersplatz (an dessen Stelle das Kollegiengebäude der Universität erbaut wurde), die Dufourstrasse und die Wettsteinspielmatte gegenüber der Theodorskirche zur Diskussion. Gegen einen Grossratsbeschluss, der mit starkem Mehr die Beibehaltung des alten Platzes forderte, kam ein Referendum zustande, das nur relativ knapp (3261 gegen 2783 Stimmen) den Grossen Rat und die (Aktionärs-)«Gesellschaft des Basler Stadttheaters» sowie die Theaterkommission ins Recht setzte: Das neue Theater sollte am Ort des alten stehen. Denn, wie die Theaterkommission argumentierte, «die St. Elisabethenschanze ist ein Berg, und für ein Theater brauchen wir ein Loch».

Beibehalten wurde auch – und dies war Gegenstand eines erbittert ausgetragenen kulturpolitischen Grundsatzstreits – das architektonische Prinzip eines Rangtheaters mit vier Rängen (deren erster auch als Balkon bezeichnet wird). Auch noch intakte Teile des alten Theaters wurden wiederverwendet. Entgegen dem Ratschlag auswärtiger Experten und einem Gutachten des Kölner Theaterbaumeisters Carl Moritz, der einen neuen Bauort, eine breitere Bühne und drei statt vier Ränge vorschlug und das Fehlen einer Probebühne monierte, folgte man den Planskizzen von Fritz Stehlin-von Bavier (1859–1923), der auch die Bauleitung übernahm. Ein Wettbewerb war übrigens nicht ausgeschrieben worden. Basel war zwar mit inzwischen rund 120 000 Einwohnern Grossstadt geworden (bei der Eröffnung des früheren Theaters 1875 waren es weniger als halb so viele), und die Theatersubvention belief sich auf immerhin 55 000 Franken jährlich; aber ein Moment von kleinstädtischer Enge und bewahrender Beschaulichkeit – das Wort «Filz» lässt sich schwerlich unterdrücken – hatte sich erhalten.

Diese Tatsache spiegelt sich in der Wahl des Architekten und in der architektonischen Gestaltung selbst. Fritz Stehlin, ein Neffe des Architekten des abgebrannten zweiten Stadttheaters, hatte unter anderem den Hans-Huber-Saal und – zusammen mit Emanuel La Roche – das De-Wette-Schulhaus und die Musikschule (heute Musik-Akademie) gebaut. Beim Entwurf des neuen Stadttheaters folgte er, ganz bewahrender Architekt und treues Vollzugsorgan der «Gesellschaft des Stadttheaters Basel», im Wesentlichen dem Grundriss des alten Theaters. Er beliess die stehen gebliebene Fassade und verzichtete im Innern zwar auf die Parterre-Logen, nicht aber auf die bisherigen vier Ränge. Wobei «die Logen des Balkonrangs und der vorgelegte

Basler «Ring»-Bühne von Adolphe Appia, 1925
(Foto Archiv der Basler Zeitung)

offene Balkon» für die 62 Aktionäre des Theaters, die 1152 Aktien besassen, zu reservieren waren. Aufgrund eines Streiks konnte der Termin der für Juli 1907 angestrebten Neueröffnung nicht eingehalten werden. Die erste Vorstellung im neuen Theater, Wagners «Tannhäuser», konnte erst am 20. September 1909 stattfinden. Stehlins Werk wurde als «pietätvoll im Rahmen des vornehmen alten Theaters» gewürdigt («Basler Volksblatt» vom 22. September 1909).

Vom Steinenberg an die Theaterstrasse

Das neue, chronologisch das dritte Stadttheater in Basel, gewährte vielen Menschen Raum, aber nur wenigen gute Sicht. «Von 1150 vorhandenen Sitzplätzen boten nur 400 rechte Sicht hinter den Bühnenausschnitt; noch weniger, wenn die Regisseure auch auf diese 400 keine Rücksicht nahmen», schreibt Karl Gotthilf Kachler.[2] Überdies entsprach das Haus mit seiner engen Guckkasten-Bühne und der nach höfisch-barockem Vorbild in Ränge gestaffelten Schichtung des Publikums nicht dem demokratischen Empfinden, das sich andernorts schon längst durchgesetzt hatte und überall seinen Ausdruck in ranglosen, amphitheatralisch aufsteigenden Auditorien fand. Bemerkenswert übrigens, dass sich gerade sozialdemokratische Kreise gegen das demokratisch-soziale und für das höfisch konzipierte Theater aussprachen!

Kritik blieb nicht aus. Die Zeitschrift «Der Samstag» geisselte das neue Haus schon ein halbes Jahr nach seiner Eröffnung als «epigonenhafte Konzeption». Tatsächlich reproduzierte es die Klassenordnung einer Gesellschaft, die sich zwar ein populäres «Stadttheater» hielt, aber nicht Abschied nehmen mochte von der Vorstellung, dass die guten Plätze im Theater vor allem dem «besseren Publikum» im Parkett und im Balkonrang vorbehalten seien, während sich «das Volk» auf den obersten Rängen zusammendrängte. Kachler zitiert einen Erich Hengi, der – wahrscheinlich unter Pseudonym – im «Samstag» das neue Haus unter mehreren Gesichtspunkten verspottete: einmal aufgrund der mangelhaften Sichtlinien vom dritten und vierten Rang herab («... so ist der Zuschauer an einer Reihe von Plätzen um sein Eintrittsgeld betrogen»), dann wegen der extremen Unterschiede in der Ausstattung zwischen privilegiertem Parkett und den «billigen Rängen» («dort Luxus, hier Armseligkeit») und schliesslich aufgrund der Fassadengestaltung («Konstruktionsfehler, Geschmacksirrungen»).

Ein Haus und seine Wandlungen

Die Probleme mit dem neuen Haus wurden in den ersten Jahren seines Bestehens überlagert von den Folgen des Ersten Weltkriegs, der viele deutsche und österreichische Künstler zum Einrücken in den Kriegsdienst zwang, sowie durch Subventionsreduktionen, die durch freiwillige Beiträge des «Theatervereins» gemildert werden mussten. Aber ganz glücklich wurde man in Basel mit dem Stehlin-Bau auch in ruhigeren Zeiten nie. Schon unter der Direktion Oskar Wälterlins, der dem Theater von 1925 bis 1932 vorstand, wurde von den Architekten Ernst F. Burkhardt und Richard Calini ein Umbauprojekt erarbeitet; im Zentrum standen der Abbruch der beiden oberen Ränge zugunsten einer amphitheatralischen Anlage sowie der Neubau einer Probebühne und eines Ballettsaals. Realisiert wurden indes nur Veränderungen im Bühnenhaus. Kein Wunder, dass in den Dreissigerjahren erneut Neubaupläne gewälzt wurden, die aber der Finanzknappheit des Kantons zum Opfer fielen.

Dabei war es weniger die Oper als das Schauspiel, das einen Ausweg aus der ungünstigen Raumsituation im Stadttheater dringend benötigte und suchte. Vorübergehend zog es in das spätere Volkshaus um, dann in den «Blauen Saal» der Mustermesse; noch 1946 erwog man den Umbau des Hans-Huber-Saals im Stadt-Casino als Schauspielhaus. Auch für den Einbau eines hölzernen Zuschauerraums in das damals leer stehende Küchlin-Theater existierten Pläne; eine Saison lang spielte man auch tatsächlich im «Kiechli», gab diese Nebenbühne aber wieder auf, und der Ruf nach einem wirklich neuen Theater, nach einem Neubau, wurde lauter. Immer wieder gab es Neubau- und Umbaupläne, die unrealisiert blieben. Die Etablierung der «Komödie» durch den Tourneetheater-Unternehmer Egon Karter im Jahre 1950 löste das Raumproblem des Basler Schauspiels für viele Jahre. Aber die Sichtprobleme im Stadttheater waren dadurch nicht beseitigt, und die Mühlen der baselstädtischen Kulturpolitik mahlten langsam weiter. So wurde 1952/53 ein öffentlicher Ideenwettbewerb für ein «kulturelles Zentrum» durchgeführt und 1956 ein Ideen-Wettbewerb für den Neubau eines Stadttheaters ausgeschrieben. Ihm folgte sieben Jahre später ein eigentlicher Architektur-Wettbewerb, bei dem 1963 nicht weniger als 47 Projekte eingereicht wurden und den die Architekten Schwarz & Gutmann BSA/SIA, Zürich, gewannen.

Regierung und Grosser Rat ebneten 1967 endlich den Weg für das vierte Basler Stadttheater auf dem Gelände der ehemaligen Steinenschule. Der Neubau sollte einen grossen Saal mit 1043 Plätzen und beweglicher Decke (Hängeschale) sowie einen als Studiobühne konzipierten kleineren Saal enthalten; als technische Besonderheit galt die Variabilität der Spielsituationen im Grossen Haus, das nicht weniger als vierzehn verschiedene Varianten – von «Schauspiel mit Podien» über «Oper mit Doppeldrehscheibe» bis zu «Konzert» erlaubt. Die stark ansteigenden Sitzreihen und die vergleichsweise geringe Entfernung zur Bühne (maximal 29,5 Meter) erlaubten günstige Sichtlinien von allen Plätzen.[3] Durch zwei von der «Nationalen Aktion» lancierte Referenden wurde der Bau um einige Jahre verzögert. In einer ersten Volksabstimmung im September 1973 wurde die Vorlage mit rund 24 000 gegen 18 600 Stimmen verworfen; das zweite Referendum aber ging nach einem ausserordentlich bewegten und breit geführten Prozess der Meinungsbildung im Juni 1974 fürs Theater positiv und für dessen Feinde negativ aus (rund 24 000 gegen 16 000 Stimmen).

Unter verbreitetem Wehklagen über die angeblich allzu grosszügige Subventionierung des neuen Theaters (das den künstlerisch erfolgreichen Direktor Werner Düggelin zur Amtsaufgabe trieb), wurde das Haus Anfang Oktober 1975 mit einem grossen «Theatermarkt» auf betont anti-elitäre Weise eingeweiht. Die Direktion hatte Hans Hollmann übernommen, nachdem zuvor Arno Wüstenhöfer gewählt worden war, aber aufgrund einer Sparauflage der Basler Regierung sein Amt nicht antrat. Wobei dieser Entscheidung – publiziert am Freitag, den 13. Dezember 1974! – eine Auseinandersetzung über Wüstenhöfers politische Verlässlichkeit vorangegangen war. Hatte Wüstenhöfer doch die Kühnheit besessen, das neue Haus mit der Brecht-Oper «Puntila» des DDR-Komponisten Paul Dessau in der Inszenierung der DDR-Regisseurin Ruth Berghaus eröffnen zu wollen. Diese Oper hatte zwar schon 1960/61 auf dem Basler Spielplan gestanden, aber inzwischen war mit dem Bau der Berliner Mauer ein neues Spannungsverhältnis eingetreten … Womit einmal mehr dokumentiert wäre, dass die scheinbar um private Konfliktkonstellationen kreisende Gattung Oper im politischen Leben einer Stadt durchaus zum brisanten Politikum werden kann.

*«Nussknacker», 1979,
Choreografie
Heinz Spoerli*
(Foto Peter Schnetz)

Und das alte Stehlin'sche Theater? Nach dem Willen des Heimatschutzes und eines lokalen Komitees sollte es neben dem neuen Gebäude stehen bleiben (ausgenommen der Verwaltungstrakt). Dadurch sollten die neobarocke Harmonie des Strassenzuges erhalten und ein «grossdimensionales Architekturloch» vermieden werden. Nach den Vorstellungen von Rolf Brüderlin und Peter Klick sollten die Innenräume des alten Theaters als Verkaufs- und Ausstellungsräume, für einen Kunstmarkt, Büros, ein Café und einen Billardsaal genutzt werden. Grosser Rat und Regierung aber folgten diesem nostalgischen Ansinnen nicht, wollten auch nichts von einer fünfjährigen «Schonfrist» wissen und gaben das baufällige Haus zur Sprengung frei. Am 6. August 1975, frühmorgens um 5 Uhr, fiel der Stehlin-Bau, von 230 Kilogramm «Dynamex» getroffen, in sich zusammen und überliess dem Neubau der Architekten Schwarz, Gutmann und Gloor den Vorrang. Grosse Bühne, Kleine Bühne und Komödie bilden seither ein Ensemble, in das von Anfang an auch das gelegentlich bespielte Foyer einbezogen wurde; an der Stelle des alten Stadttheaters aber wurde mit dem Theaterbrunnen von Jean Tinguely ein urbanes Kunstwerk errichtet, dessen spielerischer Leerlauf unfreiwillig an den langen Prozess des Basler Theaterneubaus erinnert.

Da die «Komödie» an der Steinenvorstadt dem Theater nur im Mietverhältnis überlassen wurde und der Mietvertrag am 31. Juni 2001 ausläuft, kamen immer wieder Pläne zu einem neuen, theatereigenen Schauspielhaus auf. So wurde von Regierungsseite die Idee eines Neubaus am Theaterplatz – an der Stelle, wo das alte Stadttheater gestanden hatte – lanciert; auch wurden Pläne vorgelegt, wie die renovationsbedürftige «Komödie in der Steinen» durch grundlegende Sanierung, Umbau der Bühne oder Neubau (Auskernung) am alten Standort erhalten werden könnte. Verwirklicht wird indes der kaum ins Stadtbild eingreifende, freilich auch gestalterisch wenig visionäre Plan eines Schauspielhaus-Neubaus im langjährigen Basler Ganthaus an der Steinentorstrasse.

Die Sprache der Spielpläne

Die Veränderungen, die das Basler Theater in unserem Jahrhundert durchmachte, waren nicht nur in architektonischer Hinsicht beträchtlich, sondern auch hinsichtlich der künstlerischen Konzeptionen und des Spielplans. Dies lässt sich zunächst an den quantitativen Daten ablesen. In der ersten Spielzeit des zweiten Hauses (von Johann Jakob Stehlin-Burckhardt), 1875/76 also, wurden in sechs Monaten nicht weniger als 84 Stücke aufgeführt, davon 28 verschiedene Opern; hinzu kamen Gastspiele auswärtiger Truppen. In der Saison 1900/01 gab man 36 Stücke des musikdramatischen Genres, davon sieben Operetten. Spitzenreiter waren Wagner und Lortzing (je vier Stücke), gefolgt von Mozart mit drei Opern. Auch die erste Spielzeit in Fritz Stehlins drittem Theater brachte eine beachtliche Zahl von Produktionen auf die Bühne: 32 Neuinszenierungen von Schauspielen, 20 von Opern und fünf von Operetten; daneben zahlreiche Gastspiele.

Verfolgen wir die Musiktheater-Spielpläne des Basler Stadttheaters im Zehnjahrestakt weiter. 1910/11 gab es 34 musikdramatische Stücke, davon 7 Operetten. Am meisten gespielt wurden jetzt Opern von Verdi und Wagner. Eine erstaunliche Steigerung ist zehn Jahre später festzustellen. Damals – das Stadttheater wurde gerade von einem fünfköpfigen Ausschuss unter Leitung des Kapellmeisters Gottfried Becker (1879–1952) geleitet – «produzierte» man die rekordverdächtige Zahl von 52 Musiktheater-Stücken, davon 13 Operetten (das proportionale Verhältnis der ernsten zur leichten Muse hatte sich also kaum verändert). Komponisten wie Meyerbeer, Thomas oder Saint-Saëns verschwanden allmählich vom Spielplan; dafür traten neue Namen wie Othmar Schoeck und Richard Strauss auf den Plan. Zehn weitere Jahre danach – inzwischen war Oskar Wälterlin Direktor und Felix Weingartner Musikdirektor geworden – spielte man 39 musikalische Stücke, davon zehn Operetten.

Aufschlussreicher als die nackten Zahlen sind die inhaltlichen Gewichtungen im Musiktheaterspielplan. Bis 1930 dominierte das deutsche und französische Repertoire; Opern der Belcanto-Ära (Rossini, Bellini, Donizetti) waren in Basel selten zu hören, slawisch-russische Werke so gut wie nie. Allmählich setzten sich Verdi, Puccini und die Komponisten des «Verismo» (vor allem Mascagni und Leoncavallo) gegen das französische und deutsche Repertoire durch. Unter Weingartner wurde Mozart zum meistgespielten Komponisten. In der Spielzeit 1930/31 gab man gleich drei Mozart-Opern in der italienischen Originalsprache, nachdem zuvor die Übersetzung ins Deutsche selbstverständlich gewesen war. Tanzmatineen sowie die Barockoper drangen ins Repertoire ein. Im selben Jahr spielte man «Hippolyte et Aricie» von Rameau (unter Hans Münch) und – als Gastspiel des Basler Kammerorchesters unter Paul Sacher – Henry Purcells «Dido und Aeneas». Ebenfalls unter Weingartner erreichte die Gastspieltätigkeit der Basler Operntruppe einen Höhepunkt. So «bediente» man in der Saison 1930/31 nicht nur das Basler

«Rigoletto» im amerikanischen Gangstermilieu: Die Verdi-Inszenierung von Jean-Claude Auvray am Theater Basel von 1981 gehörte zu den meistdiskutierten Opernaufführungen der Nachkriegszeit
(Foto Peter Schnetz)

Stadttheater, sondern spielte auch in Mulhouse, Strasbourg, Lörrach, Freiburg i.Br., Rheinfelden, Olten und Langenthal.

Die Kriegs- und Krisenzeit in den Vierzigerjahren erschwerte das Engagement von Künstlern aus Deutschland und dezimierte auch das lokale Publikum. Zumindest am Schauspiel gingen der Nationalsozialismus und der italienische Faschismus nicht spurlos vorbei: Im November 1936 gab man das Schauspiel «Hundert Tage» von Benito Mussolini und Giovacchino Forzano, ein Napoleon-Drama mit Werner Krauss, dem repräsentativsten Schauspieler des «Dritten Reichs». Durch die vom Nationalsozialismus erzwungene Rückkehr zahlreicher Schweizer Künstlerinnen und Künstler aus Deutschland veränderte sich der Charakter des Theaters auch personell. Nicht immer waren die Heimkehrer nur erwünscht. Vielen von ihnen schlug seitens des in Basel verbliebenen Personals das Misstrauen entgegen, nazifreundlich gesinnt zu sein, was in einem öffentlich ausgetragenen Streit der Sängerinnen Elsa Cavelti und Annette Brun eskalierte.[4]

Der Zweite Weltkrieg wirkte sich kaum auf die Angebotsfülle des Theaterspielplans aus, wohl aber auf den Spielplan. 1940/41 wurden 26 verschiedene Produktionen des Musiktheaters gezeigt, darunter – offenbar war das Bedürfnis nach eskapistischer Erheiterung in grauer Krisenzeit besonders gross – neun Operetten und komische Opern. Chronisten zählen für das Kriegsjahr 1942/43 nicht weniger als 546 Theatervorstellungen, die von über 200 000 Menschen besucht wurden. Das Tief der späten Dreissigerjahre, als das Theater – auch aufgrund des Ausbleibens von Zuschauern aus dem Badischen – nur noch 45% Auslastung hatte, war offenbar überwunden.[5] Unübersehbar war der Einfluss der sogenannten «Geistigen Landesverteidigung» auf das Theater. Im Schauspiel wurden Schweizer Dramen stark favorisiert; zeitweise nahm die Theater-Zeitung Beiträge in Schweizerdeutsch auf, und auch die Oper spielte ungewöhnlich viele Werke von Schweizer Komponisten (oder solchen, die ihr ganzes Berufsleben in der Schweiz verbrachten). Allein in der Spielzeit 1940/41 kamen Stücke von Hermann Goetz, Heinrich Sutermeister («Romeo und Julia»), Paul Burkhard und Hans Haug (der schon in den Dreissigerjahren mehrere Basler Uraufführungen hatte) auf die Musiktheaterbühne, und auch zehn Jahre später waren es mit Tibor Kasics, wiederum Paul Burkhard und Arthur Honegger immerhin noch drei Schweizer Komponisten. Unmittelbar nach dem Weltkrieg waren 39% der Aufführungen Operetten, 34% Schauspiele und 26% Opern. Zehn heitere Musiktheaterstücke zierten den Spielplan der Saison 1950/51, in der wiederum Verdi der meistgespielte Komponist war.

Überblickt man die letzten vierzig Theaterjahre des Jahrhunderts aus der Vogelperspektive, so lassen sich folgende Haupttendenzen ausmachen: Das Repertoire verkleinerte sich stetig auf einen Kanon der «bedeutenden Werke» hin, dafür nahm im gleichen Masse die Aufführungszahl der Produktionen zu. Gleichzeitig verschwand allmählich das «Repertoire» im engeren Sinn – die meisten Produktionen waren nach einer Spielzeit «abgespielt» und kehrten nicht mehr auf die Bühne zurück. Damit zusammen hängt der Umstand, dass das Basler Theater immer weniger auf ein feststehendes Ensemble setzte und, einem internationalen Trend folgend, für jede Inszenierung aufs Neue Gäste von auswärts verpflichtete. Während man noch zum Jahrhundertanfang die meisten Stücke mit eigenem Personal bestreiten konnte, war am Jahrhundertende das Opernensemble auf wenige Positionen geschrumpft.

1960/61 wurden die erfolgreichsten Inszenierungen – Bizets «Carmen», Strauss' «Fledermaus» und Lehárs «Paganini» – jeweils über zwanzigmal gegeben. «Carmen», vermutlich neben der «Zauberflöte» die am Theater Basel insgesamt am häufigsten aufgeführte Oper, brachte es mit Gastspielen sogar auf 29 Aufführungen. In dieser Spielzeit gab es in Musiktheater und Ballett noch 23 Stücke, davon fünf Ballette und fünf Operetten. Zehn Jahre später brachte man es unter Direktor Werner Düggelin noch auf 13 Stücke. Um die Werke im engeren Sinn aber gruppierte sich jetzt eine Fülle von begleitenden Veranstaltungen – von Erich Holligers vieldiskutierten, oft aufs politische Tagesgeschehen oder auf politisch-moralische Fragen bezogenen «Montagabenden» (die theatergeschichtlich wohl in den «Bunten Abenden» wurzeln, die der vielseitig begabte Kurd E. Heyne schon 1945, unmittelbar nach der deutschen Kapitulation, eingeführt hatte) über Popkonzerte bis zu Musikaktionen der avantgardistischen Szene. Das Theater verstand sich als Kulturzentrum und Diskussionsforum.

Der Trend zu «weniger, aber besserem Theater» setzte sich in derselben Richtung weiter fort. Die letzte Saison 1974/75 im Stehlinschen Bau sah noch 9 Neuinszenierungen von Opern und Operetten, 12 des Schauspiels, vier Ballettproduktionen und die «Montagabende». 1980/81 kam man unter der Direktion von Horst Statkus auf elf verschiedene Produktionen des Musiktheaters (darunter eine Operette und zwei Ballette); der Spielplan hatte sich durch «Boris Godunow» von Mussorgsky und drei Barockopern (Telemanns «Pimpinone», Rameaus «Dardanus» und «Platée») vollends von seinem alten Kern wegbewegt. Ein deutsches Werk stand, abgesehen von Be-

Ballettsaal im neuen Stadttheater
(Foto Peter Stöckli)

natzkys «Weissem Rössl», in jenem Jahr gar nicht mehr auf dem Spielplan, während in der ersten Spielzeit des Jahrhunderts rund zwei Drittel deutsche Werke über ein Drittel französischer und italienischer Stücke triumphiert hatten. Fügen wir noch die Statistik des Jahres 1990/91 an, das unter der Direktion von Frank Baumbauer stand: wiederum elf Produktionen mit sechs Opernabenden, zwei Balletten, einer Operette und zwei sonstigen Musiktheaterproduktionen (Kinderoper, Multimedia-Experiment).

Eine Stätte erstrangigen Sänger-Theaters wie München oder Zürich war Basel wohl nie. Eher wurde hier der Gedanke des homogenen Ensembles gepflegt, wurden junge Stimmen entdeckt und gefördert. Es gereicht dem Theater Basel aber zur Ehre, dass einige später weltberühmte Sängerinnen hier ihre ersten Engagements hatten. So debütierte die damals 23-jährige Katalanin Montserrat Caballé 1956 in Basel als «Bohème»-Mimi; 1960 machte die junge Grace Bumbry, die als «schwarze Venus» in Bayreuth berühmt wurde, in Basel Furore. Auch die Mezzosopranistin Anne Sofie von Otter debütierte in Basel (1983 als Gluck-Orpheus) und zwei Jahre später die blutjunge Wienerin Eva Lind. Als Orpheus war auch die 1907 geborene Baslerin Elsa Cavelti, die vor allem als Gesangspädagogin renommiert werden sollte, in Basel zu erleben. Ebenfalls als Gesangslehrer machte sich Paul Sandoz (1906–1999) einen Namen, der von 1941 an als Bassbariton am Basler Stadttheater wirkte. Unter den Männerstimmen zu erwähnen sind weiter der seit 1932 in Basel lebende, in Russland geborene Bariton Georges Baklanoff und der Bass Rudolf Mazzola, der Anfang der Siebzigerjahre in seiner Heimatstadt sang, bevor er an die Wiener Staatsoper ging. Als Konzertsolist und als – seit 1968 an der Musik-Akademie in Basel lehrender – international gefragter Gesangslehrer machte sich der 1940 geborene Bassbariton Kurt Widmer einen hervorragenden Namen.

Ballettstadt Basel

In den Sechzigerjahren hatte das Ballett die Operette, einst das Zugpferd des Theaterbetriebs, an Spielplan-Präsenz und Bedeutung bereits abgelöst – man wird wohl sagen dürfen: endgültig. Die «Geburtsstunde» des Basler Balletts wird meist ins Jahr 1955 gelegt und mit dem Namen von Wazlaw Orlikowsky verbunden. Doch gab es schon lange zuvor Tanzgastspiele etwa von Isadora Duncan oder Niddy Impekoven und selbstverständlich die Balletteinlagen der «Tanzgruppe» in Opernaufführungen. Allerdings lag das Basler Ballett mindestens teilweise in den Händen – oder Beinen – von Laien. So hatte man etwa 1922 Richard Strauss' «Josephslegende» den Damen des Theaterchors und Mitgliedern des Bürgerturnvereins anvertraut und nur die beiden Hauptrollen mit professionellen Tänzern besetzt, die als Gäste von auswärts engagiert wurden.

Gastspiele sorgten für ein gewisses Mass an Information über die internationale Tanzszene – wobei der Kritiker der «Basler Nachrichten» 1927 anlässlich des Basler Auftritts der berühmten Tänzerin Anna Pawlowa den Spitzentanz «längst im Theater-Museum und im besten Fall in den Music Halls» beheimatet wähnte. Er ahnte noch nichts vom Aufschwung des neoklassizistischen Balletts vier Jahrzehnte später! 1939/40 zählte die Ballettgruppe acht Tänzerinnen und einen Ballettmeister. 1946 wurde der Tanzlehrer Heinz Rosen fest angestellt, der seine Truppe auf «zehn Damen und vier Herren» erweiterte und am 12. Mai 1946 den ersten eigentlichen Ballettabend in der Geschichte des Basler Theaters leitete (das Programm: Strawinskys «Jeu de cartes», Delibes' «Coppélia» sowie zwei Stücke von Manuel de Falla und Marco Rothmüller).

Als regelmässige Bestandteile des Theaterspielplans tauchten Ballettabende seit 1955 auf. Damals nahm der vom Direktor Hermann Wedekind (1910–1998) engagierte 34-jährige russische Ballettmeister Wazlaw Orlikowsky (1921–1995) seine Tätigkeit in Basel auf. Er startete fulminant: mit einem Tschaikowsky-«Schwanensee», der in einer einzigen Spielzeit nicht weniger als 52-mal gezeigt wurde und den Auftakt zur Glanzperiode des Basler Balletts bildete (Dirigent war der später international erfolgreiche Silvio Varviso). Insgesamt brachte es der Orlikowskysche «Schwanensee» auf 200 Aufführungen – eine Rekordzahl. Auch später bildete das russische Repertoire den Kern von Orlikowskys Basler Tätigkeit.

Auf ähnliche Aufführungszahlen kam mit 131 «Nussknacker»-Aufführungen erst wieder ein Choreograf, der in Orlikowskys Basler Truppe getanzt hatte und als junger Unbekannter (der in Amerika als Tommy in Fernand Naults choreografischer Inszenierung der gleichnamigen Rockoper Furore gemacht hatte) zu dessen Nachfolger erkoren wurde: Heinz Spoerli. Achtzehn Jahre lang blieb der 1941 geborene Basler am hiesigen Theater, von 1973 bis 1991, bis er zu grösseren Ballettensembles nach Düsseldorf-Duisburg und 1996 ans Opernhaus Zürich wechselte. Die Basler Tanztruppe unter Heinz Spoerlis Leitung erreichte nicht nur grosse Popularität beim lokalen Publikum, sondern auch eine hohe internationale Reputation, und das ebenfalls von Spoerli mitbegründete, von privaten Geldgebern finanzierte Biennale-Festival «Basel tanzt» sorgte für manch aufschlussreiches Ballettgastspiel.

Künstlerisch hatte sich Spoerli einer Fortführung des klassischen Tanzes mit modernen Mitteln, auch denen des «Modern Dance», verschrieben. Er begann mit respektlos-frechen «Entrümpelungen» klassischer Stücke; später neigte er wieder stärker dem klassischen Formenkanon zu. Doch die Erfahrung der Moderne prägte sein Schaffen nachhaltig. Er ging mit dem Raum, ehemals durch die Schrittsymmetrie des klassischen Tanzes fixiert, behutsam renovierend um, demokratisierte und dezentralisierte ihn und definierte die Rollen von Soli und Corps de Ballet mit Witz und Ironie neu. Der international erfolgreiche Choreograf erweiterte den Horizont des Basler Balletts durch Kompositionen von Gustav Mahler, Anton Webern, Charles Ives, Dimitri Schostakowitsch, György Ligeti, Luigi Nono, Hans Werner Henze, Arvo Pärt, Steve Reich, Phil Glass, John Adams, Hans Jürgen von Bose, George Gruntz und schuf auch originelle, auf die Schweiz bezogene Ballette wie «Chäs» oder «Fondue».[6]

Spoerlis Wirken in Basel bedeutete zweifellos eine Hochphase des Basler Balletts – aber auch eine der letzten Blüten, die es überhaupt treiben konnte. Ihm folgte für fünf Jahre der Ungar Youri Vàmos, der als Spezialist gross besetzter, die Musik oft frei collagierender Handlungsballette galt. Seine Basler Ära war kurz: Sparmassnahmen der baselstädtischen Regierung, die dem Theater rund zwanzig Prozent seiner Subventionen entzog, vertrieben ihn nach Düsseldorf, wo er 1996 Heinz Spoerlis Nachfolger wurde – eine Art «Reigen» der Ballettchoreografen. Dass ausgerechnet die Sparte Tanz am meisten unter den kantonalen Sparmassnahmen zu leiden hatte, war vielen Ballettbesuchern unverständlich, galt doch «ihre» Sparte als preiswert hinsichtlich der Produktionskosten und überdies als ausgesprochen publikumsintensiv. Aber der Protest gegen die «Abwicklung» des Basler Balletts blieb verhalten. Die Tanzgemeinde hatte keine «Lobby», und das Ballettensemble war nicht darin geübt, im eigenen Interesse zu argumentieren – kein Zufall wohl, dass Tänzerinnen und Tänzer stets deutlich schlechter bezahlt waren als Schauspielerinnen und Schauspieler, Chor- und Orchestermitglieder.

Mit Vàmos' Nachfolger, dem vom neuen Direktor Michael Schindhelm berufenen Deutschen Joachim Schlömer, begann 1996 eine neue Ära des Tanzes am Basler Theater, denn Schlömer verzichtete auf das im slawischen und romanischen Raum sowie im höfischen Gesellschaftsmilieu verankerte klassische Ballett, führte das in der Nachkriegsgesellschaft Deutschlands wurzelnde «Tanztheater» in Basel ein und verkleinerte das Tänzercorps radikal auf 12 Tänzerinnen und Tänzer. Allen Unkenrufen zum Trotz bereitete ihm das Publikum zuerst einen neugierig-begeisterten Empfang; mit der Zeit verflüchtigte sich das Interesse der Tanzinteressierten an Schlömers Arbeiten ein wenig. Mit Schlömer, der in seiner ersten Spielzeit Glucks Oper «Orfeo ed Euridice» inszenierte, wurde auch wieder etwas vom spartenübergreifenden Geist der Stadttheater-Idee spürbar.

Funktionen, Träger und Finanzen

Natürlich wäre es naiv, aus den Aufführungszahlen allein künstlerische Vielfalt in den «alten Zeiten» ableiten und in den «neuen» nur Symptome der Verarmung sehen zu wollen. Das Verständnis dafür, was künstlerisch anspruchsvolles Theater ist, hat sich in den hundert Jahren des Berichtszeitraums verändert. Das Theater wandelte sich von der Bildungs- und Unterhaltungsanstalt zum Ort der Hochkultur und der gesellschaftlichen Denkanstösse. «Als Relikte der einstigen Residenz- und Hoftheater», schreibt Karl Gotthilf Kachler über die als Modelle der schweizerischen Theater dienenden deutschen Theater des 19. Jahrhunderts, «hatten sie einer bildungsbeflissenen Bürgerschaft mit abwechslungsreichen Spielplänen künstlerische Unterhaltung zu bieten. (...) Alles entsprach der Ansicht des Theaterdirektors in Goethes ‹Vorspiel auf dem Theater›: ‹Wer vieles bringt, wird manchem etwas bringen›.»[7] Im Zug der allgemeinen Demokratisierung öffnete es sich breiten Schichten der Bevölkerung. Während um die Jahrhundertwende die meisten Stücke nur ein- oder zweimal pro Spielzeit aufgeführt wurden, dominierte später das Serien-Prinzip mit bis zu dreissig Aufführungen desselben Werks pro Spielzeit – es sollten alle Theaterinteressierten die Möglichkeit haben, «Figaro» oder «Fidelio» zu erleben. (Allerdings folgte die Tendenz zur Aufführung der Stücke in der «Originalsprache» einem gegenläufigen, eher elitären Trend).

Höchst unterschiedlich waren auch die Ansprüche an die Regie. Für künstlerisch ausgefeilte Konzept-Inszenierungen fehlte zur Zeit der Jahrhundertwende offenbar das Bewusstsein – und angesichts der Fülle von Produktionen überdies die Zeit; vieles scheint gewissermassen «vom Blatt» inszeniert und aufgeführt worden zu sein. Das gilt auch für die Musik. Noch zu Felix Weingartners Zeiten reichten zwei oder drei Orchesterproben aus, um eine Oper musikalisch einzustudieren; heute sind es meist deren zwölf bis vierzehn. Verändert hat sich auch die Planungs-Reichweite. Im späten 19. Jahrhundert erfolgten die Spielplan-Ankündigungen am Basler Stadttheater noch buchstäblich von Tag zu Tag. Langfristige Planung, wie man sie heute betreibt, war offenbar unbekannt; dafür war das Theater in der Lage, rasch und flexibel auf Publikumswünsche zu reagieren. Und es war zu einer eigentlichen Repertoirepflege fähig, während das Theater gegen die Wende zum 21. Jahrhundert seine Aufgabe nicht mehr darin sieht, dem Publikum ein Kompendium klassischer Bildungsgüter anzubieten, sondern seinen Sinn in der Präsentation der jeweils aktuellsten Stücke (die freilich auffallend oft Klassiker sind!) und der jeweils spannendsten Regieansätze sah und sieht.

Bemerkenswert ist der Aspekt der Trägerschaft des Basler Stadttheaters. Fast hundert Jahre lang, seit 1829 und bis 1920, war das Theater als Aktiengesellschaft konstituiert; die Aktionäre standen unter der Leitung einer «Commission aus ihrer Mitte», in deren Verantwortungsbereich auch die Wahl der Direktion lag. Bauherrin und Eigentümerin des Theatergebäudes war die «Gesellschaft des Stadttheaters». Nach dem Brand des Stadttheaters war es wiederum die Theatergesellschaft, die den Neubau in die Hand nahm, finanziell unterstützt durch den Kanton – wobei diese Unterstützung an die Bedingung geknüpft war, die Gesellschaft müsse von privater Seite mindestens 250 000 Franken durch Aktienzeichnung aufbringen.

Bezeichnenderweise rekrutierten sich die Mitglieder dieser «Theaterkommission» weitgehend aus den kulturtragenden Basler Familien

Ein Haus und seine Wandlungen

*Szenenbild aus
Mauricio Kagels
Liederoper
«Aus Deutschland»,
1997, in der
Inszenierung von
Herbert Wernicke*
(Foto Kurt Wyss)

des alteingesessenen gehobenen Bürgertums oder Patriziats. Und typischerweise standen die Präsidenten der Theaterkommission oft viele Jahre lang an der Spitze der Verwaltung. Der Architekt Fritz Stehlin-von Bavier war von 1892 bis in sein Todesjahr 1923 in der Kommission, der Jurist Ernst Adolf Koechlin-Burckhardt amtierte von 1909 bis 1921 als Präsident, der Verleger Rudolf Schwabe-Burckhardt war über dreissig Jahre lang, von 1925 bis 1956, Kommissionsmitglied (von 1925 bis 1941 als Präsident); auch der sozialdemokratische Regierungsrat Carl Miville, der als Präsident von 1941 bis 1948 wirkte, entstammt einer alten Basler Familie. Neben diesen prägenden Figuren wirkten die Burckhardt, Dietschy, Mangold, Merian, Respinger, Paravicini, Vischer an ihrer Seite. Seit 1994 steht – als Nachfolger von Andreas P. Hauri und Armin Stieger – Walter P. von Wartburg an der Spitze des Theater-Verwaltungsrats.

Äusserst verschlungen ist die Geschichte des Basler Stadttheaters unter dem Gesichtspunkt der Finanzierung, die nicht von Anfang an in Subventionen im modernen Sinne bestand. Am Anfang seiner Geschichte stehen oder besser liegen einige Klafter Holz – sie bildeten 1847 sozusagen die «Grundsubvention» durch den «Kleinen Stadt-Rat». Hinzu kamen in den folgenden Jahren weitere Naturalien, zum Beispiel kostenloses Gas für die Beleuchtung, aber auch Unterstützungsbeiträge in Geldform. In der ersten Spielzeit des 20. Jahrhunderts betrug diese Subvention 55 000, vor Ausbruch des Ersten Weltkriegs 90 000 Franken, die durch gut 9000 Franken von privater Seite ergänzt wurden. In den Zwanziger- und Dreissigerjahren kletterten die Staatsgelder über die Halb-Millionen-Grenze, wozu immer auch private Zuwendungen von bis zu 90 000 Franken kamen. Die Spielzeit 1948/49 konnte bei einer ordentlichen Subvention von 750 000 Franken erstmals mit einem Zusatzbetrag von 25 000 Franken seitens des Kantons Baselland rechnen, womit dem traditionell hohen, bis vierzig Zuschauerprozente zählenden Publikumsanteil aus dem Nachbarkanton zumindest symbolisch Rechnung getragen wurde. Die Millionengrenze der Grundsubvention an das Basler Stadttheater war mit der Spielzeit 1951/52 erreicht, ergänzt durch eine Nachtragssubvention und die Teuerungszulage von nochmals fast einer halben Million. Zehn Jahre später erhielt das Theater vom Kanton Basel-Stadt eine Grundsubvention von 2,5 Millionen, zehn weitere Jahre danach von 8,9 Millionen Franken. 1992/93 erreichte es mit 36,2 Millionen Franken von Basel-Stadt und 1,5 Millionen von Basel-Landschaft seine höchste Subvention überhaupt.

Der Anteil der Personalkosten belief sich immer auf rund 85 Prozent; die Einnahmen durch den Kartenverkauf bewegten sich zwischen 45 Prozent im Jahr 1962 und 17 Prozent 1971/72; in der Spielzeit 1995/96 beliefen sie sich auf rund 28 Prozent. Die absoluten Besucherzahlen lagen in den meisten Spielzeiten zwischen 200 000 und 300 000 zahlenden Besuchern, wobei sich in der Zeit des Wechsels vom Stehlin- zum Gutmann-Theater ein interessanter Umschwung ereignete: Während die Besucherzahl im «alten» Stadttheater plus Komödie seit 1969 bis zum Abriss des Hauses 1975 stetig gesunken war, stieg sie mit der Eröffnung des neuen Hauses 1975 sprunghaft an und kletterte stetig bis auf den absoluten Höhepunkt in der Saison 1980/81 unter der Direktion von Horst Statkus mit 312 189 zahlenden Besuchern (zum Vergleich: Spielzeit 1997/98 = 187 941 zahlende Besucher). Bis zur Eröffnung der Komödie betrug das besuchermässige Verhältnis von Oper, Operette und Ballett zum Schauspiel meist etwa 2:1. Mit der Eröffnung der Komödie «überholte» das Schauspiel die musikalischen Sparten, aber nicht dauerhaft: Nach den Jahren der Hochblüte des Sprechtheaters nahm punkto Besucherzahlen wieder das Musiktheater überhand. In einer Besucherumfrage erklärten Ende 1997 46 Prozent der Besucher, für sie sei die Oper am wichtigsten; 33 Prozent nannten das Schauspiel an erster Stelle und nur 7 Prozent das Tanztheater.

Diese Zahlen verraten wenig über die politische Dynamik, die häufig im Prozess der Subventionierung des Theaters lag. Das noch um die Jahrhundertwende gültige Modell der Subventionierung der «Theaterkommission» sicherte offensichtlich nicht längerfristig die Aufrechterhaltung des Theaterbetriebs, obwohl 1914 der «Theaterverein» unterstützend hinzukam. 1921 wurde der Gesellschaft des Stadttheaters eine beantragte Subvention von 500 000 Franken auf 300 000 Franken gekürzt, auch eine Nachsubvention von geforderten 150 000 Franken wurde von der Regierung um ein Drittel beschnitten. Darauf trat die betriebführende Theaterkommission zurück und überliess den Betrieb des Theaters der neu gegründeten «Genossenschaft des Basler Stadttheaters» unter dem Vorsitz des Ständerats Victor Emil Scherer, die als Aufsichtsorgan des Theaters ihrerseits eine Theaterkommission einsetzte. Dieser Schritt erfolgte gleichzeitig mit der Gründung der Basler Orchestergesellschaft im Jahre 1921. Das Theaterpersonal musste sich damit einverstanden erklären, dass die Sommermonate Juni und Juli 1922 unter Umständen lohnfrei blieben.[8] Trotz dieses Wechsels der Trägerschaft blieb die aus dem städtischen Bürgertum hervorgegangene «Gesellschaft des Stadttheaters» Eigentümerin des Theatergebäudes und als solche für die bauliche Instandhaltung zuständig; ihr gegenüber trat die Genossenschaft als Mieterin auf. Erst mit dem Bau des vierten, im Oktober 1975 eröffneten Theatergebäudes sollten sich die Eigentumsverhältnisse ändern. Die Gesellschaft des Stadttheaters verkaufte die Liegenschaften Theaterstrasse 1 und Klosterberg 15 der Einwohnergemeinde Basel, die Gesellschafter wurden ausbezahlt und die Gesellschaft trat nach fast 150 Jahren in Liquidation.

Macht und Ohnmacht der Direktoren

In der Anfangszeit des Basler Stadttheaters waren die Direktoren – sie wechselten zu Beginn häufig, fast alljährlich, sodass man im 19. Jahrhundert dreissig Direktoren in 58 Jahren zählen kann – als Pächter direkt am finanziellen Erfolg oder Misserfolg des Theaters beteiligt. Erst 1898 entschied man sich dafür, mit Leo Melitz (1855–1927) einen fest entlöhnten Theaterdirektor zu engagieren und ersetzte damit die «Privatdirektorenwirtschaft» eines «Geschäftstheaters» (Melitz) durch eine Intendanz im modernen Sinne.[9] Die Wahl eines neuen Direktors – der auch als Verfasser populärer Opern- und Operettenführer bekannte Melitz blieb offiziell bis 1919 im Amt, leitete das Theater aber kommissarisch weiter – gehörte zu den wichtigsten Aufgaben der Kommission. Ernst Lert, sein Nachfolger, verliess Basel schon 1921 wieder, nicht ohne, wie es im Basler Jahrbuch heisst, «im inneren Betrieb Schwierigkeiten hinterlassen» zu haben. Auch dessen Nachfolger Otto Henning war als Direktor eine Übergangsfigur (1921–1925), bis Oskar Wälterlin (1895–1961) von 1925 bis 1932 dem Theater zu einer künstlerischen Blütezeit verhalf.

Dass Wälterlin trotz glänzender Theaterarbeit aufgrund seiner Homosexualität von der Theaterkommission 1932 praktisch zum Rücktritt gezwungen wurde, stellt der Toleranz der Baslerinnen und Basler jener Jahre kein gutes Zeugnis aus. Auch Wälterlins Dirigent Felix von Weingartner hatte aufgrund seiner 1931 mit einer 44 Jahre jüngeren Frau geschlossenen Ehe Probleme mit der strengen Basler Moral. Und Wälterlins aus Mühlhausen in Thüringen stammender Nachfolger Egon Neudegg (bürgerlich: Otto Ewald Bickel; 1891–1957) musste nach siebzehn langen Amtsjahren als Direktor aufgrund eines Moralskandals demissionieren: Er schickte weiblichen Untergebenen Briefe unverblümt erotischen Inhalts ... Neudegg war sowohl künstlerischer als auch kaufmännischer Direktor und leitete zudem die Disposition. Er kam mit einem an heutigen Verhältnissen gemessen äusserst kleinen Stab von vier Direktionsmitarbeitern (Sekretär, Sekretärin, Dramaturg, Öffentlichkeitsreferent) aus – im Vergleich dazu nimmt sich der Verwaltungsapparat des Theaters Basel in der Saison 1994/95 mit rund dreissig Personen opulent aus. Überdies inszenierte Neudegg fleissig, in einer einzigen Spielzeit (1939/40) nicht weniger als 17 Stücke (darunter Wagners «Parsifal»), was nur dadurch zu erklären ist, dass man normalerweise nur eine, höchstens zwei Wochen lang probte und noch keine ausgeprägten «Regietheater»-Ansprüche stellte. Auch Wälterlin inszenierte viel – die Chronik zählt in seinen zwölf Basler Stadttheater-Jahren (1919–1932) nicht weniger als 144 Produktionen, darunter zahlreiche Opern.

Im Herbst 1942 wurde das Schauspiel von der Oper getrennt und einer eigenen Direktion unterstellt, die für zwei Spielzeiten wiederum von Oskar Wälterlin (damals zugleich Direktor des Zürcher Schauspielhauses) übernommen wurde. «Das Schauspiel», sagte Wälterlin damals, «darf in Basel nicht Lückenbüsser sein, wenn kein Orchester zur Verfügung steht».[10] Trotz dieser programmatischen Absicht besass das Schauspiel in der «Musikstadt» Basel schon aufgrund des Raumproblems (das Küchlintheater war die provisorische Spielstätte) geringere Ausstrahlung als die Oper – was man gerade in einer Zeit bedauern musste, die das dringende Bedürfnis hatte, über das Medium Schauspiel Fragen der Macht und der Selbstbestimmung zu verhandeln. In der Oper trat Gottfried Becker, altgedienter Basler Kapellmeister seit 1909, an die Stelle Egon Neudeggs, assistiert vom Weingartner-Schüler Alexander Krannhals, der später eine internationale Dirigentenlaufbahn in Holland und Deutschland einschlug, als Erstem Kapellmeister.

Die institutionelle Trennung von Oper und Schauspiel blieb ein Provisorium. 1950 wurden sie wieder zusammengeführt und dem Oberregisseur der Oper Friedrich Schramm (1900–1981) unterstellt, der in den drei Jahren seines Wirkens als Direktor viel Zeitgenössisches aufführte; so etwa Gian Carlo Menottis «Konsul», Arthur Honeggers «Johanna auf dem Scheiterhaufen», Igor Strawinskys «The Rake's Progress» und «Oedipus Rex» sowie in Uraufführung Rolf Liebermanns «Leonore 40/45». Bereits ein Jahr später gingen Musik- und Sprechtheater wieder getrennte Wege. Wechselhaft blieb auch die Besetzung der Operndirektion. Nachdem Albert Wiesner (1889–1954) das Theater für ein Jahr bis zu seinem frühen Tod geleitet hatte, trat 1955/56 der Opernregisseur Hermann Wedekind (1910–1998) sein Amt an, flankiert durch Adolf Zogg als administrativen Leiter. Bisher hatten fast immer Schauspieler und Schauspielregisseure die Gesamtverantwortung über das Theater getragen, nun nahmen mit Schramm und Wedekind typische Opernvertreter das Heft in die Hand – nicht ohne Folgen für das Profil des Hauses.

Fragt man nach künstlerischen Höhepunkten in der langen Periode des Basler Opernbetriebs, so sind für das frühe 20. Jahrhundert sicherlich die Arbeiten Oskar Wälterlins und des Genfer Bühnenbildners Adolphe Appia (1862–1928) zu erwähnen. Es war der vor allem an Wagners «Ring» sehr ausstrahlungsmächtig erprobte Versuch, dem älteren Bühnen-Naturalismus zugunsten einer «visuell sprechenden» abstrakteren Bühnengestaltung abzuschwören. Appia, der mit dem Rhythmiker Jaques-Dalcroze (1865–1950) zusammengearbeitet hatte, lernte 1920 den jungen Assistenten von Theaterdirektor Ernst Lert, Oskar Wälterlin, kennen. Wälterlin überzeugte die Direktion – die er im August 1925 selbst übernahm – von der Notwendigkeit eines neuen Basler «Rings»; er führte selbst die Regie (man sprach von «Spielleitung») und vertraute Appia die Bühnengestaltung an. Immerhin lag die letzte Basler «Tetralogie» über zwanzig Jahre zurück (1900–1903). Allerdings blieb dieser Basler Reform-«Ring», für den Wälterlin auch publizistisch vehement eintrat, Fragment.[11] Nach der im Februar 1924 dargebotenen «Walküre» gab es eine Unterbrechung bis zum April 1926, in dem – ohne Mitwirkung Appias und Wälterlins – das letzte Stück der Tetralogie, die «Götterdämmerung», gegeben wurde (Regie: Walter Jensen). Erst im Mai 1927 schob man den dritten Teil nach: «Siegfried»; Regie führte jetzt Heinrich Moskow.

Der Grund für den Wechsel der künstlerischen Leitung lag im Skandal, den Appias kühl abstrahierende Arbeiten bei einem Teil des Publikums und der Presse hervorriefen. Der vehementeste Appia-Kritiker war der Basler Goldschmied und Amateurmusiker Adolf Zinsstag-Preiswerk (1878–1965), der auch Präsident der Basler Wagner-Gesellschaft und flammender Anhänger Alt-Bayreuths war. Er scheute sich nicht, von «Vandalismus» und «künstlerischem Bolschewismus» zu sprechen und entfachte mit einigen Gleichgesinnten einen solchen Skandal, dass das Theater gezwungen war, die Tetralogie ohne Appia zu vollenden.[12] Wagners «Ring» hatte auch in den folgenden Jahrzehnten wenig Glück auf der Basler Opernbühne. 1977 begann Direktor Hans Hollmann einen neuen Zyklus, der von Hans Neugebauer fortgeführt werden musste, weil Hollmann nach drei Spielzeiten im Zorn demissionierte. Eine Konstante dieses gebrochenen «Rings» lag allerdings in der Person zweier Musiker, die dem Theater Basel viele Jahre lang die Treue hielten: Theaterchorleiter Werner Nitzer und Dirigent Armin Jordan, der dem Theater seit 1968 als Kapellmeister und seit 1972/73 als musikalischer Oberleiter diente und das Theater auch nicht aufgab, als er längst ehrenvoll zum Chefdirigenten des Orchestre de la Suisse Romande ernannt worden war (Jordan demissionierte in Basel 1989; sein Nachfolger Michael Boder blieb nur vier Jahre am Theater Basel, und nach einer chefdirigentenlosen Zeit wurde die britische Dirigentin Julia Jones 1998 erste Dirigentin in einer Basler Chefposition). In den Neunzigerjahren plante Direktor Wolfgang Zörner in Koproduktion mit dem Badischen Staatstheater Karlsruhe einen weiteren «Ring»(vorgesehener Regisseur Jean-Louis Martinoty), der aufgrund von Zörners frühzeitiger Demission aber nicht zustandekam. Solche Koproduktionen mit anderen Häusern gehörten zu den Patentrezepten unter den Einsparungsmodellen, an die Direktoren in Basel immer wieder glaubten und die doch nur selten zustandekamen.

Obwohl sich das Opernrepertoire zunehmend auf die «Spitzenreiter» verengte, war Basel im 20. Jahrhundert doch eine wichtige Stätte der zeitgenössischen Oper, die in der für das Neue aufgeschlossenen Stadt auf fruchtbaren Boden fiel. Neben den auch international «durchgesetzten» Komponisten Bartók, Schönberg, Berg und Strawinsky fallen im Kalendarium einige Uraufführungen auf. Wobei der nach «prominenten» Uraufführungen suchende Blick in der ersten Jahrhunderthälfte allenfalls auf Märchenspiele, Operetten und Basler Lokalkomponisten stösst und erst in der zweiten Hälfte auf international bekannte Namen. So wurde wie erwähnt 1951 Rolf Liebermanns Oper «Leonore 40/45» in Basel uraufgeführt, 1969 Heinz Holligers «Der magische Tänzer», 1970 Klaus Hubers «Tenebrae» (als Ballett), 1975 Klaus Hubers «Der Alte vom Berge», 1991 Luca Lombardis «Faust. Un travestimento». Eine neue Oper Klaus Hubers wurde für das Jahr 2000/2001 in Auftrag gegeben. Immer wieder war das Theater Basel Schauplatz von Schweizer Erstaufführungen, so zuletzt von Mauricio Kagels «Aus Deutschland» (1997) und Bernd Alois Zimmermanns «Soldaten» (1998).

Als Stärke des «Dreispartentheaters» (Musiktheater, Schauspiel, Tanz) wird immer wieder die künstlerisch fruchtbare «Durchlässigkeit» der Sparten bezeichnet. Hält man sich die Spielpläne vor Augen, so relativiert sich diese Aussage freilich einigermassen. Mehr ins Auge als die gegenseitigen Befruchtungen der Sparten fallen Rivalitäten zwischen Oper, Sprechtheater, Operette (oder Musical) und Ballett (oder Tanztheater). Immerhin ist zu vermerken, dass «Spartenübertritte» immer wieder vorkamen und dass sie künstlerisch häufig ergiebiger waren als das Spezialistentum der Nur-Opern-Regisseure. Schon Wazlaw Orlikowsky choreografierte nicht nur Ballette, sondern inszenierte auch Opern, so zum Beispiel Alexander Borodins Oper «Fürst Igor»; danach wandte sich der «Schauspielmann» Werner Düggelin erfolgreich Wagner, Strauss und später Henze zu, ebenso wie Hans Hollmann, der in Basel Verdi, Puccini, Wagner und erstmals Bergs dreiaktige «Lulu» auf die Opernbühne brachte. Erst recht in der mit dem Basler Wirken des Direktors Frank Baumbauer verbundenen Phase intensiven «Regietheaters» an der Oper öffnete sich das Musiktheater, einem internationalen Trend folgend, vielen aus dem Schauspiel stammenden oder vom Bühnenbild herkommenden Regisseuren (Herbert Wernicke, Achim Freyer, Christof Nel, Michael Simon), während Opernexperten bisweilen auch Sprechdramen auf die Bühne brachten. Eine Durchmischung, die unter dem Blickwinkel des Jahrhunderts betrachtet wiederum kein Novum war – die Spezialisierung auf eine einzige Sparte war eine vergleichsweise späte, durchaus zweifelhafte Entwicklung des Theaters.

Musiktheater ausserhalb des Stadttheaters

In hundert Jahren hat sich nicht nur die Trägerschaft des Theaters gewandelt, auch sein kulturelles Umfeld und seine Funktion selbst blieben nicht unverändert. Eines aber ist geblieben: Das Theater steht nach wie vor in einem Spannungsfeld zwischen Bildung, Unterhaltung und purem Schönheitskult. Bald neigt es zur «moralischen Anstalt», bald zum ästhetischen Experimentierfeld und bald zur luxuriösen Unterhaltungsstätte. Und steht dergestalt immerdar in Konkurrenz zu anderen Formen des «Entertainment». Während es sich um 1890 noch gegen die mit sensationellem Publikumserfolg auf dem Barfüsserplatz auftretenden Zirkusse zu behaupten hatte[13], war es hundert Jahre später den elektronischen Zerstreuungsmedien Film und Fernsehen und dem Musical als Konkurrenten ausgesetzt. Und während man 1890 nur halb scherzhaft eine Aufführung der «Jüdin» von Giacomo Meyerbeer mit dem Vermerk ankündigte: «Kaiser Sigismund erscheint im Zuge des 1. Aktes zu Pferde», nahm das Theater am Ende des Jahrhunderts vorübergehend das amerikanische Musical (beziehungsweise die «Rock-Oper») in seinen Olymp auf – bis im Oktober 1995 ein von der Messe Basel initiiertes, ganz dem Schaffen von Andrew Lloyd Webber zugewandtes «Musical Theater» im Kleinbasel eröffnet wurde, das diese leichtere, oftmals auch seichtere und mit der früheren Operette vergleichbare Form des Musiktheaters für sich beanspruchte. Just, als man von einer «neuen Epoche des Musiktheaters in Basel» zu sprechen anfing, war das privatwirtschaftliche Musical-Theater freilich auch schon wieder am Ende: Die Webber-eigene britische «Really Useful Group» setzte Webbers «Phantom der Oper» Ende Juli 1997 nach 737 Vorstellungen und weniger als zwei Jahren Laufzeit unwiderruflich ab. Seither dient das mit kantonalen Geldern erbaute, 1600 Plätze zählende Theater auf dem Messegelände verschiedenen Zwecken, etwa der Durchführung des alle zwei Jahre stattfindenden Festivals «Basel tanzt».

Die Aufführung von Musicals blieb den privaten Theatern vorbehalten, so dem auch mit Dialektfassungen angelsächsischer Musicals erfolgreichen Basler «Häbse-Theater», aber auch Veranstaltern, die sich in das messeeigene Musical-Theater einmieten.

Oper ist ein Faszinosum, das die Menschen nicht nur in die «heilgen Hallen» des Stadttheaters lockt, sondern auch an andere Spielstätten, gar ins Freie. Verschiedentlich waren die Mustermesse und die St. Jakobs-Halle Austragungsorte von Operngastspielen, bespielt wurde aber auch der botanische Garten in Brüglingen, und in besonderen Fällen projizierte man «Lucia di Lammermoor» mit der gefeierten jungen Sopranistin Eva Lind oder Herbert Wernickes grandiose Inszenierung des «Don Giovanni» auf den Münsterplatz. Und wer möchte sich, ungeachtet der im Freien entstehenden akustischen Probleme, den Wirkungen solcher Transpositionen schon verschliessen?

Anmerkungen

1 Dazu und zum Folgenden vgl. die grundlegenden Chroniken und Festschriften: Fritz Weiss (Hrsg.): «Das Basler Stadttheater 1834–1934», S. 5 ff., Rudolf Schwabe (Hrsg.): «1834 – 1934 – 1959. Festschrift zur Feier des 125-jährigen Bestehens des Basler Stadttheaters», Basel 1959, und «Stadttheater Basel einst und jetzt», = Schweizer Theaterjahrbuch 38/39, Bern 1975, besonders den umfangreichen ersten Teil «Zur Geschichte des Theaterbaus in der Schweiz» von K[arl] G[otthilf] Kachler, S. 11–190. Zum Zeitraum von 1933 bis 1945 speziell: Thomas Blubacher: «Befreiung von der Wirklichkeit? Das Schauspiel am Stadttheater Basel 1933–1945», Basel 1995.
2 Kachler, «Zur Geschichte des Theaterbaus ...», S. 11.
3 Schwarz & Gutmann, Arch. BSA/SIA: «Neubau Stadttheater Basel». Dokumentation zur Baubesichtigung des Grossen Rates 23.3.1972», S. 31, S. 52. Vgl. auch Adolf Zogg: «Probleme des Theaterneubaues», in: «Basler Stadtbuch» 1960, S. 181–190.
4 Blubacher, S. 320 f.
5 Blubacher, S. 218 und Karl Gotthilf Kachler/ Gustava Iselin-Haeger: «Lebendiges Theater in schwieriger Zeit. Ein Kapitel Basler Theatergeschichte 1936–1946». Basel 1982, S. 14 und 115.
6 Vgl. Heinz Eckert (Hrsg.): «Heinz Spoerlis Basler Ballett», Basel 1991.
7 Kachler, «Lebendiges Theater ...», S. 76.
8 Vgl. dazu den Rückblick auf das künstlerische Leben in Basel im «Basler Jahrbuch» 1922, S. 314 ff.
9 Leo Melitz: «Theater-Erinnerungen», Basel 1919, S. 43.
10 Kachler, «Lebendiges Theater...», S. 91.
11 Oskar Wälterlin: «Adolphe Appia und die Inszenierung von Wagners ‹Ring›», zit. nach: O.W., «Bekenntnis zum Theater. Reden und Aufsätze», Zürich 1955, S. 12–26.
12 Richard C. Beacham: «Du rêve à la réalisation. Trois mises en scène signées Appia», in: «Adolphe Appia ou le renouveau de l'esthétique théâtrale», Lausanne 1992, S. 82–88; Patrick Marcolli: «Mit Wagner gegen Hitler und mit Hitler gegen Wagner. Wie der Goldschmied, Musiker und Wagnerianer Adolf Zinsstag-Preiswerk ins Weltmusikgeschehen eingreifen wollte», in: «Basler Zeitung» vom 27. August 1997, S. 43 f.
13 Stefan Koslowski: «Der dressierte Tramgaul. Zur Basler Theatergeschichte des 19. Jahrhunderts», in: Andreas Kotte (Hrsg.), «Theater der Region – Theater Europas. Kongress der Gesellschaft für Theaterwissenschaft», Basel 1995, S. 167–174.

Die Schwalbennest-orgel in der Predigerkirche
(Foto Kurt Wyss)

Sigfried Schibli

Rund um die «Vox humana».

Chöre und Orgeln der Stadt.

Private Gesangszirkel

«Unsichtbare Fäden», schrieb Ernst Jenny zum Basler Musikleben um die Wende zum 20. Jahrhundert, «spinnen sich aus den Stuben der Hausmusik hin in die Übungslokale der Gesangvereine und bis aufs Konzertpodium.» Und Hans Peter Schanzlin betonte in seiner wertvollen Studie über «Basels private Musikpflege im 19. Jahrhundert» die bedeutende Rolle, die private Zirkel und ihre sogenannten «Kränzchen» bei der Herausbildung des stolzen Musiklebens der Stadt Basel im 19. Jahrhundert gespielt haben.[1] Besonders folgenreich für das Musikleben in Basel war der Laiengesang. Noch zur Wende vom 19. zum 20. Jahrhundert wurde viel gesungen in den Basler Bürgerhäusern, etwa bei den «Offenen Abenden im Hause des Staatsarchivars Dr. Rudolf Wackernagel im hinteren Württembergerhof», bei den Riggenbach-Stehlins im «Kettenhof» an der Freien Strasse, beim Maler Sebastian Gutzwiller, wo häufig Brahms-Chöre ertönten, oder im Hause Herzog-Miville an der Feierabendstrasse, wo man etwa Chöre aus Mozarts «Idomeneo» sang.

Die häusliche Musikpflege machte einen Teil des Verlustes wett, der infolge der Reformation und einer in Kirchenkreisen weithin musikfeindlichen Grundhaltung zu einer verbreiteten kirchenmusikalischen Ödnis geführt hatte. Im 19. Jahrhundert wuchs der Chorgesang aus dem privaten Milieu in den öffentlichen, auch in den kirchlichen Bereich; die Gründung des Schweizerischen Kirchengesangsbundes 1894 ist ein Indiz dafür. «Weltliche» Motive kamen hinzu. So erlebte das chorische Singen im ersten Drittel des 20. Jahrhunderts durch die aus Deutschland auch in die Schweiz ausstrahlende «Singbewegung» als wichtiger Teil der Jugendbewegung einen zusätzlichen Aufschwung. Und wer glaubt, die Chöre seien als «Relikte des bürgerlichen 19. Jahrhunderts» im ausgehenden 20. verschwunden, muss sich eines Besseren belehren lassen: Der Chorgesang floriert heute wie schon vor neunzig Jahren. Doch hat sich das Singen gleichsam entprivatisiert, findet heute weitgehend im Rahmen prinzipiell offener chorischer Institutionen und seltener in Privathäusern statt.

Basel war, salopp gesprochen, spät auf den Chorgesang gekommen. Während Zürich oder Winterthur schon im 18. Jahrhundert regelmässige Oratorienaufführungen kannten, gab es solche hier nur ganz vereinzelt. Vor der Gründung des Basler Gesangvereins 1824 hatten musikalische Laien zwar die Möglichkeit, im Orchester mitzuspielen; aber einen ständigen Chor zur Pflege des Chorgesangs gab es nicht. Der Chorgesang war Privatsache und als solche vom sozialen Status abhängig. Erst das Bekanntwerden der Oratorien Joseph Haydns brachte die Wende; wobei «Die Schöpfung» und «Die Jahreszeiten» immerhin noch bis 1842 beziehungsweise 1854 warten mussten, bis der Gesangverein sie aufführte.

Von da an wurde Basel zu einem für Chöre immer fruchtbareren Pflaster. Das von Christiane Muschter zusammengestellte Verzeichnis «Musikleben in Basel» nennt für 1982 nicht weniger als 73 Chorvereinigungen, die Kirchenchöre und die berufsspezifischen Gesangsvereinigungen eingeschlossen. Wer die «Landschaft» der Basler Chorvereinigungen am Ende unseres Jahrhunderts beschreiben will, muss seine Linse also auf ein ganzes Hügelgelände höherer und tieferer «Erhebungen», grosser und kleiner, professioneller, halbprofessioneller und laienhafter Chorvereinigungen richten – von Albert E. Kaisers Chor des «Collegium Musicum», der 1959 gegründeten Evangelischen Singgemeinde (seit 1965 «Basler Münsterkantorei», geleitet von Martin Flämig und ab 1972 von Klaus Knall), dem Basler Kammerchor (seit 1987: Neuer Basler Kammerchor), dem seit 1981 bestehenden Cantate-Chor und Kammerchor, dem Motettenchor Region Basel und dem ebenfalls kantonsübergreifenden Regio-Chor sowie den diversen Kirchenchören bis zu kleineren, halb- bis ganz professionellen Vokalkörpern, die vor allem am Jahrhundertende den internationalen Trend zu kleinen, aber feinen Qualitätsensembles verkörperten: die viel Zeitgenössisches (ur-)aufführenden Basler Madrigalisten Fritz Näfs, das aus dem Chor der Marienkirche erwachsene Basler Vokalensemble (1960 gegründet von Paul Schaller, später geleitet von Benedikt Rudolf von Rohr), das 1988 von Michael Uhlmann ins Leben gerufene und beim Internationalen Chorfestival von Montreux 1997 erstplazierte Ensemble «Piacere Vocale» und das aus der Musik-Akademie hervorgegangene «Ensemble Vocales Basilienses» von Rudolf Lutz; darüber hinaus die traditionsreichen, aus der Arbeiterbewegung entstandenen oder an bestimmte Berufsgruppen gebundenen Chöre, deren Aktivitäten sich weniger im Konzert- als im Vereinsleben der Stadt abspielen.

Burkhard Mangold: Hauskonzert, Farblithografie von 1917
(Foto Öffentliche Kunstsammlung Basel, Martin Bühler)

1928 wurde der (heute von Michael Uhlmann geleitete) Synagogenchor der Israelitischen Gemeinde Basel ins Leben gerufen. Noch ein Jahr älter ist ein Chor, der unter wechselnden Namen zu einer Konstante im städtischen Chormusikleben geworden ist: die von Hermann Ulbrich als «Singknaben der evang.-ref. Kirche Basel-Stadt» gegründete und 1959 in «Evangelische Kantorei Basel» umbenannte Knabenkantorei Basel, die ihren jetzigen Namen seit 1973 trägt. Sie wurzelt wie viele Basler Musikvereinigungen im kirchlichen Kultus, hat sich aber immer wieder auch im bürgerlichen Musikleben der Stadt bewährt, so etwa 1938 bei der Uraufführung von Arthur Honeggers «Jeanne d'Arc au bûcher» unter Paul Sacher oder, wenn Bedarf gegeben ist wie in Mozarts «Zauberflöte» oder Bizets «Carmen», auch in der Oper. Seine musikalischen Leiter waren, beziehungsweise sind, der Sohn des Gründers, Markus Ulbrich, und seit 1983 Beat Raaflaub.

Die grossen Traditionschöre

Heute begegnen wir in Basel einer Vielfalt an Institutionen, Schulen und Gesangs-Ästhetiken, die man als Begleiterscheinung eines pluralistischen Musikempfindens begreifen kann. Im Vergleich dazu bietet sich die «Szene» am Anfang des Jahrhunderts noch vergleichsweise überschaubar und konzentriert dar. Es war die hohe Zeit der Quartier-Männerchöre, überhaupt der Männerchöre, die dem Laienchorwesen der Stadt ein Moment von romantischer Sehnsucht hinzufügten, aber auch der privaten Zirkel, in denen fleissig gesungen wurde. Viele der sangesfreudigen Damen und Herren hatten ihre Stimme bei einem einzigen Gesangslehrer ausgebildet, beim 1843 geborenen Emil Hegar, einem Bruder des Komponisten Friedrich Hegar. Dass dabei die Heiterkeit nicht zu kurz kam, zeigt die Tatsache, dass neben romantischen Liedern etwa von Franz Schubert auch neu komponierte Grotesk-Chöre aufgeführt wurden wie etwa Carl Reineckes «Zündhölzliquartett», das die für deutschsprachige Ohren ausnehmend komisch klingende Aufschrift auf schwedischen Zündholzschachteln in graziöses Dur und schluchzendes Moll fasst ...

Ein verdienter Basler Chor trägt die Herkunft aus dem privaten musikalischen Milieu sogar in seinem Namen: der Sterk'sche Privatchor, der von 1920 bis in die Sechzigerjahre existierte. An seinem Anfang stand das «Basler Vokalquartett» mit Helen Vortisch, Olga Koechlin,

Walter Sterk (1894–1969) und Arthur Althaus. Unter dem neuen Namen «Privatchor Basel» trat der nachmalige Sterk'sche Chor erstmals im November 1920 auf – als reiner Frauenchor in Pergolesis «Stabat Mater». Inzwischen waren Fräulein Vortisch und Herr Sterk ein Ehepaar. Und 1929 – nachdem man sich zu einem gemischten Chor gewandelt hatte – wagte Sterk eine pionierhafte Aufführung der Bach'schen «Matthäuspassion», die – Sterk sprach von einem «Versuch» – die originale Besetzungsstärke rekonstruierte; es sangen 32 Stimmen, begleitet von 15 Instrumentalisten, was in krassem Gegensatz zu den damals üblichen Riesenbesetzungen stand. Profiliert hat sich der Privatchor aber vor allem in der modernen Musik, so etwa mit Aufführungen von Wladimir Vogels Dramma-Oratorium «Wagadus Untergang durch die Eitelkeit» unter dem Dirigenten Hermann Scherchen anlässlich der Brüsseler Weltausstellung 1935 (die Wiederholung in Basel dirigierte dann Sterk selbst). Auch die wiederholte Zusammenarbeit mit Felix Weingartner spricht für das Niveau dieses Vokalkörpers. Viele Chorwerke von Schweizer Komponisten wären ohne den Sterk'schen Privatchor und das ihn in späteren Jahren begleitende Orchester «musica viva» vielleicht lange Zeit ungesungen, ungehört geblieben; genannt seien nur Willy Burkhard, Hans Haug, Armand Hiebner, Heinrich Sutermeister, Walther Geiser, Albert Moeschinger, später Hans Balmer, Robert Suter und Rudolf Kelterborn. Ernst Müller, der Chronist des Privatchors, stellt diesen starken helvetischen Anteil in unmittelbaren Zusammenhang mit der «Geistigen Landesverteidigung» der Vierzigerjahre.

Die über hundertköpfigen Chorformationen sind fast ausnahmslos Gründungen des 19. Jahrhunderts. Und sie wurzeln fast ausnahmslos im privaten Musizieren, so etwa die 1852 als reiner Männerchor ins Leben gerufene Basler Liedertafel oder der Basler Gesangverein, der bis aufs Jahr 1824 zurückzuverfolgen ist, als drei Dutzend musikbegeisterte Basler Bürgerinnen und Bürger, dem Beispiel deutscher Städte folgend, einen ersten gemischten Chor ins Leben riefen. In seinen Glanzzeiten unter dem Dirigenten Hermann Suter erreichte der «BGV» stattliche 388 Aktivmitglieder, also Sängerinnen und Sänger. Zwei Jahre später erfolgte aus dem Schoss eines 1825 gegründeten privaten Doppelquartetts sozusagen die «Gegenreaktion»: die Gründung des Basler Männerchors, der sich erst 1977 zum Gemischten Chor Basel «koeduzierte». Diese Gründung stand im Zeichen demokratischen Willens und stellte sich bewusst Gesangvereinen von der Art der Berliner Singakademie entgegen. «Solche Gesangvereine», hiess es im Aufruf zur Gründung eines «Baseler Singvereins für den Männerchor», «sind rein aristokratisch, denn auch in der Kunst gibt es eine Aristokratie, und als solche sind sie dem wahren, innern Wesen des Gesanges nicht nur entgegengesetzt, sondern oft hinderlich; denn derselbe ist demokratisch, das heisst, er ist Sache des Volkes aus allen Ständen.»[2]

Burkhard Mangold: Konzert im Basler Münster, Linolschnitt
(Foto Öffentliche Kunstsammlung Basel, Martin Bühler)

Doch konnte dadurch die «Liedertafel» nicht verhindert werden, die hinsichtlich der sozialen Herkunft am deutlichsten im Basler Patriziat wurzelte und am konsequentesten die Basler Tradition der Aufführung von Festspielen pflegte und bis heute pflegt – kein Zufall wohl, dass beim Festspiel zur «Basler Bundesfeier» 1901 die Liedertafel die bewaffneten Krieger und Kämpfer stellen durfte, während die unbewaffneten Schweizer aus dem Basler Liederkranz und die Handwerkergruppen aus dem Basler Männerchor rekrutiert wurden (siehe Kapitel 5).

Zu seinem 75-jährigen Bestehen 1899 führte der Basler Gesangverein mit über dreihundert Sängerinnen und Sängern die «Grande Messe des Morts» von Hector Berlioz auf. Zum 100. Geburtstag 1924 schenkte der seit 1902 amtierende Gesangverein-Dirigent Hermann Suter, der auch der Liedertafel und der AMG vorstand, dem Chor sein auch heute noch gelegentlich zu hörendes Oratorium «Le Laudi di San Francesco d'Assisi»; bei der Uraufführung wirkten – was in den Annalen der beiden Chöre als grosse Ausnahme vermerkt wurde – neben dem Gesangverein 120 Liedertafel-Sänger mit. Doch waren solche «Koproduktionen» bei gross besetzten Werken nicht ganz selten; so gelangen sie etwa zur Beethoven-Feier mit der «Missa solemnis» 1927 oder im Jahr danach anlässlich eines Schubert-Konzerts. Und noch 1994 war die Liedertafel ein hervorragendes Stimmen-«Reservoir»: Als Horst Stein seinen Abschied bei der AMG mit Beethovens 9. Sinfonie beging, stellte man den Chor durch eine Synthese von Regio-Chor und Réveille-Chor der Liedertafel (die seit 1993 von Christoph Cajöri geleitet wird) zusammen.

Ein Ereignis der Gesangverein-Saison von 1916/17 wirft ein Licht auf das Basler Musikleben jener Zeit und seine Lieblingskomponisten. Hermann Suter hatte mit seinem Chor eine Aufführung des «Deutschen Requiems» von Johannes Brahms geplant. Johannes Brahms wollte sein «Deutsches Requiem» ursprünglich in Basel vom renommierten BGV uraufführen lassen, was allerdings an der Entscheidungs-Schwerfälligkeit der damaligen Verantwortlichen scheiterte.[3] Der plötzliche Tod Max Regers im Mai 1916 aber erzwang eine Programmänderung: Das Konzert wurde zum Requiem für Reger. Zu seinen Ehren setzte man die Reger-Vertonung «Der Einsiedler» aufs Programm, und Münsterorganist Adolf Hamm spielte Regers Choralfantasie «Wachet auf, ruft uns die Stimme Gottes». In diesem Zusammenhang ist erwähnenswert, dass Reger 1909 für den Gesangverein eine Vertonung des «Vater Unser» schreiben wollte und sie auch bis zur letzten Bitte (Schlussfuge) vollendete, aber eben nie ganz zu Ende führte.

Die Tatsache, dass Suters Nachfolger Hans Münch vom Bach-Chor zum (fast immer im Münster auftretenden) BGV hinüberwechselte, zeigt, wie durchlässig und einander verwandt die Chor-Institutionen des Basler Musiklebens waren – ebenso wie der Umstand, dass Münch in Personalunion auch die Basler Liedertafel leitete. Münch verharrte fünfzig Jahre lang auf seinem Posten, bis er 1977 beim Gesangverein vom Ostschweizer Etienne Krähenbühl (der seit 1972 den Basler Bach-Chor geleitet hatte) abgelöst wurde; das Liedertafel-Szepter hatte Münch schon 1965 an André Charlet weitergegeben. Nach Krähenbühls frühem Unfalltod 1985 wurde der Glarner Peter Eidenbenz Gesangverein-Dirigent. Das Repertoire des Gesangvereins war nur geringen Schwankungen unterworfen. In seiner Werkstatistik von 1824 bis 1995 figuriert die Bach'sche Matthäus-Passion mit 29 Einstudierungen an erster Stelle, gefolgt von Beethovens Missa solemnis mit 21, der Johannes-Passion von Bach ex aequo mit dem «Deutschen Requiem» von Brahms mit je 20, der h-Moll-Messe Bachs mit 19 und der Haydn-«Schöpfung» mit 18 Einstudierungen. Ein getreuer Spiegel der etablierten geistlichen Chorliteratur also, in welchem weltliche Werke ebenso aus dem Rahmen fallen wie zeitgenössische Kompositionen unseres Jahrhunderts.[4]

Wesentlich jüngeren Datums als Gesangverein und Liedertafel ist der Basler Bach-Chor, der indirekt aus dem privaten «Kränzchen» im Hause des Bankiers Friedrich Riggenbach-Stehlin und seinem «Orpheus-Verein», in dem etwa auch der Rechtsgelehrte Andreas Heusler-Sarasin mitsang, hervorgegangen ist.[5] Eigentlicher Gründer des Bach-Chors war Münsterorganist (als Nachfolger von Alfred Glaus) Adolf Hamm, ein aus dem Elsass gebürtiger Schüler des Reger-Freundes Karl Straube, der dem Kreis der «Bachianer» um Friedrich Smend, Albert Schweitzer und Philipp Spitta entstammte und in Strassburg Musikwissenschaft studiert hatte. Ihm schien die vokale Bach-Pflege der Stadt und insbesondere seines Chor-Ensembles eines festen Gefässes zu bedürfen,

Rund um die «Vox humana»

weshalb er 1911 den Basler Bach-Chor ins Leben rief. Was übrigens von BGV-Leiter Hermann Suter bissig kommentiert worden sein soll: «Der Bach-Chor – das sind wir!» Zusätzlich leitete Hamm von 1915 bis 1920 noch den Basler Männerchor. Trotz seines sakralen Ursprungs trat der Bach-Chor auch an weltlichen Choranlässen auf. Als Münch den Gesangverein übernehmen konnte, verzichtete er auf sein Bach-Chor-Amt, und Hamm nahm noch einmal bis zu seinem Tod 1938 die Geschicke seines Vokalkörpers in die Hand. Walter Müller von Kulm wurde am Vorabend des Zweiten Weltkriegs Hamms Nachfolger an der Spitze jenes Chors, der meist in der Martinskirche sang. Mit seinem Namen verbindet sich auch das Ziel einer Systematisierung des Repertoires: Das gesamte Kirchenkantaten-Werk Bachs sollte aufgeführt werden – was freilich an den finanziellen Beschränkungen scheiterte.

Die nächsten Leiter des Bach-Chors hiessen Walther Geiser (1897–1993) und (ab 1972) Etienne Krähenbühl. Mit Krähenbühl waren Gesangverein und Bach-Chor vorläufig zum letzten Mal durch einen identischen «Chef» miteinander liiert; nach seinem Ableben übernahm Joachim Krause den Bach-Chor und führte ihm Erkenntnisse der historischen Aufführungspraxis von Barockmusik zu, während der Gesangverein Peter Eidenbenz als künstlerischen Leiter wählte. Und worin unterschied sich nun der Bach-Chor von einst von dem Bach-Chor jetzt? «Dem Bach-Chor des Gründungsjahres und der ersten Epoche seines Wirkens», schrieb der Komponist und Kritiker Armand Hiebner 1963, «durfte man sehr wohl das Cachet einer gewissen gesellschaftlichen Exklusivität nachsagen. Unter den Aktivmitgliedern bemerkte man nicht wenige Namen alteingesessener Basler Familien. Aber wie so manches im Verlaufe der Zeiten hat auch er sich immer mehr ‹demokratisiert›.»[6]

Adolf Hamm, Münsterorganist und Gründer des Basler Bach-Chors
(Foto Robert Spreng)

Zum chorischen Musikleben in Basel gehören auch die Konzertaktivitäten und Begegnungen der nicht aus Basel stammenden Chöre. So fand 1982 als erste gesamtschweizerische Veranstaltung der seit 1977 bestehenden Schweizerischen Chorvereinigung das Schweizerische Gesangfest in Basel statt. Hervorzuheben ist auch eine Initiative von gesamteuropäischer Ausrichtung, die 1992 trotz der sonst so harzigen Integration der Schweiz in ein europäisches Ganzes gelang und drei Jahre später erfolgreich wiederholt werden konnte: das «Europäische Jugendchor Festival», das über die Auffahrtstage nicht weniger als siebzehn Jugendchöre aus dreizehn Ländern in Basel zusammenführte. Das Motto folgte dem Titel eines Ideenwettbewerbs, den der «Fonds Basel 1996» im Jahr 1989 ausgeschrieben hatte und der vielleicht für das Chorsingen insgesamt das Stichwort liefert: «Basel – Stadt der Begegnung». So erfolgreich war das von Erich Holliger gesteuerte Unternehmen, dass es 1998 sozusagen in zweiter Neuauflage und wiederum unter internationalen Prämissen wiederholt werden konnte.

Orgeln und Organisten

Wer sich mit Orgelbau beschäftigt, wird selten auf einen prägenden, für eine Stadt typischen Orgelbaustil stossen, häufiger dagegen auf oft erstaunlich weiträumige orgelbauliche «Landschaften», die dem Orgelbau einer ganzen Region ihr Gepräge geben. So fällt für die ganze Deutschschweiz die enge Wechselbeziehung zur süddeutschen Orgelbaukunst auf. Einen spezifischen Basler Orgelbaustil gibt es also nicht; typisch ist eher die (insbesondere mit dem Namen der Orgelbauerdynastie Silbermann verbundene) Nähe zum elsässischen und französischen Orgelbaustil. Rudolf Bruhin, der Basler Orgelbauexperte und langjährige Orgel-Konsulent der Eidgenössischen Denkmalpflege, bringt die Basler Orgelsituation auf den Begriff «süddeutsch mit französischen Einflüssen». In Basel setzte sich, so Bruhin, ganz im Sinne Albert Schweitzers das «deutsche handwerkliche Ideal durch, verbunden mit einer eher französisch orientierten Ästhetik».

Basel ist mit seinen rund 60 Pfeifeninstrumenten zwar reich an Orgeln, aber es ist – im Vergleich zu Zürich, Luzern oder Genf – keine bedeutende Orgelbauer-Stadt. Von den rund vierzig Orgelbauwerkstätten der Schweiz befindet sich heute nur gerade eine kleinere in Basel (die Firma von Bernhard Fleig). Das mag mit dem eher musikfeindlichen Geist des Protestantismus zusammenhängen. Zwar war Basel die erste reformierte Stadt der Schweiz, die nach der Reformation das Orgelspiel im Münster wieder erlaubte (wenigstens zum einstimmigen Gemeindegesang), und beim reformatorischen Bildersturm wurden die Kirchenorgeln verschont.[7] Aus dem 16. Jahrhundert sind einige Namen von Basler Orgelbauern überliefert wie Hans Tugi oder Balthasar Mygel, die in vielen Städten Deutschlands und der Schweiz wirkten. Aber ein 1898 in Leipzig veröffentlichtes «Verzeichnis der Orgelbauer, Reparateure und Stimmer etc.», das sich auf Deutschland, Österreich-Ungarn und die Schweiz bezieht, verzeichnet nur gerade noch eine einzige Basler Orgelbauwerkstatt: die von Jakob Zimmermann, einem 1860 in Ulm geborenen Orgelbauer, der 1892 die Basler Filiale der Firma Carl G. Weigle (Echterdingen) übernommen hatte und beispielsweise 1907 die Orgel im grossen Saal der Musikschule (heute Musik-Akademie) baute, die ihren Dienst bis 1951 tat.[8]

Heute sucht man in Basel fast vergebens nach Zeugnissen der Orgelbauerkunst Jakob Zimmermanns, dessen Firma 1929 an seinen Mitarbeiter Eduard Schäfer überging. Das Gehäuse der Paulusorgel stammt von ihm, der «Inhalt» dagegen ist weitgehend neu (siehe unten). Ebenfalls nur noch von ferne erinnert das Instrument der Elisabethenkirche an seinen ursprünglichen Erbauer Zimmermann. 1996/97 wurde der Versuch unternommen, eine in Lausanne stationierte, dem Klangideal der deutschen Spätromantik verpflichtete kleinere Zimmermann-Orgel wieder nach Basel zu verpflanzen und auf der Empore der Pauluskirche zu platzieren. Da es sich bei diesem Instrument orgelbaugeschichtlich um eine Rarität handelt (nur 10 klingende Register, aber auf jedem der beiden Manuale eine Superoktav-Koppel), gab man dieser Initative des Binninger Organisten und Orgelbauers Simon Buser einige Chancen, zumal sie auch die ideelle Unterstützung durch den oben genannten Konsulenten für Orgelbau der Eidgenössischen Kommission für Denkmalpflege fand. Doch konnte sich die Gemeinde nicht dafür erwärmen, und der Orgel-«Umzug» kam nicht zustande.

Wenn Basel auch keine bedeutende Orgelbauerstadt ist, so ist sie doch eine Stätte bedeutender Orgeln. Und dafür sind vor allem auswärtige Orgelbauer verantwortlich. Man denke nicht nur an die von Vater und Sohn Andreas und Johann Andreas Silbermann gebauten Instrumente (St. Leonhard, St. Peter, St. Theodor, Predigerkirche, Münster); auch die grosse Orgel im Basler Münster – um 1300 noch das Werk eines Mönchs Raspo aus Frankfurt am Main, im 18. Jahrhundert von den Silbermanns neu gebaut – ist zumindest teilweise das Werk eines gebürtigen Elsässers: Friedrich Haas, der bei Walcker in Ludwigsburg studiert hatte und von ihm die Idee der «Orchesterorgel» sowie das technische Prinzip der «Kegelwindlade» übernahm. 1908 wurde die Disposition der 1855 nach dem Vorbild der Berner Münsterorgel erbauten Münsterorgel entsprechend dem Zeitgeschmack modifiziert und das Instrument mit einer pneumatischen Traktur versehen – bei weitem nicht die letzte Veränderung der viermanualigen Münsterorgel, an deren Geschichte sich die Bewegungen des Zeitgeschmacks ablesen lassen. Sie wurde 1955/56 aufgrund der Planung von Münsterorganist Fritz Morel und des Orgelbauexperten Ernst Schiess von Kuhn praktisch neu gebaut und wieder mit einer mechanischen Traktur (erleichtert durch sogenannte Barkermaschinen) versehen. Von den 74 Registern dieser grössten Orgel des Stadtkantons stammen nur noch 26 von der alten Orgel. Zwanzig Jahre später war das Werk aber schon wieder reif für eine gründliche Revision, bei welcher der allgemein als dumpf und mulmig empfundene Klang aufgehellt und verstärkt wurde. Diese Arbeit wurde derselben Firma anvertraut wie 1971 der Neubau einer (durch eine Spende der «F. Hoffmann-La Roche» zu ihrem 75-Jahr-Jubiläum ermöglichten) dreimanualigen Orgel im Musiksaal des Stadt-Casinos: der Orgelbau Genf AG.

Die Orgel der katholischen Kirche St. Anton
(Foto Peter Armbruster)

Grob gesprochen, kann man zwei Basler Orgelbau-«Wellen» ausmachen: eine um die Wende vom 19. zum 20. Jahrhundert (als zum Beispiel die Instrumente in der Matthäuskirche oder zu St. Joseph entstanden) und eine rund achtzig, neunzig Jahre später; in den Dreissiger- bis Fünfzigerjahren scheint das Interesse an neuen Orgeln nicht so stark (beziehungsweise das Geld für sie nicht so reichlich vorhanden) gewesen zu sein. Dabei hat sich im Verlauf der Zeit, einem internationalen Trend entsprechend, die Einstellung zum Instrument Orgel grundlegend geändert. Während es lange Zeit üblich war, alte Orgeln kurzerhand abzureissen, hat sich am Ende des Jahrhunderts ein denkmalpflegerischer Geist durchgesetzt – ablesbar etwa an der Tatsache, dass man die pneumatische «romantische» Orgel der Josephskirche 1992 nicht, wie es früher normal gewesen wäre, abgerissen, sondern sorgfältig revidiert, den Originalzustand also bewahrt hat. Auch das 1931 von der Orgelbau AG Willisau erbaute 62 Stimmen zählende Instrument der Kirche St. Anton, neben der Münsterorgel die grösste Basler Orgel, ist 1976 ausgesprochen schonend revidiert worden (ursprünglich hatte man geplant, eine neobarocke neue Orgel hinter den alten Prospekt zu stellen). Leider hatte man 1961, noch dem älteren Denken verhaftet, den orgelbaugeschichtlich interessanten «amerikanischen» Spieltisch beseitigt.[9]

Das späte 20. Jahrhundert ist orgelbaugeschichtlich eine Zeit des Historismus. Alte Instrumente durch Umbauten dem Zeitgeschmack anzupassen, wie man es jahrhundertelang getan hatte, galt seit der «Orgelreform» der Zwanzigerjahre zunehmend als unangebracht, ja geradezu kulturzerstörerisch. Es schlug die Stunde der sorgfältigen Restaurationen, des Zurücksetzens in den (immer nur annäherungsweise erreichbaren) Originalzustand. Wobei die Instrumente bisweilen auch, was natürlich die Authentizität solcher Restaurationen ein wenig schmälert, von der einen Kirche in die andere «umzogen». So baute die Firma Neidhart und Lhôte 1968 in der Peterskirche in das Gehäuse einer Andreas-Silbermann-Orgel, die 1770 für die Theodorskirche gebaut worden war, ein neues Werk ein. Schon immer an ihrem Ort stand die Silbermannorgel in der Leonhardskirche, die 1969 von Kuhn (Männedorf) teils in den mutmasslichen Originalzustand von 1771 zurückversetzt, teils (etwa im Pedal) um einige Register erweitert wurde. Auch die Predigerkirche besass eine Silbermannorgel, die 1978 von Metzler restauriert und später durch eine «Schwalbennestorgel» ergänzt wurde. Eine besondere Geschichte hat die Orgel in der Kirche des Bürgerlichen Waisenhauses Basel (Kartäuserkirche). Sie ist eine exakte Kopie eines dreihundert Jahre früher gebauten Hamburger Instruments des bedeutenden norddeutschen Orgelbauers Arp Schnitger – ein wertvolles Spezialinstrument für die früh- und hochbarocke Musik Norddeutschlands, gewissermassen aber auch ein «Implantat» in der sonst elsässisch und süddeutsch orientierten Basler Orgellandschaft und die einzige im strengen Sinn «deutsche» Orgel Basels, die hauptsächlich dem Unterricht der Musik-Akademie, besonders der Schola Cantorum Basiliensis, dient.

Die letzten beiden Jahrzehnte des Jahrhunderts brachten – trotz der schwindenden Finanzkraft der Landeskirchen – einen regelrechten «Boom» neuer Orgeln. Deren bedeutendste dürfte neben der Waisenhaus-Orgel das 1987 im Stil der elsässischen Jahrhundertwende in das alte Jugendstil-Gehäuse von Jakob Zimmermann eingebaute Kuhn-Instrument in der Pauluskirche sein, das vor allem dem «sinfonischen» Orgelstil des späten 19. Jahrhunderts verpflichtet ist. Auch die neugotische Elisabethenkirche sowie die römisch-katholischen Kirchen zu St. Marien, St. Clara, Don Bosco, St. Christophorus und St. Franziskus in Riehen erhielten in den Achtziger- und Neunzigerjahren teils neue, teils gründlich überholte Instrumente, die heute Anlass zu teilweise hochkarätigen Konzertreihen bieten.

Dass Orgelkonzerte im kirchlichen Raum einige Popularität geniessen, erscheint uns heute als Selbstverständlichkeit. Dies war allerdings in Basel nicht seit jeher so, sondern war in erster Linie ein Verdienst des Münsterorganisten und Bach-Chor-Gründers Adolf Hamm (1882–1938). Dieser oben schon als Gründer des Bach-Chors gewürdigte Musiker rief nicht nur 1909 den Basler Organistenverband ins Leben, sondern wirkte auch als Mitbegründer und Vizepräsident des Basler Kammerorchesters sowie im Vorstand der Basler Ortsgruppe der Internationalen Gesellschaft für Neue Musik mit. Unter dem universalen Elsässer Musiker Hamm, dem Weggefährten Albert Schweitzers und Hans Münchs, wurden die Basler Münsterkonzerte zur populärsten Institution auf dem Feld der Orgelmusik, was sie auch unter Fritz Morel, Eduard Müller und Felix Pachlatko blieben. Mehr als 150 Orgelkonzerte mit Hamm am Instrument verzeichnen die Annalen der Münsterkonzerte. «Dass er alle Orgelabende im herrlichen Raum des Basler Münsters geben durfte, war ihm ein Quell ständiger Beglückung», schreibt Paul Sacher in seiner Gedenkschrift für Adolf Hamm. «Er kennt die Kompositionen des Thomaskantors wie kaum einer. (...) Hamms Noten sehen keine Eintragungen, weder für das Dynamische noch für die Registrierung oder Agogik.»[10]

Die Münsterkonzerte blieben freilich nicht ohne Konkurrenz. Eine den norddeutschen Orgelvespern abgeschaute, inzwischen gut etablierte Institution ist das seit 1973 stattfindende freitägliche «Orgelspiel» zu St. Leonhard, das von Heiner Kühner (1943–1990) und seiner Nachfolgerin Susanne Doll zu einer von Organisten aus aller Welt gern bespielten Konzertreihe ausgebaut wurde. Das Beispiel machte Schule: Auch die Clara- und die Elisabethenkirche richteten Reihen ein, die musikinteressierten Stadtbewohnern an Werktagen Orgelmusik ohne «offiziell»-steifen Konzertcharakter bieten. Hinzu kommen Konzertreihen etwa in der Marien- und in der Heiliggeistkirche, in denen oft herausragende Interpreten aus aller Welt zu hören sind.

Anmerkungen:
1 Ernst Jenny: «Basler Hausmusik um die Jahrhundertwende», in: Basler Jahrbuch 1953, S. 111–126; Hans Peter Schanzlin: «Basels private Musikpflege im 19. Jahrhundert». 139. Neujahrsblatt, hrsg. von der Gesellschaft zur Beförderung des Guten und Gemeinnützigen, Basel 1961.
2 Max F. Schneider: «Musik der Neuzeit in der bildenden Kunst Basels», Basel 1944, S. 53.
3 Wilhelm Merian: «Hermann Suter. Ein Lebensbild als Beitrag zur schweizerischen Musikgeschichte», Basel 1936, S. 150. Zum «Deutschen Requiem» vgl. Sibylle Ehrismann: «Nachforschungen über Kunstgreise und Kunsthuber. Heute vor hundert Jahren starb der Komponist Johannes Brahms. Seine Beziehungen zu Basel geben Einblick in das bürgerliche Musikleben des späten 19. Jahrhunderts», in: Basler Zeitung vom 3. April 1997, S. 41.
4 Vgl. das «Register der vom Basler Gesangverein von 1824 bis 1995 mit Orchester aufgeführten Werke», in: Mitteilungsblatt des BGV Nr. 2/1995.
5 Schanzlin, op. cit., S. 49 ff.
6) Armand Hiebner: «Der Basler Bach-Chor», in: Basler Stadtbuch 1963, S. 172–185.
7 Max F. Schneider: «Musik der Neuzeit in der bildenden Kunst Basels», S. 7.
8 Vgl. Alfred Reichling: «Ein ‹Verzeichnis der Orgelbauer, Reparateure und Stimmer etc.› in Deutschland, Österreich-Ungarn und der Schweiz», in: Acta organologica Bd. 18, 1985, S. 305–338.
9 Rudolf Bruhin: «Die Orgel», in: «50 Jahre St. Anton Basel. Festschrift zum fünfzigjährigen Bestehen der Pfarrei und der Kirche», Basel 1977, S. 38–41.
10 Paul Sacher: «Reden und Aufsätze», Zürich 1986, S. 91.

Hans Viol, der Spielmann und die Landfahrerin im Festspiel zur Basler Bundesfeier 1901
(Offizieller Fest-Bericht der Basler Bundesfeier)

Sigfried Schibli

Basler Festspiele. Zum Beispiel die Gedenkfeiern 1901, 1944 und das geplante Festspiel 1998.

Eine umstrittene Gattung

Die Bedeutung von Festspielen für das politisch-kulturelle Leben einer Schweizer Stadt um die Wende vom 19. zum 20. Jahrhundert kann kaum hoch genug eingeschätzt werden. Martin Stern zählt rund zwanzig grosse Festspiele, die man in der Schweiz allein zwischen 1886 und 1905 aufgeführt hat – als Erinnerungsfeiern anlässlich des Jubiläums entscheidender Schlachten gegen Österreich und das Römische Reich, anlässlich des Gründungsjubiläums von Städten, zu Jahrhundertfeiern des Eintritts von Kantonen in den Bund oder zur Feier der Erlangung der politischen Unabhängigkeit von monarchischer Bindung. Intellektuelle Zeitzeugen gingen angesichts solcher Feiern gern auf Distanz. Halb ironisch, halb ernst beklagte der alte Jacob Burckhardt 1892 den «pathetischen Schwindel» dieser «sinnlosen Riesenfeste»: «Alles ist mit grösstem Aufwand vorbereitet, und sehr angesehene Leute sind seit Wochen von früh bis spät damit in Anspruch genommen. Nachher wird die hiesige Welt matt wie Fliegen sein, und dann ist wieder mit den Leuten zu reden.» Zu Gesangs- und Musikfesten ebenso wie zu Festspielen scheint seit jeher eben dieser kollektive Taumel zu gehören, dem Ernüchterung folgt – die schöne Illusion, Ausführende und Zuschauer, Kreative und Passive seien eine vollkommene Einheit.[1]

Zu Beginn des Jahrhunderts flossen für die Durchführung lokaler Festspiele offenbar reiche Mittel, und zahlreiche Vereine und Gruppierungen standen hinter ihnen. Nach dem Erfolg des Kleinbasler Festspiels von 1892 (Text Rudolf Wackernagel, Musik Hans Huber) verfassten dieselben Autoren 1901 anlässlich der Basler Bundesfeier ein weiteres grosses Festspiel (siehe unten). 1908 führte der Basler Theaterverein «Quodlibet» zu seinem eigenen 50. Stiftungsfest ein Festspiel auf. 1912 verzeichnen die Annalen ein von Carl Albrecht Bernoulli gedichtetes und von Hermann Suter vertontes Festspiel zum Eidgenössischen Turnfest «Sankt Jakob an der Birs». 1919 war es wieder das «Quodlibet», das den 100. Geburtstag Gottfried Kellers mit einem Festspiel beging. Im selben Jahr feierte der Schweizerische Buchdruckerverein sein fünfzigjähriges Bestehen mit einem Festspiel. 1920 konnte anlässlich des Kantonal-Gesangfests in Basel Hans Baurs «Festspiel in Lied und Bild» mit dem Titel «Bürgermeister Wettsteins Heimkehr» unter der Mithilfe des erfahrenen Festspielverfassers und Stadttheater-Regisseurs Cäsar von Arx aufgeführt werden (das Orchestervorspiel entnahm man kurzerhand Carl Reineckes «König Manfred»). Bereits drei Jahre später ging Albert Oeris und Hermann Suters «Festspiel zur vierhundertjährigen Vereinigungsfeier von Riehen und Basel» über die Bühne; ebenfalls 1923 kam das vom katholischen Erziehungsverein beider Basel in Auftrag gegebene Festspiel «Jeanne d'Arc» von August Rüegg zur Aufführung. 1927 konnte man anlässlich des 2. Kantonalgesangfests beider Basel ein von Paul Kölner gedichtetes Festspiel «Stadt und Land» (Musik: Fritz Gersbach) aufführen; im selben Jahr beging die Gesellschaft zur Beförderung des Guten und Gemeinnützigen (GGG) ihr 150-jähriges Bestehen mit einem von Wilhelm Vischer verfassten Festspiel: «Bim Rotschriber». 1935 ging zum Eidgenössischen Sängerfest in Basel ein von Karl Weber gedichtetes und von Walter Müller von Kulm komponiertes Festspiel «Mutterland» über die Bühne. Ebenfalls 1935 gab sich der Schweizerische Bäcker- und Konditorenverband anlässlich seines 50. Geburtstages mit einem Basler Festspiel die Ehre.

Für Oskar Wälterlin, den Basler Theaterdirektor der Jahre 1925 bis 1932, war die szenische Leitung derartiger «multimedialer» Stücke offenbar keineswegs eine lästige Pflicht, sondern eine ehrenvolle Aufgabe, welcher er sich immer wieder unterzog. Er inszenierte schon 1923 das «Riehener Festspiel» (Albert Oeri/Hermann Suter), im Jahr darauf zum Eidgenössischen Sängerfest in Allschwil «Kalibergwerk» von Karl Weber, 1927 «Stadt und Land», 1935 «Mutterland», 1939 für den Basler Kantonaltag der Zürcher Landesausstellung das Festspiel «Underem Lällekeenig» (Eduard Fritz Knuchel/Hans Haug), 1944 «St. Jakob an der Birs» (Eduard Fritz Knuchel/Conrad Beck, siehe unten) und 1951 «Inclyta Basiliensis» von Traugott Meyer und Walther Geiser – insgesamt sieben Festspiele.

Die Datenfülle verdeckt ein wenig, dass Festspiele im 20. Jahrhundert zunehmend in eine Krise gerieten. Schon 1935 schrieb der Theologieprofessor und als Festspielschreiber erfahrene Dramatiker Carl Albrecht Bernoulli ein Festspiel für die Schublade: Das Preisgericht des Eidgenössischen Sängerfests in Basel hatte ein Festspiel «Mutter Helvetia» bei ihm bestellt, das

*Aus dem «Rosentanz»,
Basler Bundesfeier
1901*
(Offizieller Fest-Bericht
der Basler Bundesfeier)

aber eben kein eigentliches «durchkomponiertes» Festspiel mehr. Ungeschrieben und unausgeführt blieb ein vom Dramatiker Rolf Hochhuth für das Jahr 1991 geplantes politisches Festspiel zur Feier des 700-jährigen Bestehens der Eidgenossenschaft, das das Leben und Schicksal des Waadtländer Theologiestudenten und Hitler-Attentäters Maurice Bavaud (geboren 1916, hingerichtet 1941) thematisieren wollte (vgl. Hochhuths Buch «Tell 38»). Auch das 600-Jahr-Jubiläum der Vereinigung von Grossbasel und Kleinbasel wurde zwar 1992 an drei Festtagen mit Reden, einem Volksfest, einer Gondelbahn über den Rhein, einem Gottesdienst und Musikvorträgen, aber ohne Festspiel gefeiert. Und das von Markus Kutter getextete und von George Gruntz vertonte Festspiel zur Helvetik-Feier 1998 gelangte aufgrund grösster organisatorischer und finanzieller Schwierigkeiten nicht zur Aufführung (siehe unten). Die Legitimationskrise solcher künstlerisch-patriotischer Veranstaltungen ist offensichtlich.

Im vorliegenden Rahmen ist es unmöglich, alle Basler Festspiele des 20. Jahrhunderts auch nur umrisshaft zu skizzieren. Im Sinne einer Stichprobe seien deshalb drei auf charakteristische Weise sehr unterschiedliche Werke von 1901, 1944 und 1998 herausgegriffen, an denen sich zeittypische Tendenzen der Festspielkonzeption aufzeigen lassen.

dann aber nicht aufgeführt wurde; stattdessen stellte man unter Beteiligung von 900 Ausführenden auf der Bühne das oben genannte «Mutterland» auf die Festspielbühne. Nach dem Zweiten Weltkrieg kamen Festspiele weitgehend aus der Mode und veränderten ihren Charakter. So gab es 1957 ein von Egon Karters «Komödie» organisiertes «Spiel in drei Bildern» mit dem Titel «Basler Stadtspiegel», das ausdrücklich «die beliebtesten Basler und andere Schweizer Schauspieler» zusammenführen sollte und damit den Charakter eines Laienspiels gegen den professioneller Unterhaltung eintauschte. Gegen Ende des Jahrhunderts wurden Festspiele zur absoluten Rarität. Anlässlich der 450-Jahr-Feier der Reformation in Basel im Jahr 1979 gab es zwar eine mit Ansprachen und Chorbeiträgen gespickte Feier im Münster,

Die Basler Bundesfeier 1901

Das Jahrhundert war noch jung, als ein solches «eidgenössisches Kantonalfest» (Stern) viele Tausende Baslerinnen und Basler auf die Beine brachte. Basel-Stadt und Baselland feierten am 13., 14. und 15. Juli 1901 die «Basler Bundesfeier» aus Anlass der 400. Wiederkehr des Tages, da die (vordem noch vereinten) Halbkantone in den Bund der Eidgenossen aufgenommen worden waren. Höhepunkt der Feiern war die dreimalige Aufführung eines Festspiels, zu dem der Staatsarchivar und Regierungssekretär Rudolf Wackernagel – ausgerechnet der eifrigste Schüler des oben zitierten Jacob Burckhardt! – den Text und der Konservatoriumsdirektor Hans Huber die Musik geschrieben hatten. (Dasselbe Team hatte schon 1892 die «Basler Vereinigungsfeier» verfasst, die von einem schweren Eisenbahnunglück mit 72 Toten überschattet worden war.) Austragungsort war eine rund 30 Meter breite, von einem riesigen Bogen überwölbte Festbühne am Fuss des Margarethenhügels; Festplatzarchitekten waren die von verschiedenen städtischen Bauten her bekannten Emanuel La Roche und Fritz Stehlin-von Bavier. Jeder der drei Aufführungen wohnten ungefähr 8000 Menschen bei. Unter der szenischen Leitung des am Deutschen Volkstheater in Wien wirkenden Regisseurs Otto Eppens sangen und spielten gegen 1700 Choristen und 110 Orchestermitglieder, insgesamt rund 2000 Aktive auf der Bühne; auch die Vertreter der Gewerbezweige waren versammelt zu einem Fest, das zumindest ideell alle Bevölkerungsschichten im Zeichen des eidgenössischen Basel zusammenführte. Interessant dabei, dass die Statistinnen und Statisten für das eigentliche Volk im Festspiel durch einen öffentlichen Aufruf rekrutiert wurden, während die Solosprechrollen von einer Unterkommission besetzt wurden, die offenbar sorgfältig darauf achtete, dass die Mitglieder des Theatervereins «Quodlibet» nicht zu kurz kamen.[2]

Obwohl in romanhaftem Zusammenhang stehend, darf die Schilderung dieses Tages im Künstlerroman «Dieter Basilius Deifel» von Rudolf Löw (1938) eine gewisse Authentizität für sich beanspruchen.[3]

Festbühne der Basler Bundesfeier 1901
(Offizieller Fest-Bericht der Basler Bundesfeier)

Im Münster wurde der allerhöchste Festpräsident, der liebe Gott, für sein weises Lenken der Völkerschicksale bedankt. Am Nachmittag wogte das ganze Volk in höchstgeschraubter Begeisterung zum Festplatz und abends von dort zur Stadt zurück, um den unendlichen Bandwurm des Festzuges zu erwarten. Nachts Riesenbankett am Rheinufer. Bacchantischer Taumel, fanatische Verzückung, wogendes Rauschen und Geniessen, vollkommenes Selbstvergessen im siebenten Himmel. Alt und jung einer gewaltigen Einheitsidee verfallen, und das alles unter wolkenlosem Mittagsblau, bei goldenem Verglühen des Abends, unter blinkendem Sternhimmel. Böllerdonner und Basler Trommeln trugen ein letztes Echo ins hinterste Gässchen; der Lärm der Strasse verstummte drei Tage und Nächte lang nie mehr ganz, bis endlich die Bundesfeier in ein wahres Triumphfest, in gegenseitige Beweihräucherung der Spieler selber auslief. Wer gar am letzten Abend bei Wein und Tanz auf der Festbühne noch einen Blick aus Meister Hubers Augen erhaschen oder gar einen Händedruck erleben durfte, der war gesegnet für sein Leben.

Gewiss wäre die Ansicht naiv, ein solches Festspiel sei ein in erster Linie «musikalisches Ereignis», vergleichbar einer Opern- oder Konzertaufführung. Im Festspiel, wie es sich seit dem 19. Jahrhundert ausgeprägt hat, erlebt sich die Masse als Gemeinschaft; in ihm überlagern die politischen, patriotischen und allgemein gefühlsmässigen und identitätsstiftenden Konnotationen die Musik bei weitem. Bei nüchterner Betrachtung kommt man um den Begriff «Propaganda» (Peter von Matt) nicht herum.[4] Und das Festspiel – in der Regel ein «Gesamtkunstwerk» aus Wort, Musik, Tanz, Farbenspiel – ist selber meist ein Element eines (Volks-)Festes, bei dem die Musik eine allerdings nicht zu überhörende funktionale Rolle spielt. Wo die politische Semantik des Klangs aufhört und das komponierte Kunstwerk anfängt – wer vermöchte es zu sagen?

Die «National-Zeitung» ermunterte ihre Leserschaft an jenem 13. Juli 1901 zu allgemeinem Jubel und schrieb exakt am Jahrestag der Aufnahme Basels in den Bund:

> Trommeln wirbelt! Trompeten erschallet! Poesie und Musik mögen uns in erhabener Verklärung ein Bild jenes gewaltigen Ringens vor Augen führen, aus dem das Volk der Eidgenossen und unserer Stadt frei, unabhängig und zu Freiheit und Unabhängigkeit auf ewig verbunden hervorgegangen sind.

Und Fritz Baur berichtete in seiner Basler Chronik des Jahres 1901 nicht nur vom Wackernagel-Huberschen Festspiel, sondern auch vom Vortrag einer Kantate durch die basellandschaftlichen Gesangvereine, vom Spiel der Basler Stadtmusik, den «Gesängen der Eliten» der Schulklassen, von der den Tag eröffnenden musikalischen Tagwacht, den Trommlerkorps auf dem Marktplatz, dem Gemeindegesang und der Liedertafel-Darbietung im Münster, den Musikkorps, die auf in den Rhein gebauten Pritschen konzertierten, zum guten Ende auch vom Tanz auf der Bühne und den Massenchören, die aus den örtlichen Gesangvereinen zusammengestellt wurden – kein Abschnitt des dreitägigen Fests, der nicht von Musik gleichsam eingefärbt gewesen wäre.[5]

Dabei bildete das in hochdeutscher Sprache abgefasste Festspiel mit seiner Aufführungsdauer von rund vier Stunden zweifellos den musikalisch-patriotischen Höhepunkt. Die Aufführungsbesprechung in der freisinnigen «National-Zeitung» von Ernst Th. Markees gab allerdings Zweifeln Ausdruck, ob Hubers Festmusik so populär werden könne wie die Musik zum 1892 geschaffenen Festspiel der Kleinbasler Gedenkfeier. Markees meint, dass die Musik im Festspiel allenfalls eine «dekorative Rolle» spielen könne, etwa bei Aufzügen, Tänzen und Balletten; ein Polyphoniker wie Huber hätte deshalb nicht allzu sehr «in die Breite gehen» dürfen, um von allen verstanden zu werden. Markees' Lob ist vermischt mit Kritik: Er rühmt «das Streben nach klarer, prägnanter rhythmischer Gestaltung», merkt aber kritisch an, die harmonische Sprache der grösseren Chöre erschliesse sich nicht immer beim ersten Hören.[6]

Der anonyme Berichterstatter der liberalen «Basler Nachrichten» fasst das Festspiel am gleichen Tag offenbar als eine Art Multimedia-Show mit Musik auf; für ihn steht nicht der Gesichtspunkt der Verständlichkeit im Zentrum. Er nennt wie der Rezensent einer professionellen Theateraufführung die Namen der wichtigsten Rollenträger. Daraus geht hervor, dass nicht wenige an der

Musikschule beziehungsweise am Konservatorium Lehrende die Protagonistenrollen spielten; es handelte sich also nicht um reines Laientheater. Auffällig ist weiter der hohe Anteil an Personen aus den alteingesessenen Basler Familien, aus dem «Patriziat» (oder «Daig»): Die Vischer, Burckhardt, Preiswerk, VonderMühll, Weitnauer, Stamm, Ehinger, Heusler, Sarasin, Passavant und Oeri waren sich nicht zu fein, in skurril historisierenden Gewändern auf einer Massenbühne aufzutreten – eine Beobachtung, die man schon beim 1892er-Festspiel hatte machen können. Auch hier entsprach, um mit dem Ethnologen Theo Gantner zu sprechen, «die theatralische Umzugshierarchie der bürgerlichen Einflusshierarchie». Die Chöre entstammten dem bürgerlichen Basler Chorwesen. Arbeiterchöre waren nach dem offiziellen Festbericht keine dabei. Auch dieses Fest war, wie viele offizielle Grossfeste in diesem Land, ein «Fest von Integrierten für Integrierte» (Basil Schader).[7]

Der «BN»-Rezensent vergleicht in der Ausgabe vom 16. Juli 1901 die Spinnerin des Prologs («Frau Dr. Huber-Petzold») mit einer wagnerschen Norne und bezeichnet den Einzug der Zünfte, das vierte Bild des vierten Akts, als «Schauspiel», das in der Ausstattung «in dieser Fülle und Reichhaltigkeit seinesgleichen suchen dürfte». In Festumzügen liegt wohl auch eine der historischen Wurzeln des multimedialen Festspiels. Die «Norne» des Prologs ist im übrigen nicht der einzige Wagner-Bezug, der sich herstellen lässt. Das «Hollaho» der Metzger im zweiten Akt des Werks (Chöre der Bäcker und Metzger) ist kaum denkbar ohne die Matrosenrufe im «Fliegenden Holländer», und die Rosensymbolik des vierten Akts weist auf den Flieder-Monolog in den «Meistersingern» zurück, entspricht überdies einem Topos der Festspieldichtung und der Literatur überhaupt. Näher noch als Wagner liegt kompositorisch das Vorbild Franz Liszt, dessen Orchestersatz sich Hans Huber etwa im «Lied der Landfahrerin» im dritten Akt annähert. Da ist der Tonfall der «Legende von der heiligen Elisabeth» nicht fern. An Liszt geschult ist auch die Technik der Thementransformation, die im «Basler Bund» auf vergleichsweise einfacher Stufe gehandhabt wird. So kehrt das Motiv des Vorspiels («Einführung»), das auf einer aufsteigenden Dreiklangsbrechung mit rhythmischer Punktierung basiert, bereits im ersten Chorsatz in Moll wieder («Hört den Rhein ihr dröhnen?») und wird als musikalische Klammer des Ganzen auch im Schlusschor abgewandelt zitiert; das St. Jakobs-Lied im ersten Akt erweist sich als etwas entferntere Variante dieses Leitmotivs, das vom Komponisten im Lied der Spinnerin und vollends im zweiten Akt («Trompetenfanfare beim Erscheinen der eidgenössischen Boten») klar als Leitmotiv der Eidgenossenschaft (beziehungsweise der Idee des Bundes) enthüllt wird.

Ästhetisches Hauptproblem derartiger Festspiele ist das Verhältnis von privater und öffentlicher Sphäre, von auf der Bühne dargestellten Individuen und der dahinterstehenden staatspolitischen Idee. Ohne Figuren mit ausgeprägter Charakteristik müsste jegliches Festspiel zum papierenen Proklamationstheater verkommen; ohne allgemeingültige Botschaft verlöre es seine Legitimation als kollektives, nationales oder kantonales Werk. Wackernagels und Hubers «Basler Bund» weist einige interessante Ansätze zur Integration dieser «Welten» auf. Da ist zunächst die Figur der alten Spinnerin, die im B-Teil der nach A-B-A-Schema gebauten «Einführung» in lieblichem, triolenumgarntem E-Dur ein Loblied der Arbeit, der Stadt und der Eidgenossenschaft singt. Die staatspolitische Botschaft wird also nicht einem offiziellen Repräsentanten des Systems in den Mund gelegt, sondern einer Privatperson aus der Unterschicht, einer Spinnerin (Schuberts «Gretchen am Spinnrad» stand der in regelmässigen Perioden und rascher Sechzehntelbewegung sich abspulenden Musik ganz zweifellos Pate). Man darf in der zentralen Platzierung dieser allegorischen Figur wohl ein Indiz dafür sehen, dass es den Trägern des Festspiels in einer Zeit wachsender internationalistischer Ausrichtung des Proletariats darum ging, den Gedanken – oder die Ideologie – eines national definierten «Volksganzen» am Leben zu erhalten. Schon dem Festspiel von 1892 hatte die sozialdemokratische Presse vorgeworfen, es missbrauche das einfache Volk zur Staffage, und 1901 wiederholte sich diese Kritik.

Das Wortfeld des Flutens, Fliessens und Strömens kann man als latent sexuelle Metapher für den ungehemmten Trieb betrachten. Schon der chorische Anfang des Werks, in dem das Dröhnen und Stürmen des Rheins besungen wird, ist dieser Sphäre verpflichtet. Wobei die Spinnerin, die die Domestizierung des unendlichen Fadens lobpreist, klar die Rolle der Arbeit und des Handels als Gegenpol zum alles überflutenden Triebleben benennt und die schützende Funktion des Vaterlands beschwört: «Ungehemmt schwillt Luft und Lebensflut durchs Gewölbe, daran niemand wacht als die ernste graue Spinnerin. Frohe Stadt, sie fürchtet keinen Feind. Starke Eidgenossen schirmen sie.» Auch hier wird, wie Philipp Sarasin am Text des Festspiels von 1892 überzeugend nachgewiesen hat, «in der Sprache der Sexualität über Macht geredet».[8]

Eine andere Spielart der Verbindung von Privatem und Politischem zeigt der «Rosentanz», der Abschnitt vor dem Schlusschor des ganzen Festspiels, den der Komponist ohne Gesangspartien später in seine dritte Sinfonie (dritter Satz, Totentanz) aufnahm. Musikalisch handelt es sich um einen von Glocken eingeleiteten Walzer in B-Dur – übrigens einen der wenigen Sätze im langen vierten Akt dieses Werks, der nicht in einer geraden, sondern einer ungeraden Taktart steht. Nach einer Orchestereinleitung singt «ein Mädchen» eine Melodie in b-Moll, deren Text von den Wohltaten der Eidgenossen handelt («Sie fegen uns den Winter aus/und bringen Sonnenschein./Seht in dem Scheine spriessen/die schönsten Röselein»). Nun fällt, in hellem F-Dur, der Mädchenchor mit einer elsässischen Tanzmelodie aus dem 15. Jahrhundert ein – nicht das einzige musikalische Zitat Hubers – und verkündet, es sei Zeit, «die Röslein zu brechen». Die Assoziation an einen Brautjungfernchor nach Art des «Freischütz» von Carl Maria von Weber und an das «Rosenmirakel» in der «Elisabeth-Legende» von Franz Liszt ist kaum zufällig: Die solistische Mädchenstimme meldet sich wieder zu Wort und fordert die «Basler Knaben» zum Handeln auf; «ein Bursche» fühlt sich in kontrastierendem Des-Dur angesprochen. Mädchen und Burschen fügen sich nun walzernd zusammen. Interessanterweise schreibt der Textautor die private Sphäre des Werbens und der Suche nach dem Glück klar den männlichen, den staatspolitischen Gedanken der Fortpflanzung der Eidgenossen («Wohlauf! ihr Basler Knaben, wollt ihr die Röslein haben?») dagegen unmissverständlich den Mädchen zu – doch wohl eine Projektion männlichen Wunschdenkens in die Frau. Übrigens hat die Rose als Symbolblume für die Brautwerbung noch lange nicht ausgedient: Sie sollte etwa im «Rosenorakel» von Herbert Meiers Bundesfeier-«Mythenspiel» 1991 wiederkehren ...

«St. Jakob an der Birs»

Wagen wir einen Sprung über 43 Jahre. Ende August 1944, im fünften Jahr des Zweiten Weltkriegs – Paris war eben gerade von den Nazitruppen befreit worden –, feierte Basel die Helden der Schlacht bei St. Jakob. Dort kämpften anno 1444 Angehörige der eidgenössischen Streitmacht und viele Baselbieter (aber keine Stadtbasler) militärisch erfolglos gegen den französischen Söldnerverband der Armagnaken oder «Schinder», der eine deutliche, möglicherweise etwa zehnfache Übermacht hatte; ein – wie der Historiker Werner Meyer 1994 schrieb – «chaotisches und selbstmörderisches Vorgehen der eidgenössischen Schar», das in der populären Mythenbildung allerdings zur politisch weitreichenden Heldentat verklärt wurde. Werner Meyer:[9]

Die Behauptung, Basel sei damals durch den Opfertod der Eidgenossen vor den Armagnaken gerettet worden, ist als völlig absurd zurückzuweisen. (...) Warum sich der Dauphin nach dem 26. August entschlossen hat, auf ein gewaltsames Vorgehen gegen Basel zu verzichten und mit der Stadt Gespräche aufzunehmen, wird wohl nie schlüssig aufzuklären sein.

Tatsache ist indes, dass sich die französische Unterwerfungsforderung wenngleich nicht aufgrund, so doch nach der Schlacht bei St. Jakob in einen Friedensvertrag verkehrte, der der Gefährdung Basels durch Frankreich für Jahrhunderte ein Ende machte.

Im Rahmen eines grossen Volksfests (dessen Berechtigung diesmal von Vertretern der Zünfte heftig angezweifelt wurde) mit farbenfrohem Festzug und Glockengeläut unter Beteiligung der Kirchen und der Spitzen des Militärs war ein neues Festspiel in Auftrag gegeben worden; eine eigentliche Ausschreibung war nicht erfolgt. Als Textautor fungierte Eduard Fritz Knuchel, Feuilletonredaktor der «Basler Nachrichten», als Komponist Conrad Beck, seit 1939 Leiter der Musikabteilung von Radio Basel. Regie führte der Basler Theaterdirektor Oskar Wälterlin. Über tausend Menschen wirkten an den von insgesamt 32 000 Personen besuchten, musikalisch von Hans Münch geleiteten sechs Aufführungen in der neuen Basler Halle der Mustermesse mit.[10]

Anders als beim «Basler Bund» wird in «St. Jakob an der Birs» von Anfang an unmissverständlich ein Bezug zur kriegsumtobten Gegenwart hergestellt. Eine Fanfare eröffnet das Ganze; dann der Aufmarsch der Zünfte, dem Conrad Beck ein diatonisch aufsteigendes d-Moll-Thema in fliessendem Marschtempo unterlegt hat. Der Festzug stockt, als die eidgenössischen Soldaten sichtbar werden; der Chor der Bürger skandiert im Sprechchor «Krieg, Krieg, Krieg!». Der Armeehauptmann stellt direkt die Analogie zwischen der Jetztzeit (die «kühne Vögel» am militärischen Himmel kennt) und der Schlacht bei St. Jakob her, und der Zunftmeister pflichtet ihm bei: «Ist's heut nicht gleich wie vor fünfhundert Jahren?» Der Bürgerchor fordert, dass «die Heldenschlacht vor uns erstehen» möge, um an diesem Spiel «erstarken» zu können, ruft also nach einem Theater im Theater und nach der kriegerischen Einkleidung («Ritterhelme, farbige Mäntel und alte Schwerter») kann das Spiel beginnen.

Diese an Brechts Konzeption der Lehrstücke erinnernde epische Anlage – die Aufführung des St.-Jakobs-Geschehens wird klar als Inszenierung deklariert – sichert dem Stück eine gewisse ästhetische Aktualität. Doch fehlen auch in diesem Festspiel nicht die üblichen Versatzstücke, etwa die in die Zukunft weisende Welt der Mädchen und Knaben – die Sprache wechselt an dieser Stelle in den Dialekt –, und auch das Rosenmotiv kehrt in charakteristischer symbolischer Aufladung wieder («Reesli, drai di dreimol um/Loh di b'schaue um und um»). Als weitere, auch musikalisch sehr signifikante Ebene tritt die (katholische) Kirche hinzu, verkörpert durch einen Umzug, der flugs im Sinne der Feldprediger-Moral in eine kirchliche Prozession umfunktioniert wird (die Religion «git is Kraft»). Ein vierstimmiger Kyrie-Bittgesang im kirchentonalen Stil beschwört eine vollkommene Einheit von geistlicher und kirchlicher Macht, von Rittern, Bürgern, Zunftvertretern und Leuten aus dem einfachen Volk. Solche Rückgriffe auf klar erkennbare semantische Musiksphären (Kirche, Militär, Volkslied) gehören offenbar zu den Standards der Gattung Festspiel, denen sich auch ein in seiner Zeit vergleichsweise fortgeschrittener Komponist wie Conrad Beck nicht verschliessen konnte. Es fehlt nicht eine Aussätzigen-Szene am «Siechenhaus», in das sich die eidgenössischen Krieger zum Opfertod hatten zurückziehen müssen, und die historisch zweifelhafte, aber tief in die Volksmythologie eingedrungene These wird klar formuliert: «Die Eidgenossen starben unbesiegt, vom Siegen nur ermattet sanken sie, und Basels Freiheit war des Sterbens Preis» (Finale).

Zentrum und Höhepunkt der im Festspiel vollzogenen «Ästhetisierung des Sterbens» (Jakob Tanner)[11] sind ein von einem markanten Ostinato begleiteter Chorsatz «Wohl den Toten» als Mahnung an die Lebenden und unmittelbar anschliessend der «Totentanz von St. Jakob», in dem zum vollen Orchester «Schweizer, Ritter und Armagnaken» in den Tod taumeln. Nach der Bekräftigung der Freiheit Basels und dem Rückzug des Dauphins mitsamt dem Armagnaken-Heer stimmen die Knaben ein Trommellied und die Frauen einen Bittgesang an und die ganze «Gemeinde» setzt sich zum feierlichen Fahnenmarsch in Bewegung. Der Schlusschor montiert geschickt den deutschsprachigen Lobgesang («Preis, Preis und Dank sei Gott dem Herrn») mit dem «Alleluja», «Gloria» und «Amen». An der Stelle, da die meisten Festspielmusiken die Landes- oder Kantonalhymne vorsehen, erklingt also ein kirchliches Danklied.

Vergleicht man das Festspiel kompositorisch mit jenem von 1901, so fällt nicht nur das Fehlen einer allseits bekannten vaterländischen Hymne, sondern auch der weitgehende Verzicht auf Polyphonie auf. Conrad Beck schreibt häufig einstimmige vokale Linien, die er mit rhythmisch markanten Begleitfiguren unterfüttert; eigentliche Mehrstimmigkeit ist aber höchst selten (etwa im kurzen «Alleluja» des Finales). Umso häufiger finden sich Ostinati, die Beck dem Zeitstil entsprechend – Orffs «Carmina burana» liegen erst sieben Jahre zurück – einsetzt und zu dramatischer Wirkung bringt. Dieses typische Merkmal des neoklassizistischen Musikstils hatte sich schon in Honeggers «Roi David» ausgezeichnet in das Gattungsprofil des Festspiels eingefügt.

Bemerkenswert an der formalen Konstruktion des St.-Jakobs-Festspiels ist die Tatsache, dass die epische Anlage des «Theaters im Theater» im Schlussteil nicht aufgelöst wird. Es gibt also die Situation, dass das auf der Bühne versammelte Volk beschliesst, sich die historische Schlacht bei St. Jakob in einer Art von szenischer «Revue» vor Augen führen zu wollen; aber es fehlt die explizite Rückkehr von dieser Meta-Ebene der Theaterwirklichkeit in die (gespielte) Wirklichkeit des Theatervolks. Der Grund dafür liegt auf der

Der Komponist
Conrad Beck
(Foto Peter Moeschlin)

Hand: Jede rationale Brechung der Theater-Identifikation, jedes Zeigen, dass auf der Bühne nur Theater gespielt wurde, hätte dem Festspiel ein Moment von verfremdender Distanz beigefügt. Und ein Festspielschluss, der die patriotische Emphase zurückgenommen hätte, lag ganz offensichtlich weder im Sinne der Auftraggeber noch der Autoren.

Ein Festspiel zur Helvetik-Feier 1998

Die Tradition des Festspiels schien längst abgestorben zu sein, als sich der Basler Historiker, Politiker und Werbefachmann Markus Kutter mit dem Jazzkomponisten, Bandleader und Pianisten George Gruntz zusammentat, um dieser alten Gattung neues Leben einzuhauchen. Anlass war das 1998 fällige 200-Jahr-Jubiläum der «Helvetik». 1778 war die unter französischem Protektorat stehende Helvetische Republik ausgerufen worden, zu der Basel, Aargau, Baden, Schaffhausen, Zürich, Thurgau, St. Gallen, Appenzell, Sargans, Luzern, Bern und Solothurn gehörten. Sie bereitete dem Ancien régime ein Ende und setzte eine vom Basler Peter Ochs entworfene, weitgehend dem französischen Vorbild folgende Verfassung in Kraft. Staatsform war der zentralistische Einheitsstaat unter Zurücksetzung der Kantons-Autonomie. Die Helvetik als historische «Epoche» war von kurzer Dauer und wurde schon 1803 vom Zeitalter der Mediation abgelöst, in dem die Schweiz wieder eine verstärkt föderalistische Struktur erhielt. Aber für Basel ist 1798 ein Datum von erinnerungswürdiger Bedeutung, auch wenn die übrige Schweiz wenig Anlass zum Feiern gesehen haben mag. Denn Basel gab sich ohne äusseren militärischen Druck freiwillig und sogar verfassungskonform eine revolutionäre Grundlage; zu ihr gehörte die urkundlich anerkannte Gleichberechtigung der Bürger der Landschaft, die in der sechzig Personen umfassenden Nationalversammlung (Präsident Peter Ochs) paritätisch vertreten waren. Der Freiheitsbaum auf dem Münsterplatz, der im Januar 1798 aufgestellt worden war, trug eine Trikolore mit den Farben Rot, Weiss und Schwarz – den Farben der Kantonswappen von Basel-Landschaft und Basel-Stadt.

Die Schrittmacherfunktion des Kantons Basel-Stadt für die ganze Schweiz war für die beiden Autoren das eigentliche Motiv, ein Festspiel zu einem historischen Gedenkjahr zu schreiben, das sich im Grunde auf ein gescheitertes Staatsmodell bezieht und das zu feiern denn auch kaum ein anderer Schweizer Kanton einen Anlass sah. Als George Gruntz signalisierte, das gründlich aus der Mode gekommene Festspiel harre möglicherweise seiner Wiederentdeckung, war zwischen den beiden Baslern schon beschlossene Sache, den Plan an die Hand zu nehmen. Sie motivierten den Regisseur Hans Hollmann zur Mitarbeit, dieser zog den Maler Samuel Buri als Bühnenbildner bei, die Basler Liedertafel zeigte freudige Kooperationsbereitschaft – und bereits im Dezember 1996 konnte eine Teil-Aufführung des Festspiels auf der Kleinen Bühne des Theaters Basel stattfinden, als Vorgeschmack für Sponsoren, Mitwirkende und sonstige Interessierte.

Im September 1997 beschloss der Regierungsrat des Kantons Basel-Stadt endlich, das inzwischen in «Basel 1798 – ein Festspiel 1998» umbenannte Werk mit 200 000 Franken aus dem Lotteriefonds sowie einer Defizitgarantie von 100 000 Franken zu unterstützen. Dennoch erwies sich die Finanzierung und praktische Realisierung als ausserordentlich schwierig, ja sogar unmöglich. Das als Veranstaltungsort vorgesehene Theater Basel war inzwischen abgesprungen, und die Suche nach Geldgebern verlief mehr als harzig. Im November 1997 wurde das für 1998 geplante Festspiel trotz der Bereitschaft von Chören und Orchester zur Teilnahme abgesagt, verbunden mit einem letzten Aufruf an potentielle Sponsoren. Davon, dass (wie beim Wackernagel-Huberschen Festspiel 1901) «ganz Basel» mitsamt seinen Vereinen, politischen Parteien, Mäzenen und «Opinion Leaders» hinter der Idee stand, konnte wahrhaftig keine Rede mehr sein.

Trotz des Scheiterns dieses Festspiels ist es angebracht, hier auf dessen Konzeption einzugehen – denn an ihr sind die ästhetischen Probleme zu studieren, die mit einem Festspiel im späten 20. Jahrhundert verbunden sind. Auch wenn es sich um ein modernes Stück handelt, ist «Basel 1798 – ein Festspiel 1998» doch in der Festspieltradition verankert. So werden im Kutter-Gruntz'schen Festspiel grosse lokale Musik-Kollektive eingesetzt – Sinfonieorchester, Liedertafel, Regio-Chor, Knabenkantorei; die beiden solistischen Hauptrollen sind bekannten Persönlichkeiten des kulturellen Lebens zugeschrieben (Cés Keiser, Norbert Schwientek). Dabei bemühten sich die Autoren von Anfang an, nicht gedankenlos die Klischees der Gattungsgeschichte des Festspiels zu wiederholen. Markus Kutter programmatisch:[12]

Keine historischen Verherrlichungen mehr, keine Bauern und Bürger, die hochdeutsche Verse deklamieren, keine Ritterrüstungen und Pferde mehr auf der Bühne. Aber grosse Chöre, das wäre für jeden Komponisten eine Herausforderung, auch für die Sängerinnen und Sänger. Ein Festspiel müsste kritisch sein, sogar das Misslingen grosser Absichten zeigen, dürfte sich nicht um die Fragwürdigkeiten geschichtlicher Ereignisse herummogeln. Und musikalisch müsste es Ausdrucksformen der Gegenwart aufnehmen, nicht frühere Formen weiterführen.

Charakteristisch für die dramaturgische Anlage von «Basel 1798 – ein Festspiel 1998» (ursprünglicher Untertitel: «Die Ochsenbrut», eine Anspielung auf Peter Ochs) ist die Rahmenfigur des «Stänzlers», also eines Angehörigen der einstigen Basler Standestruppe, eines Grenzwächters und kleinen Mannes aus dem Volk. Kein Kollektiv, kein respektgebietender Chor steht am Anfang, sondern (nach einer Orchesterouvertüre) die Rede eines Einzelnen. Der Stänzler – förmlich zugeschrieben auf den Kabarettisten Cés Keiser – soll sich im Festspiel als die Zentralfigur entpuppen, seine baseldeutschen Verse gliedern das Ganze, treiben die Handlung voran und reflektieren sie, im Mikrokosmos seiner Reaktionen spiegelt sich der Makrokosmos der grossen Geschichte. Zuerst ermahnt der Stänzler die Bürgerschaft halb singend und halb sprechend, sie solle nicht in behäbigem Konservativismus erstarren. Als er auf den Auslandbasler Peter Ochs und seine umwälzenden Ideen zu sprechen kommt, nimmt die Melodie des Sängers weite Intervalle an, wird emphatisch, gar pathetisch («Fir d'Menscherächt bricht er e Lanze, / Er will e Freihaitsbaum lo pflanze»). Zwei von gespenstischen langen Akkorden eingeleitete «Büsten-Gespräche» von Ochs und Iselin beziehungsweise Merian und Wettstein sorgen vorübergehend für eine Atmosphäre ironischer Distanz. Der Chor übernimmt im Sinn der antiken Tragödie kommentierende Funktion, erläutert uns Zuschauern,

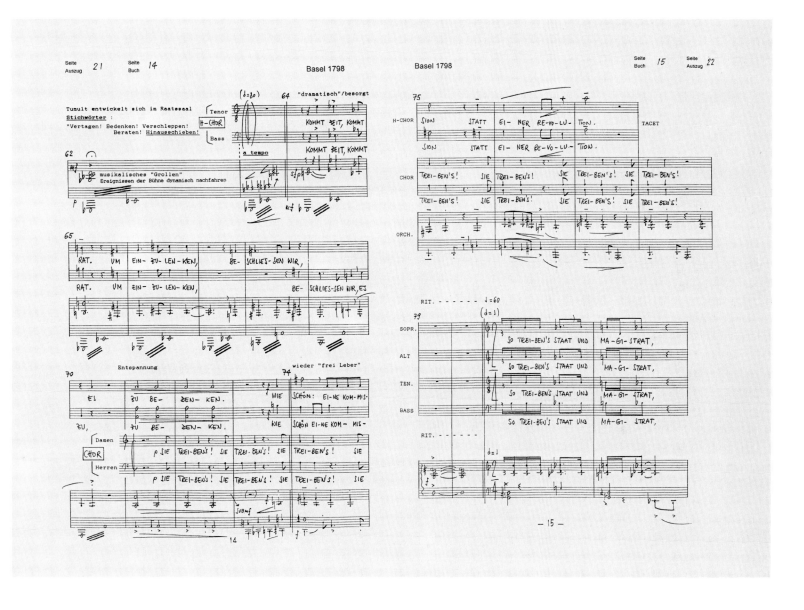

dass man reisen müsse, um staatspolitische Ideen zu finden («Am Orte bleiben nur die Büsten, / die tun, als ob sie alles wüssten»), kennzeichnet die unterschiedlichen Positionen der Bürger und moderiert in sachlich deklamierendem Ton eine Sitzung des städtischen Rats, dessen Vertreter sich in steifem musikalischen D-Dur-Duktus, statisch, wiederholungsreich und hochdeutsch vernehmen lassen: «Wir können's ja einmal probieren / und nachher wieder revidieren.» An die Stelle der pathetischen Selbstfeier des

Partiturseite (Klavierauszug) aus dem geplanten Festspiel «Basel 1798» von George Gruntz und Markus Kutter

Bürgertums im älteren Festspiel ist hier die glossierende Karikatur getreten, an die Stelle kollektiven Einverständnisses eine vorsichtig distanzierte Haltung.

Gruntz' Chorsatz ist weitgehend im strikt vierstimmigen Kantionalsatz gehalten und enthält sich polyphoner Komplexität. Bald aber schlägt die Musik zum Sprechgesang des Stänzlers die Sprache der Jugend an, öffnet sich dem Techno-Funk-Groove – zu hämmernden Bässen werden wir Zeugen französischer Staatsbegeisterung, und Napoleon tritt in Paris vor Peter Ochs auf. Zwei kontrastierende Chöre ermuntern Ochs zu einer Schweizer Verfassung nach dem Modell der französischen und klagen ihn des Verrats an der Schweiz an. Es fehlen nicht spezifisch baslerische Ingredienzien wie das Trommeln von Basler Tambouren; den ersten Akt beschliesst ein Knabenchor, der die Rechte der Kinder gegenüber abstrakten staatspolitischen Idealen einklagt.

Dass das Gemeinschaftswerk von Gruntz und Kutter eine Mischung aus erneuertem und traditionellem Festspiel ist, zeigt noch deutlicher der zweite Akt («s'Spaaledoor»), der mit einem neukomponierten Fasnachtsmarsch als Vorspiel anhebt und gefolgt wird von einem sechsstrophigen «Franzosenlied 1798», das in bewährter Festspiel-Manier auf alle Schwierigkeiten verzichtet und einem Laienchor förmlich auf den Leib geschneidert ist. Dass die holprigen Verse («Es gibt in dieser braven Schweiz / Einfältige Rekruten, / im Namen ihres Ehrenkleids / bereit sich auszubluten») und die simple Marschmusik pure Ironie sind, zeigt sich erst in den harmonisch komplexen Zwischenspielen und im Nachspiel. Den Sinneswandel der Ratsherren, die interessiert die neue Verfassung studieren, bezeichnet ein «Ratsherren-Calypso» («Endlich ist die Zeit vorbei / magistraler Schwelgerei»). Der Stänzler als Figur aus dem Volk wird aber auch – und das ist wieder ein kritisch-distanzierender Zug – zum Sprachrohr der Zweifel am unentwegten Wechsel der politischen Koordinaten, ablesbar an der raschen Kadenz der Baselstab-Fahne, der Basler Trikolore und der helvetischen Trikolore. Im selben Volksliedton und im Sechsachteltakt stimmt uns der Stänzler auf die Niederlage von Peter Ochs ein, dem wir kurz vor dem Ende des Stücks als Verseschmied zu einem Thema aus Beethovens Ballettmusik «Prometheus» begegnen. Es ist ein bildliches Symbol für die Niederlage der Ochs'schen Konzeption, dem ein (musikalisch wirkungsvoll immer um einen Halbton höher und immer schneller singender) Chor vorwirft, dem Land nichts Gutes gebracht zu haben. Was auch der Stänzler nicht zu ändern vermag: Resigniert macht er den Weg frei für den jazzigen Schlusschor, der in fünf markanten Strophen Peter Ochs als visionäre Gestalt feiert, deren Zeit erst nach seinem Ableben kam – Forte-fortissimo und, man möchte fast schon sagen erwartungsgemäss, in C-Dur. Dann eine komponierte Applausordnung, und fertig ist das eher unterhaltsame als pathetisch-feierliche Festspiel, dessen modische Pop-Ingredienzien sicherlich keinen Anspruch auf überzeitliche Gültigkeit erheben.

«Basel 1798 …» teilt mit vielen anderen Festspielen die Tendenz zum Historisch-Lehrhaften, zur literarisch und musikalisch ausgestalteten Geschichtslektion. Auch der Einbezug von Originalzitaten (vor allem von Peter Ochs) ist keine singuläre Eigenschaft dieses Werks. Aber es fehlen die in der Tradition des Festspiels typischen Themen (Verhältnis von Mann und Frau, Verehrung der helvetischen Natur und des Vaterlands), es fehlen der moralische Appell und das Pathos eines längst obsolet gewordenen Patriotismus. Darin ist «Basel 1798» wohl von Herbert Meiers umstrittenem «Mythenspiel» (1991) beeinflusst, das eine im Grunde der Gattung des Festspiels fremde Entmythologisierung der Geschichte und Entzauberung der geschichtlichen Helden betrieb – auch an dessen Anfang stand die Absichtserklärung des Textautors: «Nur kein herkömmliches Festspiel!»[13]

Allerdings brachte man für diesen Innerschweizer Grossanlass noch die Summe von über 9 Millionen Franken auf, während das weit kleiner dimensionierte Basler Festspiel sieben Jahre später wegen Geldmangels scheiterte. Vielleicht ist dieses Scheitern auch Ausdruck eines inneren Widerspruchs, dem die Autoren ihr Werk aussetzten: zugleich Festspiel und ganz heutig, ganz zeitgemäss, ganz pluralistisch sein zu wollen. Kein Textautor vor Markus Kutter hat ein derart ambivalentes, die Figuren so kritisch und kontrovers beleuchtendes Libretto geschrieben; kein Komponist vor George Gruntz hat so verschiedenartige Musikstile zu einer Festspielmusik komprimiert, keiner hat sinfonisches Pathos, Fasnachtsmärsche, Popmusik, Jazz- und Jodelepisoden so energisch zusammengezwungen zu einem Ganzen, das kein geschlossenes Werk mehr sein will, sondern Diskussionsanstoss und kritische Aufarbeitung von Geschichte. Das zeigen auch die letzten Textworte vor dem Nachspiel des durch Tambouren ergänzten Orchesters, die Peter Ochs mit verhaltenem Pathos als Pionier des politischen Denkens, der für seine Zeit zu früh kam – und nicht als politischen Sieger! – feiern: «Vor zwei Jahrhunderten bereits / war es Ihr erstes Streben, / den Grund zu legen für die Schweiz, / in der wir heute leben.»

Anmerkungen

1 Martin Stern: «Das Festspiel des 19. Jahrhunderts in der Schweiz», in: Jean-Marie Valentin (Hrsg.), «Volk – Volksstück – Volkstheater im deutschen Sprachraum des 18.–20. Jahrhunderts», Bern/Frankfurt am Main/New York 1986, S. 186–208, hier S. 196. Das Zitat Jacob Burckhardts nach: Max F. Schneider: «Musik der Neuzeit in der bildenden Kunst Basels», Basel 1944, S. 19. Zum «Taumel» vgl. auch Ernst Lichtenhahn: «Das bürgerliche Musikfest im 19. Jahrhundert», in: «Stadt und Fest. Zu Geschichte und Gegenwart europäischer Festkultur», hrsg. von Paul Hugger in Zusammenarbeit mit Walter Burkert und Ernst Lichtenhahn, S. 161–179, hier S. 175, und François de Capitani: «Musik in Bern. Musik, Musikerinnen und Publikum in der Stadt Bern vom Mittelalter bis heute», Bern 1993, S. 165 ff.; zuletzt Stefan Hess: «Basler Vereine und Festspiele. Mit vereinten Kräften», in: «Mimos» 4/1997, S. 27–31.

2 «Offizieller Fest-Bericht der Basler Bundesfeier 1901», Basel 1901; vgl. auch Othmar Birkner: «Die Basler Festepoche zwischen 1892 und 1901», in: Basler Nachrichten vom 23. Februar 1969, Sonntagsblatt, S. 21 f., und Stefan Hess: «Basler Vereine und Festspiele. Mit vereinten Kräften», S. 29.

3 Zitiert nach der Neuausgabe des Romans unter dem Titel «Häuser über dem Rhein. Ein Künstlerroman aus der Basler Gesellschaft», Band 1, Basel 1988, S. 104.

4 In: Balz Engler/Georg Kreis (Hrsg.): «Das Festspiel: Formen, Funktionen, Perspektiven». Theaterkultur-Verlag, Willisau 1988 (= Schweizer Theaterjahrbuch Nr. 49/1988), S. 12 ff.

5 Basler Jahrbuch 1902, Basler Chronik von Fritz Baur, S. 280 ff.

6 Ernst Th. Markees in der «National-Zeitung» vom 16. Juli 1901, S. 4.

7 Grundlegend dazu Philipp Sarasin: «Stadt der Bürger. Struktureller Wandel und bürgerliche Lebenswelt Basel 1870–1900», Diss. Basel 1990, hier S. 304 ff.; das Zitat von Theo Gantner auf S. 341; Basil Schader: «Eidgenössische Verbandsfeste: Aspekte eines traditionellen Segments schweizerischer Festkultur», in: Basil Schader, Walter Leimgruber (Hrsg.): «Festgenossen. Über Wesen und Funktion eidgenössischer Verbandsfeste», Basel/Frankfurt am Main 1993 (Nationales Forschungsprogramm 21: Kulturelles Vielfalt und nationale Identität), S. 393.

8 Vgl. Sarasin, op. cit. S. 328.

9 Werner Meyer im Gedenkband «Ereignis – Mythos – Deutung. 1444–1994 St. Jakob an der Birs», Basel 1994, S. 12 und 49. Vgl. auch René Teuteberg: «Basler Geschichte», Basel 1986, S. 136 ff. und das «Gedenkbuch der 500-Jahr-Feier der Schlacht bei St. Jakob an der Birs», Basel 1944.

10 Vgl. zum Folgenden auch Jakob Tanner: «‹Man tanzt nicht, wenn im Nachbarhaus der Tod umgeht.› Die 500-Jahr-Feier der Schlacht bei St. Jakob an der Birs 1944», in: Werner Geiser (Hrsg.), «Ereignis – Mythos – Deutung. 1444–1994 St. Jakob an der Birs», Basel 1994, S. 179–218.

11 Jakob Tanner, op. cit. S. 215.

12 Zit. nach Markus Kutter: «200 Jahre Helvetik: Ein Festspiel für 1998», in: «Die Liberalen live», 1/1997, S. 4 f. Die folgenden Ausführungen aufgrund des am 19. Dezember 1996 fertiggestellten Klavierauszugs von George Gruntz.

13 Philipp Schlatter: «Mentalität und Geschichtsdenken in den Bundesfeiern 1891, 1941 und 1991 (600, 650 und 700 Jahre Schweizerische Eidgenossenschaft»). Lizentiatsarbeit, Historisches Seminar der Universität Basel, 1992, S. 71 f.

**Pfeifer mit Kopflaterne
am Morgenstreich**
(Foto Kurt Wyss)

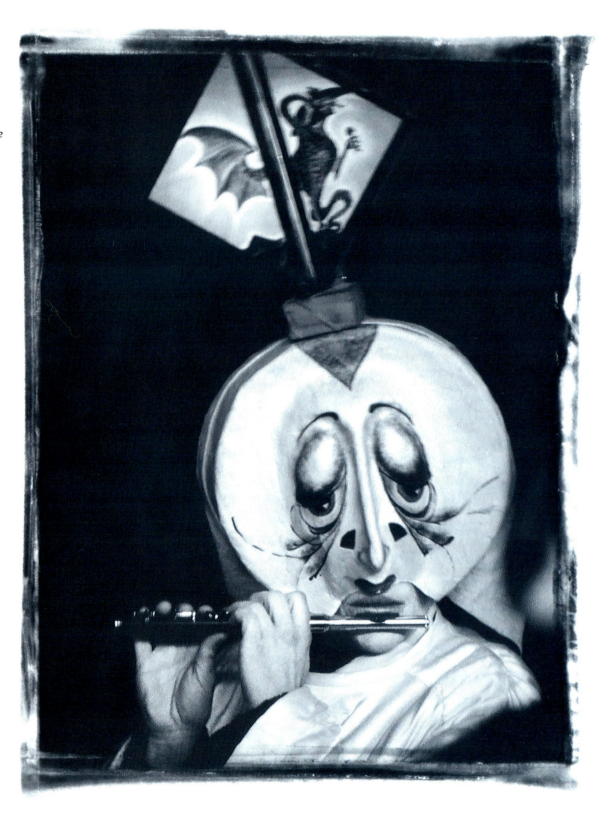

Bernhard «Beery» Batschelet

Die Musik der Basler Fasnacht.

Das Basler Trommeln und Pfeifen im 20. Jahrhundert.

Das Eigene und das Fremde

Das Basler Trommeln und Pfeifen nimmt im weltweiten Vergleich eine besondere Stellung ein. Es gibt kaum eine andere Stadt vergleichbarer Grösse, in der über 10 000 Menschen aller Altersstufen, weiblichen und männlichen Geschlechts, ungeachtet ihres Berufes und ihrer sozialen Stellung mit vergleichbarem Aufwand sich an gemeinsamem Volksbrauch musikalisch aktiv beteiligen. Das Basler Trommeln und Pfeifen erlebt heute, im ausgehenden 20. Jahrhundert, eine besondere Hochblüte. Nie zuvor war der Zuwachs an neuen Märschen, Arrangements und Bühnenkompositionen aller Art so gross wie in den letzten Jahren. Die folgenden Gedanken sollen diesen offensichtlichen Aufschwung historisch und musikalisch beleuchten und Perspektiven für die Zukunft aufzeigen.

Das Basler Trommeln und Pfeifen ist erst seit gut hundert Jahren hauptsächlich mit dem Fasnachtsbrauch verbunden. Seine Wurzeln liegen in militärgeschichtlicher Praxis, im eidgenössischen Söldnerwesen und in den städtischen Zunfttraditionen. Für die besondere Ausprägung des Basler Trommelstils waren Basels Lage als Grenzstadt in unmittelbarer Nachbarschaft der Garnison Hüningen und die Tatsache massgebend, dass Basel während der Helvetik selbst französische Garnisonsstadt war. Der Basler Trommelstil ist durch eine Vermischung des Trommelns der eidgenössischen Truppen mit französischen Einflüssen entstanden. Man muss heute annehmen, dass typisch eidgenössisches Trommeln mit den Söldnertruppen, den Reisläufern, nach Frankreich kam und «französisch angereichert» die Schweiz wieder erreichte.

Die ersten Quellen zu unserer Fasnachtsmusik finden sich in den frühesten eidgenössischen Tambour-Ordonnanzen, vor allem jener von 1819, der ersten mit gedruckten Pfeifermelodien. Diese militärischen Reglemente haben im eidgenössischen Rahmen die Signale und Märsche (Feldschritte) mit ihren Melodien standardisiert. Sie bildeten das Grundrepertoire für die Trommel- und Pfeifertraditionen in der Schweiz, auch für die baslerische. Noch heute sind die Signale «Sammlung» (Morgenstreich), «Generalmarsch» («Appenzeller»-Anhang zum Morgenstreich) an der Landsgemeinde in Appenzell, an der Genfer «Escalade», an der «Bsatzig» in Graubünden und auch an der Basler Fasnacht zentral. Auch die «Feldschritte», welche zum ersten Teil der «Alten Schweizermärsche» geworden sind, werden in dieser Form weiterum in der Schweiz gespielt, sind also alles andere als typisch baslerisch.

Bis um die Jahrhundertwende war das Basler Trommel- und Pfeiferrepertoire sehr klein. Es bestand nebst dem «Morgenstreich», der jeweils die Fasnacht eröffnet, aus den «Alten Schweizermärschen» und zehn Trommelmärschen. Später kamen dazu die «Neuen Schweizermärsche», die «Aeschlemer» sowie die «Arabi». Dieser letztgenannte Marsch, ein Medley aus englischen Grenadiermärschen, war in Art und Ton damals unerhört neu für Basel. Interessant ist, dass er nicht etwa an der Fasnacht, sondern für eine Theateraufführung im Jahre 1883 vom Basler Bürgerturnverein erstmals aufgeführt wurde.

Bis 1900 war das Trommeln die Hauptsache, und man konnte damals die «Alten» noch ungestraft ohne Pfeiferbegleitung aufführen. Im Normalfall zogen die Cliquen mit sechs bis acht Tambouren und allenfalls zwei Pfeifern durch die Stadt. Dreistimmiges Pfeifen setzte sich erst nach 1900 allgemein durch.

Die Entwicklung des Basler Trommelstils

Der wichtigste und das Basler Trommeln erst ausprägende Innovationsschub kam, immer noch in militärischem Geiste, in der zweiten Hälfte des 19. Jahrhunderts von arbeitslos gewordenen schweizerischen und elsässischen Tambourmaîtres, die in französischen Diensten gestanden hatten und in der Grenzstadt Basel einen guten Boden für ihre Kunst fanden, allen voran von Samuel Fürchtegott Severin (1838–1888) und Charles Schmitt (1854–1936). Ihnen und Schmitts zahlreichen Schülern verdankt das Basler Trommeln neue Streichkombinationen (u.a. Doubles, Bataflafla, Märmelistreich) und eine beträchtliche Anzahl neuer «moderner» Trommelmärsche («Steinkohlen», «Neapolitaner», «Alte Franzosen», «Japanesen», «Römer», «Dreier» etc.). Die meisten dieser «neuen» Märsche waren aber keine eigent-

Gruppenbild der Sans-Gêne am Morgenstreich, 1936
(aus «Zwischentöne», Buchverlag der Basler Zeitung)

lichen Neuschöpfungen, sondern Arrangements älterer Vorbilder und Anleihen aus fremden, auch ausländischen Märschen. Auch hat sich die spezifisch baslerische Eigenart des Trommelns ausschliesslich innerhalb der rhythmischen Figuren, der «Streiche», als eigentlicher Trommeldialekt ausgebildet; die musikalische Grundform allen europäischen Marschtrommelns, der achttaktige wiederholte Marschvers, ist unangetastet geblieben.

Die erste wirkliche Neuschöpfung für das Basler Trommeln und Pfeifen kam aus dem Welschland, wo Gustave Doret 1905 seinen Winzer-Festmarsch «Viviser» für eine Basler Gruppe zum «Vaudois» umschrieb. Vielleicht ist es der fulminanten Wirkung dieses einzigartigen und bis jetzt nie aus der Mode gekommenen Marsches zu verdanken, dass bald darauf auch Basler Fasnächtler sich an Neuschöpfungen wagten.

Als den grossen Neuerer der Basler Fasnachtsmusik erkennen wir Karl Roth (1879–1957), von dessen gegen zwanzig Marschkompositionen heute noch sechs zum klassischen Repertoire gehören («Elfer», «Tango», «Reisläufer», «z Basel an mym Rhy», «Querpfeifer», «Routesymphonie»). Karl Roth war deutscher Herkunft, zweimaliger Gewinner des Preispfeifens, unbarmherzig strenger Instruktor verschiedener Fasnachtscliquen, selbstbewusster Piccolosolist, im Dauerkrach mit Cliquen-Obmännern und dem Fasnachtscomité und auch sonst ein unbequemer, aber nicht weniger kreativer Zeitgenosse. Mit seinem Erstling «Elfer» von 1911 und dem darauf folgenden «Tango» hat Karl Roth den Startschuss für das neue Repertoire heute klassischer Fasnachtsmärsche gegeben. Er hat dem Pfeifen einen gleichberechtigten Rang neben dem bis anhin dominierenden Trommeln erwirkt. Als Erster hat Roth das Zahlenverhältnis Tambouren/Pfeifer umgekehrt, was ein akustisches Gleichgewicht zwischen Melodie und Rhythmus erst ermöglichte. Sein «Tango» wurde mit 13 Pfeifern und zwei Tambouren am Drummeli 1915 uraufgeführt und später zu einem der meistgespielten Märsche. Roth hat mit seinen Kompositionen den heute noch geltenden Standard des Basler Pfeifermarsches geprägt. Erstaunlicherweise hat sich aber die musikalische Form der Pfeifer- und Trommelmärsche seit den bekannten Ursprüngen, den «Alten Schweizermärschen», also der «Feldschritte» aus den Ordonnanzen der eidgenössischen Truppen, bis heute nur wenig geändert: Alle Märsche bestehen auch heute aus achttaktigen, meist binär angelegten und immer mit dem linken Schritt anfangenden «Versen», die mit einem typischen «Endstreich» und einem leeren rechten Schritt enden und meist wiederholt werden. Der von Karl Roth initiierte typische Basler Fasnachtsmarsch hat sechs bis maximal zehn solcher Verse. Eine differenziertere Untersuchung unserer klassischen Pfeifermärsche liesse verschiedene Formtypen erkennen, zum Beispiel den Marsch mit Triolen-Versen, den Da-Capo-Marsch oder den Marsch mit markantem Kopfvers (quasi Themenvers) und freien oder variationsartigen Folgeversen. Diese typischen Marschformen, wie sie auch heute in der Mehrzahl komponiert werden, sind also etwas über achtzig Jahre alt.

Ein anderer wichtiger Pionier des ersten Aufschwungs in der Basler Volksmusik war Karl Schell, Organist der Clara-Kirche und Musiklehrer (1864–1936), oft mit Karl Roth verwechselt. Ob Schell selber Fasnächtler war, wissen wir nicht, doch ist sein musikalischer Beitrag zum Basler Trommeln und Pfeifen ein bedeutender, verdanken wir ihm doch die heute gültige, vom Fasnachtscomité in Auftrag gegebene dreistimmige Fassung der «Alten Schweizer Märsche» (1912), des «Morgenstreichs», den «Arabi» und eine dreistimmige Ausgabe der «Neuen Schweizer Märsche». Auch als Komponist hat sich Karl Schell hervorgetan. Sein «Glopfgaischt» (1929 für die «Stainlemer» geschrieben) zählt zum Grundstock des klassischen Repertoires. Sein zweites Märschli, der originelle «Pfyffebutzer», ist leider nur noch Liebhabern von Kuriositäten bekannt.

Zu den ersten Komponisten des frühen klassischen, heute in den Stammcliquen noch massgeblichen Repertoires gehören auch die Gebrüder Ernst und Fritz Grieder. Mit ihrem Pfeifermarsch «Gluggsi» landeten sie 1918 einen

«Näpeli»,
Trommelschrift von
Joseph Wintzer, 1912
(Archiv der Basler Zeitung)

Hit, welcher zusammen mit «Glopfgaischt», «Arabi» und den «Alten» bis vor kurzem im Zentrum unserer Basler Marschmusik stand.

Die neueren klassischen Pfeifermärsche

Offensichtlich öffneten die Pioniere Roth, Schell und Grieder eine Schleuse. Denn ab 1920 begann die bis heute nicht abbrechende Produktion eines enormen Marschrepertoires, das, für eine engbegrenzt stadtbezogene Volksmusik, recht erstaunlich ist. Bis heute wurden über 200 Kompositionen gedruckt, viele sind bereits wieder vergriffen, und unzählige liegen unpubliziert in Cliquenarchiven oder in privaten Händen. Ohne im Detail auf ihre besonderen Verdienste eingehen zu können, sollen hier die wichtigsten Autoren des etablierten Basler Repertoires erwähnt sein. Wie fast alle Basler Marschkomponisten waren auch sie musikalische Amateure und in vielen Fällen bekannte Pfeifer-Instruktoren.

Der älteren Fasnächtlergeneration sind die zahlreichen Märsche von Walti Saladin noch gut im Ohr: «Rhywälle», «Basler Dybli», «Bayass» und andere stehen für seinen eingängigen, aber kaum je engagierten und etwas stereotypen Stil. Von den früher omnipräsenten Saladin-Märschen wird wohl nur der «Bayass» überleben. Mit dem «Gässler» von 1956 und dem «Läggerli» von 1969 sind dem «Märtplätzler» Dury Schmid zwei Würfe gelungen, die längst in die Reihe der Klassiker eingegangen sind. Mittlerweile auch schon zur bestandenen Generation gehören der bekannte langjährige Pfeiferinstruktor Hans Schneider und René Brielmann, der neben Karl Roth produktivste Verfasser von Fasnachtsmärschen in diesem Jahrhundert. Einige ihrer Werke werden wohl weit ins nächste Jahrhundert hinein Bestand haben. Die originellsten Beiträge seit den Siebzigerjahren verdanken wir aber dem Wahlbasler und zu früh verstorbenen Maurice Rossel, zum Beispiel seinen Erstling «Barogg» (1969), und Christoph Walliser mit seinem «Dritt Värs» (1970), dem ersten Pfeifermarsch mit Mollversen. Beide, «Barogg» und «Dritt Värs», standen Pate für eine neue Richtung besonders melodischer Märsche mit interessanten Harmonieverbindungen und für Kompositionen mit Anleihen aus der klassischen Musik.

Die Konsolidierung des Basler Trommelstils

Der musikalische Aufschwung im Trommeln und Pfeifen begann erstaunlicherweise bereits während der fasnachtslosen Jahre des Ersten Weltkriegs. Kurz vorher, 1912, hatte der Trommelmarsch «Mätzli», ein Teamwork dreier bekannter Basler Tambouren, den Aufschwung im Trommeln eingeleitet. Die zuerst noch kritisierten trommeltechnischen «Mätzli» in dieser originellen und für damalige Verhältnisse sehr virtuosen Komposition setzten bald die neue Messlatte für das Basler Trommeln. Es waren bekannte Trommelinstruktoren wie Fritz (Papa) Otto, Carl Dischler, Heinrich Loew, Joseph Wintzer und der vielgerühmte «Trommeldoktor» Fritz Berger, welche mit ihren unablässigen Bemühungen um Ausbildung, Trommeltechnik, Trommelschrift und neue Märsche den Basler Trommelstil konsolidierten.

Dieser Prozess war auseinandersetzungsreich, denken wir nur an die Kontrahenten Wintzer und Berger. Joseph Wintzer, Wirt in Kleinhüningen und Trommellehrer in Cliquen aus Handwerkern und Gewerbetreibenden, stand als Elsässer ganz in der Tradition des französischen Trommelns. Er brillierte damals schon mit Zitterstreichen (Streiche mit abwechselnden Einzeldupfen) und fliegenden Wirbeln (Dreierwirbel). Auch hat er mit seiner Sammlung von 50 variierten Endstreichen (Streichkombinationen zum Versende) fantastische Anregungen zu Neuschöpfungen gegeben. Leider sind Wintzers fantasievolle Experimente von der trommelnden Basler Garde damals nicht aufgenommen worden. Man hat sie wohl als Spielereien angesehen und nicht ernst genommen.

Wintzers lokaler «Gegenspieler» war der Jurist und ehrgeizige Militärtambour Dr. Fritz Berger, Trommelinstruktor der aristokratischen Clique «Alti Richtig». Er hat mit unerhörter Energie und einer Sachkenntnis, die weit über das baslerische Trommeln hinausging, der hiesigen Rhythmuskunst seinen Stempel aufgedrückt, nicht nur zum Guten. Sein Eifer galt dem «Säubern» des Basler Trommelns von fremden, allzu zierreichen

Elementen. In diesem Ansinnen musste er natürlich den «französischen» Experimenten Wintzers ablehnend gegenüberstehen. Neben einigen Trommel-Neukompositionen und vielen Trommeltexten zu bestehenden Pfeifermärschen, welche, mit wenigen Ausnahmen, nicht gerade durch Innovationsgeist auffallen, ist Bergers Hauptverdienst, eine Trommelschrift eingeführt zu haben, nach dem Vorbild der klassischen Schlagzeugnotation notabene, die auch komplizierte Rhythmen erstmals genau notierbar machte. Die «Bergerschrift» wurde für alle komplizierteren neuen Trommelkompositionen unerlässlich und hatte sich bald gesamtschweizerisch, auch im Militärtrommeln, durchgesetzt. Trotzdem spielen auch heute noch mehr als die Hälfte der Basler Tambouren von der alten «Hieroglyphennotation», von einer Zeichenschrift, welche es in verschiedenen Cliquenversionen gibt. Ein weiteres grosses Verdienst Bergers war seine in den Zwanzigerjahren mit akribischer Sorgfalt ausgeführte Edition aller bekannten Trommel- und Pfeifermärsche. Diese haben das Basler Repertoire erstmals allen zugänglich gemacht. Berger war auch Mitinitiant bei den ersten Schallplattenaufnahmen von Basler Fasnachtsmusik, wohl bereits ab 1923, und er hat sich publizistisch oft mit der Basler Fasnacht beschäftigt, allerdings nicht immer mit der erforderlichen historischen Sorgfalt.

Wie erneuert sich unsere Volksmusik?

Wie jede Volksmusik wird auch das Basler Trommeln und Pfeifen in erster Linie vom Durchschnittsgeschmack des Volksohres geprägt. Was einer grossen Mehrheit nicht gefällt, wird nicht populär und hat es schwer sich durchzusetzen, gerade wenn es qualitativ hochstehend und zukunftsgerichtet, aber nicht auf Anhieb leicht erfassbar ist. Die Volkskunst hat weder Bildungs- noch Aufklärungsanspruch. Dies ist der Grund, weshalb alle Volksmusiken traditionsverhaftet sind und Neuerungen allenfalls in winzigen Schritten zulassen. Ein Blick auf die Entwicklung des Basler Trommelns und Pfeifens bestätigt dies deutlich: Radikale Neuerungen hat es nur ganz selten gegeben. Ein epochemachendes Beispiel ist der «Whisky Soda» von Lukas «Cheese» Burckhardt aus dem Jahre 1958: Mit fünfzehn Versen wurde der klassische, von Karl Roth gesetzte Marschrahmen gesprengt und erreichte erstmals wieder die epische Länge der «Alten Schweizermärsche». Dieses Medley aus britischen Dudelsackmelodien hatte nichts Baslerisches an sich, und der Trommeltext von Otti Wick und Ferdi Afflerbach schlug ein wie eine Bombe, da er sich kühner rhythmischer Wendungen und neuer, virtuoser Streichkombinationen (Schlagkombinationen) bediente, notabene auch Zitterstreiche benützte, welche Joseph Wintzer schon 40 Jahre früher erfolglos in Basel vorgestellt hatte.

Ein anderes Beispiel für Innovation in der Pfeiferliteratur ist das «Nunnefirzli» (1976) aus der Feder des bekannten Basler Jazzpianisten George Gruntz. Wiewohl formal ganz im klassischen Basler Marschstil, hat dieser kreative Beitrag mit seinen schwierig zu hörenden Harmonien und gewagten Melodien trotz des Bekanntheitsgrades seines Verfassers fast zwei Jahrzehnte gebraucht, um allgemein akzeptiert zu sein.

Schon vor diesen Sternstunden hat sich das herkömmliche Marschrepertoire, wie oben dargestellt, stetig vergrössert, und man fragt sich nun, wo und welches die Entwicklungsschritte sind, formal, melodisch, harmonisch, rhythmisch und stilistisch. Hier wird man erkennen, dass im Tambourenwesen die Fortschritte um einiges früher gemacht wurden und wohl auch wesentlich weitreichender waren als in der Piccolomusik. Die zukunftweisenden Trommelkompositionen von heute, wie der «Edinburg» (Willy Blaser, vor 1980), das «Teamwork» (Alex Haefeli, 1978), der «Globitrotter», der «Top secret» (beide Roman Lombriser, 1986 und 1989) oder der «Icepower» (Ivan Kym, 1991), um nur die Wichtigsten zu nennen, sind allesamt von Nicht-Baslern geschrieben, trommeltechnisch und rhythmisch extrem anspruchsvoll und meilenweit entfernt vom klassischen Basler Marschtrommeln. Gewiss war auch das traditionelle Basler Trommelrepertoire früh schon Experimenten und Neuerungen ausgesetzt. Zu erwähnen wäre das «Ysebähnli», eine trommlerische Imitation eines Dampfzuges, welches, vor 1900 schon, guten Tambouren zur Darstellung ihrer Wirbelkunst diente. Auch die «Tagwacht» und die «Retraite» haben die Basler Trommler zu immer kunstvolleren Variationen angeregt, wodurch diese alten militärischen Signale zu eigentlichen Virtuosenstücken wurden. Doch kamen die stärksten neuen Impulse, trommeltechnisch wie musikalisch, immer seltener aus der Basler Garde, sondern aus andern Kantonen und von ausländischen Trommeltraditionen wie solchen aus den USA und Schottland.

Etliche vom Trommeln und Pfeifen besonders «angefressene» Fasnächtler, mitunter von den Besten, beschäftigen sich denn auch seit Jahrzehnten mit der kolonialen Tradition der New England Drum and Fife Corps und haben in Basel, nach amerikanischem Vorbild, die «Swiss Mariners» (1973), das «Regimental Fife and Drum Corps» (1978) und die «Wild Bunch» (1989) gegründet. Diese Gruppen treten regelmässig in vielbeachteten Konzerten und an Anlässen auf und beleben das regionale Volksmusikleben in hohem Masse.

Die wichtigste Persönlichkeit für die Erneuerung im Schweizer Trommelwesen der letzten Jahrzehnte ist wohl – und viele Fasnächtler hören es nicht gerne – Alex Haefeli, ein Solothurner und langjähriger Trommelinstruktor der Schweizer Armee. Der grosse Experimentiergeist in seinen Kompositionen hat die jungen Basler Tambouren, welche ihren obligatorischen Militärdienst musikalisch absolvierten, unüberhörbar beeinflusst. Das könnte ein guter Grund für kreative musikalische Neuerungen auch hier in Basel sein.

Doch haben die Einflüsse des Militärtrommelns auf das Basler Trommeln nicht nur bereichernd, sondern gleichzeitig auch nivellierend gewirkt. Durch die traditionsreiche Pflege des Trommelns in Fasnachts-Cliquen, Zunftgesellschaften und anderen Männervereinen, oft innerhalb enger gesellschaftlicher Grenzen, hatten sich in diesem Jahrhundert eigentliche Trommeldialekte herausgebildet, welche innerhalb der Gesellschaftsgruppierungen identitätsstiftend waren. Noch in den Siebzigerjahren erkannte man viele Cliquen schon von weitem an ihrem typischen Trommel- und Pfeiferstil. Durch die prägenden Einflüsse von aussen und durch das vermehrte Gewicht des alljährlichen Preistrommelns und Preispfeifens ist das Basler Trommeln und Pfeifen vereinheitlicht worden, und die Cliquendialekte sind innert weniger Jahre bis auf Reste verschwunden. Erst in jüngster Zeit pflegen einige Spitzengruppen, meist «Wilde» (das heisst nicht dem Fasnachtscomité Angeschlossene), wieder bewusst ihren eigenen Stil und machen sich, wie die in den Achtzigerjahren legendär gewordene Pfeifergruppe «Znynibigger» des bekannten Marschkomponisten und Pfeiferinstruktors Hans Schneider, einen besonderen Namen. Im Trommeln herrscht heute auch in Basel ein mechanischer, streng regelmässiger, bei vielen «Trommelhunden» sehr schneller und undialektischer Ton ohne jegliche Agogik vor. Manche Kritiker nennen ihn kalt und herzlos.

Eine nicht zu unterschätzende Rolle für die Erneuerung unserer Fasnachtsmusik haben auch die Fortschritte im Instrumentenbau gespielt: Bei den Trommeln mögen die Verbesserung und Vermehrung der Schnarrsaiten, neuartige Materialien für die Schlagfelle und die Einführung der Aluminiumzarge stellvertretend für jahrzehntelange Anstrengungen der zahlreichen Basler Trommelbauer genannt sein. Der heute bereits beträchtlichen Anzahl von trommelnden Frauen, in gemischten und reinen Frauencliquen, hat die neue, leichtere Aluminiumtrommel den Zugang zum Trommeln erst richtig ermöglicht. Eigentümlich ist die Rückkehr der Holztrommel mit Kalbfell, mit welchen sich etliche Cliquen nunmehr neu ausgerüstet haben. Der hohe, metallische Klang der letzten Jahrzehnte scheint wieder einem runderen, volleren Trommeltonideal zu weichen.

Nicht minder bedeutend waren die Verbesserungen im Piccolobau: Sie sind weitgehend dem 1950 aus der Ostschweiz zugezogenen Blasinstrumentenbauer Erwin Oesch und einem seiner initiativen Söhne zu verdanken. Vor allem die grössere Bohrung hat das tiefe Register unserer Piccolos massiv klanggestärkt, sodass sonore tiefe Stimmen und vierstimmige Sätze heute gang und gäbe sind. Dem vierstimmigen Piccolosatz sind wegen des kleinen Tonumfangs enge Grenzen gesetzt. Wünschbar wäre ein tieferes Zusatzinstrument, ein «Alt-Piccolo», mit welchem sich ganz neue Möglichkeiten erschlössen. Viel zu Diskussionen Anlass gibt die Intonation der kleinen, schrillen Strassenflöte. Eine Optimierung ist, wegen der harmonisch immer ausschweifenderen Tonarten in den neuen Märschen, dringend nötig und sollte mit Blick auf den praktischen Gebrauch des Instrumentes möglich sein. Und ebenso wichtig wie gut gestimmte Instrumente wären entsprechend aufgeschlossene Pfeifer-Instruktor(inn)en.

Neuerungen in Melodie und Harmonie haben es in der Volksmusik immer schwerer als rhythmische Entwicklungen. Die Mehrzahl der Pfeifermärsche im klassischen Stil, auch der neuen, beschränkt sich auf Re-Kombinierung von Melodiemustern und Harmonienfolgen, welche uns aus älteren Märschen bekannt sind und die weitgehend auf Lied- und Melodievorbilder aus der Barockzeit zurückgehen, also schon über zweihundert Jahre alt sind. Auch formal wird kaum musikalisches Neuland betreten. Gerade erst prämierte Märsche der neuesten Zeit zeigen die Tendenz zur Wiederholung bekannter Muster auf. Diese kritische Feststellung negiert natürlich nicht die Tatsache, dass einige Komponisten auch mit diesen alten Melodiemustern, oft gepaart mit exotischen Elementen, geschickt neue Effekte und im einen oder andern Vers manchmal sogar einen neuen «Ton» erzielten, der zum «Ohrwurm» und damit zum Hit wurde. Doch wünschenswert wäre ein grundlegender musikalisch-kompositorischer Innovationsschub, welcher der heute im Trommeln und Pfeifen gesamtschweizerisch feststellbaren drastischen Qualitätssteigerung entspräche und sich diese auch zu Nutzen machte. Denn wozu dient ein immer grösser werdendes Repertoire, wenn die neuen Märsche sich kaum von den bestandenen alten unterscheiden?

Das «Volksohr» wird für obige Betrachtungen wenig Sinn haben. Es entscheidet spontan, allenfalls beeinflusst durch einen Modetrend oder durch gute Vermarktung, was ihm gefällt und was nicht. Und man könnte hier ohne weiteres auch den rein betrachtenden, nicht wertenden, volkskundlichen Standpunkt einnehmen: Was gefällt, was gespielt wird, ist offenbar auch gut. Doch darf man an dieser Stelle auch nicht über die sich deutlich mehrenden Anzeichen von Übersättigung mit immer Gleichem und über eine gewisse Orientierungslosigkeit hinwegsehen, die auch mit noch mehr Trillern, Verzierungen, virtuosen Ober- und Unterstimmen und schwierigen Läufen nicht schwinden wird.

Das «Museumskonzärtli» – Pionierarbeit in der Fasnachtsmusik

Versuche, in musikalisches Neuland vorzustossen, finden seit einigen Jahren im Rahmen der mittlerweile unzähligen vorfasnächtlichen Veranstaltungen Platz. In erster Linie sticht da das «Museumskonzärtli» hervor, das sich seit seiner Gründung durch massgebliche Pfeifergrössen im Jahre 1970 die Pflege gehobenster Pfeifer- und Trommlerkunst und das Vorstellen neuester Märsche zur Aufgabe gemacht hat. Das «Museumskonzärtli», der Geheimtip unter den Liebhabern von Fasnachtsmusik, ist der lokale, fasnächtliche Teil der Konzertreihe «Musik im Museum» des Völkerkunde-Museums (jetzt Museum der Kulturen), die regelmässig verschiedene Musikkulturen der Welt vorstellt. In den Jahren 1983 bis 1995 hat die «Museumsgrubbe» in thematischen Konzerten die verschiedenen Entwicklungen unserer Volksmusik in extenso präsentiert. Viele wichtige Märsche, vom bereits erwähnten, klassischen «Läggerli» bis zum heute noch als experimentell angesehenen «Bonaparte» (1986), wurden am «Museumskonzärtli» uraufgeführt. Allein der 1999er-Jahrgang des «Konzärtlis» verzeichnete 16 Uraufführungen von Fasnachtsmärschen – unter anderem von Robert Suter, George Gruntz, Daniel Weissberg, John Ciaglia, Skip Healy, Siegfried Kutterer und dem Schreibenden. Aus der Arbeit der «Museumsgrubbe» ist auch die Anthologie «Trommeln und Pfeifen in Basel» (3 CDs, 1995) hervorgegangen, welche der Schreibende zusammen mit Urs Ramseyer im Auftrag der Breo-Clique herausgegeben hat.

Von den andern vorfasnächtlichen Anlässen spielen für das Trommel- und Pfeiferrepertoire das «Monstre Trommelkonzert», das Kleinbasler «Charivari» und die biennale «Räppliserenade» eine gewisse Rolle. Das heute altehrwürdige grosse Trommel- und Pfeifer-Monsterkonzert «Drummeli» fand erstmals 1906 in der Burgvogtei (heute Volkshaus) statt, zog 1914 ins «Kiechli» (Küchlin Variété-Theater) an der Steinenvorstadt um und 1993 von dort in die Mustermesse. Das «Drummeli» ist immer noch die «Schau der Stammcliquen». Wenn auch dort vermehrt musikalische Showelemente zur vermeintlichen Bereicherung eingebaut werden, bedienen sich die Cliquen doch meist aus dem klassischen Marschrepertoire. Gelegentlich erscheint aber auch im «Drummeli» ein neuer Marsch, der nicht bloss Dreitagesfliege bleibt.

Das Kleinbasler «Charivari», die zweitpopulärste Veranstaltung im Vorfeld der Basler Fasnacht (gegründet 1976, 1997 fünfzehn Aufführungen im Volkshaus) pflegt seit Jahren auch musikalische Experimente, seien es Piccolo-Arrangements aus der klassischen Musik (mitunter von einem Streichorchester begleitet) oder Kompositionsaufträge an Basler Musiker wie die Gruppe «Quattro Stagioni» oder den Schlagzeuger Fritz Hauser. Für das «Charivari», wie auch für ähnliche Veranstaltungen sind in den letzten Jahren etliche Bühnenkompositionen, meist Arrangements von bekannten Evergreens aus Pop, Filmmusik oder Soft-Klassik, geschaffen worden. Ein vom «Charivari» 1995 durchgeführter Marsch-Kompositionswettbewerb hat, so verdienstvoll die Initiative war, leider nur offensichtliche Eintagsfliegen hervorgebracht, Märsche, für welche der oben erhobene Vorwurf, altbekannte Muster neu, aber nicht besser zusammengestellt zu haben, in hohem Masse zutrifft. Mehr verspricht der Kompositions-Wettbewerb, den das «Museumskonzärtli» 1998 im Hinblick auf die grosse Fasnachts-Ausstellung im Museum der Kulturen 1999 ausgeschrieben hat.

Von den Grossunternehmen der Vorfasnacht ist die «Räppliserenade» der Clique «Harlekin» wohl das musikalisch anspruchsvollste. Gesamthaft dem Cliquenmusizieren verpflichtet, ist die «Räppliserenade» (gegründet 1981) aber immer auch Gastgeber verschiedener Top-Formationen. Die bekannteste davon sind die «Bayass» (wie die «Harlekin» eine der wohl bald aussterbenden reinen Männercliquen), eine populistische Pfeifergruppe, welche ihren eigenen Musizierstil entwickelt hat: virtuos, präzis und schnell, militärisch gerade, eher unterkühlt, das Gegenteil des legendären warmen, satten «Znynibigger-Sounds». Die vorfasnächtlichen Bühnenanlässe sind auch Podium für die oben erwähnten neusten Virtuosenstücke der jüngeren Basler Tambouren.

Avantgarde, Neuerungen, Perspektiven

Nur wenige Basler Pfeifer-Märsche der letzten Jahre gehen neue Wege, sei es im Ton, im Satz, in Harmonie, Melodie oder in der formalen Anlage, und wenn, dann experimentieren die Komponisten bloss in einem einzigen dieser musikalischen Parameter: «Dr Verhäxt» (1989), der bis heute technisch schwierigste Basler Pfeifermarsch, aus der Feder des Sissacher Musikers Thomas Heid, brilliert durch einen polyphonen Satz mit vier hochvirtuosen, selbständig geführten Stimmen. Er führt erstmals fingerbrechende chromatische Läufe ein, bleibt aber in der Grundmelodie, in Harmonie und Rhythmus wie auch formal völlig traditionell. Dem bekannten Musiker Cornelius Buser verdanken wir eine Reihe sehr origineller Märsche, die alle durch einen neuen, oft renaissanceartigen Ton auffallen. Die meisten sind an einem «Museumskonzärtli» uraufgeführt worden und harren, da noch nicht publiziert, noch ihrer Entdeckung durch die Cliquen. Busers still-eleganter Marsch «s'Stäpfeli» aus dem Jahre 1989 wird ohne Zweifel bald ins Repertoire der Kenner und Liebhaber Eingang finden. Auch seine Märsche sind formal im Traditionellen verhaftet und gehen wenig Wagnisse ein. Wie schwierig es ist, Neues einzuführen, erlebt der Schreibende seit Jahren mit seinen eigenen Marschkompositionen. Kleinste musikalische Abweichungen von der populären Norm stossen bei Cliquenohren auf grösste Schwierigkeiten und werden schnell abgelehnt. Risikofreudigkeit und Pioniergeist sind hier dünngesät, nicht nur im Musikalischen.

Unsere Fasnachtsmusik ist auf Erneuerung dringend angewiesen. Da aber eine grosse Mehrheit sich der herrschenden, nivellierenden Einschaltquotentendenz willig unterwirft, und die meisten Cliquen auf schnellen, kurzlebigen Erfolg setzen, wird echte Erneuerung auch heute nur von einzelnen unverzagten Komponist(inn)en kommen, welche ihre Werke wohl ausschliesslich für kleine, risiko- und übefreudige Gruppen schreiben. Anregungen sind da, zuhauf. Die Basler Marschkomponist(inn)en sollten sich vermehrt die reich vorhandene musikalische Kreativität im In- und Ausland zum Vorbild nehmen und die zur Verkrustung neigenden Trommeltexte beleben und den Melodien neuen Wind einhauchen.

Ist es zu revolutionär, eine Öffnung des abgewetzten achttaktigen Marschversmasses zu fordern? Ist es unanständig, darauf hinzuweisen, dass andere Volksmusiken längst zum Beispiel die freien Harmonien des Jazz' entdeckt haben? Ist es völlig daneben, sich den Dreivierteltakt, den tanzenden, für Basels Strassen zu wünschen?

Basler Jodlerchor am Nationalfeiertag
(Foto Peter Armbruster)

Sigfried Schibli

Volksmusik jenseits der Fasnacht.
Traditionelle Musik unter städtischen Bedingungen.

Was ist überhaupt Volksmusik?

Was ist Volksmusik? Die Habitués scheinen es zu wissen und keiner auch nur entfernt um Objektivität bemühten Definition zu bedürfen. Umso lieber bewegen sie sich in einem hermeneutischen Zirkel, der das, was er zu bestimmen vorgibt, schlicht schon voraussetzt. So schreibt Rico Peter in einem 1979 veröffentlichten Buch mit dem neugierig machenden Titel «Volksmusik. Schweizer Volksmusik – Was ist das eigentlich?»[1]:

> In unserer Volksmusik spüren wir, wir das Schweizer Volk, das «Eigene», eben das «Unbeschreibliche», das «Heimelige», die «Heimat». Wenn in einem «Tänzli» dieses «Undefinierbare» steckt, wenn wir es daraus «spüren», dann hören wir «euseri Musig».

Viele Anführungszeichen für wenig Aussage ... An anderer Stelle meint der Autor biologistisch, die Volksmusik sei für den Volksmusikanten dasselbe wie für den Vogel sein Gesang[2]:

> Sie ist ein Ausweis, der unter den «Eigenen» gilt. Diese Gruppe, diese «Eigenen» geben ihm die Sicherheit, dass er nicht alleine ist, wenn Neues, wenn Ungewohntes zu bewältigen ist.

Folgerichtig nennt Peter «unsere» Musik denn auch «I-Musik»: Identitäts-Musik. Dabei ist schwerlich zu übersehen, dass musikalisches «Heimatgefühl» heute für viele Menschen durchaus an andere als an Schweizer Volksmusik gebunden sein kann: an deutsche Schlager, englische Popsongs, südamerikanische Folklore, die Musik der Militärkapellen und Blasmusikvereine ...

Folgt man einem massgeblichen deutschen Musiklexikon[3], so ist unter «Volksmusik» die Musik der «Unterschicht, besser Mutterschicht oder Grundschicht (...) eines Hochkulturvolks» zu verstehen. Eine solche soziologisch enge Definition trifft zweifellos auf die Volksmusik agrarisch strukturierter Gesellschaften, aber weder auf die Musik der Basler Fasnacht noch auf andere volksmusikalische Aktivitäten in modernen Städten zu; sie scheint sich für urbane Kontexte geradezu zu verbieten. Dagegen ist es durchaus verlockend, von «Volksmusik» im Sinne des französischen Begriffs «Musique traditionnelle» zu sprechen und sie gleichermassen von der rein auf den Kunstgenuss im Konzertsaal ausgerichteten «ernsten» Musik wie von der im strengen Sinne antitraditionellen Popmusik (die allerdings längst eine eigene Tradition entwickelt hat) abzugrenzen. In diesem Sinn unterschied Béla Bartók, der im 20. Jahrhundert ausserordentlich viel zum Verständnis der Volksmusik beigetragen hat, zwischen der «Volksmusik des Dorfes bzw. der Bauernmusik» und der «volkstümlichen Kunstmusik bzw. Volksmusik der Stadt».[4]

Volksmusik in Basel kann schwerlich Bauernmusik sein, ja, es scheint sogar, dass die Pflege der Volksmusik hier zu einer wenig schichtenspezifischen und weitgehend schichtenübergreifenden Freizeitbeschäftigung geworden ist, was besonders deutlich wird an der Fasnachtsmusik – zumindest in ihrer heutigen Praxis. An der Fasnachtsmusik, dieser typischen Basler Volksmusik, lässt sich auch ablesen, dass Volksmusik nicht in jedem Fall schriftlos, also mündlich überlieferte Musik zu sein braucht, wie eine allzu eng definierte Volksmusikforschung einst annahm.

Volksmusik wird in einer durch vielfältige Wanderungsbewegungen «multikulturell» gewordenen europäischen Stadt des 20. Jahrhunderts kaum noch die autochthone Musik eines bestimmten Landstrichs, sondern wird häufig ein importiertes Kunstprodukt sein. Ja, die moderne Volkskunde neigt sogar dazu, Volksmusik als solche für ein «Produkt bürgerlicher Schichten aus den Städten des späten 19. und 20. Jahrhunderts» und Volkskultur überhaupt für eine städtische und bürgerliche Bewegung zu halten. So jedenfalls drückt es die Basler Volkskunde-Professorin Christine Burckhardt-Seebass im Gespräch aus. Für sie ist auch die «Authentizität» der Volksmusik im Grunde eine Fiktion, ein Projektionsfeld auch für Sehnsüchte nach einem vermeintlich Ursprünglichen, Echten, das die moderne Industriegesellschaft immer weniger bietet – nach einer «Gegenwelt», einem Stück Kompensation also.

Tatsächlich ist im frühen 20. Jahrhundert eine Renaissance des Volkslieds in den Städten und kaum auf dem Land zu beobachten. Otto von Greyerz, Mitbegründer des Schweizerischen Volksliedarchivs in Basel (siehe unten), führte die besten Volkslieder in seiner Sammlung «Im Röseligarte» zusammen – ein Liederbuch, das bezeichnenderweise gerade in den Städten Erfolg hatte. Karl Grunder klagte darüber, dass diese Schweizer Lieder «in den Städten und in den bessern Gesellschaften» wieder auflebten, man aber «auf dem Lande (...) nach wie vor noch jene importierten Tirolerlieder singen» höre. Und die in der ganzen Deutschschweiz verbreiteten «Chlefeli» (zweiteilige Plattenkörper mit freien Gegenschlägern), in Basel «Gläppere» genannt, wurden vielleicht nicht ganz zufällig gerade von einer Basler Firma patentiert – 1893.[5] Dass gerade Volksmusik bisweilen ausgesprochen «exotisch» anmutet, ist deshalb kein Widerspruch zu ihrem Begriff; Burckhardt-Seebass spricht vom «Reiz der Binnenexotik». Freilich hat dieser nostalgische Charakter der helvetischen Volksmusik von musikpädagogischer Seite auch schon den Vorwurf eingetragen, sie entspreche einem «verlogenen Heimatstil», vergleichbar dem Rustikal-Angebot mancher Möbelhäuser.[6]

Wir fassen den Begriff hier weiter und meinen nicht «baslerische Volksmusik» im Sinne von «in Basel entstanden», sondern «Volksmusik in Basel», in Basel praktizierte Musik. Zu dieser ist im Grunde alle Musik zu rechnen, die überwiegend von Laien (das muss nicht heissen: von Autodidakten!) ausgeführt und nicht primär in konzertanter Darbietung, sondern im meist vereinsmässigen Vollzug produziert wird. Dazu gehört das Blasmusikwesen ebenso wie die Welt der Jodlervereinigungen, und natürlich ist auch die moderne Strassenmusik von Musikanten aus aller Herren Ländern ein Stück «Volksmusik». Kaum nötig zu betonen ist, dass die Grenze zu den Aktivitäten der städtischen Chöre ebenso fliessend ist wie die zur sogenannten Popmusik.

Die Tatsache mag auf den ersten Blick erstaunen, entspricht aber im Grunde dem Charakter einer grösseren Industriestadt als Anziehungs- und Sammelpunkt von Menschen aus vielen Kantonen und Ländern und ihrer Kulturen: In Basel gibt es noch am Ende des 20. Jahrhunderts rund zwanzig Jodelchörli und Jodler-Clubs, Schwyzerörgeli-Vereine etc., die eine rege, wenn auch eher unspektakuläre Aktivität in ihren Vereinslokalen entfalten – obwohl Basel nicht zu den klassischen schweizerischen Jodellandschaften (Appenzell und Toggenburg, Innerschweiz, Bern) gehört. Schliesslich war ja auch der Eidgenössische Jodlerverband 1910 nicht etwa auf dem Lande, sondern in einer grösseren Stadt – in Bern – gegründet worden. Am 23. Eidgenössischen Jodlerfest im Juli 1996 in Thun waren immerhin neun Jodlerclubs aus Basel-Stadt vertreten (neben 21 aus Baselland). Und ein Kantonalver-

Basler Blasmusiker
(Foto Peter Armbruster)

Blaskapelle in Pratteln
(Foto Peter Armbruster)

ein wie der Appenzeller-Verein in Basel konnte in seinem Jubeljahr 1997 stolz auf dreihundert Mitglieder, einen Chor und eine Festschrift blicken – von einem Aussterben der Tradition also keine Spur.

Basel war immer wieder Ort bemerkenswerter Versuche, der traditionellen Schweizer Folklore zeitgemässe neue Aspekte abzugewinnen. So wurde am 6. Oktober 1890 während der Herbstmesse auf dem Barfüsserplatz zum ersten Mal in der Schweiz Schwyzerörgeli-Musik auf Wachswalzen aufgenommen – von einem gewissen Urssepp Bürgi aus Basel.[7] 101 Jahre später schrieb der Wahl-Basler Heinz Holliger als moderner Musiker, mit der ursprünglichen Folklore sympathisierend, eine «Alb-Chehr. Geischter- und Älpermuüsig fer d Oberwalliser Spillit». Auch die Existenz schottischer, nordamerikanischer, karibischer, chilenischer und vieler anderer folkloristischer Musikgruppen ist in einer zunehmend «multikulturellen» Gesellschaft keineswegs verwunderlich; wobei es sich teilweise um reine «Fan-Gruppen» und teilweise um Angehörige der betreffenden Länder handelt.

Es mag an der Urbanität Basels und an der spezifisch städtischen Unterhaltungskultur liegen, dass die ländliche Volksmusik hier oft in der Verkleidung des Komischen auftrat. Das gilt vor allem für die um die Jahrhundertwende noch ausserordentlich beliebten «Café-Concerts», in denen sich volkstümliche musikalische, kabarettistische und artistische Darbietungen in bunter Folge abwechselten. Abend für Abend fanden solche Auftritte (mit Konsumation) in den damaligen Basler Vergnügungslokalen statt, die punkto Musik immer im Zeichen schweizerischer oder ausländischer Folklore standen. So erlebte im Jahr 1910 der «Zürcher Fredy» alias Fredy Scheim die Anfänge seiner Karriere als Dialekt-Komiker in Basel: Er trat im «Café Warteck» an der Greifengasse unter Begleitung einer Pianistin namens Riggert von der Rheingasse 16 mit einem Jongleur, einer Soubrette und einem Zauberer in einem zwanzig Nummern umfassenden Programm auf. Später sollte er 62 Grammofonplatten und ein Dutzend Spielfilme bestreiten und einem Millionenpublikum zum Begriff werden, bisweilen auch an der Seite Alfred Rassers.[8] Die Grenze zwischen Folklore und Schlager verwischt sich hier bis zur Unkenntlichkeit.

Die Welt der Blasmusiken

Fragt man nach den im musikalischen Erscheinungsbild der Stadt wichtigsten populären Klangkörper der traditionellen Richtung, so stösst man rasch auf die Blechblasmusiken und Harmoniemusiken (mit Holzblasinstrumenten), deren historischer Ursprung in den militärischen Feldspielen und Stadtpfeifereien liegt. Ihre Beliebtheit ist ursprünglich auch darauf zurückzuführen, dass man die Instrumente einer Blaskapelle mieten konnte und den Unterricht kostenlos im Verein erhielt, wodurch die aktive Mitwirkung in solchen Klangkörpern auch für wenig Begüterte möglich wurde. Die älteste Basler Blasmusik ist die «Knabenmusik», eine Harmoniemusik für Knaben zwischen 9 und 18 Jahren, die 1841 auf Initiative des Basler Jugendvereins gegründet wurde – die älteste Jugendmusik der ganzen Schweiz, die fünfzig Jahre lang (1886–1936) von einer Person geprägt war: Fritz Siegin (viel später, von 1957 bis 1990, gab es nochmals eine ähnlich lange «Ära», die von Pius E. Kissling). Bezeichnend für die gesellschaftliche Funktion dieses Klangkörpers wie für die «Harmoniemusiken» insgesamt ist die Formulierung der Statuten der Knabenmusik, in denen nicht nur von musikalischen Fähigkeiten die Rede ist, denn das Zusammenspiel im Musikkorps steht modellhaft für ein höheres Ziel: «die Einordnung in eine Gemeinschaft und die gegenseitige Rücksichtnahme». Alkohol- und Nikotingenuss wurden ausdrücklich untersagt, was auf eine starke volksgesundheitliche Komponente schliessen lässt (dagegen waren um die Jahrhundertwende offenbar Körperstrafen in der vulgo «Knute» genannten Knabenmusik keineswegs «tabu» ...). Heute werden die rund 160 Aktiven der Knabenmusik von zwanzig Musiklehrern unterrichtet – was allein schon beweist, dass Volksmusik keineswegs per se mit Autodidaktentum gleichzusetzen ist. Eine im Zuge der Gleichberechtigung der Geschlechter 1990 gegründete «Mädchenmusik» wurde 1990 angegliedert.

Etwas jünger ist die 1872 ins Leben gerufene Stadtmusik Basel, die aus der damaligen «Landwehrmusik» hervorging und bis 1942 «Basler Musikverein» hiess. Sie nahm Mitglieder ab 15 Jahren auf und bezweckte neben rein musikalischen Zielen die «Erhaltung guter Freundschaft unter allen Mitgliedern». Die Bedeutung dieser Blaskapelle für das Musikleben der Wende vom 19. zum 20. Jahrhunderts kann ermessen werden, wenn man sich bewusst macht, dass der «Musikverein» in den ersten 25 Jahren die stolze Zahl von 320 Aufführungen verzeichnen konnte, für das zweite Vierteljahrhundert gar deren 700. Der Basler Dichter Dominik Müller hat der Stadtmusik sein Gedicht «Promenadenkonzert» gewidmet, und der als Posaunist im Musikverein aktive Zeichner und Maler Albert Zuberbühler hat den Zug seiner Kapelle durch die Freie Strasse 1896 in einem eindrücklichen Aquarell verewigt.[9]

Ein wahrer Boom von Blasmusik-Gründungen ist zwischen 1880 und 1910 festzustellen. 1897 wurde denn auch der Kantonal-Musikverband als Dachorganisation der lokalen Blasmusikvereine – Jägermusik, Feldmusik-Verein, Metallharmonie – gegründet (ursprünglicher Name: «Basler Musikverband»); noch hundert Jahre später zählte er 350 Mitglieder. 1880 war der Feldmusik-Verein Basel ins Leben gerufen worden, der die «Pflege guter Volksmusik, aufrichtiger Freundschaft und edler Geselligkeit» auf seine Fahnen geschrieben hatte. Die Blaukreuzmusik Basel-Stadt, die sich der Idee des Abstinententums und der christlichen Verkündigung verschrieben und immer wieder in Strafanstalten, psychiatrischen Kliniken und in der Öffentlichkeit gespielt hat, ist ebenso wie das Musikkorps I der Heilsarmee eine Gründung aus dem Jahr 1888; diese anfänglich aus nur acht aktiven Mitgliedern bestehende Blasmusik, die es auf über dreissig Mitwirkende in den Sechzigerjahren brachte, wurde rasch zu einem festen Bestandteil der städtischen und kantonalen Folklore. So wirkte sie etwa bei der Feier zum Gedenken an Basels Eintritt in den Bund der Eidgenossenschaft 1951 ebenso selbstverständlich mit wie' bei nationalen Wettbewerben und Zusammenkünften und beim Dienst in der Kirche. Auch die Jägermusik, die sich 1919 anlässlich ihres sechzigjährigen Bestehens darauf besann, der «Hebung der Volksmusik» zu dienen, war in vielfältiger Weise ins städtische Musikleben integriert, etwa als Feuerwehrmusik und bisweilen als Bühnenmusik im Stadttheater.

Aufs Jahr 1898 führt die Postmusik Basel zurück, die wiederum neben der «Pflege guter Blasmusik» auch die «Förderung kameradschaftlicher Beziehungen» bezweckte. Exakt im Jahr 1900 wurde der als «Brass Band» konzipierte Eisenbahner-Musikverein Basel gegründet, 1907 der Musikverein Klein-Basel, 1908 eine «Musik der Verkehrsbetriebe» und 1909 die Polizei-Musik Basel (ursprünglicher Name: «Junge Polizeimusik Baselstadt»). Ein Gründungsmotiv der Polizeimusik war terminlicher Natur: Wegen ihrer unregelmässigen Dienstzeiten war es den Angehörigen des Polizeikorps kaum möglich, in einer der bestehenden Blaskapellen mitzuwirken. Überdies reiht sich die Polizeimusik ein in die zum Jahrhundertanfang florierenden Berufsgruppen-Musiken. Seit ihrem vierten Jahr erhielt die Polizeimusik städtische Subventionen und 1914 auch eine Fahne, bei deren Weihe der Feldmusikverein Pate stand. Gelegentlich tat man sich mit dem Jodeldoppelquartett Kleinbasel zusammen und ging auf Oberitalien-Reise (1920).

In den besten Jahren hatte die Polizeimusik jeweils über 40 öffentliche Auftritte jährlich; wobei die Vielfalt ihrer Einsätze – mit Hang zum Offiziellen und Offiziösen – bemerkenswert ist. So wirkte sie beispielsweise 1925 unter anderem als Waggismusik an der Fasnacht mit, spielte bei Maskenbällen Tanzmusik, begleitete die Einweihungsfeier des Wehrmännerdenkmals auf der Batterie und einen Empfang der königlichen Guidenmusik aus Brüssel, gab Bankett- und Ballmusik zur Internationalen Hundeausstellung, spielte ebenso am Blumenfest in Montreux wie bei der Fahnenweihe des Musikvereins Oberwil und bei der Beerdigung von Hermann Suter. 1925 wurde der Blechsatz der Polizeimusik, der schon 1915 durch Saxophone angereichert worden war, zusätzlich durch Klarinetten, Flöten und Piccolos ergänzt. So beehrte sich die Polizeimusik 1927, den Dirigenten Felix Weingartner mit einem Ständchen an seinem Heim am St. Albanring zu begrüssen, schliessend mit dem «Wettsteinmarsch» von Weingartners Vorgänger Hermann Suter.

Das Repertoire solcher Harmoniemusiken spielt sich wohl immer in einem Spannungsfeld zwischen Seriosität mit Hang zum klassischen Konzert und leichter unterhaltender Muse ab. Das lässt sich auch an den Dirigentennamen der Polizeimusik ablesen. Zu ihren Dirigenten gehörten renommierte Musiker der E-Musik-Szene wie der Flötist Joseph Bopp (1945–1950); unter seiner Ägide dislozierte die Polizeimusik für ihre Konzerte von der Mustermesse in den nobleren Stadt-Casino-Musiksaal und fasste den Enschluss, «auf jegliche Tanz- und Unterhaltungsmusik zu verzichten». Auf Bopp folgte der als Theaterdirigent und Chef des «Collegium Musicum Basel» bekannte Albert E. Kaiser, der das Repertoire weiter in Richtung Sinfonik verlagerte und es – häufig in Bearbeitungen – bis zu den «Bildern einer Ausstellung» und zu Opernkonzerten ausdehnte. Nachfolger Kaisers (dem man «häufige Abwesenheit wegen seiner vielfältigen Verpflichtungen» vorwarf) wurde 1957 Hans Moeckel, der das Gewicht wieder in die Richtung der leichten Musik legte. Auch die Zahl der Auswärts-Engagements wuchs in jenen Jahren wieder. Pius Kissling und Silvano Fasolis hiessen die Männer, die Moeckel in seinem Amt nachfolgten. Heute sind – unter dem Dirigenten Daniel Schmid – von 70 Aktiven der Polizeimusik nur noch deren 15 im uniformierten Polizeidienst tätig.

Neben den städtischen Musikcorps bildeten sich in vielen Städten «Alternativkapellen», die sich in den Dienst der Arbeiterbewegung stellten und etwa bei Demonstrationen aufspielten. So trat schon im Jahr 1900 ein «Eisenbahner-Musikverein Basel» auf, acht Jahre später ertönten zum ersten Mal die Bläser der «Musik der Verkehrsbetriebe», und von 1919 an spielte an vielen geselligen Anlässen die Blasmusik des Arbeiter-Musik-Vereins auf. In der Tradition der Arbeiter-Musikvereinigungen, die sich in ihrem Erscheinungsbild vom paramilitärischen Stil der älteren Blaskapellen mit ihren schneidigen Uniformen abhoben und oft proletarisch-emanzipatorischen Charakter hatten, entstanden später Werkmusiken der Ciba beziehungsweise später der Ciba-Geigy (1947) und 1970 der Chemiefirma Sandoz, die 1997 bei der Fusion zur Novartis zusammengingen und seither eine Werkmusik Klybeck und eine Werkmusik St. Johann bilden. Eine besondere Blasmusik-Variante bildet das «Sicherheitsorchester», das sich in Anlehnung an alternative deutsche Blasmusiken wie das Frankfurter «Sogenannte Linksradikale Blasorchester» oder die Freiburger Blasmusiken «Rote Note» und «Blechschaden» als spielerisch-intellektuelle Alternative zu den traditionellen, wohl hauptsächlich im Kleinbürgertum verankerten Blasmusikvereinigungen versteht. Personell aus dem 1882 gegründeten Stadtposaunenchor hervorgegangen, tat sich das «Sichi» erstmals ziemlich genau hundert Jahre später zusammen, um an Demonstrationen und Friedensmärschen aufzuspielen. Dabei pflegte es ein unkonventionelles Repertoire, spielte Zirkus- und Filmmusiken (etwa von Nino Rota) ebenso wie Kompositionen von Hanns Eisler und Kurt Weill oder die Hymne der südafrikanischen Anti-Apartheidsbewegung ANC. Die subversiv-kritische Stossrichtung des «Sicherheitsorchesters» fand den adäquaten Anlass

1987, ein Jahr nach der Sandoz-Chemiekatastrophe von Schweizerhalle, als in Basel mehrere deutsche und schweizerische «Alternativorchester» auf Einladung der Basler Kollegen auf dem Marktplatz mit einer Komposition von David Wohnlich das langsame Sterben durch Luftverschmutzung gestisch und musikalisch zum Ausdruck brachten.

Ebenfalls zu den jüngeren Ensembles sind die «Basler Jagdhorn Bläser» zu zählen, die sich seit 1972 der Aufführung von Musik des Barocks bis zur Romantik auf Natur-, Jagd- und Barockhörnern zuwenden. Gründer und erster Leiter war Werner Civatti, später übernahm der Orchesterhornist Josef Brejza die künstlerische Verantwortung. Eine Basel-Stadt und Basel-Landschaft wenigstens auf diesem Gebiet zusammenführende, durch internationale Wettbewerbserfolge bekannt gewordene (und zweifellos am Rand des Begriffsfelds «Volksmusik» anzusiedelnde) Vereinigung von überregionaler Ausstrahlung ist das 1987 von Bruno Martin und Philipp Wagner gegründete «Blasorchester in der Region Basel» (bobl), das sich aus Profis und engagierten Laien zusammensetzt und in seinem Repertoire so anspruchsvolle Literatur wie die «Canonic Suite» für vier Altsaxophone von Elliott Carter führt.

Die Blaskapellen sind seit jeher eher Männerdomänen; musizierende Frauen fanden und finden sich eher in den Zupf-Ensembles, die in Basel schon früh im Jahrhundert aus dem Boden schossen. Eine «Mandolinen-Gesellschaft Riehen» pflegt seit 1912 die «reine Mandolinenmusik» (Statuten), und im gleichen Jahr trat erstmals das aus mandolinenbegeisterten Laien bestehende «Basler Zupforchester» mit Mandolinen-, Mandola- und Gitarrenspielerinnen und -spielern in Erscheinung (ursprünglicher Name: «Doppelquartett Florenzia», bis 1973 «Basler Mandolinen-Orchester» genannt). Etwas jünger ist das solistisch besetzte Zitherquartett Basel, das dem Ansehen der Konzertzither seit 1931 verpflichtet ist. Dass das Zupfen am Ende des Jahrhunderts nicht mehr unbedingt grosse Popularität genoss, zeigt ein Aufruf, den das Basler Zupforchester 1997 erliess: «Zurzeit sind wir nur etwa ein Dutzend regelmässige Mitspieler», neue Musikanten seien höchst willkommen.

Ein Archiv für das Volkslied

Zwischen volkstümlicher Musikpraxis und Musikforschung liegt die Programmatik des 1906 in Basel gegründeten «Schweizerische Volksliedarchivs», dessen Existenz sich der Privatinitiative von Alfred Leonz Gassmann, John Meier (der 1914 das Deutsche Volksliedarchiv in Freiburg i.Br. gründen sollte), Otto von Greyerz, Karl Nef, Eduard Hoffmann-Krayer und anderer verdankte; zu den Gründervereinen gehörten die Schweizerische Gesellschaft für Volkskunde, der Schweizerische Lehrerverein und der nachmalige Schweizerische Musikpädagogische Verband. Wobei die ursprüngliche Initiative wohl vom Musiker Gassmann ausging, aber rasch vom Basler Volkskundeprofessor Meier adaptiert, ja sogar annektiert wurde, was den Sammler von Greyerz 1909 zum Rücktritt aus der Basler Volksliedkommission bewegte. Ein Dissens zwischen wissenschaftlichen und dilettierenden Volksliedsammlern, der vielleicht typisch ist für einen erst im Aufbau begriffenen, gleichsam noch flüssigen Wissenschaftszweig und für die Volkskunde insgesamt – auch die anderen nicht-akademischen Gründer wandten sich bald vom jungen Institut ab, und die Spannung zwischen volksmusikalischer Praxis und wissenschaftlicher Forschung macht bis heute das Salz der Volksmusikkunde aus.

Dabei verdankt das Volksliedarchiv seine Existenz nicht etwa dem Willen, eine ständige Forschungsstelle zu etablieren, sondern der Absicht einer grossangelegten Sammelaktion, die zu einer möglichst umfassenden Edition schweizerischen Liedguts führen sollte. Rein äusserlich zu Beginn also eine «Aktion», wie die langjährige Leiterin Christine Burckhardt-Seebass sagt, «eine Ansammlung randvoll gefüllter Pappschachteln und hölzerner Karteikästen innerhalb der Bestände des Schweizerischen Instituts für Volkskunde» ohne eigene finanzielle Ressourcen (und bis heute mit sehr bescheidenem Etat). Schon zu Beginn wurden nicht nur Volkslieder im engeren Sinn gesammelt, sondern auch Schlager, geistliche Lieder usw. – insofern sie Allgemeingut wurden und «vom Schweizer Volke gesungen werden».

Ausgeschlossen bleiben sollte nach dem Sammlungsaufruf von 1906 alles nur aus Büchern Gesungene – eine heftig umstrittene Einschränkung, die sich nicht aufrechterhalten liess; ihr liegt noch die ältere Auffassung zugrunde, nach welcher das Volkslied ein unmittelbares Produkt des Volksgeistes und nicht eines (wenngleich oft namentlich nicht bekannten) Verfassers sei. Längst sammelt das Volksliedarchiv indes auch in Schriftform tradierte Lieder und Liederbücher; dies aus der Erkenntnis, dass (wie Christine Burckhardt-Seebass formuliert) Volkslieder keine «Emanationen des Volksgeistes», sondern von (häufig anonymen) Menschen geschaffene Melodien sind wie etwa die Kinderlieder, die der Basler Abel Burckhardt im 19. Jahrhundert zusammenstellte.[10] Nach der Gründungsphase machten sich verschiedene Sammler um das Archiv verdient, so etwa Arnold Geering, der die inzwischen entwickelte Methode der Tonbandaufzeichnungen für seine Feldforschung nutzte, Max Peter Baumann und andere. Dabei verlagerte sich der Gegenstandsbereich des Instituts, entsprechend der schwindenden Bedeutung des Volkslieds im engen Sinn, auf die Populärmusik in einem weiteren Horizont.[11]

Gleichsam in der Verlängerungslinie des Basler Volkslied-Instituts ist eine breit angelegte Studie zu sehen, die Christine Burckhardt-Seebass im Rahmen des Nationalen Forschungsprogramms «Kulturelle Vielfalt und nationale Identität» geleitet hat und die sich schwerpunktmässig mit den sogenannten «Ortspreisliedern» (oder «Ortsliedern») der Schweiz befasst.[12] Zu ihnen gehört selbstredend auch die Basler «Lokalhymne»: «Z Basel an mym Rhy», gedichtet von Johann Peter Hebel und vertont von Franz Abt (1819–1885), der im sächsischen Eilenburg geboren wurde, von 1841 bis 1852 als Chorleiter in Zürich lebte und danach nach Deutschland zurückkehrte – einem Musiker, der die baslerischste Musik schuf, ohne im geringsten Basler gewesen zu sein.

Anmerkungen

1 Rico Peter: «Volksmusik. Schweizer Volksmusik – Was ist das eigentlich?», Aarau 1979, S. 134 und 137.
2 a.a.O., S. 292.
3 «Riemann Musiklexikon», Sachteil von 1967, S. 1052.
4 Béla Bartók: «Vom Einfluss der Bauernmusik auf die Musik unserer Zeit» (1931), in: B.B., «Weg und Werk. Schriften und Briefe», hrsg. von Bence Szabolcsi, Kassel/Basel etc. 1972, S. 164–177, S. 164.
5 François de Capitani: «Musik in Bern. Musik, Musiker, Musikerinnen und Publikum in der Stadt Bern vom Mittelalter bis heute», Bern 1993, S. 228; Brigitte Bachmann-Geiser: «Die Volksmusikinstrumente der Schweiz» (Handbuch der europäischen Volksmusikinstrumente, Serie 1 Bd. 4), Leipzig 1981, S. 19.
6 Ernst Müller: «Du und die Musik. Gedanken zur musikalischen Erziehung», Basel 1946, S. 27.
7 Brigitte Bachmann-Geiser: «Die instrumentale Volksmusik», in: «Volksmusik in der Schweiz», hrsg. von der Gesellschaft für die Volksmusik in der Schweiz, Zürich 1985, S. 47 und Rico Peter, op. cit., S. 260.
8 Rico Peter: «Dialektmusik. Die Wurzeln unserer eigenen Musik», Aarau/Stuttgart 1981, S. 346 ff.
9 Max F. Schneider: «Musik der Neuzeit in der bildenden Kunst Basels», Basel 1944, S. 75 f.
10 Vgl. Beat Trachsler: «Z Baasel under em Wienachtsbaum. Poesie und Prosa zur Weihnachtszeit, geschmückt mit Bildern und Fotografien von Künstlerhand», Basel 1986.
11 Vgl. dazu die im Literaturverzeichnis angegebenen Titel von Christine Burckhardt-Seebass.
12 Christine Burckhardt-Seebass, Alberto Bernasconi, Roland Inauen, Esther Schönmann, Agni Spohr-Rassidakis: «'... im Kreise der Lieben'. Eine volkskundliche Untersuchung zur populären Liedkultur in der Schweiz». Nationales Forschungsprogramm 21 «Kulturelle Vielfalt und nationale Identität», Basel/Frankfurt am Main 1993.

**Lionel Hampton 1985
in Basel**
(Foto André Muelhaupt)

Theo Mäusli

Basel swingt. Jazzleben in Basel.

Zur Methode

Wie sind fast hundert Jahre Jazz in Basel auf wenigen Buchseiten zu beschreiben? Besonders dann, wenn ein breites Kulturverständnis aufrechterhalten werden soll, das nicht bloss eine elitäre Kunstproduktion, sondern auch die gesellschaftliche Rezeption ernst nimmt; das aber auch als Kultur auffasst, was in seinem ästhetischen Gehalt nicht unbedingt in Jacob Burckhardt'sche Betrachtungen hätte fallen müssen? Es gibt nur eine Antwort: Verzicht auf jeden Anspruch auf Vollständigkeit oder ausgleichende historische Gerechtigkeit.[1]

Da vieles erst aus der zeitlichen Distanz heraus verstanden werden kann, werden in diesen Ausführungen die frühen Jahre des Jazz in Basel ein Übergewicht finden. Wo von der Gegenwart die Rede ist, möchten die Lesenden die Tonlage der inneren Stimme jeweils gegen Satzende leicht anheben, Aussagen auch als Fragen verstanden wissen. Wie jede kulturelle Erscheinung ist auch der Jazz, den man gern als die wichtigste musikalische Ausdrucksform des 20. Jahrhunderts bezeichnet, eng an die Gesellschaft gebunden, mit der er sich im Zeitverlauf verändert. Veränderung kann in der Entwicklung der Musik selbst ersichtlich oder hörbar sein. Grundlegender Wandel kann aber auch in der Art und Weise liegen, wie ein und dasselbe Kunstwerk im Zeitverlauf oder innerhalb bestimmter gesellschaftlicher Begebenheiten aufgefasst wird. Galten John Coltranes Meisterwerke in den Sechzigerjahren für die meisten noch als nervöser, unverständlicher Lärm, so regen heute diese Klänge aus Kleinlautsprechern in Warenhäusern zum Kaufen an.

Zum Verständnis des Jazzlebens in Basel tun wir somit gut daran, in einem ersten Teil ein paar Gedanken daran zu verwenden, was Jazz in dieser Zeitspanne in einer Schweizer Stadt überhaupt bedeuten konnte. Wir kommen dabei nicht darum herum, ein grobes Raster mit einer Typologie des Jazz aufzuspannen, wohl wissend, dass kulturelle Veränderungen langsam und unscharf sind, dass Gliederung verkürzt und verstümmelt. – In einem zweiten Teil wird diesem Umstand Rechnung getragen, wenn von den in Basel tätigen Jazzmusikern oder von Basler Musikern, die sich in der Jazzwelt einen Namen haben schaffen können, die Rede ist. – Jazz lebt stark vom Moment und vom Umfeld, in dem er gespielt und gehört wird. Das Publikum nimmt also eine bedeutende Rolle auch in der Entwicklung der Musik ein. Dabei fällt auf, dass der Jazz mit den grossen kommunikationstechnischen Entwicklungen Hand in Hand geht: vom Radio und der Schallplatte, weniger vom Fernsehen, verbreitet und gefördert, aber auch konditioniert, bot diese Musik wiederum den technischen Möglichkeiten einen idealen Raum, mitsamt einem attraktiven Absatzmarkt für die Produkte Radiosendung und Schallplatte. Wo und wie hörte wer in Basel welchen Jazz? So soll die Kernfrage in einem dritten Teil lauten. – Jazzfreunde heben gern das Individualistische, Ungebundene ihrer Musik hervor. Das mag bis zu einem gewissen Grad seine Berechtigung haben. Kunst hat aber auch mit Können zu tun. Und dieses kann nur dort wirklich kultiviert werden, wo eine adäquate Schulung möglich ist, wo Aussicht auf eine angehende Lebensgrundlage für Musikschaffende besteht und wo ein regelmässiger Austausch zwischen Musikerinnen und Musikern und dem Publikum stattfindet. Gleichsam als Ausblick kommen am Schluss des Beitrags einige institutionalisierte Jazzaktivitäten Basels zur Sprache.

Jazz ist nicht gleich Jazz

Spuren des Jazz in Basel lassen sich seit den Zwanzigerjahre finden, in den prominentesten Kreisen sogar: Oberrealschüler bildeten um den Musiker Manfred Werthemann «The Lanigiro-Syncopating Melody Kings», eines der ersten Schweizer Jazzorchester überhaupt, aus dem später die professionelle Band der «Lanigiros» erwuchs. Doch kann für den Jazz in der Schweiz der Zwanzigerjahre behauptet werden: Das war Musik, die man eher vom Hören-Sagen denn vom Spielen-Hören her kannte. In den mondänsten Dancings der Städte und in den auf eine internationale Kundschaft ausgerichteten Kurorten stellten die Hausorchester für ein paar Tänze auf Jazz um, und das hiess im Wesentlichen: Einer traktierte im Rhythmus das Schlagzeug, und ein oder zwei Geiger bliesen für einige Tänze ins Saxophon; vielleicht zupfte der Cellist auch an einem Kontrabass herum. Zeitungen und Zeitschriften glossierten fleissig die neue Musik- und Tanzmode, die aus dem Ausland,

Jazzkonzert am Spalenberg
(Foto Hannes-Dirk Flury)

ja aus Amerika kam und die besonders geschickt von Schwarzen gespielt werde. Als Jazz konnte schlicht alles gelten, was entweder als rhythmische oder in irgendeiner Form exotische Musik daherkam; die Bezeichnung Jazz konnte sich gut auch unter einer Abbildung traditioneller asiatischer Musiker finden. Allzu häufig erschienen Karikaturen, die eine Gruppe von Affen als Protagonisten des Jazz darstellten. Oft fiel der Begriff Jazz auf das markanteste Instrument, das in dieser unbekannten Musik Platz fand, das Schlagzeug. «Jazz zu verkaufen», hiess es in Anzeigen des Musikinstrumentenhandels.

Diese Unbestimmtheit legte sich in den Dreissigerjahren, die auch schon vom ersten Schisma des Jazz gekennzeichnet waren. Jazz wurde nun zumindest für Stadtbewohner beinahe unüberhörbar. Wer als Jugendlicher nie Gelegenheit hatte, dazu zu tanzen, gehörte zu einer kleinen Minderheit. Jazz war nun, bis in die Fünfzigerjahre hinein, die Tanzmusik, und es wurde gegen Ende der Dreissigerjahre und während des Kriegs viel getanzt. Jazz war vielen gleichbedeutend mit moderner Tanzmusik, je länger je mehr orientiert an amerikanischen Vorbildern, die man von Schallplatten und vom Radio her kannte. Er erhielt zudem, besonders im durch die Grenznähe exponierten Basel, eine deutlich politische Konnotation: Das war ganz bestimmt nicht die Musik der Nazis, sondern die der liberalen Welt. Warum Schisma?

Von Frankreich her diktierten ein eigentlicher Jazzpapst und sein Umfeld, Hugues Panassié und der «Hot Club de France», was wahrer Jazz sei – der ursprüngliche «Hot Jazz» (mitreissende, rhythmisch intensive, improvisierte Musik) im Gegensatz zum «Straight Jazz» (exaktes, notengetreues, kommerziell orientiertes Musizieren) – sei. Als Katechismus galt das 1934 erschienene und von Louis Armstrong mit einer Unterschrift in der Einführung geheiligte Buch «Le Jazz Hot». Eifrigster Basler Missionar dieses Bekenntnisses war Hans Philippi, der – solange es die internationale Lage in den Dreissigerjahren ratsam erscheinen liess – Wohnsitz im international durchdrungenen Antwerpen hatte. Elemente dieser «Religion» waren erstens der Satz, dass Jazz in Wirklichkeit nicht Unterhaltungsmusik, sondern eine erlesene Kunst sei; in ständiger Erweiterung der Kenntnisse der Geschichte und der verschiedenen Ausdrucksformen dieser Musik und durch Verfeinerung des Geschmacks müsse erlernt werden, diese Kunst von wertlosen Plagiaten zu unterscheiden. Zweitens – dies ein in seiner Zeit verankertes rassistisches Denkmuster – könne wahrer Jazz eigentlich nur von Schwarzen stammen: «Jazz ist Negermusik», schrieb ein Jazzfreund zur Verteidigung seiner Musik im Juni 1939 an die Redaktion der «Schweizer Radiozeitung», aber, so weiter: «Negermusik gehört nicht nach Afrika, wenn wir in Europa uns daran ergötzen wollen. (...) Der Kaffee kommt auch von den Negern und die Baumwolle und hundert andere

Dinge.» Weisse könnten sich dem Ideal allerdings weitgehend annähern. Drittens waren dieser Bewegung alle Massenkultur und der kommerzielle Erfolg oder zumindest die Ausrichtung danach suspekt. Damit entsprach sie durchaus einer Geistesströmung ihrer Zeit. Erinnert sei an den grossen Widerhall, den Ortega y Gassets Traktat «Aufstand der Massen» fand, aber auch konkreter an die Jazzkritik Theodor W. Adornos, die genau an diesem Punkt der Vermassung ansetzte. An musikalischen Elementen zeichnete sich, viertens, der Hot Jazz durch eine zentrale Bedeutung der Improvisation und eine individualistischere Tongebung, durch grosszügiges Einsetzen der «Dirty Notes» aus.

Das Phänomen Jazz wurde immer breiter, komplexer und immer weniger als eine Kultur für sich fassbar. Der Straight Jazz erlebte in der Schweiz während des Kriegs und auch noch kurz danach (mit den Urlaubern der US-Army) einen gewaltigen Boom, den grosse und qualitativ gute Schweizer Orchester wie die Lanigiros, Teddys, Fred Böhler, auch die in Basel tätigen Radio-Unterhaltungsorchester von Bob Huber respektive ab 1946 Cedric Dumont zu tragen wussten.

Wirtschaftliche Hochkonjunktur und Jazzkonsum scheinen sich nicht besonders gut zu vertragen. Statt über das Tanzparkett zu gleiten, schien man gegen die Fünfzigerjahre hin abends lieber in die Pantoffeln zu schlüpfen, um sich vom Geschäftsalltag zu erholen. Das konnte neben dem Grammophon, dem Radioapparat und seit den Sechzigerjahren auch vor dem Fernseher geschehen. Die grosse Zeit der Unterhaltungsorchester war vorbei. Dazu kam, dass die junge Generation bald nichts mehr von subtilen Bläsersätzen wissen wollte, mehr aber von rockigen Riffs der elektrischen Gitarren.

Der Hot Jazz oder das, was sich davon ableiten lässt, vermochte sich bis heute zu halten, seine Fangemeinde und auch die Spielpraxis gar zu verstärken und zu erweitern. Dies mag darum nicht offensichtlich erscheinen, weil sich diese Szene seit Mitte Vierzigerjahre in viele Fraktionen aufsplitterte, die sich in zwei Hauptrichtungen gruppieren lassen. Die Entwicklung lässt sich durchaus mit politischen Vorgängen vergleichen: Das Progressive wurde dem Konservativen (oder Traditionellen) gegenübergestellt. Vor allem ab den späten Fünfziger- und in den Sechzigerjahren wurde dies auch im symbolischen Sinn einer Ersatz- oder Zusatzhandlung zum politischen Engagement verstanden. Der Streit entflammte während des Krieges im Hot Club de France. Stein des Anstosses war der Bebop, der neben der bisherigen Jazztradition auch aus der neueren Europäischen Kunstmusik eingebrachte Elemente verarbeitete. «Ist das eine «authentische» Entwicklung oder nicht?», lautete die Streitfrage. Traditionalisten missbilligten diesen musikalischen Quantensprung, verwiesen auf die archaischen, primitiven Qualitäten des Jazz, beharrten auf einer kontinuierlichen Geschichte dieser Musik, die nicht durch fremde Einflüsse gebrochen werden dürfe. Befürworter des Bebop und dessen weiterer Entwicklungen hingegen begrüssten das Neue, sahen darin nachgerade das, was den Jazz als Kunst auszeichne, forderten bald auch, der zunehmenden Komplexität der Musik entsprechend, aufmerksames Zuhören, das sich schlecht mit dem Tanzen vertrug.

Dieser Streit und damit verbunden die Kategorienbildung zwischen Progressiven und Traditionalisten (dazwischen der sogenannte Mainstream, der Elemente beider, aber auch des Pop/Rock enthält) hat sich heute weitgehend gelegt. Heute scheint eine grössere Toleranz zwischen den verschiedenen Ausrichtungen des Jazz zu herrschen, die auch mit dem nachlassenden Fortschrittsglauben in Verbindung gebracht werden könnte.

Die Musiker

Die Zahl derjenigen Basler Musiker, die vom Jazz leben konnten, hat über das ganze Jahrhundert hinweg das Dutzend kaum überschritten. Nur gerade ein Basler, George Gruntz, dürfte Jazzinsidern auf der ganzen Welt als grosse Figur dieser Kunst bekannt sein. Aus dieser Tatsache auf Mediokrität oder Belanglosigkeit der Basler Jazzmusikerszene zu schliessen, wäre allerdings falsch. Eine solche Einschätzung würde verkennen, dass Jazz als reine Tanz- und Unterhaltungsmusik galt, die in erster Linie solides Handwerk verlangte. Ein Schweizer brachte es in diesem Bereich der Unterhaltungsmusik in den Dreissigerjahren zu einem wirklich internationalen Renommee. Doch war er in Wirklichkeit kein ausserordentlich begabter Musiker, dafür einer der ersten modernen Showmaster Europas: Teddy Stauffer. Auf dem musikalischen Plan taten sich einige Basler oder Wahlbasler hervor: Ernst W. (Bobby) Buser, der selber auch Jazztrompeter war, hat diese Protagonisten in einem Buch «Swinging Basel» zusammengestellt und erinnert an die ehemals stadtbekannten Orchester «Lanigiros» (oder andere, längere Varianten des Namens), «Orchester Fred Werthemann» («Fred Many's Band»), «Blue Rhythm Boys», «Academic Swing Band», «Swiss Melodian Band» und viele andere.[2]

Das Vorurteil, dass bloss Jazzmusiker sein könne, wer das Elend der Welt erlebt habe, erweist sich gerade in Basel als absurd – entstammte doch einer der allerersten und bedeutendsten Pioniere dieser Musik dem wohlbehüteten Kreis des Basler «Daig»:

> **Manfred Werthemann, ein grossartiger Pianist und Allrounder, hatte eine Big Band, spielte selber Trompete, Posaune und Saxophon, war zusätzlich ausgebildeter Konzertpianist, mit Konzertdiplom. Er gehörte zu den Gründern der «Lanigiros». Als diese professionell wurden, gründete er die «Fred Many's Band». Das war das beste Orchester.**

So beschreibt ein jüngerer prominenter Vertreter des Basler Jazz, Lukas «Cheese» Burckhardt, sein Vorbild.[3] Werthemann vertrödelte mit seinem Jazzspiel nicht etwa seine bürgerlichen Verpflichtungen, sondern schloss auch sein Rechtsstudium mit dem Doktortitel ab. Dies linderte natürlich elterliche Ängste um das rechte Gelingen ihrer jazzspielenden Zöglinge aus dem Grossbürgertum oder liess solche Sorgen gar nicht erst aufkommen.

Die Karrieren seiner Nachfolger als Leader der Lanigiros – René Schmassmann und später Bruno Bandini – zeigen, dass das Spielen von Jazz, jedenfalls von Straight Jazz, nicht unbedingt einer inneren Notwendigkeit entspringen musste und dass Jazzmen durchaus auch andere musikalische Seelen haben konnten. Beide Musiker waren vor ihrem Einstieg bei den Lanigiros Berufsmusiker mit klassischer Ausbildung, sogenannte Ensemblemusiker und pflegten die leichte klassische Musik auch später oft und gerne. Zum Jazz stiessen sie aus beruflichen Gründen: «Jazz war

Lukas «Cheese» Burckhardt als Trompeter in action
(Foto Archiv der Basler Zeitung)

lukrativer», stellte Schmassmann in einem Gespräch fest.⁴ Bandini schildert seine Jazzanfänge folgendermassen⁵:

> Nach meinem Studium am Basler Konservatorium hatte ich gegen 1930 im Hotel Storchen im Trio klassische Musik gespielt, während dreier Jahre. Das war richtige Kaffeehausmusik, wie man sie damals spielte. Leichte klassische Musik spiele ich heute noch. Wir haben dann im Storchen aufgehört. Das Klassische wurde immer mehr zurückgedrängt, durch andere Gruppen, die zwar auch nachmittags klassisch spielten, am Abend aber auch moderne Tanzmelodien. Herr Schmassmann hatte mich gefragt, ob ich nicht als Geiger zu den Lanigiros stossen wolle. Ich sagte ja, aber ich könne nicht Saxophon spielen. «Bestell mal ein Alto», sagte mir der Schmassmann, das sei für mich kein Problem. Er werde mir das zeigen. In drei Wochen würde ich dann mit ihnen spielen. Und so war das dann auch.

Die Lanigiros wurden in den Dreissiger- und Vierzigerjahren neben den Teddys zu einem der gefragtesten Orchester Europas; gewiss wie auch letztere von ihrem Status als Schweizer profitierend, der ihnen erlaubt hatte, bis zum Kriegsausbruch selbst in Berlin heissestem Jazz zu frönen und so die deutsche Konkurrenz, die sich solches nicht leisten durfte, in den Schatten zu stellen.

Die Karriere von Philis Heymans hingegen erinnert daran, wie selten Frauen im Jazz eine aktive Rolle zugestanden wurde – eine aktivere als die der Bewunderin des männlichen Musikers, der Begleiterin des Jazzkenners oder der Tanzpartnerin. Der in China geborenen Tochter weltgewandter Eltern fiel es leichter als anderen, gesellschaftliche Normen, die junge Basler Frauen an einer solchen Karriere hinderten, zu überwinden. Nach einer Ballettausbildung schulte sich Heymans im Gesang und begleitete ab 1938 die Lanigiros und ab 1939 die Teddys auf ihren Tourneen und bei Schallplattenaufnahmen. 1946 gab sie ihre erfolgreiche professionelle Karriere als Sängerin auf.

Wie viele andere auch wählte Mac Strittmatter 1937 den Beruf des Musikers, um der Arbeitslosigkeit auf dem angelernten Metier (in seinem Fall des Konstrukteurs) zu entweichen. Nach einem Engagement im «Java» baute Strittmatter seine Big Band auf, die als die jazzigste in der ganzen Schweiz galt. Zu einem Auftritt im «Odeon» schrieb im Februar 1944 die «National-Zeitung»:

> Mac Strittmatter ist nicht nur ein Basler, sondern auch ein kleines musikalisches Universalgenie. Er komponiert, macht alle seine Arrangements selber und spielt mit der gleichen Meisterhaftigkeit Violine, Klarinette, Saxophon und Gitarre. Und wie! Da ist alles Rhythmus – vom Scheitel bis zur Sohle. Das steckt an, das reisst mit; da werden die neun ausgezeichneten Solisten ein Ganzes, ein Klangkörper von makelloser Vitalität. Boogie-Woogie, Hot, Swing, Blues und Tango – ein Genuss für Ohren, Herz und Beine! Spezialisten der Synkope und des musikalischen Übermutes! Jeder besser als der andere!

Auch diese Band konnte allerdings die mageren Zeiten nach dem Krieg nicht überdauern. Strittmatter konstruierte später Beschallungsanlagen und betätigte sich nur noch nebenbei als Jazz- und Unterhaltungsmusiker.⁶

Etwas anders sehen die Karrieren in dem Bereich des Jazz aus, der sich vom Hot Jazz ableiten lässt: im traditionellen oder in dem an der Avantgarde orientierten Jazz. Diese strikte Trennung wurde allerdings sehr oft vom Publikum vorgenommen. Für Musiker bestand häufig kein Gegensatz zwischen alt und neu, «hot» oder kommerziell, wie etwa die musikalische Bandbreite der Lanigiros beweist. Sich den Luxus zu leisten und nur gerade einem Stil zu frönen und diesem treu zu bleiben, das ist ein Privileg von Amateurmusikern. Nicht nur ein Sonderrecht, könnte man einwenden, sondern auch eine sinnvolle Strategie, um es auf einem Feld zu etwas zu bringen, besonders wenn die gewählte Musikrichtung einiges an Enthusiasmus, Feeling und Gruppengeist abverlangt, an technischer und harmonischer Fertigkeit hingegen auch Lücken zulässt. Seit den Anfängen mit Werthemann hatte Basel immer eine starke Amateurszene. Wenigstens für die Sechzigerjahre ist diese in der Schallplattenreihe «Jazz in Basel», die Maurice Rossel herausgab, dokumentiert. Das Besondere an dieser Szene lag darin, dass, im Gegensatz etwa zu Zürich, eine stilistische Eklektik möglich war, dass moderne und traditionelle Spielweise durchaus auf der selben Platte Platz finden konnten.⁷

«Es gab viele Dixieland-Bands in der Schweiz. Profis und Amateure. Ich erinnere mich nur noch an eine: Die Interessanteste! Die Ehrlichste! Die Herzlichste! Die Beste! – Die Darktown Strutters», schrieb der langjährige Schweizer «Jazzkönig» Hazy Osterwald 1973 anlässlich des 25-jährigen Bestehens der Basler Band um den Schlagzeuger Willy Bosshardt, den Trompeter Lukas Burckhardt, den Posaunisten Balz Fischer, den Pianisten, Komponisten und Arrangeur Robert Suter und den Klarinettisten Peter Wyss (mit vielen Gastmusikern).

Dieser Formation gelang es über Jahrzehnte hinweg, eine nationale Referenz des traditionellen Jazz zu bleiben, trotz aufwendiger und erfolgreicher anderweitiger Berufskarrieren ihrer Protagonisten. Höhepunkte in der Geschichte der Band waren 1952 der erste Preis am Nationalen Amateur-Jazzfestival in Zürich und in anderen Jahren verschiedene Preise für die einzelnen Mitglieder. Im Herbst 1958 traten die Strutters zusammen mit Wild Bill Davidson eine Schweizer Tournee an. Der Pianist und hauptberufliche Komponist zeitgenössischer Musik, Robert Suter, gibt einen Schlüssel zum Erfolg der Band[8]:

Die «Darktown Strutters» haben sich vielleicht darin vor manchen anderen Formationen ausgezeichnet, dass wir versuchten, so etwas wie unseren eigenen Stil zu entwickeln. Unser Ehrgeiz, unser eigentliches Vergnügen am Jazzspielen ging dahin, nicht einfach die grossen Vorbilder ab Schallplatte zu kopieren, sondern jedem Stück ein eigenes Gepräge zu geben, jedem Spieler seine Entfaltungsmöglichkeit zu belassen, ein paar Überraschungen einzubauen, eine besondere Folge der Soli zu wählen, diese Soli auch wieder auf besondere Art zu begleiten usw. usw.

Häufiger Gast der Darktown Strutters war der Banjospieler und Gitarrist Peter Schmidli. Achzehnjährig hatte er 1955 als Autodidakt mit

Die «Darktown Strutters» in den Fünfzigerjahren im «Atlantis»
(Foto Heinz Höflinger)

einigen Basler Amateurformationen zu spielen begonnen; seit 1971 ist er mit seiner eigenen Formation, der «PS Corporation», und als Mitglied von Bands wie «Buddhas Gamblers», «Tremble Kids» und «Hot Mallets» als einer der wenigen Vertreter dieser Stilart professioneller Jazzmusiker. Bei den «Tremble Kids» wiederum trifft Schmidli auf den Österreicher und Wahlbasler Oskar Klein (Trompete und Gitarre) und den in Dornach aufgewachsenen Bassisten, Posaunisten und Vibraphonisten Isla Eckinger. Beide waren international tätige Musiker, die während ihrer Laufbahn eine beeindruckende Reihe erstklassiger Jazzepigonen auf der Bühne und im Aufnahmestudio begleiteten. Eckinger begann seine Karriere als professioneller Kontrabassist 1963 bei Strittmatter, um sich ab 1965 als vielseitiger und gesuchter Freelance-Musiker durchzusetzen. Seit den Achtzigerjahren wohnt und arbeitet Eckinger in Los Angeles.

Der Pianist Andy Scherrer und der Schlagzeuger Peter Schmidlin wiederum begannen mit Eckinger Anfang der Sechzigerjahre in der «Modern Jazz Group» und spielten neben ihren Engagements als Freelancer auch während der Siebzigerjahre in der international erfolgreichen Gruppe «Magog» zusammen. Der Saxophonist und Komponist Bruno Spörri leitete zwischen 1951 und 1956 eine Basler Band mit verschiedenen Namen und Repertoireschwerpunkten, je nach Publikum: vom «New Bop Team» zum «New Dance Team», vom «New Dixieland Team» zum «New Cool Team».[9] Bis 1975 spielte er im «Metronome Quintett», das einen vorsichtig modernen Stil pflegte, gehörte gleichzeitig aber zu den ersten Schweizer Musikern, die in den Sechzigerjahren Jazzrock und in der Folge elektronische und informatisierte Musik praktizierten. Avantgardistisches Wirken (ohne Verzicht auf ein Einkommen) ist in der Schweiz möglich, wenn sich berufliche Symbiosen mit anderen Bereichen finden. So brachte Spörri seine hochspezialisierten Kenntnisse in die Filmmusik und die Tontechnik beim Schweizer Fernsehen ein, war auch Verantwortlicher des Zürcher Jazzfestivals. Scherrer unterrichtet heute an der Swiss Jazz School in Bern, Schmidlin wirkt als Musikproduzent.

Ohne berufliche Absicherung wäre auch die brillante Karriere des Pianisten, Komponisten und Bandleaders George Gruntz nicht möglich gewesen, jedenfalls nicht in der Schweiz oder besser: von der Schweiz aus. Noch in kurzen Hosen habe er seinen Vater nach dem sonntäglichen Kirchgang ins Café «Java» geschleppt, «um die ersten Bebop-Gehversuche des Pianisten Francis Burger und seiner Freunde zu hören, zu denen damals auch der Vibraphonist Body Buser und überraschenderweise auch der Trompeter Cheese Burckhardt gehörten», erzählt Gruntz. Von diesem Musikerumfeld erwarb er sich als Achtzehn-, Neunzehnjähriger das Rüstzeug zum kreativen Tun und erhielt im Radio-Unterhaltungsorchester von Cedric Dumont «immer wieder Chancen, es Jazz spielend und komponierend mit den verschiedensten, jeweils neuen Besetzungen zu versuchen». Gruntz weiter:

Meine eigentliche Jazzerfahrung jener Jahre war aber die Begegnung mit dem Tessiner Bebop-Pionier Flavio Ambrosetti, mit den Baslern Burger und Buser und dem Gitarristen Pierre Cavalli, in jungen Jahren ein gottbegnadeter Jazzmusiker. Kaum zwanzigjährig, fuhr ich für viele mehrmonatige Aufenthalte nach Schweden, wo sich Ende der Vierzigerjahre eine erste europäisch ausgerichtete, recht eigenmächtige Jazzszene zu etablieren vermochte und ich – ausgerüstet mit ersten Preisen vom Zürcher Amateur-Jazzfestival – bald mit den «Grossen» wie Simon Breh, Ake Persson und Lasse Gullin zusammenspielte respektive bei ihnen in die Lehre ging. Eine eigentliche Förderung, wie sie Kollegen anderer Kulturländer zuteil wurde – in Deutschland, Frankreich oder England –, gab es damals in der Schweiz überhaupt nicht, gibt es auch heute noch höchstens schmalspurig ...

Dieser künstlerische Werdegang zeigt überdeutlich: Zwar kann aus der Basler Jazzszene eine tonangebende Figur herauswachsen, doch ist Basel nicht New York. Gruntz empfiehlt auch heute jungen Jazzmusikern, «die Schweiz zur Berufsausübung möglichst rasch (zu) verlassen, um von aussen zu erkennen, was hier läuft und überhaupt möglich ist».[10] In diesem Sinn hat die Karriere von «G.G.» eigentlich nichts mit Basel und wenig mit der Schweiz zu tun – es sei denn als Vorbild: 1958 war der Pianist Mitglied der Marshall Brown's International Youth Band, begleitete dann amerikanische Top-Spieler wie Dexter Gordon und Roland Kirk auf ihren Europavisiten, Helen Merrill im Fernen Osten. 1968/69 spielte er in Phil Woods' «European Rhythm

George Gruntz mit seiner George Gruntz Concert Jazz Band in der Jazzschule Basel
(Foto Tino Briner)

Machine». 1973 gründete er zusammen mit Flavio und Franco Ambrosetti, Daniel Humair und Gérard Lüll eine Big Band, aus der die «George Gruntz Concert Band» erwachsen ist, die jährlich die ganze Welt bereist, inklusive die USA, was für europäische Jazzmusiker nicht selbstverständlich ist, und China.

Die Liste der Besetzungen der Band im Verlauf ihrer bald fünfundzwanzigjährigen Geschichte liest sich wie eine Anthologie des modernen internationalen Jazz. Miles Davis gab eines seiner letzten wichtigen Konzerte, die Neuinterpretation von Gil Evans' Arrangements, 1991 in Montreux, im Zusammenspiel mit der George Gruntz Concert Band. Des Baslers und «Ehrenspalenberglemers» stilistische und intellektuelle Weite drückt sich auch in eigentlichen orchestralen Werken und Opern wie «The Holy Gray of Jazz and Joy» (1983), «Cosmopolitan Greetings» (1988, zusammen mit Allen Ginsberg, Rolf Liebermann, Robert Wilson) und dem Festspiel «Basel und Napoleon» (1988) aus. In diesem Auftragswerk der Basler Liedertafel brachte er Trommler, Chorsänger und ein Instrumentalensemble der Basler Orchester-Gesellschaft mit Jazzsolisten zusammen. Zu seiner Berufskarriere gehört aber auch – von 1970 bis 1984 – die musikalische Leitung am Schauspielhaus Zürich und von 1972 bis 1994 die künstlerische Leitung des renommierten Berliner Jazzfestes.

Wo und wie hörte man in Basel Jazz?

Improvisation, eine spezifische Intonation und rhythmisches Gefühl sind wesentliche Strukturelemente des Jazz, die vielleicht noch stärker als in anderen Gattungen von Musizierenden fordern, dass sie diese Musik auch oft hören. Dazu kommt, dass gerade in der Frühzeit des Jazz (Insider würden heute sagen: der «Vor-Realbook-Zeit») in Europa sehr wenig Notenmaterial dieser Musik vorlag oder in Europa erhältlich war. Dieses musste ab Schallplatten oder Kopien von Radioübertragungen transkribiert werden.

Deutschschweizer Jazzfreunde der Zwanziger- und Dreissigerjahre kamen normalerweise über Schallplatten zu ihren ersten Jazzkontakten – im Gegensatz zu ihren Westschweizer Kollegen. Dort geschah dies eher über das Radio. Die Radiodirektoren der deutschsprachigen Schweiz hingegen fürchteten bis in die Vierzigerjahre synkopierte Musik wie der Teufel das Weihwasser. Zwar war damals Radiohören noch nicht wie seit den UKW-Zeiten an Regional- oder Landessender gebunden. Besonders abends, nach Sonnenuntergang, konnten auch jazzigere Stationen empfangen werden, etwa Paris, Toulouse, Andorra oder London, auch das Westschweizer Radio. Doch wurde diese Weitläufigkeit oft mit einer mässigen Tonqualität bezahlt. Ab Juni 1941 endlich wurde auch vom Basler Studio alle zwei Wochen eine «halbe Stunde für den Jazz» ins Programm aufgenommen, zusammengestellt und moderiert von Hans Philippi. Die «National-Zeitung» lobte am 14. Oktober 1941[11]:

> Man muss nicht unbedingt Jazzfachmann sein, um feststellen zu können, dass diese halbstündigen Spezialsendungen in Auswahl und Kommentierung sehr geschickt und verständnisvoll aufgezogen werden. Die Sen-

dungen geben sich Mühe, die Stilarten und Ausdrucksmittel des Jazz auch dem Laien klarzumachen, was anhand von Beispielen geschieht, die in ihrer Art absolut ernst genommen sein wollen – so wenig ernsthaft sie in ihrem Stimmungsgehalt sein mögen.

In den letzten Kriegsjahren und danach sprach man in der Deutschschweiz offen von einer Radiokrise, einem Radio ohne Hörer, unter anderem, weil der Sender Beromünster angeblich zu wenig moderne Unterhaltungsmusik und Jazz bot. Eine vorsichtige Öffnung wurde zuerst dem Radio-Studio Basel anvertraut, mit der Gründung des Unterhaltungsorchesters unter Leitung von Cedric Dumont. Auch Hazy Osterwald war häufig zu Gast im Basler Radio-Studio, das mit Eddie Brunner, der selber zur Crème europäischer Jazzmusiker gehörte, über einen äusserst sensiblen und innovativen Tontechniker verfügte. Nach Hans Philippi übernahmen in Basel Peter Wyss und seit 1975 Peter Schwalm die Sendung. Lukas Burckhardt betreute bis 1995 eine Fangemeinde über den Privatsender Radio Basilisk.

In der Stadt war es nicht sonderlich schwierig, sich mit Schallplatten musikalisch à jour zu halten. Vor dem Krieg war der Schallplattenmarkt ohnehin von grosser Internationalität geprägt, sodass auch das Jazzrepertoire vertreten war. Als die Situation während des Kriegs wegen des behinderten Handels und eines Studioboykotts der organisierten amerikanischen Musiker prekär wurde, profilierte sich die Zürcher Marke «Elite Spezial» mit Jazz aus der eigenen Schweizer Küche und mit Neuauflagen aus dem internationalen Repertoire.

Nur: Wenn auch der Ankaufspreis einer Schallplatte dem einer heutigen Compact Disc in etwa gleichkam, so ist zu bedenken, dass die Käufer damit bloss in Besitz von zwei etwa dreiminütigen Stücken kamen, nicht wie heute zu einstündigem Musikgenuss. Weil Jazzinformationen am Radio weitgehend fehlten, war es schwierig, auf die richtigen Platten zu stossen. Jazzplatten waren erhältlich, nicht jedoch als regelmässiges Angebot wie heute. Wem es gelang, eine der raren Platten zu ergattern, der konnte daraus etliche Anerkennung ziehen.

Diese Umstände, aber auch tiefer verankerte gesellschaftliche Gewohnheiten, verhinderten lange Zeit eine Individualisierung des Jazzhörens ab Tonkonserve, wie wir sie heute kennen. Jazz, auch ab Schallplatte, war gerade in Basel in erster Linie als gesellschaftliches Phänomen ausgeprägt. Dieses drehte sich um den uns mittlerweile schon bekannten Hans Philippi, welcher selber in den Zwanzigerjahren zwar auch musizierte, sich dann aber analog zum Franzosen Hugues Panassié auf die Rolle des Kenners, Kritikers, Beobachters und Förderers des wahren Jazz konzentrierte. Noch heute veranstalten der Basler «Hot Club 1934» und seit 1962 der «Jazz Circle» alle zwei Wochen eine Session zum gemeinsamen Plattenhören. Dazu gehören Vorträge, bisweilen auch von eingeladenen Gästen. Laut Clubmitglied Robert Suter entstammte der Grossteil der damaligen Mitglieder gutsituierten Familien; vor allem Studenten und Gymnasiasten nahmen Teil an den Hör-Sessions. Möglicherweise waren die Eltern einiger von ihnen Handwerker, nicht vertreten war jedenfalls die Arbeiterschaft.[12]

Bis zum Kriegsende gab es in Basel im Wesentlichen drei Lokale, in welchen sich Jazzanhänger trafen. Die Erinnerungen an diese Lokalitäten sind heute von einer gewissen Extravaganz, mitunter einer Bohème, von dem Willen geprägt, sich von der übrigen Welt zu unterscheiden. Da war ab 1937 der «New Ambassador Club», eine zur Umgehung des Wirtegesetzes als Club konzipierte Bar. Musiker sollen hier von der Gelegenheit profitiert haben, nach Auftritten anderswo in Jam Sessions ihrer liebsten Musik zu frönen.[13] «Im Ambassador verkehrten hauptsächlich Leute der besseren Basler Gesellschaft. (...) SP-Regierungsrat Brechbühl, der nie Mitglied war, kommt oft als Gast in den Ambassador-Club»[14], schreiben darüber die Autoren des Bild- und Textbandes über das mittlerweile traditionsreiche Musikrestaurant «Atlantis», das in jenen Jahren, im Juli 1941, mit dem Café «Tropic» seine Anfänge nahm.[15]

Die Basler Jugend traf sich im Café Tropic: Studenten, Künstler, Herrensöhne usw. Aber, auch wenn das Tropic in seinen Preisen bescheiden war, war es nie ein Lokal, in dem sich Arbeiterkinder wohl fühlten. Mit Ausnahmen natürlich. Das Tropic war modisch, etwas mondän, avantgardistisch. Und weil die sozialen Unterschiede damals weniger fliessend waren als heute, war das Tropic ein Café der – vorwiegend – bürgerlichen Jugend mit ihren Begleiterscheinungen: Künstler, Musiker, Nichtstuer usw.

Das «Tropic» war ein Stammlokal des Hot-Clubs. Dort fand jeweils dienstagabends ein «freiwilliges» Clubtreffen statt, und «Hans Philippi machte damals im Tropic am Sonntagmorgen Platten-Sessions. Das Lokal war immer gestossen voll. Hans Philippi machte Ansagen, teilte mit, wer auf welcher Platte spielt und redete über Jazz-Musik».[16]

Vielleicht noch beliebter als diese Lokale war unter den Jazzanhängern das 1941 gegründete Café «Java» an der Steinenvorstadt 75 [17]:

> ... ein Ort, wo sich die Basler Jazz-Fanatiker treffen. In den Tischplatten des Cafés sind Schachbretter eingelassen, was dem intellektuellen, künstlerischen Anspruch der jungen Jazz-Intelligenzia entspricht. (...) Das Java hat Erfolg, aber es ist ein Puristen-Laden. Spezialisiert auf Jazz. Es verkehren vorwiegend Studentinnen und Studenten im Java.

Wir sind längst beim Jazz-live angelangt. Basel bot, für Schweizer Verhältnisse, relativ früh Gelegenheit, Jazz zu hören und dazu zu tanzen. Trotz des Widerstands von Moralaposteln, die befürchteten, Basel werde mit seinen Dancings zum «erotischen Ecken», florierten Tanzetablissements, in denen die bekannten Schweizer Jazzorchester aufspielten. Noch 1936 konnte behauptet werden, diese seien hauptsächlich für den Fremdenverkehr eingerichtet, doch schon sieben Jahre später stellte der Vorsteher des Basler Polizeidepartements fest: «Die Dancings werden heute fast ausschliesslich von der einheimischen Bevölkerung besucht.» Die wichtigsten Lokale dieser Art waren das Tanzlokal im «Drei Könige» und das Kleinbasler «Odeon». Auch wer Angst hatte, der Dancingbesuch könnte dem guten Ruf schaden – dies galt besonders für Frauen –, hatte ab Anfang der Vierzigerjahre viele andere Gelegenheiten zum Tanzen.

Ob dies nun ein Ball des Rotary-Clubs oder des Fussballclubs, des Verbands ehemaliger Handelsschüler oder natürlich die Fasnacht war, ob es eine Kirchweihe, eine Erst-August- oder eine Erst-Mai-Feier, ob es nach einer Vorführung von klassischem Tanz oder nach dem offiziellen Teil eines Fests der Jodler und Handörgeler war, auch an Wohltätigkeitsveranstaltungen zugunsten der Winterhilfe, der Kriegsversehrten oder der Mobilisierten: Überall ist vom anschliessenden Tanz mit dem «Orchester Fred Werthemann» («Fred Many's Band»), den «Blue Rhythm Boys», der «Academic Swing Band» oder mit der «Swiss Melodian Band» und wie sie alle hiessen, die Rede. Jazz gehörte fast überall dort, wo die städtische Bevölkerung in heiterer Stimmung feiern wollte, dazu.

Hot Jazz oder konzertanten Jazz hörte man vor allem in den oben erwähnten «Java» und dann immer mehr im «Atlantis», auch im «Odeon» mit dem angegliederten Kinosaal, in welchem 1938 Bobby Martin Triumphe feierte. Vor allem der Schlagzeuger Kaiser Marshall mit seiner der Zeit vorauseilenden differenzierten Spielweise muss das Publikum und die Kritiker fasziniert haben[18]:

> Was Kaiser Marshall am Schlagzeug vollbringt, grenzt ans Abenteuerliche. Seine Breaks, in denen der Rhythmus des Stückes taktelang unterbrochen und aufgehoben wird, um mit unfehlbarer Sicherheit wie ein Ball wieder aufgefangen zu werden, sind atemberaubend. (...) Mit schwereloser Leichtigkeit gleiten seine Schläge von Trommel zu Becken, vom Becken zum Holz. Dass er nicht allein ein Artist, sondern ein ganzer Musiker ist, beweist sein unerhört schmiegsamer Begleitungsstil. (...) Wir gestehen, es nicht für möglich gehalten zu haben, dass man dem Streicheln der Zimbeln mit der Stahlrute so reiche Farbigkeit abgewinnen – um es noch treffender zu sagen: ablauschen kann.

Solche und ähnliche respektvolle Kritiken aus ganz bestimmt nicht schwärmerischen Redaktionsstuben lassen nicht übersehen, dass Hot Jazz, so wie er von den berühmten Gästen aus Übersee präsentiert wurde, in vielen Fällen tatsächlich als mehr denn bloss neuartiges, exotisches Spektakel oder als kurzlebige Modeerscheinung und Spleen einiger Jugendlicher wahrgenommen wurde, sondern auch seiner musikalischen Qualitäten wegen bei Musikliebhabern und -kennern tiefes Interesse, Erstaunen und Respekt hervorrief. Martin kehrte mit seinem Orchester nochmals zur Fasnacht 1939 ins «Odeon» zurück, «trotz manchen, unter anderem auch bundesbehördlichen Beschwernissen»[19]. Später verunmöglichte es die internationale Lage fast, amerikanische Orchester in die Schweiz zu verpflichten. Eine Ausnahme bildete der Auftritt des bis 1941 in Europa weilenden Willie Lewis[20]:

> Die Reihen (des Festsaals des Basler Stadt-Casinos) füllte diesmal nicht das obli-

gate Konzertpublikum, sondern ganz ausschliesslich die Generation unter dreissig Lenzen, und auf der Bühne sass nicht eines der bekannten musikalischen Ensembles unserer Stadt, sondern ein Negerorchester: William Lewis and his swing band, die heute als einziges schwarzes Orchester noch auf dem Kontinent weilen und für viele Enthusiasten echter Jazzmusik geradezu das Negerensemble bedeuten!

Vielen bleibt das «Atlantis», das seinen Betrieb nach dem Krieg aufnahm, als der Jazzort Basels schlechthin in Erinnerung. Das eigenwillige Konzept – Pianomusik (nicht nur Jazz) ab sieben in der Früh in einem alkoholfreien Restaurant – schlug bald ein und brachte gleichzeitig Kundschaft und Pianisten, später auch andere Musiker ins Haus. Viele Protagonisten der Basler Szene erhielten so Gelegenheit zu ersten Auftritten. Bekanntere Musiker hingegen schätzten das Engagement von Montag bis Donnerstag, während sie am Wochenende bei höheren Gagen anderswo spielten. Bald wurden auch weltbekannte Pianisten engagiert, so Joe Turner und Don Gais. Als das Cavé «Java» Anfang der Fünfzigerjahre schloss, wurden die sonntäglichen Jazz-Matineen und Jam-Sessions mit grossem Erfolg ins «Atlantis» verlegt, das nun endgültig die Jazzhochburg Basels – wenn nicht der Schweiz – wurde. Damit war dem Restaurant auch eine ganz bestimmte Kundschaft sicher, die der Jazzfans. In dieser Zeit wurde eine Ecke des Atlantis zum Stelldichein der «Existentialisten». Jazz war ihre Musik.

Der Zürcher Bassist und damalige Chef der «Continentals» René Bertschy erinnert sich an die Musikprogrammierung und Stimmung des Restaurants[21]:

> Als ich zum Beispiel einmal auf Engagementsuche morgens früh mit dem Zug nach Basel kam, waren meine ersten Schritte natürlich ins «Atlantis», wo Roby Juen schon die verschlafenen Manager mit seinen Boogie-Woogies wachrüttelte. Anschliessend folgte ein Griechen-Duo, über die Mittagszeit spielte Hazy (Osterwald) mit einer Kleinformation und als Kontrast dazu setzte sich der Konzertpianist Casanelli d'Istria an den Flügel. Osggi Bisang sass neben Irène Zurkinden, «Cheese» Burckhardt neben Francis Burger, Willi Bosshardt, Body Buser und der Berner Journalist Max Ritter ergänzten den Kreis der «Agfrässene». Dieses Konzept, von morgens bis spät in die Nacht Musik, entsprach einem echten Bedürfnis, und der Riesenerfolg bestätigte dies. Mit Stars wie Wallace Bishop und Don Gais folgten oft «Jam Sessions» von hohem Niveau, und Pianisten wie Paul de Wyss, Enzo Nestasio, Freddy Bussmann usw. sorgten für ein variiertes Programm. Für die Bedienung sorgten Basels hübscheste Damen. (...)

Nachdem es in den späten Sechziger- und frühen Siebzigerjahren mit dem Jazz im «Atlantis» schlingerte, etablierte sich das Restaurant seit der Neueröffnung durch Onorio Mansutti und Christian Heeb zu einem der wichtigsten Musiklokale der Schweiz, sei es für Pop, Rock oder Jazz.

Selbstverständlich hatte sich die Jazzszene in der Zwischenzeit erweitert und diversifiziert. So fanden sich Amateurmusiker seit den Fünfzigerjahren immer in einem Lokal mit Gelegenheit zum Spielen, heute im Restaurant «Sperber» oder im «Birseckerhof». Dank vieler Initiativen, so etwa Gérard Lülls Reihe «Jazz at Midnight», waren ab den Fünfzigerjahren immer wieder hervorragende Konzerte auch mit internationalen Topstars zu hören. In Erinnerung für die früheren Jahre bleiben vor allem die Auftritte von Louis Armstrong, Duke Ellington, Lionel Hampton, Benny Goodman ... Von besonders langem Atem ist die Veranstaltungsreihe «Off-Beat» (anfänglich «Jazz in Basel») unter Leitung von Urs Blindenbacher, die seit 1976 in über 200 Konzerten erstklassigen aktuellen Jazz in verschiedene Lokale Basels brachte. Seit wenigen Jahren präsentiert Stephan Kurmann im Club «Bird's Eye» – seit Februar 1999 im ehemaligen Untersuchungsgefängnis «Lohnhof» – aktuellen Jazz.[22]

Jazzinstitutionen

«Java», «Atlantis», «Jazz off» – damit wären wir eigentlich schon bei der Institutionalisierung des Jazz in Basel, die – so könnte man meinen – aufzeigt, dass diese lebendige Kultur sich auch ohne staatliche Hilfsmittel auf dem freien Markt durchsetzen kann. Doch diese Rechnung unterschlägt erstens die beträchtlichen Vitaminspritzen vonseiten des Radios, das nicht bloss marktorientiert ist. Der Umstand, dass das Radio-Unterhaltungsorchester unter Cedric Dumont in Basel arbeitete, ermöglichte vielen Jazzmusikern wie beispielsweise George Gruntz ein regelmässiges oder gelegentliches Einkommen. Die Kulturprogramme im Radio nehmen auch heute noch Schweizer Musik viel eher zur Kenntnis als der freie Markt. Sehr viele Jazzschallplatten werden mit Unterstützung des Radios produziert. Zweitens geht diese Rechnung bloss dann einigermassen auf, wenn auf ein einheimisches kulturelles Leben in diesem Bereich verzichtet werden will.

Auch die Amateurmusiker benötigen den qualitativen Druck und Ansporn von einer professionellen Szene her, wie es in den Dreissiger- und Vierzigerjahren der Fall war. Heute, da die grossen professionellen Big Bands, die immer auch hervorragende Schulen waren, keine Existenzgrundlage mehr haben, ist eine Jazzschule – in der einen oder anderen Form – die einzige Möglichkeit, Professionalität und Dichte der Jazzkultur zu gewährleisten – so, wie dies Konservatorien im Bereich der sogenannten Ernsten Musik tun. Dies hat die Swiss Jazz School in Bern bewiesen und auch die Genfer AMR (Association pour l'encouragement de la musique improvisée) eindrücklich gezeigt. Basel tat sich schwer mit einer Jazzschule, vielleicht, weil es noch zu sehr von seiner Stellung als Hochburg des Schweizer Jazz überzeugt war, die es in früheren Jahren auch gewesen war. Nachdem ein erster Versuch in den späten Fünfzigerjahren im Rahmen der Coop-Freizeitaktivitäten – im Gegensatz zu Bern – nicht Fuss fassen konnte, gelang es 1986, eine lebensfähige Jazzschule zu gründen. Unter der Leitung des Gitarristen Bernhard Ley und dank einem professionellen Lehrkörper wurden innerhalb von zehn Jahren stabile Strukturen aufgebaut und die notwendige offizielle Anerkennung für die Abgänger der Berufsschule, die einen Lehrgang von acht Semestern umfasst, erlangt. 1996 weihten 30 Dozenten 250 Studierende in die Künste des Improvisierens ein. Eine Integration der bisher nicht subventionierten Jazzschule in die Musik-Akademie der Stadt Basel soll in naher Zukunft realisiert werden.

Wie eingangs erwähnt, kann diese Darstellung nur einige Hinweise auf das Jazzleben in Basel geben und einige Betrachtungsweisen vorschlagen. Doch besteht sehr wohl die Möglichkeit, sich umfassender über dieses Phänomen zu informieren. 1992 in Arlesheim gegründet, wurde das Schweizer Jazzmuseum 1997 in unmittelbarer Nachbarschaft der Jazzschule an der Reinacherstrasse neu eingerichtet, zog allerdings im selben Jahr ins zürcherische Uster um. Es ist der Versuch, in Besuchern und Schülern das Bewusstsein zu stärken, dass es sich beim Jazz in Basel nicht bloss um ein Importprodukt aus Amerika, sondern mittlerweile um eine auch am Rheinknie stark verankerte Kultur handelt.

Anmerkungen

1 Herzlichen Dank an Peter Schwalm, Basel, für Beratung und Gegenlesen. Unterlassungsfehler bleiben aber alleine mir anzulasten.
2 Wärmstens zu empfehlen Ernst W. Buser: «Swinging Basel. Basler Big- und Swingbands 1924–1950», Basel 1988.
3 Interview mit dem Autor, 23.1.1992 in Basel. Die hier zitierten Interviews wurden im Rahmen meiner Dissertation «Jazz und Geistige Landesverteidigung» (Zürich 1995) durchgeführt.
4 Am 21.1.1992 in Basel.
5 Interview vom 21.1.1992 in Basel.
6 Dazu: Schweizer Jazzmuseum: «Jazz im Umbruch 1940–1960.» PJS-Info 24, November 1995.
7 Auskunft Peter Schwalm.
8 «25 Jahre Darktown Strutters 1948–1973», Basel 1973, letzte Seite.
9 Diese, wie auch andere wertvolle Informationen und Anregungen: Christian Steulet: «Réception du Jazz en Suisse 1920–1960». Mémoire de licence Université de Fribourg, Fribourg 1987, S.184.
10 Interview des Autors mit George Gruntz, in: «Weltwoche» 23.7.1992. Zu Gruntz siehe auch Christian Rentsch (Hrsg.): «25 Years George Gruntz Concert Jazz Band», Basel/Therwil 1996.
11 «National-Zeitung» vom 14.10.1941.
12 Telefonische Auskunft vom 17.12.1992.
13 In: Matti-Zünd Eva (u.a.): «See You later, Alligator. Die Geschichte des Atlantis in Basel», Basel 1989, S.16.
14 Matti-Zünd, S.15.
15 Matti-Zünd, S.11.
16 Interview Pierre Matile, in: Matti-Zünd, S.102.
17 Matti-Zünd, S.20.
18 «National-Zeitung» vom 3.2.1938.
19 «National-Zeitung» vom 30.1.1939.
20 «Basler Nachrichten», 27.6.1941.
21 Matti-Zünd, S.207.
22 Auskünfte Peter Schwalm.

Popstar Luana
(Foto privat)

Martin Schäfer

Basel, wie es rockt und rollt.
Vier Jahrzehnte Rock und Pop in Basel.

What Is This Thing Called Rock?

In den vierzig Jahren seit dem Siegeszug des amerikanischen Rock 'n' Roll um 1960 sind rund um die Welt eigenständige, regional und lokal geprägte Rock- und Pop-Szenen gewachsen. So auch in der Schweiz, so auch in Basel. Aber gibt es einen «Basler Rock», so wie es unbestreitbar einen «Bärner (Mundart-)Rock» gibt? Und wenn ja, worin besteht seine Eigenart? Darum geht es in diesem Kapitel: nicht um eine erschöpfende Aufzählung von Namen und Ereignissen, sondern darum, wie der «Basler Rock» entstanden ist – und worin allenfalls das spezifisch «Baslerische» daran besteht.

Was «Bärner Rock» ist, darüber besteht weitgehend Einigkeit: bodenständiger, von der Musik der amerikanischen Südstaaten geprägter Dialekt-Rock, egal ob von Kuno («Züri-West»), Büne («Patent Ochsner») oder Polo («Rumpelstilz»/«Schmetterding»). Lange Zeit wollte es scheinen, als habe Basel dem nichts Vergleichbares entgegenzusetzen: eine glorreiche Beat-Vergangenheit in den «Sixties» zwar, einen Hang zum Kunst-Rock in den Siebzigern ... aber wo war der gemeinsame Nenner, wo der rote Faden, wo der Geist einer eigenen Szene? Als «Gymnasiasten-Rock» pflegten die alten Beat-Fans den Querflöten- und Synthi-Sound der Kunst-Rocker zu verspotten – und man fand sich erst wieder in den Achtzigerjahren, in der geteilten Liebe zum wohlgedrechselten Popsong in der spezifisch englischen Tradition, die von den «Beatles» über die frühen «Pink Floyd» und «Genesis» bis «Squeeze», «XTC», «Police» und darüber hinaus zum «Brit-Pop» reicht. Rockmusik für die Gebildeten unter ihren Verächtern, sozusagen; und genau da liegt unterdessen, trotz aller stilistischer Unterschiede, das verbindende Element der Basler Szene: egal ob aufgewärmter Beat, «Art Rock» oder «New Wave», gepflegt wird ein ausgesprochen anglophiles Songhandwerk – und was zunächst nach abruptem Bruch zwischen den Generationen aussieht, erweist sich im Nachhinein nicht selten als geheime Kontinuität. So führt von «Circus» über «Rondeau», die «Wondergirls/Wondertoys» und die «Arhoolies» eine versteckte Linie zu den «Lovebugs», «Supernova», den «Toxic Guineapigs» und den «Zygotes».

Zunächst aber eine notwendige Klärung der Terminologie. Schon im ersten Abschnitt haben wir mit «Rock», «Pop» und «Rock 'n' Roll» drei verschiedene sich überschneidende Begriffe für eine einzige Art Musik verwendet; weitere verwandte Bezeichnungen werden im Lauf der Chronologie hinzukommen: «Beat», «Underground», «Soul», «Punk», «Techno», «Hiphop» ... Dem Aussenseiter mögen sie austauschbar erscheinen; für Insider sind sie

Plakat für ein Beat-Konzert in Basel aus dem Jahr 1965
(Foto Archiv der Basler Zeitung)

Konzert der Basler Beat-Band «The Countdowns» im Kino Union im Jahr 1966
(Foto Hans Wilhelm)

nicht selten heftig umkämpfte, musikalisch aussagekräftige, lebenswichtige, weil Identität, Gruppenzugehörigkeit, Heimat stiftende Banner von immer neuen Subkulturen. Ist es überhaupt noch möglich, diese Vielfalt unter einen Hut zu bringen, in einen Zusammenhang zu stellen?

Es ist möglich, wenn wir davon ausgehen, dass mit dem Rock 'n' Roll und der elektrischen Gitarre etwas prinzipiell Neues in die europäische Musikwelt eingedrungen ist. «Popmusik» im Sinn von populärer (Unterhaltungs-) Musik hat es natürlich schon vorher gegeben, spätestens seit der arbeitsteiligen Industrialisierung der Volksmusik im 19. Jahrhundert: «Musik für das Volk» statt «Musik des Volks». So gesehen bedeutet der angloamerikanische Begriff «Pop Music» ja auch nichts anderes als Schlager, «U-Musik» ganz allgemein. In den deutschen Sprachraum eingedrungen ist das Wort «Pop» allerdings erst im Gefolge des Rock 'n' Roll, und in diesem Kontext hat es verwirrenderweise sowohl die Funktion eines Oberbegriffs (mit «Rock» dann als Teil der Popmusik) wie die einer spezifischen Gattungsbezeichnung («Pop» als sanftere, melodiösere Form von Rock) angenommen. Um den von Elvis Presley und definitiv von den «Beatles» ausgelösten musikalischen Quantensprung zu erfassen, ist es wohl am sinnvollsten, wenn wir sagen: Pop ist die vom Rock 'n' Roll geprägte oder doch beeinflusste «Unterhaltungsmusik», das heisst letztlich so gut wie alle «U-Musik» seit der Mitte der Fünfzigerjahre.

Nichts Neues unter der Sonne?

Da nun Rock 'n' Roll nichts anderes war als der für weisse Teenager aufbereitete Rhythm & Blues, die Unterhaltungs- und Tanzmusik des schwarzen Amerika, bedeutet die obige Definition auch: Pop und Rock sind ursprünglich effektiv die «Negermusik», als die sie ihre Verächter schon immer gern beschimpften; und insofern waren sie auch wieder gar nicht so neu, denn der afro-amerikanische Einfluss hatte sich ja mit den Spirituals, dem Ragtime und dem Jazz in Europa schon längst bemerkbar gemacht. Aber das Entscheidende ist: Vor dem Rock 'n' Roll hatte es kaum vergleichbare Massenphänomene gegeben; so sehr der Jazz schon für einen Teil der europäischen Vorkriegsjugend prägend gewesen war, es hatte doch noch keine «Jugendkultur» und schon gar kein «Jugendmarkt» existiert, wie sie in der Folge des «Baby Booms» nach dem Zweiten Weltkrieg zunächst in Amerika und dann in Europa aufgekommen sind.

Diese Voraussetzungen sind wichtig, um zu verstehen, wie und warum auch in Basel eine Rock- oder Pop-Szene entstehen konnte. Worin unterscheidet sie sich denn von der modernen Unterhaltungsmusik und der Jazz-Szene, die es hier wie fast überall mit Selbstverständlichkeit schon in der Zwischen- und unmittelbaren Nachkriegszeit gab? In vergnüglichen Erinnerungsbüchern wie «See You Later Alligator» (zur Geschichte des Basler Konzertcafés «Atlantis») und «Aloha Basilea» (über die «Hula Hawaiians & 50 Jahre Entertainment in Basel»)[1] ist schon versucht worden, die musikalische Bandbreite und die Atmosphäre der Jahre vor dem Rock 'n' Roll einzufangen; nachträglich wird klar, dass zwischen jazziger Unterhaltung und Rock-Kultur nicht nur ein Bruch stattgefunden hat, sondern auch eine gewisse Kontinuität festzustellen ist.

Der erste Rock 'n' Roll ist in Basel nicht von Rock-Bands gespielt worden (woher wären sie auch gekommen?), sondern von den jazzgeprägten Tanzorchestern in den Musikcafés, Nachtlokalen und Variétés im Kleinbasel oder auch in der Steinenvorstadt (vgl. das vorangehende Kapitel über Jazz in Basel). Denn das war doch die Regel: Neue musikalische Trends und Modewellen – sei es aus Frankreich, England, Nord- oder Südamerika – wurden von den Unterhaltungsmusikern aufgegriffen, sobald das Publikum danach verlangte. Auch der Jazz wurde vor der Bebop-Revolution und bis in die Fünfzigerjahre hinein noch nicht mit der Ausschliesslichkeit und beflissenen Ernsthaftigkeit späterer Zeiten betrieben. Insofern waren die «Hula Hawaiians» durchaus Vorläufer der späteren Rock- und Beat-Bands: Eine Gruppe von engagierten Basler Amateuren, die mehr oder weniger exklusiv «ihre» Musik pflegten, in diesem Fall die in den Vierzigerjahren populär gewordene Hawaii-Musik, mit Einflüssen aus «Hillbilly» (Country), Jazz und im Lauf der Zeit auch Rock 'n' Roll (auf Bill Haley's «Rock Around the Clock» hatten sie mit ihrem eigenen «Chimpanzee Rock» reagiert).

Ob es im Basel der «Fifties» im Versteckten schon bekennende und praktizierende Rock 'n' Roller gab, wäre noch zu erforschen; 1996 hat eine Jugendtheatertruppe unter dem Titel «The Memphis Brothers» die Geschichte einer solchen (fiktiven) Formation auf die Bühne gebracht, aber überliefert ist davon nichts. Oder gab es Skiffle-Bands wie die «Quarrymen» in Liverpool, aus denen dann die «Beatles» geworden sind? Auch das wissen wir nicht; zu vermuten ist, dass der Grossteil der jugendlichen Amateure von den damals florierenden Dixieland-Gruppen absorbiert wurde.

Roll Over, Beethoven!

Ein «Country Boy» wie der Schreibende, der 1959 vom Land in die (mittel-)grosse Stadt kam, erinnert sich aus seiner vorbaslerischen Zeit vielleicht

«The Wondertoys» mit dem 1999 verstorbenen Dominique Alioth
(Foto Heiner Schmitt)

noch knapp, dass Bill Haley und Brenda Lee am Radio zu hören waren; die erste Begegnung mit dem puren Rock 'n' Roll fand auf der Herbstmesse statt. Da wurde auf den Himalaya- und anderen Bahnen (wo heute nur noch Disco stampft) neben dem verdünnten Pop eines Paul Anka doch auch Jerry Lee Lewis oder Chuck Berry gespielt, ganz nach dem Geschmack der verwegenen Gestalten in den schwarzen Lederjacken, die hier ihre Arbeit verrichteten. Das waren nun die verrufenen «Halbstarken», die «blousons noirs» in Frankreich, «Teddy Boys» in England, bald auch als «Rocker» bekannt: die Anhänger der ersten international verbreiteten Musik-Subkultur. Wer ins Gymnasium ging, hatte mit ihnen kaum direkten Kontakt; aber immerhin, in jeder Klasse gab es doch einen oder zwei rebellisch gesinnte Mitschüler, zu deren Ausrüstung die Schmalzlocke à la Elvis Presley und vielleicht gar eine Gitarre gehörte. Und da man noch kaum Englisch konnte, wurden «Instrumentals» gespielt – «Apache» von den «Shadows» war ein derartiger Favorit.

Damit ist auch schon der Zeitrahmen gesteckt: Die «Shadows» waren die Begleitgruppe des «englischen Presley» Cliff Richard, im nahen Frankreich regierte «Ye-Ye»-König Johnny Hallyday (der auch im nahen Mulhouse aufgetreten sein muss), am Radio hörte man «Salut les Copains» auf «Europe 1» oder das rocklastige englische Programm von «Radio Luxembourg». In diesen frühen Sechzigerjahren tauchten die ersten einheimischen Rock- (oder wie es bald hiess: «Beat»-)Bands auf, mit elektrischen Gitarren, ebensolchem Bass und Schlagzeug, der klassischen Rock-Besetzung also, aber zum Teil noch mit französischen Namen wie die Zürcher «Sauterelles». Wir hatten den Rock eben via Frankreich kennen gelernt, noch bevor ihn die «Beatles» in England zum «Beat» machten ...

Zu den bekanntesten Basler Beat-Bands gehörten die «Diables Rouges» (erst später «Red Devils»!), ausserdem die «Sevens», «Slaves», «Dynamites», «Strangers» und «Countdowns»; sie spielten in Lokalen wie dem «Bierkeller», «Krug» oder «Sans-Souci» (in Allschwil), während das «Atlantis» als langjähriges Jazz-Café seine Türen nur zögernd für die als «primitiv» verschriene neue Musik öffnete – und dann zuerst vor allem für auswärtige Gruppen: die deutschen «Kettels», später die «Koobas» aus England oder allenfalls die oben erwähnten «Sauterelles», die in ihren späteren Jahren halb zur Basler Band mutierten. Eine Pionierrolle spielte der lange Zeit in Basel wohnhafte Engländer Jimmy Duncombe, der mit seiner Band «Jimmy & the Rackets» halb Europa bereiste und immer gern im Basler «Greifen» gastierte. Wohl das erste grosse Beat-Konzert in Basel aber war jenes der «Kinks», 1965 im Kleinbasler Kino «Union», als legendäre Revolverküche sicher der richtige Ort für eine Musik, die noch lange nicht als «Kultur» anerkannt war. Über Rock und Beat schrieben auch die Basler Zeitungen damals kaum im Feuilleton, eher schon in der Rubrik «Unglücksfälle und Verbrechen», wenn es nämlich wieder einmal Krawall gegeben hatte!

Doch mit den Beat-Bands war zugleich eine Entwicklung ins Rollen (besser gesagt ins Rocken) gekommen, die nicht mehr aufzuhalten war. Aus der Nachahmung der direkten englischen Vorbilder entstand ein Interesse an deren ursprünglichen musikalischen Quellen, an amerikanischem Folk, Blues, Rhythm & Blues und Soul; im «Stadt-Casino» hatte man auch das (ab 1962) alljährliche «American Folk Blues Festival» gehört, und so begann sich auch die Basler Szene zu diversifizieren. Neben die reinen Beat-Formationen traten nun auch Rhythm & Blues- und Soul-Gruppen, inspiriert von Wilson Pickett oder Percy Sledge. Der Basler Soul-Mann Nr. 1 hiess Urs Fenster und nannte sich Barry Window. Zum ersten Mal konnten sich Jazz und Rock wieder auf gemeinsamem Boden begegnen, denn gefragt waren über die klassische Beat-Besetzung (2 Gitarren, Elektro-Bass, Schlagzeug) hinaus auch Bläser, Keyboarder, kurz das ganze jazzige Instrumentarium der schwarzen US-Musik.

Basel Underground

Inzwischen hatte sich die Rockmusik auch international mit Riesenschritten weiterentwickelt. Aus dem ursprünglichen, blues- und auch countrynahen Rock 'n' Roll der Fünfzigerjahre hatten die «Beatles» und «Pink Floyd» in England, Bob Dylan, Frank Zappa oder «Velvet Underground» in Amerika etwas völlig Neues, musikalisch wie textlich sehr viel Komplexeres gemacht – Rock war jetzt Teil, ja sogar treibende Kraft jenes grossen Aufbruchs, der sich in der «Protestbewegung» von 1968 äusserte.

Auch in der Schweiz wurden die politischen «Evènements» von Musik begleitet. Da gab es den

Besucher eines Rock-Open-Airs im Stadion St. Jakob, 1992
(Foto Matthias Geering)

«Stones»-Krawall vom April 1967, und ein gutes Jahr später, im legendären Mai 1968 und ebenfalls im Zürcher Hallenstadion, das «Monsterkonzert» mit Jimi Hendrix, Eric Burdon und anderen, das zwar vordergründig auch noch nichts Politisches an sich hatte – und doch mit einem Polizeiaufgebot honoriert wurde, wie es sonst nur Grossdemonstrationen vorbehalten war. (Wie sich die Abläufe doch gleichen: Noch die 80er-«Bewegig» sollte im Anschluss an ein Hallenstadion-Konzert ausbrechen, jenes von Bob Marley Ende Mai 1980.) Sogar in «Sleepy Basel Town» geriet so manches in Bewegung: Stadttheater und «Komödie» wurden in der Ära Düggelin regelmässig zu Rock-Tempeln umfunktioniert, mit Konzerten der «progressiven» englischen Bands von «Spooky Tooth» bis «Yes» und «Colosseum»; in der Universität oder in Untergrundkellern wie der «Spectromachie» spielten «East of Eden» oder Mani Neumeiers «Guru Guru Groove»... und eine neue Generation von Basler Musikern liess sich inspirieren von diesem «Progressive Rock», der bald auch als «Kunst-Rock» bezeichnet wurde – und in dem sich Klassik, Jazz, elektronische und aussereuropäische Musik zu einer scheinbar grenzenlosen Fusion verbanden.

Die erste erfolgreiche «Basler Band» der neuen Ära allerdings war weder besonders baslerisch noch besonders typisch: Das Hard-Rock-Trio «Toad», den englischen «Cream» nachempfunden, bestand aus zwei in Basel domizilierten Italienern und einem Zürcher. Aber gerade in dieser Zeit fand die alte Musikstadt Basel zu ihrem ersten eigenen «Sound». Von den Beat-Fans spöttisch als «Gymnasiasten-Rock» bezeichnet, war er geprägt von formalem Ehrgeiz und Verachtung für alles Populäre. Während in Bern langsam der bodenständige Mundart-Rock erfunden wurde und Zürich bald schon im Zeichen von «Punk» und «New Wave» den neusten Modetrends nachzurennen begann, blieb Basel bis weit in die Achtzigerjahre hinein die Hochburg der Querflöten, Synthesizer und depressiven Songzyklen. Joel Van Droogenbroecks «Brainticket», «Ertlif», «McChurch Soundroom», «Ephesus», «Welcome», «Hamlet's Requiem» (mit dem späteren «Wondergirl» Dominique Alioth)... die Szene wurde beherrscht von Gruppen mit mysteriösen «psychedelischen» Namen, «die lieber am Jazz- und Rock-Festival Augst nach Auszeichnungen lechzten (...), als sich schwitzend in verrauchten Rock-Schuppen die Seele aus dem Leib zu spielen»[2]. Aber aus eben dieser Szene stammen auch ein paar der kreativsten Basler Musiker der mittleren Generation, allen voran die Mitglieder von «Circus» (Fritz Hauser, Marco Cerletti, Stephan Grieder) und «Meridies» (Olivier Truan, Niki Reiser, heute bei der «Klezmer»-Band «Kol Simcha» und als Filmmusik-Komponist erfolgreich).

Das alljährliche Fest der ambitionierten Basler Kunst-Rocker war das bereits zitierte «Nationale Amateur-Jazz- und Rock-Festival» im Römischen Theater von Augst (ab 1973). Zweimal, 1978 und 1979, wurde dieser Anlass auf Schallplatte dokumentiert; mehrere Langspielplatten kamen heraus, unter anderem zu den Bereichen «Rock & Pop» und «Rock-Jazz», und Basel war gut vertreten darauf, mit «Ephesus», «Hamlet's Requiem II», «Meridies» und «Fusion». Im selben Umfeld agierten aber auch stilistisch recht anders gelagerte Gruppen, etwa die heute noch existierende «Lazy Poker Blues Band», die «Bo Katzman Gang», die folkigen «Saitesprung» und «In-Flagranti»... ganz zu schweigen von Einzelgängern wie dem Basler Protestsänger Aernschd Born oder dem «Cantautore» Tonino Castiglione.

«Basilea on the Rocks»

Im Lauf der Siebzigerjahre war Rock, mit der Unmerklichkeit des Selbstverständlichen, von der Jugend-, Untergrund- oder Protestmusik zum allgemein akzeptierten Unterhaltungssound geworden. Nichts demonstriert diese Veränderung besser als die von 1980 an wohletablierten Open-air-Konzerte im Stadion St. Jakob, dem «Joggeli»: «Simon & Garfunkel» 1980 (auch das bereits eine nostalgische «Reunion» von zwei alten Helden aus den «Sixties»), die «Rolling Stones» 1982, Bob Dylan und «Santana» 1984 ... Was zunächst noch als ausserordentliches Ereignis empfunden wurde, geriet durch häufige Wiederholung fast schon zur Routine – und war dank der Toleranz und Kooperationsbereitschaft der Basler Behörden vielleicht gar Basels wirksamster Beitrag zur Schweizer Rock-Landschaft.

Aber Rock als Routine und Big Business, dagegen hatte sich schon 1976/77 in England die

Revolte der «Punks» gerichtet. Mit der üblichen Verspätung fand sie auch in der Schweiz ihren Niederschlag: heftiger in der Zürcher «Bewegig», einem eigentlichen Verteilungskampf zwischen der «alternativen» Rock-Szene und der etablierten Kultur, ausgelöst 1980 durch die Einweihung des renovierten Opernhauses; wie immer etwas milder in Basel, wo die Auseinandersetzungen um das «Autonome Jugendzentrum» und dann um die «Alte Stadtgärtnerei» zwischen 1981 und 1987 eine dritte Generation von Rock-Gruppen involvierten.

Trotz der zunehmenden Zersplitterung der Szene – hier die halbwegs arrivierten Bands im Umfeld des «Atlantis», dort die alternativen Formationen im «Hirscheneck», in «AJZ» und «Stadtzgi», später in der «Kulturwerkstatt Kaserne» – lassen sich aber ein paar Gemeinsamkeiten ausmachen. Teils geprägt von der neuen Direktheit der Punks, teils beeinflusst von wieder mehr songorientierten «Kunst-Rockern» wie den holländischen «Nits» (die in Basel mit der «sinfonietta» musizierten), fand eine Rückbesinnung statt auf die simpleren Popsong-Formeln der «Sixties». Anstelle des experimentellen, oft improvisatorischen Anspruchs der Bands, die am Augster Festival um die Anerkennung eine jazzgeprägten Jury gerungen hatten, trat die bewusste Feinarbeit in der englischen, von den «Beatles» und den «Kinks» geprägten Schule des puren Popsongs – oder dann der Witz und die Frechheit der Punks. Und ermutigt von deren «Do-It-Yourself»-Ethos tauchten nun auch Frauen in neuen Rollen auf: Waren sie im Kunst-Rock meist erst als Sängerinnen willkommen gewesen, spielten sie jetzt mit neuem Selbstbewusstsein Schlagzeug, Bass, Keyboards oder gar das «Macho-Instrument» par excellence, die elektrische Gitarre.

Und so wurde der Basler Rock in den Achtzigerjahren, wie in den «Sixties» schon, dominiert von der Suche nach dem perfekten Dreiminuten-Song. Darin wetteiferten die «Wondergirls» (später «Dominique & The Wondertoys»), «Rondeau», «Fil Rouge», «Limit», «Tea For Two», «The Picture», «The Stops», «The Arhoolies», «Trashcats», «Baboons», «Bockmeyer's Best», «Chain of Command», auch der Rheinknie-Dylan Claudius Scholer alias «Sky Bird». Einen gewissen Niederschlag fand dieser Basler «Power Pop» auf der LP-Serie «Basle Collection» (drei Ausgaben zwischen 1983 und 1988); aber typisch für diese Zeit war zugleich das definitive Auseinanderfallen der einst mindestens vermeintlich von gemeinsamen Idealen beseelten Rock-Szene in ein Neben-, mitunter gar Gegeneinander von musikalisch wie sozial unterschiedlichsten Subkulturen, die auch schon biblisch-bildhaft mit den zwölf Stämmen Israels verglichen worden sind: Punk, «New Wave», songorientierter Pop-Rock, Hard Rock und Heavy Metal, Rockabilly, Blues-Rock, Jazz-Rock, Ska und Reggae, Techno, Funk, bald auch schon Hiphop … lauter Mikrokosmen, die sich kaum mehr berührten und auch nicht mehr viel voneinander wissen wollten. Zwischen «Tis» («Atlantis»), «Hirschi» («Hirscheneck») und Kaserne, nicht zu vergessen das zeitweilig zum alternativen Konzertlokal umgewandelte Kino «Union», etablierten sich autonome, musikalisch wie ideologisch konkurrierende Welten.

«Basel, dä Räp isch für di!»

Wo steht die Basler Szene heute, da der Berner Dialekt-Rock von Polo Hofer bis «Züri West» und «Patent Ochsner» längst zum bestsellerträchtigen Mainstream schweizerischer Populärkultur geworden ist und das «Millionen-Zürich» ebenso regelmässig für trendige Zeitgeist-Surfer sorgt? Mit der orientalisch angehauchten Techno-Nummer «Muhamsar» von «Touch el Arab» war auch das poppige Basel 1988 erstmals in den Top Ten gelandet. Ein Quantensprung? Mindestens war Erfolg jetzt nicht mehr unbedingt ein schmutziges Wort; und doch scheint Basel in seiner Selbstbezogenheit der Sprung in diese schöne neue Welt noch schwer zu fallen. Dem Ideal des Basler Pop-Hits am nächsten gekommen waren bis dahin wohl die «Bo Katzman Gang» und die «Wondergirls»: «I'm In Love With My Typewriter» und «Good Morning, Mrs.Tuesday» hatten fast das Zeug zu echten Kassenschlagern gehabt. Was fehlte noch zum Durchbruch? War es die Verwurzelung in einer überregionalen Szene oder Subkultur? Konnten die englischen Texte eben doch nicht die emotionale Wirkung eines Polo-Hofer-Songs entfalten?

Beide Faktoren mögen mitgespielt haben; jedenfalls waren es nicht Basels anglophile Rocker, sondern die amerikafixierten Hiphopper, die in den Neunzigerjahren das Baseldeutsche als legitime Popsprache entdeckten, in «Murder by Dialect» von «P-27» mit dem Rapper «Black Tiger» und Luanas inspirierter Anti-Drogen-Nummer «Wake Up (Part 1)». «Basel, dä Räp isch für di»: So selbstbewusst hatte sich keine Rock-Gruppe je zu ihrer Heimatstadt und zu ihrem Dialekt bekannt; und siehe da, zum ersten Mal wurde Basel als Pop-Stadt über die Region hinaus wahrgenommen – und zum ersten Mal fand ein Basler Beispiel Nachahmung, es entstand eine Dialekt-Rap-Szene in Bern, Zürich und andern Orten.

Die Lektion war unmissverständlich: Originalität und Mut zur Eigenständigkeit werden belohnt; wer in den Neunzigerjahren Erfolg haben will, darf nicht bloss imitieren, er (oder sie) muss Eigenes zu bieten haben. Wie die «Reines Prochaines», Performance-Artistinnen, die aus ihrem musikalischen Dilettantismus eine Tugend zu machen verstehen («Aline, j'ai crié»); wie «Kol Simcha», die ostjüdische Klezmer-Musik mit westlichem Jazz-Feeling verbinden; wie «D Schmiir» mit ihren baseldeutschen «Police»-Versionen; oder wie «Schmalhans» oder «Stimmhorn», die Musik wieder in ein lockeres Spiel zurückverwandeln. Aber die momentane Hoffnung der Szene heisst trotzdem «Lovebugs»: wieder ein anglophiles Trio auf der Suche nach dem perfekten Popsong...

Über die «Rock-Förderung» zur «B-Scene»

Was bleibt? Im Gegensatz zur Berner und Zürcher Szene hat es der Basler Rock noch nicht

Konzert der Basler «Lovebugs» mit Leadsänger Adrian Sieber in Frick
(Foto Peter Larson)

134 — Basel, wie es rockt und rollt

Mick Jagger im Juli 1982 im Stadion St. Jakob
(Foto Peter Armbruster)

zu einem anständigen Sammelalbum gebracht – auch das vielleicht ein Zeichen dafür, dass der rechte Zusammenhalt fehlt. Immerhin gibt es heute einen «Rock-Förder-Verein (erreffvau)», der sich als Lobby für die Basler Szene versteht. Vereinzelt hat auch die Re-Edition von «Klassikern» aus den Sechziger- und Siebzigerjahren auf CD begonnen («The Countdowns», 1996) – und mit der ab 1995 alljährlichen Veranstaltungsreihe «B-Scene», den bereits länger etablierten «Berner Songtagen» nachempfunden, verfügt das poppige Basel endlich auch über eine wohlorganisierte und vielbeachtete «Mustermesse».

Wenn wir uns eine imaginäre Anthologie von vierzig Jahren Basler Rock vorstellen, dann müsste sie wohl beginnen mit dem «Chimpanzee Rock» der «Hula Hawaiians»; über «Countdowns» oder «Dynamites» der Sechzigerjahre müsste sie weiter führen zu «Circus» aus den Siebzigern, «Rondeau» und den «Wondergirls» aus den Achtzigern, nicht zu vergessen Bo Katzmans «Typewriter» und «Muhamsar» von «Touch El-Arab», und noch weiter zu den «Reines Prochaines» und ihrer «Aline» und dem Basler Rap von «P-27», Black Tiger und Luana. Nicht gerade viel für drei oder vier Jahrzehnte, wird man einwenden: keine grossen Songs, fast keine Hitparadenplazierungen... War die Basler Popszene zu wenig kreativ, war es ihr nie wirklich ernst, hatte sie den Erfolg gar nicht nötig – oder war sie einfach zu vielfältig, musikalisch zu ehrgeizig, aber auch zu zerstritten, um sich durchzusetzen?

Man sagt den Baslern (und Baslerinnen) gerne extremen Individualismus, um nicht zu sagen fasnächtliche Cliquenwirtschaft nach. Der «Rock made in Basel» wäre dann nichts anderes als das Spiegelbild einer städtischen Befindlichkeit.[3]

Anmerkungen

1   Evi Matti-Zünd, René Lorenceau, René Matti: «See You Later, Alligator ... Die Geschichte des ‹Atlantis› in Basel, Basel 1989; Johnny Engeler, Evi und René Matti: «Aloha Basilea. Hula Hawaiians & 50 Jahre Entertainment in Basel», Basel 1995.
2   Christoph Alispach im Schweizer Rock-Handbuch «Action Rock Guide», Wabern 1996, S. 53.
3   Hinweis: René Matti wird in nächster Zeit ein Buch zur Geschichte des Basler Beat bzw. Rock herausbringen. Ausserdem ist Sam Mumenthaler von der Berner Gruppe «Phon Roll» am Recherchieren für eine gesamtschweizerische «Rock History».

Joshua Rifkin probt mit dem Ensemble der Schola Cantorum Basiliensis
(Foto Jürg Erni)

Regula Rapp

Die Renaissance der alten Musik.
Basels Rolle im Prozess der Wiederfindung der Tradition.

Die Vorgeschichte der Schola Cantorum Basiliensis

Die Renaissance der alten Musik in Basel ist eng mit dem Namen der Schola Cantorum Basiliensis (SCB), des «Lehr- und Forschungsinstituts für alte Musik», verbunden. Von Paul Sacher im Jahr 1933 gegründet, ist sie heute nicht nur das älteste, sondern gilt auch international als eines der renommiertesten Institute für alte Musik; zahlreiche jüngere Hochschulen und Institute mit ähnlichen Zielsetzungen haben sich an ihrem Vorbild orientiert. Die SCB bildete in den vergangenen Jahrzehnten etliche Generationen von Musikerinnen und Musikern aus und trat durch die sogenannte «Konzertgruppe», später durch eine eigene Konzert- und eine Schallplattenreihe sowie durch diverse Publikationen an die Öffentlichkeit; dadurch machte sie Basel zu einem Zentrum der alten Musik.

Der Anstoss zur Gründung der Schola Cantorum Basiliensis ging von Paul Sacher aus, der neben seiner musikalisch-praktischen Ausbildung am Konservatorium mehr als zehn Semester Musikwissenschaft an der Basler Universität studierte. Wulf Arlt, der heutige Ordinarius, schreibt[1]:

Musikwissenschaft war damals in Basel weithin mit Musikgeschichte identisch. Und was Sacher hier vor allem interessierte, war die Musik des 16. Jahrhunderts und die des Barockzeitalters. Zwei seiner Texte aus jenen Jahren zeigen, dass der Rückgriff auf die Geschichte, wie das Interesse an der neuen Musik, für ihn insofern einen sehr persönlichen Hintergrund hatte, als er darin einen Ausweg aus einem tiefen Unbehagen gegenüber dem etablierten Musikbetrieb sah. (...) So schrieb er 1927 (...) einen Text über ‹Musik und Schule›. In ihm wird mit dem ganzen Impetus des Einundzwanzigjährigen «die Kulturlosigkeit unserer Kunstübung» angeprangert, wie sie sich «am stärksten im Konzertleben manifestiert». Dort werde der «wirkliche Inhalt der Musik» verkannt, mache sich «eine Überschätzung der technischen Fertigkeiten breit», fehle das wahre «Sensorium für Kunst und Künstler».

An anderer Stelle[2] stellte Sacher eine Krise «beinahe unserer gesamten künstlerischen Musikübung» fest und entwickelte als Ausweg aus dieser Krise des «romantischen Musikideals» die Hinwendung zur neuen Musik einerseits und zur alten Musik andererseits:

Die Musik des deutschen Barock, wo die Kunst des Handwerklichen, der Technik, und die schöpferische Kraft sich am grossartigsten paaren, wird zum neuen und grossen Ideal.

Die Sensibilität für die Situation und der Wunsch nach Veränderung waren nicht im luftleeren Raum entstanden. Sachers Arbeit mit seinem Basler Kammerorchester (BKO), gegründet 1926, hatte zu einer praktischen Vertiefung in der Beschäftigung mit älterer und neuerer Musik geführt. Bereits in den Statuten des Orchesters stand als Ziel die «Pflege alter und neuer Chor- und Orchestermusik». In den Programmen der späten Zwanziger- und frühen Dreissigerjahre sind denn auch etliche Kompositionen des Barockzeitalters und Werke zeitgenössischer Komponisten enthalten. Da finden sich die Namen Paul Hindemith, Rudolf Moser (bei ihm hatte Sacher Musiktheorie und Komposition studiert), August Halm, Erik Satie und Arthur Honegger, wenig später Strawinsky, Bartók und Milhaud. In anderen Konzerten (und vermutlich auch vor einem völlig anderen Publikum – beispielsweise in der Basler Martinskirche) wurden mittelalterliche Choräle, Renaissance-Motetten und Werke von Johann Sebastian Bach präsentiert.

Zur «Cembalofrage»

Zu den aufführungspraktischen Fragen, die sich dabei – fast zwangsläufig – immer stärker in den Vordergrund drängten, gehörte auch die nach dem adäquaten Instrumentarium. 1929 wurde ein Cembalo der Firma Pleyel angeschafft und erklang in einem BKO-Konzert zum ersten Mal eine Viola da gamba, gespielt von August Wenzinger. Das war neu im Basler Musikleben, wenngleich der hiesige Musikwissenschafts-Professor Karl Nef bereits 1908 in einem Beitrag «Zur Cembalofrage» in der Zeitschrift der Internationalen Musikgesellschaft festgestellt hatte, er halte es «für die hohe und heilige Pflicht der Musikwissenschaft, rigoros nach historisch richtigen Aufführungen der Meisterwerke zu streben ...»

1930 standen Werke von Hildegard, de Fevin, Palestrina, da Victoria, Corsi und Sweelinck auf dem Programm des BKO, 1931 Werke von Haydn und Scarlatti, im März wurde zudem ein reines Bach-Programm aufgeführt, und 1932 hörte das Basler Publikum Werke von Locatelli, Innocentius III, Anerio, Lotti, Lasso, Charpentier, Schütz, Ingegneri, Pergolesi, Dufay, Gombert, Rosenmüller und Krieger. Die Situation am «Vorabend» der Schola-Gründung fasst Wulf Arlt folgendermassen zusammen[3]:

«Vocales Basilienses» und «Concerto Palatino» im Rahmen der «Freunde der alten Musik in Basel» in der Martinskirche, 1999
(Foto Kurt Wyss)

Demnach war in den Jahren um 1930 in Basel ein erstaunlich breites Spektrum dessen vertreten, was damals im Bereich alter Musik geschah. Einzig der spezifisch deutsche Aspekt der Jugendbewegung fehlte (...). Vielleicht war aber gerade das eine Voraussetzung dafür, dass das Programm des neuen Spezialinstituts für alte Musik – frei von den Implikationen einer Auseinandersetzung mit dem «Kulturleben» und damit eben auch mit der Musik der Gegenwart und ihrem Konzertbetrieb, die anderen Ortes bis in die ersten Jahrzehnte nach dem Zweiten Weltkrieg fortwirkten – konsequent und ausschliesslich auf die Doppelheit historischer wie künstlerischer Anforderungen ausgerichtet werden konnte.

Die Gründung der Schola Cantorum Basiliensis

Im Spätsommer 1932 sprach Paul Sacher – so erinnert sich der Musikwissenschaftler Walter Nef – zum ersten Mal von einem Spezialinstitut für alte Musik. Kurze Zeit später legte er einen ersten Entwurf vor, worin er die Notwendigkeit eines solchen «Künstlerisch-wissenschaftlichen Lehr- & Forschungsinstituts» begründete und Grundzüge der Lehre, darunter auch schon konkrete Unterrichtsfächer wie Clavichord, Oboe und Zink sowie einzelne Lehrer nannte. Aus dem wenige Monate später entstandenen ausführlichen Programm der SCB seien im Folgenden einige wichtige Abschnitte zitiert[4]:

> Es besteht die Absicht, in Basel ein Forschungs- und Lehr-Institut für alte Musik unter dem Namen Schola Cantorum Basiliensis ins Leben zu rufen. Seine Aufgabe ist die Erforschung und Erprobung aller Fragen, welche mit der Wiederbelebung alter Musik zusammenhängen, mit dem Ziel, eine lebendige Wechselwirkung zwischen Wissenschaft und Praxis herzustellen. Die Schola Cantorum Basiliensis wird ihre Ergebnisse kundtun durch Aufführungen und Neuausgaben, sowie durch Berichte in einer eigenen Zeitschrift. Unterricht im Spiel auf alten Instrumenten und Übungen in der Wiedergabe älterer Werke im Geist ihrer Epoche werden dem studierenden wie auch dem beruflich tätigen Musiker Gelegenheit bieten, sich weiterzubilden und in allen einschlägigen Fragen Rat zu holen. (...)
>
> Zahlreiche, in der Mehrzahl unbefriedigende Versuche sind angestellt worden, alte Musik in annähernd originaler Form wiedererstehen zu lassen. Daneben stehen aber eklatante, wenn auch seltene Beispiele gelungener Unternehmungen. Zu nennen ist vor allem die Lebensarbeit von Wanda Landowska, die dank ihrem virtuosen Können, ihrem stilistischen Einfühlungsvermögen und ihrem zähen Enthusiasmus das «tonarme» Tasteninstrument der Zeit Joh. Seb. Bachs (das Cembalo, der Verf.) im lärmenden Musikbetrieb unserer Tage zum Siege geführt hat. (...) Was Wanda Landowska auf dem Gebiet ihres Instruments in vollendeter Weise erreicht hat, gilt es auch für andere Instrumente, für die Kammermusik- und Orchesterbesetzungen und für den Solo-, Ensemble- und Chorgesang zu leisten. Das ist die grosse, umfassende Aufgabe der zu gründenden Schule. (...)
>
> Die Inangriffnahme dieser Aufgabe soll durch die zweckmässige Organisation der Schola Cantorum Basiliensis ermöglicht werden. Den Kern der Schule bildet das Colloquium der Lehrer, in welchem die gemeinsamen Aufgaben besprochen und durchgeprobt werden sollen. Dem Lehrkörper müssen tüchtige Spieler aller wichtigen ältern Instrumente und Sänger angehören, welche die verschiedenartigen Besetzungen übernehmen, die nötig sind, um die Ergebnisse der Besprechungen zu erproben. An den Colloquien sollen vor allem auch Vertreter der Musikwissenschaft teilnehmen, um mit ihrem Rat und ihrer Begutachtung und durch Bekanntgabe der historischen Voraussetzungen die Diskussion zu unterstützen und anzuregen. Das Gutbefundene soll in regelmässigen Studienaufführungen zunächst der Schule und ihren Freunden und von Zeit zu Zeit in Auswahl der Öffentlichkeit dargeboten werden. (...)
>
> Die Schola Cantorum Basiliensis könnte dem Vorwurf begegnen, sie sei nur dem Spezialisten nützlich. Dieser Einwand ist abzuweisen; denn das neue Institut will eine universale Aufgabe von kultureller Bedeutung erfüllen. Die Schule will nicht nur die heutige Pflege alter Musik

*August Wenzinger
und Paul Sacher im
«Seidenhof»*
(Foto Eidenbenz)

fördern und unterstützen, sondern über den Tagesbedarf hinaus eine Pionierarbeit auf lange Sicht leisten. Sie will durch die Konzentration der Kräfte über die Unzulänglichkeit verstreuter Versuche hinausdringen zu Resultaten von genereller Bedeutung. Sie wendet sich damit gegen den Dilettantismus, mit dem heute die einschlägigen Probleme vielfach behandelt werden. (...)

Bereits beim Empfang für die Presse wurde musiziert; Zeitungsmeldungen in Köln, Berlin, Leipzig und andernorts würdigten den Akt als «ein musikhistorisches Ereignis von internationaler Bedeutung»[5].

Im ersten Prospekt für das Schuljahr 1933/34 wird der Schola-Gründer Paul Sacher auch als Lehrer genannt für «Ensemble (mit Literaturkunde)», in den folgenden insgesamt dreissig Jahren – bis zur Umgestaltung der Direktion der Musik-Akademie – stand er dem Institut als Leiter vor. Wie rasch sich der Ruf dieses jungen Instituts verbreitete, zeigt unter anderem der enthusiastische Bericht im Berliner Tagblatt vom 1. Juni 1935, den der Musikwissenschaftler und spätere Leiter der Musikabteilung des Südwestfunks Baden-Baden, Heinrich Strobel, verfasst hat. Darin heisst es unter anderem[6]:

Die Schola Cantorum existiert erst zwei Jahre. Sie ist mitten im Aufbau. Sie hat ihr Ziel noch lange nicht erreicht. Diese jungen Musiker wissen genau, wie gering unsere tatsächlichen Kenntnisse von alter Musik immer noch sind. Besonders wenn wir dabei nicht nur an Bach denken, sondern an die ganzen Jahrhunderte von der hochmittelalterlichen Gregorianik bis zur Barockmusik eines Monteverdi und Schütz. Sie wissen auch, dass man zu einer sinnvollen Wiederbelebung ein Instrumentarium braucht, von dessen Ausmass sich nur ganz wenige Fachleute eine richtige Vorstellung machen, und Leute, die auf den alten Instrumenten spielen können. (...) In Basel arbeitet man an der Qualität der Aufführungen so, als ob es sich um die anspruchsvollsten Werke der Neuzeit handeln würde. Der Kreis der Schola Cantorum beschäftigt sich nicht deshalb mit alter Musik, weil diese weniger technische Schwierigkeiten bietet und weil man zu ihrer Wiedergabe angeblich keinen artistischen Ballast braucht. Viele verachten die artistische Fertigkeit nur, weil sie ihnen selbst nicht erreichbar ist. Was für jedes Kunstgebiet gilt, das gilt auch für die alte Musik: handwerkliche Meisterschaft ist die Voraussetzung. Nichts hat den ernsthaften Bestrebungen zur Wiedererweckung versunkener Musikwerke soviel geschadet wie jener Dilettantismus, der Können durch Begeisterung zu ersetzen glaubte. Ein Abend mit mittelalterlicher Musik erfordert mindestens so viel Vorbereitung wie eine gute Aufführung des «Rosenkavalier». Er erfordert noch mehr. Denn beim «Rosenkavalier» wissen wir genau, wie die Partitur wiederzugeben ist. Aus dem Mittelalter aber sind uns nur Noten überliefert, ohne Angabe über Besetzung, Vortragsart, Tempo usw. Wir müssen uns die «Partitur» erst rekonstruieren. Mit Hilfe der alten Theoretiker, der alten Miniaturen und Stiche. Wir müssen versuchen, die alten Instrumente wieder zum Klingen zu bringen. (...) Wenn für die alte Kunst diejenigen Instrumente verlangt werden, für die sie geschrieben ist, so ist das nicht toter Historizismus, sondern Notwendigkeit.

Arbeitsgemeinschaft, Konzertgruppe, Kirchen- und Hausmusik

«Arbeitsgemeinschaft», «Colloquium der Lehrer», Stätte der Begegnung –, die SCB war nach ihrem eigenen Verständnis von Anfang an angewiesen auf das partnerschaftliche Gespräch unter Kollegen, auf das gemeinsame Forschen und Erproben. Bereits bei ihrer Gründung standen Paul Sacher gleichaltrige Musiker und Wissenschaftler zur Seite, die der Schola in den folgenden Jahrzehnten treu bleiben und sie zutiefst prägen sollten.

An erster Stelle ist hier August Wenzinger (1905–1996) zu nennen. Der gebürtige Basler hatte Altphilologie, Philosophie und Musikwissenschaft studiert, bevor er sich professionell dem Violoncellospiel zuwandte. 1927 schloss er mit dem ersten in Basel verliehenen Solistendiplom für Violoncello ab. Bereits seit 1925 hatte er sich – auf Anregung von Karl Nef – mit der Viola da gamba beschäftigt, auch sein Kölner Lehrer Paul Grümmer förderte seine Neigung zur vergessenen Kunst des Gambenspiels. Eine erste Anstellung fand er als Solocellist des Bremer Orchesters, doch wurde Wenzinger durch den aufkommenden Nationalsozialismus wieder in die Heimat getrieben. Die Verbindung zu Deutschland blieb gleichwohl erhalten: So gründete er mit dem Freiburger Flötisten Gustav Scheck den «Kammermusikkreis Scheck-Wenzinger», mit dem er bereits in den Dreissigerjahren die ersten Schallplatten aufnahm, und stand über lange Zeit in Kontakt mit Hans E. Hoesch, der sich als Mäzen bis in die Mitte unseres Jahrhunderts für die alte Musik einsetzte. In Basel gehörte er Paul Sachers Kammerorchester seit dem ersten Jahr nach der Gründung, 1927, an.

Für die SCB gewann Wenzinger nicht nur als Lehrer, sondern vor allem als Spiritus rector der «Konzertgruppe» zentrale Bedeutung. Das Konzert nahm neben der Lehre den grössten Raum ein in den ersten Schola-Jahren; auf diese Weise fanden die Schola-Lehrer Anerkennung im öffentlichen Konzertbetrieb und zogen neue Schüler an. Die wissenschaftliche Forschung beschränkte sich weitgehend auf die Vorbereitung der Aufführungen. Wenzinger hatte bereits die ersten Konzerte der Schola vom 12. bis 14. Juni 1934 vorbereitet (die Mitwirkenden waren seine Lehrerkollegen), und vom siebten Jahresbericht an wird er als der Leiter der Konzertgruppe der Schola Cantorum genannt. Über 35 Jahre sollte er ihr vorstehen. Schon diese ersten Konzerte wurden innerhalb der Schweiz nach Zürich «exportiert», nach dem Zweiten Weltkrieg reisten die Konzertgruppe und das ebenfalls von Wenzinger geleitete Viola-da-gamba-Quartett (mit Marianne Majer, Maja Wenzinger und Gertrud Flügel, später Hannelore Müller) häufig zu den europäischen und internationalen Musikzentren. Zahlreiche Schallplatteneinspielungen – die meisten bei der Archiv-Produktion der Deutschen Grammophon – machten Wenzingers Namen und den der Schola Cantorum Basiliensis berühmt. Dabei war er in all den Jahren seiner Konzert- und Lehrtätigkeit davon überzeugt, dass die Erweiterung des Ausdrucksbereichs, die er der Beschäftigung mit den «vorklassischen» Meistern verdankte, auch dem Verständnis und der Interpretation der neueren Komponisten zugute kam: «Wer nie alte Musik getrieben hat, bleibt notwendigerweise enger im Empfinden, Gestalten und instrumentalen Können.» 1960 erhielt Wenzinger den Ehrendoktortitel der Universität Basel, 1970 ging er in Pension.

Von der zweiten die Schola Cantorum bestimmenden Persönlichkeit Ina Lohr (1903–1983), ebenfalls Ehrendoktorin der Universität, ist der Ausspruch überliefert, «dass die Probleme, die in den Konzerten (des Basler Kammerorchesters) mit alter Musik entstanden, mit dazu beigetragen haben, dass dieses Institut entstand». Ina Lohr hatte in ihrer Heimatstadt Amsterdam bei Ferdinand Helman Violine, ausserdem Theorie und Komposition studiert und diese Studien in Basel bei Gustav Güldenstein und Rudolf Moser fortgesetzt sowie Musikwissenschaft bei Karl Nef und Jacques Handschin belegt. 1931 wurde sie Paul Sachers Assistentin im Kammerorchester. Wulf Arlt schreibt dazu[7]:

> **Ihre ureigene Verbindung kompositorischer, historischer und pädagogischer Interessen mit einem tiefen Engagement für alle Fragen der Kirchenmusik fand in der Arbeit des Kammerorchesters über Jahrzehnte hinaus vielfältigen Ausdruck. Idee wie Programm der Schola Cantorum Basiliensis entsprechen in vielem den besonderen Interessen ihrer Persönlichkeit, die in fast vierzigjährigem Wirken die Geschichte des Instituts und insbesondere den Geist des Hauses entscheidend prägte.**

Ina Lohr musizierte in den ersten Jahren ebenfalls in der Konzertgruppe, ihre eigentlichen Domänen waren jedoch die Kirchen- und die Hausmusik. Lohrs Einsatz für beide Bereiche wurzelte in ihrem Streben nach «geistiger Substanz» im Gegensatz zum «Verweilen im Ästhetisch-Unverbindlichen». Sie erreichte es, dass das «Ensemble für Kirchenmusik» für Berufsschüler von Anfang an obligatorisch war. Für sie stellte die intensive Beschäftigung mit dem gregorianischen Choral wie mit dem protestantischen Kirchenlied eine selbstverständliche Basis der Ausbildung dar.

Ina Lohr hat sich mehrfach über ihre Arbeit geäussert; der auffallend bekenntnishafte Charakter dieser Äusserungen trifft auch für ihren zweiten wichtigen Arbeitsbereich zu, die Hausmusik. So steht bereits im Prospekt für die erste «Woche alter Haus- und Kirchenmusik» (April 1934), der sich an «Musiker wie an Laien» wandte, die «lebendige Musizierfreude» gleichberechtigt neben den «Problemen der Aufführung» und der «Beherrschung technischer Schwierigkeiten», die der Freude am gemeinsamen Erleben möglichst nicht im Wege stehen sollte.

Ina Lohrs Engagement führte unter anderem dazu, dass zwei Jahre später, 1936, erstmals an eine Studentin ein Diplom der Schola vergeben wurde – als «Leiter(in) von Sing- und Spielgruppen und Lehrer(in) für Hausmusik». Die gesuchte «Verbindung zwischen Musik und Leben» entsprach den damals landauf, landab gepflegten Bewegungen der Jugend- und Spielmusik, sie stand am Anfang von Lohrs Arbeit, und sie hat diese Arbeit bei aller Vertiefung in musikalisch-aufführungspraktische Detailfragen stets begleitet.

Last but not least ist hier noch der Musikwissenschaftler Walter Nef (geboren 1910) zu nennen, der dreissig Jahre lang Sachers Stellvertreter in der Leitung der SCB war und 1964 ihre Leitung übernahm, als Sacher Akademie-Direktor wurde. Er war der Neffe des Basler Ordinarius für Musikwissenschaft Karl Nef, zu dessen Lehrangebot in den späten Zwanzigerjahren «Singen und Spielen älterer Musik mit Stilerläuterungen» sowie «Praktische Übungen, 16. und 17. Jahrhundert» gehört hatten.

Das Viola-da-Gamba-Quartett der Schola Cantorum Basiliensis
(Foto Jeck)

Alte Instrumente und Freunde alter Musik

Schon im «I. Entwurf» zu einem Lehr- und Forschungsinstitut für alte Musik war von einzelnen historischen Instrumenten die Rede: «Clavichord, Cornet, Oboen und Zinken». Die Frage nach dem adäquaten Instrumentarium stellte sich für die Gründer der Schola Cantorum denn auch sehr bald und drängend auf ganz andere Art und Weise als im Kammerorchester; es wurde zur Bedingung für die tägliche künstlerische und pädagogische Arbeit. Bevor im Oktober 1935 der Möbelwagen mit den dreihundert alten Instrumenten Basel erreichte, die der Appenzeller Sammler Otto Lobeck der Schola für zehn Jahre als Depositum zur Verfügung stellte, wurden «moderne» Cembali sowie Nachbauten von Blockflöten und Streichinstrumenten aus den Werkstätten Dolmetsch, Harlan oder Sprenger sowie etliche originale Instrumente verwendet. Dies bezeugt unter anderem das Programmheft der ersten Konzerte mit seiner Liste der verwendeten Instrumente. Die alten Gamben, die Viole d'amore und das aufgeführte Rebec stammten aus der Sammlung des Historischen Museums Basel und aus der Sammlung Lobeck.

Der Erinnerung von Walter Nef nach hat sein Onkel Karl Nef das erste «gute Wort» eingelegt bei seinem Vetter Otto Lobeck (1867–1951), einem Drogisten («Petroleum, technische Artikel», später «Chemische Produkte, Kolonialwaren und Futtermittel»), der in seinem Herisauer Haus «zur Rose» seine Sammlung von Musikinstrumenten pflegte und Stück für Stück ergänzte. Die Anfänge dieser Sammlung sind nur zum Teil zu rekonstruieren, Lobeck besass keinen Katalog und kein Verzeichnis seiner Schätze. Er war allerdings davon überzeugt, dass Musikinstrumente «nicht zum Anschauen da (sind) wie Bilder und Skulpturen, sondern zum Spielen. Ihr Leben ist der Klang» (Walter Nef).[8] Aus diesem Grund liess sich Lobeck wohl gerne von den vier Lehrerinnen und Lehrern, die ihn bereits im ersten Schola-Jahr besuchten, vorspielen und auf diese Weise demonstrieren, was sie unter dem adäquaten Musizieren auf alten Instrumenten verstanden. Walter Nef:

Spontan, noch vor einer Abmachung, gab er den vier «Botschaftern» ein paar Instrumente nach Basel mit, darunter Kostbarkeiten wie die Sopranino-Blockflöte aus Elfenbein mit der Marke D, die nach der Meinung von Kennern vielleicht mit Denner zu ergänzen ist, und den Pardessus de viole von Louis Guersan (Paris 1761). Das war der Auftakt.

Im Jahr 1935 schloss Otto Lobeck mit der Schola Cantorum Basiliensis einen Leihvertrag über zehn Jahre ab, sodass die Instrumente zu Beginn des dritten Schuljahres Lehrern und Studierenden zur Verfügung standen.

Die Block- und Querflöten, Klarinetten, Schalmeien, Oboen, Fagotte und Sackpfeifen, Hörner, Trompeten und Posaunen, Klaviere, Orgeln, Viole d'amore und da gamba, Hackbretter, Zithern und Drehleiern, die nicht nur benutzt, sondern auch in den Unterrichtsräumen und auf den Fluren ausgestellt wurden, zogen etliche Besucher in die Schola. Im Frühjahr 1937 kam der wohl bedeutendste Instrumentenkundler Curt Sachs (er soll ausgerufen haben: «Das ist ja ein ganzes Museum!»), 1948 der englische Musikwissenschaftler Edward Dent, der damalige Präsident der Internationalen Gesellschaft für Musikwissenschaft.

1945 verlängerte Otto Lobeck, damals im Alter von 78 Jahren, den Leihvertrag um weitere zehn Jahre. Nach seinem Tod erwarb Paul Sacher von der Familie Lobeck die Sammlung – sie zählte zusammen mit den in Herisau verbliebenen Instrumenten insgesamt 400 Stück – und schrieb dem Präsidenten der Kommission des Historischen Museums, Professor Hans Georg Wackernagel, er wolle die Instrumentensammlung dem Historischen Museum schenken unter der Bedingung, «dass die Instrumente mit Ihrer eigenen Sammlung vereinigt und ausgestellt werden. Ferner sollen einige spielbare Instrumente im Bedarfsfall der Schola Cantorum Basiliensis zur Verfügung gestellt werden.» Der Regierungsrat beschloss am 7. Juni 1955, das Geschenk anzunehmen, und ab 1957 wurden die Instrumente im eigens zu diesem Zweck aus- und umgebauten Haus «Vorderer Rosengarten» an der Leonhardsstrasse ausgestellt.

Auch die «Freunde alter Musik in Basel» (FAMB), der Konzertverein der SCB, sind aus Umständen und Bedingungen erwachsen, die zu Beginn der Schola-Arbeit noch nicht vorhersehbar waren.[9] Von Anfang an lagen die Schwerpunkte des Instituts auf den beiden Bereichen Schule und Konzert. Um das Institut bekannt zu machen, waren die Konzerte lebenswichtig. Ab 1934 veranstaltete die Schola einen Zyklus von «Sommer-Konzerten», in denen sie der Öffentlichkeit «einen klingenden Jahresbericht» darbot, wie einmal ein Kritiker formulierte. Je weiter die Beschäftigung mit den verschiedenen Gebieten der alten Musik und damit die Spezialisierung voranschritt, desto deutlicher wurde allerdings, dass eine einzige «Gruppe» nicht alles zum Klingen bringen konnte, was die Forschungsarbeit zutage förderte.

Anfang der Vierzigerjahre konnte man auf eine Tradition zurückblicken, die ein kleines, interessiertes und kundiges Publikum gefunden hatte, und der Wunsch tauchte auf, dieser Tradition einen stabilen, institutionellen Rahmen zu geben. Im Juni 1942 wurde ein «Initiativausschuss» gebildet. Paul Sacher wollte bei einem breiteren Publikum das Verständnis für die Bestrebungen der Schola Cantorum wecken und dem Ruf der SCB, eine Art «musikalische Sekte, eine Musiziergesellschaft mit bewusster Exklusivität» zu sein, entgegenwirken. Der Schola sollten neue Freunde zugeführt werden.

Die Renaissance der alten Musik

*Das Bläserensemble
der Schola Cantorum
mit Michel Piguet
(rechts)*
(Foto Jeck)

Der Initiativausschuss beschloss nicht nur, die Konzerte in Zukunft auch Nicht-Mitgliedern zugänglich zu machen, sondern auch eine Öffnung in Bezug auf die Ausführenden: Fortan sollte zwar weiterin «in erster Linie» die Konzertgruppe der Schola Cantorum engagiert werden, der Verein könne «aber auch andere Ensembles und einzelne Künstler verpflichten, sofern sie ähnliche Zwecke wie die Schola Cantorum Basiliensis verfolgen und für eine künstlerisch einwandfreie Wiedergabe im Rahmen der Anforderungen, welche an die Konzerte der FAMB gestellt werden, Gewähr bieten». Dieser Vorsatz wurde sofort in die Tat umgesetzt; im Werbekonzert der Freunde alter Musik in Basel am 30. November 1942 musizierte das französische Ensemble «Ars Rediviva», und der am 22. September 1942 gegründete «Verein der Freunde alter Musik in Basel (F.A.M.B.)» verteilte Prospekte, in denen für das kommende Jahr drei «Hauskonzerte» und drei «Öffentliche Konzerte» angekündigt wurden. Diesem ersten «Generalprogramm» war ein Text («An die Musikfreunde Basels») vorangestellt, in dem es unter anderem heisst:

Unser Musikleben hat sich in den letzten Jahren ausgeweitet. Neben die Werke der Klassiker und Romantiker, die uns seit langem lieb und vertraut sind und die wir nicht missen möchten, ist die alte Musik getreten. Seit der Zeit, da Bach wiederentdeckt wurde, hat auch die vorbachsche Musik bis ins entlegene Mittelalter zurück erneut zu klingen angefangen und sich einen Platz in Konzert und Unterricht erobert. (...)
Nachdem die Musikwissenschaft diese alten Werke erschlossen hat, sind sie wieder spielbar geworden, und zu ihrer Aufnahme bedarf es nicht so vieler Gelehrsamkeit, wie oft irrtümlich angenommen wird. Natürliche Empfänglichkeit und Erlebnisfähigkeit für künstlerische Eindrücke sind auch hier die wesentlichen Voraussetzungen des Verständnisses. (...) Seit neun Jahren hat die Schola Cantorum Basiliensis bewiesen, dass diese Erweckung möglich ist. Ihre Bestrebungen begegnen indessen insofern immer noch gewissen Schwierigkeiten, als in der Öffentlichkeit vielfach die Meinung herrscht, ihre Arbeit sei nur für einen engen Kreis von Eingeweihten verständlich.
Aus solchen Erwägungen haben einige Freunde der Schola Cantorum Basiliensis vor einiger Zeit den Plan zur Gründung einer Vereinigung gefasst, welche durch den Zusammenschluss aller Freunde alter Musik die regelmässige Aufführung alter Musikwerke äusserlich erleichtern will. (...) Der neue Verein wird seine Tätigkeit in enger Zusammenarbeit mit der Schola Cantorum aufnehmen, im weiteren aber in seinen Veranstaltungen auch andere Unternehmungen mit ähnlicher Zielsetzung berücksichtigen.

Eine Konzertreihe, in der seit über einem halben Jahrhundert (mit durchschnittlich 6 Konzerten pro Saison) ausschliesslich auf alten Instrumenten und nach den Kriterien historischer Aufführungspraxis musiziert wird, ist ausser in Basel nirgendwo zu finden. Hier können nur einige wenige Stationen und Höhepunkte aus den Programmen der FAMB skizziert werden. Dabei wird immer wieder deutlich, wie sehr die FAMB mit der Ausbildung an der Schola Cantorum Basiliensis verknüpft sind: Kaum einer der international renommierten Musiker wäre nach Basel gekommen, um zu unterrichten, hätte man ihm nicht auch ein öffentliches Konzert angeboten; andererseits sind etliche Programme in der SCB-Arbeit entstanden und vorbereitet worden.

1946 war mit Sicherheit einer der ersten Höhepunkte, die Aufführung von Georg Friedrich Händels «Il pastor fido» unter der Leitung von August Wenzinger, aus dessen Feder auch die Bearbeitung der nur als Fragment erhaltenen Oper stammte. Für die szenische Realisierung entschied sich Wenzinger für das von Richard Koelner geleitete Basler Marionettentheater (Aufführungsort: St. Albansaal, St. Albanvorstadt 12). Dass er damit in gewissem Sinne den kritischen Vergleich mit der Erscheinungsform der «normalen» Oper vermeiden wollte, wird aus dem Aufsatz deutlich, den er zu diesem Anlass über das «Schäferspiel» schrieb[10]:

> Aber der Barock verlangt auch nicht eine persönliche Konfession, sondern eine souveräne und individuell erneute Bestätigung der ewigen, typischen, in sich ruhenden Formen und Normen. Und in dieser Hinsicht ist sicher Händels «Pastor Fido» ein beglückendes Beispiel. Es wäre ungerecht gegenüber den Meistern des Barock und für uns ein Armutszeugnis, wenn wir uns nicht mehr in jene serenen Höhen reiner Form erheben könnten, aus denen alle Kunst, besonders aber die Musik wichtigste Impulse empfängt.

1956 jährte sich der Geburtstag von Wolfgang Amadeus Mozart zum 200. Mal, und sämtliche FAMB-Konzerte präsentierten «klassische Musik» im weitesten Sinne von den Bach-Söhnen bis zu Joseph Haydn, nachdem in der Saison davor bereits Beethoven-Werke auf dem Hammerflügel erklungen waren (gespielt von Fritz Neumeyer) – eine Erweiterung des Repertoires «nach vorne», die selbst im FAMB-Jahresbericht als die «Überschreitung» eines «Rahmens» kommentiert wurde.

1964 war der Concentus Musicus Wien unter der Leitung von Nikolaus Harnoncourt zu Gast. Auf dem Programm stand nicht etwa das später vornehmlich gepflegte Repertoire dieses berühmten Ensembles: Musik des 17. oder 18. Jahrhunderts, sondern Musik des Spätmittelalters und der Renaissance.

1972 stellte sich das «Studio der frühen Musik» unter der Leitung von Thomas Binkley bei den FAMB im Refektorium des Kleinen Klingental vor, 1973 konnten die vier Musiker (Andrea von Ramm, Gesang, Harfe, Organetto; Richard Levitt, Gesang und Schlagzeug; Sterling Jones, Streichinstrumente; Thomas Binkley, Blas- und Zupfinstrumente) an die SCB verpflichtet werden.

1975 verlangte die Auflösung der Konzertgruppe, oft auch als «verstärkte Konzertgruppe» in den Programmen zu finden, eine Neuorientierung der Konzertreihe. An die Stelle eines Ensembles traten nun mehrere Gruppen aus Lehrern und oft auch fortgeschrittenen Studenten: das Senfl-Ensemble, das Ferrara-Ensemble, das Linde-Consort oder die Alta Capella sowie das Orchester der SCB unter wechselnden Leitern.

1981 präsentierte das ein Jahr zuvor gegründete «Studio für historisches Musiktheater» der SCB im Rahmen der FAMB nach Jahrzehnten zum ersten Mal wieder eine Barockoper, die Tragédie lyrique «Dardanus» von Jean Philippe Rameau, auf der Kleinen Bühne des Basler Theaters. Die musikalische Leitung hatte Alan Curtis, Regie führte Filippo Sanjust. Die Aufführung wurde zum Startschuss einer ganzen Reihe von Barockopern unterschiedlichster Zeit und Herkunft, die Jahr für Jahr im genannten SCB-Studio vorbereitet und einem breiteren Publikum vorgeführt wurden. Vorläufiger Endpunkt war die Einstudierung von Claudio Monteverdis «Orfeo» zum 350. Todesjahr des Komponisten im Herbst 1993 (ebenfalls auf der Kleinen Bühne, musikalische Leitung: Joshua Rifkin, Regie: Richard Levitt) – in der Geschichte der FAMB insofern ein wichtiges Ereignis, als man schon einmal, 1966/67 zum 400. Geburtstag Monteverdis, eine Aufführung des «Orfeo» geplant hatte, als August Wenzinger mit der Einspielung dieser Oper bei der

Archiv-Produktion beschäftigt war. Damals musste die Idee mit Bedauern fallen gelassen werden, da «die Mittel und Kräfte nicht reichten».

1992 feierten die FAMB ihr fünfzigjähriges Bestehen mit einem Jubiläumskonzert besonderer Art: Auf den Tag genau ein halbes Jahrhundert nach dem ersten «Werbekonzert» erklangen am 30. November neben den für ihre Zeit avantgardistischen «Prophetiae Sybillarum» von Orlando di Lasso zwei eigens für diesen Anlass komponierte Werke von Basler Komponisten: Hans Martin Lindes «Carmina Pro Lassum» und Mathias Steinauers «Speculum Sybillinum». Zu diesem Jubiläum erschien ein Sonderband der Reihe «Basler Jahrbuch für Historische Musikpraxis», in dem Peter Reidemeister schreibt[11]:

Und endgültig vorbei ist es mit einer gewissen Monopolstellung der FAMB für Aufführungen alter Musik in Basel. Da sind in der Zwischenzeit diverse Institutionen ähnlicher Zielsetzung herangewachsen, die Publikum abziehen: die «Konzerte im Dom zu Arlesheim», die «Konzerte in der Predigerkirche», die «Kammerkonzerte Basel» im Wildt'schen Haus oder «Cembalomusik im Schmiedenhof» oder wie sie alle heissen; und in den meisten Fällen verdanken sie ihre Entstehung der Initiative von SCB-Lehrern oder -Absolventen. Dadurch wird die Konkurrenzsituation verstärkt und dem Trend Vorschub geleistet, mit populären Programmen die Gunst des Publikums zu erringen.

So wie aus der Arbeit der Konzertgruppe im Lauf der Jahre eine international beachtete Konzertreihe hervorging, so änderten sich mit der Grösse des Instituts, das diese Konzertgruppe hervorgebracht hatte, auch seine Organisationsform und mit ihr seine Möglichkeiten nach innen und nach aussen. Wulf Arlt[12]:

Das Programm der Schola betonte ausdrücklich, dass sich das neue Institut als eine Ergänzung einerseits der universitären Musikwissenschaft und andererseits des Konservatoriums verstand. (...) Die Parallelität beziehungsweise Ergänzung zur Arbeit der Musikschule und des Konservatoriums trug wohl auch dazu bei, dass sich der Vorstand der Schola in den Jahren 1937 und 1938 mit einem Gesuch um finanzielle Unterstützung an die Gesellschaft zur Beförderung des Guten und Gemeinnützigen beziehungsweise das Erziehungsdepartement des Kantons Basel-Stadt wandte, die ja allein eine entsprechende Arbeit der beiden anderen Musikinstitute ermöglichen. Wurden diese Gesuche auch abschlägig beschieden, so gelang es doch 1950, die staatliche Anerkennung der Abschlussdiplome zu erreichen.

Vermutlich auf Anregung Walter Müller von Kulms, des damaligen Direktors von Musikschule und Konservatorium, kam es im April 1951 zu ersten Gesprächen mit Paul Sacher über eine mögliche Zusammenlegung der drei Institute. Nach mehreren Arbeitsschritten konnte am 1. August 1954 die Fusion zur «Musik-Akademie der Stadt Basel» bekanntgegeben werden; seither ist von den drei «Abteilungen» Musikschule, Konservatorium und Schola Cantorum Basiliensis die Rede. Nachdem Privatinitiative und Mäzenatentum die SCB zwanzig Jahre getragen hatte, wurde sie durch diesen Akt Teil einer staatlich subventionierten Stiftung. Dabei hat Paul Sacher, der bis 1964 zusammen mit Walter Müller von Kulm und von da an bis 1969 allein der Akademie als Direktor vorstand, selbst betont: «Die Eigenart der ehemaligen Institute ist durch die Fusion nicht verändert worden.»

Im Spannungsfeld von Spezialisierung und Improvisation

Im Jahr 2000 zählt die SCB 67 Jahre und hat damit ungefähr das durchschnittliche menschliche Lebensalter erreicht. Generationen von Lehrern und Schülern haben die Schule durchlaufen und geprägt. Von ihren ersten Semestern ist sie nicht nur räumlich und in ihrer Grösse, sondern auch in ihren inhaltlichen Breiten und Tiefen weit entfernt. Selbst wenn einige Fächer von Anfang an und bis heute auf dem Lehrplan stehen, wie zum Beispiel der Generalbass, das Fundament der Barockmusik, so haben sich die Inhalte der Lehre doch gewaltig geändert: Die Ausführung des bezifferten Basses – um im Beispiel zu bleiben – wird heute nicht mit wenigen allgemeingültigen Regeln, sondern nach Zeiten, Ländern, Stilen, Gattungen und Instrumenten differenziert gelehrt.

Die Statistik der Studierenden und Lehrenden zeigt eine kontinuierliche Entwicklung von der kleinen, familiären Gruppe («Arbeitsgemeinschaft») wenn nicht ganz zum (fast anonymen) «Hochschulbetrieb», so doch zu einer Ausbildungsstätte, die in Organisation und Infrastruktur hohe Ansprüche stellt.

Der auffällige und steile Anstieg der Lehrerzahlen hat zwei Gründe, die nicht voneinander zu trennen sind: auf der einen Seite die stetige Spezialisierung, auf der anderen Seite die Möglichkeit, «massgeschneiderte» Pensen zu erfüllen. (Das bedeutet konkret, dass kaum eine der im Berichtsjahr 1994/95 aufgeführten 79 Lehrkräfte ein volles Pensum von 29 Stunden an der Allgemeinen, beziehungsweise von 21 Stunden an der Berufsschule hatte.) Wer an der SCB unterrichtet (dasselbe gilt für das hiesige Konservatorium), bekommt nach dem Gesetz über die Fachhochschulen in der Schweiz zwar keinen Professorentitel, für viele im internationalen Konzert-, Opern- und Schallplattenbetrieb stehenden Künstler ist die geringe oder jedenfalls flexibel handhabbare Stundenzahl jedoch weit interessanter als dieser Titel.

1954/55 konnten an der SCB folgende Fächer belegt werden:

Praktische Fächer:
Sologesang, Singunterricht in Klassen, Gregorianischer Chor, Ensemble für Kirchenmusik, Blockflöte, Traversflöte, Violine in alter Mensur, Violoncello in alter Mensur, Viola d'amore, Viola da gamba, Streichermusik, Laute, Gitarre, Orgel, Cembalo, Clavichord, Ensemble, Hausmusik

Theoretisch-historische Fächer:
Generalbass, Solmisation und Kontrapunkt, Verzierungslehre, Formenlehre, Geschichte der alten Musik, Gregorianischer Choral, Evangelische Kirchenmusik, Instrumentenkunde, Notationskunde.

Vierzig Jahre später ist die Fächer-Liste sowohl in den praktischen als auch in den theoretischen Bereichen sehr viel länger geworden:

Praktische Fächer:
Gesang, Blockflöte, Traversflöte, Barockoboe, Klarinette, Naturhorn, Barockfagott, Barocktrompete, Zink, Posaune in alter Mensur, Barockvioline, Barockcello, Viola da gamba, Fidel, Laute, Theorbe, Plektrum-Laute, Harfe, Cembalo, Fortepiano, Orgel, Drehleier, Improvisation, Improvisation für Tastenspieler

Schüler und Lehrer an der SCB[13]:

	Allgemeine Schule	Berufsschule, div. Kurse	Lehrer
1934/35	49/53	?	keine Angabe
1939/40	73	48*	keine Angabe
1944/45	103	60*	13
1949/50	177/200	18*	15
1954/55	195/183	61/73	16
1959/60	300/302	127/163	28
1964/65	437/419	126/87	27
1969/70	436/399	125/99	34
1974/75	416/391	127/128	44
1979/80	436/409	131	73/75
1984/85	453/445	172/164	62
1989/90	444	192	73
1994/95	448	197	79

Interne und externe Berufsstudenten wurden zusammengezählt.

*Zahl der an den Herbstkursen teilnehmenden Studenten. Die Anzahl der Berufsstudenten, die über mehrere Semester und mit Diplomziel studierten, ist sehr gering.

Ensembles:
Ensembles einzelner Instrumentenfamilien, Gemischte Ensembles, Ensembles zur Musik des 17./18. Jahrhunderts, Choralensemble, Vokalensemble, Streicherensemble, Trompetenensemble, Improvisationsensemble, Ensembles zur Musik des Mittelalters und der Renaissance, Ensembleleitung, Aufführungspraxis im Ensemble, Historischer Tanz, Opernklasse

Historisch-theoretische Fächer:
Gehörbildung, Gregorianischer Choral, Generalbass, Generalbass für Lautenisten, Historische Satzlehre, Geschichte der Musik, Instrumentenkunde, Historische Quellenkunde, Stimmungen und Stimmen, Notations- und Quellenkunde

Pädagogische Fächer:
Methodik, Rhythmik, Unterrichtspraxis Blockflöte, Didaktik Blockflöte.

Selbstverständlich hat diese Erweiterung des Fächerkanons nicht nur mit der Spezialisierung auf dem Gebiet der alten Musik zu tun, sondern auch mit der Art der Ausbildung, mit dem Angebot an Abschlüssen und Diplomen an der SCB, wie sie seit den frühen Siebzigerjahren bestehen. Die Ausbildungsziele sind ihrerseits an die Bewertung und Gewichte der Ausbildungsinhalte gebunden. Peter Reidemeister schreibt[14]:
Welches Theorie-Verständnis legen wir zugrunde? Wohl weniger das aus dem 19. Jahrhundert tradierte, wonach als Musiktheorie die verselbständigten und daher oft relativ praxisfern gehandhabten Disziplinen Harmonielehre, Kontrapunkt und Formenlehre gelten, sondern eher eine Theorie-Auffassung, die der alten Musik angemessen ist: im Sinne eines musikalischen Denkens, das die Praxis durchdringen muss und das ein Studium der alten Musik vom Erlernen eines oder zweier Instrumente unterscheidet. Genau dieser Unterschied spiegelt sich auch in der Formulierung des Ausbildungsziels, nämlich des Schola-Diploms: Es heisst bewusst nicht z.B. «Cembalo-Diplom», sondern «Diplom für alte Musik mit Hauptfach Historische Tasteninstrumente».
Während die Fusion zur Musik-Akademie der Stadt Basel die äusseren Bedingungen der Schola-Arbeit veränderte und in finanzieller und organisatorischer Hinsicht festlegte und stabilisierte, fand die innere Neuorientierung, der die SCB ihr heutiges Gesicht und ihren heutigen Ruf verdankt, rund fünfzehn Jahre später statt.

Auf Dr. Walter Nef folgte 1970 Prof. Dr. Wulf Arlt als neuer Leiter der SCB. Er setzte nicht nur eine Umstrukturierung der Leitung in Gang (Dr. Peter Reidemeister wurde 1973 stellvertretender Leiter), sondern auch eine neue Prüfungsordnung und eine neue Wegleitung für die Berufsschule. Mit Arlts Amtszeit (bis 1978, sein Stellvertreter folgte ihm als Leiter nach) ist nicht nur der zusätzliche neue Ausbildungsschwerpunkt Mittelalter/Renaissance verbunden, aus ihr resultiert die Forschungsabteilung mit ihren «Auswirkungen», das «Basler Jahrbuch für Historische Musikpraxis» mit wissenschaftlichen Aufsätzen und einer Bibliografie des Schrifttums zum Arbeitsgebiet. 1980 rief Peter Reidemeister die Schallplattenreihe «Schola Cantorum Basiliensis Documenta» ins Leben.

Die Jahresberichte der SCB lassen etwas von der damaligen Aufbruchsstimmung ahnen und den Erschütterungen, die diese Neuorientierung begleiteten. Einige Auszüge:

– **Das Ende des Berichtsjahres bildet einen bedeutungsvollen Einschnitt in der Entwicklung der Schola Cantorum Basiliensis. Die Gründergeneration hat am 30. September 1970 von der Arbeit Abschied genommen. Nach Dr. h.c. Paul Sachers Rücktritt im Oktober 1969 haben nun Dr. h.c. Ina Lohr und Dr. h.c. August Wenzinger ihre Lehrtätigkeit beendigt, und Dr. Walter Nef hat sein Amt als Abteilungsleiter niedergelegt. (Jahresbericht 1969/70)**
– **Das Berichtsjahr war für die Schola Cantorum Basiliensis besonders bewegt, da es im Zeichen verschiedener Neuerungen stand. Als Grundlage der Forschungsabteilung und Stätte der Begegnung zwischen Wissenschaft und Praxis wurde mit dem Aufbau einer entsprechenden Handbibliothek in einem Arbeitsraum begonnen … In**

Die Renaissance der alten Musik

der Lehre führte die stärkere Berücksichtigung auch der Musik des Mitelalters und der Renaissance zur Einführung neuer Ensembles und zu Änderungen in den historisch-theoretischen Fächern. (Jahresbericht 1970/71)
- Das Schwergewicht der Arbeit lag im Berichtsjahr an der Schola Cantorum in der Neugestaltung des Unterrichts an der Berufsschule. Als Konsequenz der im vorangehenden Jahr begonnenen Arbeit kam es zur Einführung eines Blockflöten-Lehrdiploms neben dem eigentlichen Schola-Diplom. (Jahresbericht 1971/72)
- Das Schuljahr war wesentlich bestimmt vom Beginn des länger schon vorbereiteten neuen Studienprogramms mit Schwerpunkt auf der Musik des Mittelalters und der Renaissance unter Beteiligung der als Lehrer neu gewonnenen Mitglieder des «Studios der frühen Musik». Ermöglicht wurde die Arbeit durch grosszügige Unterstützung der Maja-Sacher-Stiftung für den Ankauf historischer Instrumente. Das Programm fand bei neuen und fortgeschrittenen Studenten sowie bei den Lehrern ein sehr positives Echo. Im Mittelpunkt der Arbeit des ersten Jahres stand die Musik des 12. und 13. Jahrhunderts, auf die alle Unterrichtsfächer ausgerichtet waren. Zur Koordinierung der Fächer fand regelmässig ein Kolloquium der beteiligten Lehrer statt. (Jahresbericht 1973/74)

Die heutige Perspektive

Zwanzig Jahre später sind die meisten dieser Neuerungen fest etabliert: Die SCB ist das einzige Institut, an dem man eine Berufsausbildung in mittelalterlicher Musik absolvieren kann. Das Blockflötenlehrdiplom wurde vor kurzem wieder abgeschafft, weil die Sonderstellung, die dieses Instrument zu Beginn der Alte-Musik-Bewegung in unserem Jahrhundert innehatte, nicht mehr besteht und es nicht mehr sinnvoll erscheint, ein Maximum an Lehrpersonen für dieses Instrument auszubilden. Bei diesen und anderen Erwägungen spielt heute die Konkurrenzsituation eine enorme Rolle: So wie es innerhalb und ausserhalb der Stadt Basel inzwischen andere Veranstalter gibt, die Konzerte mit alter Musik anbieten, können interessierte junge Musikerinnen und Musik heute auswählen zwischen Ausbildungsinstituten in Europa und in Amerika. Die europäischen haben sich 1993 zusammengeschlossen zu einer Vereinigung, der ACEME (= Association of Centres for Early Music in Europe). Sinn und Zweck dieser Vereinigung ist der Austausch über Ausbildungsinhalte und -ziele, Unterrichtsfächer und gemeinsame Projekte.

Wo liegen am Ende des 20. Jahrhunderts die Stärken und die Besonderheiten des Vorbilds aller anderen Schulen für alte Musik, der Schola Cantorum Basiliensis? Neben dem Schwerpunkt «Mittelalter» ist der theoretische Teil der Ausbildung einzigartig. Hier wurde in jahrelangen Überlegungen und praktischen Anwendungen das Konzept einer «historischen Satzlehre» entwickelt, die im Gegensatz zur an «normalen» Konservatorien gepflegten systematischen Satzlehre das Musikstück, das es zu verstehen und zu analysieren gilt, durch und durch als «Kind seiner Zeit» begreift und entsprechend zu beschreiben versucht. Der Gehörbildungsunterricht ist analog dazu am Werk orientiert und will in historischen Zusammenhängen denken und verstehen lehren. Zu diesen Fächern kommen Notationskunde, historische Instrumenten- und Quellenkunde hinzu, die denselben Prinzipien verpflichtet sind: Seinen Platz in der Geschichte zu erkennen, ist allemal wichtiger, als ein Phänomen (sei es ein Instrument oder ein Notenblatt) losgelöst oder systematisch zu bewerten.

Als besonders spannendes Grenzgebiet zwischen Theorie und Praxis wurde in den letzten Jahren in allen Ausbildungsbereichen vom Mittelalter bis ins 18. Jahrhundert die Improvisation gefördert. Für die meisten Konzertbesucher bedeutet «Improvisation» die Aufführung von Musik, die nie aufgezeichnet wurde. Man denkt an Jazz, Pop und aussereuropäische Musik, aber selten daran, dass die Improvisation in der «klassischen» Musik eine lange Tradition hat. In der Tat gewinnt die Rolle der Improvisation in der abendländischen Musik an Bedeutung, je weiter wir in deren Geschichte zurückgehen. Die Fähigkeit, zu improvisieren und zu komponieren, war für ausgebildete Berufsmusiker früher geradezu eine Selbstverständlichkeit, und erst in der jüngeren Musikgeschichte haben die Musiker es zum Ideal erhoben, genau aufgezeichnete Musik so genau wie möglich wiederzugeben. Die SCB will auch hier Aspekte des Selbstverständnisses der Musiker älterer Zeiten wiederentdecken.

Den Lehrern der praktischen Fächer steht die «Forschungsabteilung», eine weitere Spezialität der SCB, gegenüber und zur Seite. Die Musikwissenschaftler sind verantwortlich für die Mikrofilmsammlung und die Spezialbibliothek, das «Jahrbuch für historische Musikpraxis», die Schallplattenreihe «Documenta Schola Cantorum Basiliensis» und die Symposien, die die SCB (in der Regel jedes Jahr) zu übergreifenden Fragen und aktuellen Problemen der historischen Aufführungspraxis veranstaltet. Bei diesen Symposien kommen stets Wissenschaftler und Praktiker zu Wort und miteinander ins Gespräch. Ein wissenschaftlicher Beirat mit Professoren aus verschiedenen europäischen Ländern entscheidet mit, welche Symposiumsbeiträge im «Jahrbuch» veröffentlicht werden. Oft stellt der wissenschaftliche Kern der SCB auch das Diskussionsforum dar, in dem auf die sich ständig verändernden Forderungen der «Szene» reagiert wird. So führte man ein «Aufbaudiplom» ein: Es stellt Studierenden, die ein modernes Instrumentalstudium abgeschlossen haben oder von einer anderen Alte-Musik-Hochschule kommen, eine weitere Qualifikation in Aussicht. Ausserdem wurde der Ausweitung des Repertoires im Konzertleben und im Schallplattenbetrieb Rechnung getragen, indem ein neues Diplom «Barock/Klassik» erarbeitet wurde: Wenn Beethoven und Schubert, Schumann und Berlioz auf alten Instrumenten mehr und mehr gefragt sind, ist es Aufgabe der SCB, Musiker in diesem Repertoire auszubilden – auf ihre Weise, mit historischem Zugang, mit dem Blick darauf, woher diese Musik kommt. Diese Flexibilität und Lebendigkeit, der richtige Umgang mit Spezialisierung und Improvisation in verschiedener Hinsicht ist unverzichtbar, wenn die Schola Cantorum Basiliensis die Attraktivität, die sie im ausgehenden Jahrhundert ausgestrahlt hat, mitnehmen will in ein neues.

Anmerkungen

1 Wulf Arlt: «Zur Idee und Geschichte eines ‹Lehr- und Forschungsinstituts für alte Musik› in den Jahren 1933–1970», in: «Alte Musik. Praxis und Reflexion», hrsg. von Peter Reidemeister und Veronika Gutmann, Winterthur 1983, S. 29–76, hier S. 31
2 Paul Sachers Ausführungen in: «Basler Kammerorchester», 2. Jahresbericht 1927/1928, S. 6–10.
3 Wulf Arlt, a.a.O., S. 35.
4 Der vollständige Text ist abgedruckt bei Wulf Arlt, a.a.O., S. 36–39.
5 «Wiener Fremdenblatt», 2. Dezember 1933.
6 Heinrich Strobel: «Alte Musik – wie sie sein soll. Besuch in der Schola Cantorum Basiliensis», in: «Berliner Tageblatt», Anhang vom 1. Juni 1935. Text vollständig abgedruckt in: «Alte Musik. Praxis und Reflexion», S. 74–76.
7 Wulf Arlt, a.a.O., S. 33.
8 Walter Nef in einem Artikel zu Lobecks 80. Geburtstag in den «Basler Nachrichten» vom 5. September 1947.
9 vgl. Kurt Deggeller: «Aus der Geschichte der ‹Freunde alter Musik in Basel», in: «Alte Musik. Praxis und Reflexion», S. 77–90, und «Alte Musik II. Konzert und Rezeption», Sonderband der Reihe «Basler Jahrbuch für Historische Musikpraxis» zum 50-Jahr-Jubiläum der «Freunde alter Musik in Basel», hrsg. von Veronika Gutmann, Winterthur 1992.
10 August Wenzinger: «G.Fr. Händels ‹Pastor Fido› (Zu den bevorstehenden Aufführungen in Basel)», in: «Schweizerische Musikzeitung», Jg. 86, 1946, S. 328–330, hier S. 330.
11 Peter Reidemeister: «Die ‹Freunde alter Musik in Basel› als ‹Kreis um die Schola Cantorum Basiliensis›. Zur Geschichte einer Symbiose», in: «Alte Musik II. Konzert und Rezeption», hrsg. von Veronika Gutmann, Winterthur 1992, S. 81–144, hier S. 142 f.
12 Wulf Arlt, a.a.O., S. 70.
13 Quelle: Jahresberichte der Schola Cantorum Basiliensis (bis 1953), der Musik-Akademie der Stadt Basel (seit 1954).
14 Peter Reidemeister: «50 Jahre Schola Cantorum Basiliensis. Eine Tradition und ihre Aktualisierung», in: «Alte Musik. Praxis und Reflexion», S. 7–18, hier S. 9.

Der dreizehnjährige Yehudi Menuhin mit seinem Lehrer Adolf Busch in Basel
(Foto Archiv der Basler Zeitung)

Sigfried Schibli

Exiljahre in Basel. Der Musikerkreis um Adolf Busch.

Busch, der Solist und Lehrer

«Er war der erste bedeutende Deutsche, den ich kennen lernte», schrieb der Geiger und Dirigent Yehudi Menuhin im Rückblick über einen Musiker, dem er als Elfjähriger begegnet war und bei dessen Bruder er später in Basel studierte – über den deutschen Dirigenten Fritz Busch.[1] Fritz Busch war von 1922 bis 1933 Operndirektor in Dresden und als solcher Uraufführungs-Dirigent mehrerer Opern von Richard Strauss, Paul Hindemith und Ferruccio Busoni; während des Naziterrors leitete er das Teatro Colón in Buenos Aires und die Opernaufführungen in Glyndebourne, von deren Rang heute noch manche Plattenaufnahme Zeugnis ablegt. Ein prominenter, weltweit gefeierter Musiker. Sein Bruder Adolf Busch wurde ein Jahr nach Fritz geboren und starb auch ein Jahr nach ihm (1890 bzw. 1891–1951 bzw. 1952); er erlangte als Geiger des (in verschiedenen Besetzungen auftretenden) Busch-Quartetts, des Busch-Trios, als Duopartner von Rudolf Serkin sowie als Solist in der Fachwelt nicht weniger Anerkennung als sein dirigierender Bruder. Vor allem als Kammermusiker hat Adolf Busch auch Schallplattengeschichte geschrieben; leider sind seine zahlreichen Auftritte als Konzertsolist auf Tonträgern weit lückenhafter dokumentiert als seine Kammermusik-Interpretationen.

Adolf Buschs Verbindungen nach Basel reichen bis ins Jahr 1915 zurück. Damals weilte der lungenkranke 24-Jährige zur Kur im Waldsanatorium Arosa und korrespondierte mit Carl Christoph Bernoulli, Kommissionsmitglied der Allgemeinen Musikgesellschaft Basel, die ihn eingeladen hatte, in einem ihrer Abonnementskonzerte zu spielen. Das Engagement kam zustande: Am 19. Februar 1916 spielte «Adolf Busch aus Wien» (Programm) das Violinkonzert von Johannes Brahms und die Solosonate in C-Dur von Johann Sebastian Bach. Das Echo von Publikum und Presse war überwältigend. Karl Nef schrieb in den «Basler Nachrichten» von einer «Offenbarung» und verglich Buschs Spiel mit dem Joseph Joachims (dessen «Enkelschüler» Busch tatsächlich auch war). Sofort bildete sich eine Basler «Gemeinde» um Busch, sodass man vermuten darf, die spätere Entscheidung für Basel als Wohnort sei auch auf die erfreulichen menschlichen Erfahrungen zurückzuführen, die der 25-jährige Gastsolist hier gemacht hatte. Noch im Oktober desselben Jahres spielte Busch in einem Sinfoniekonzert unter Hermann Suters Leitung erneut bei der AMG den Solopart des Violinkonzerts in A-Dur von Max Reger, der im Mai 1916 unerwartet gestorben war. (Später, 1938, sollte Busch dieses selten gespielte Werk durch Neu-Instrumentierung des reich befrachteten musikalischen Satzes zu «retten» versuchen.) In derselben Saison musizierte er noch einmal mit Suter, der diesmal als Pianist begleitete – und mit dem Schauspieler Alexander Moissi als Rezitator. Auch privat knüpften die Buschs Bande nach Basel, so etwa zur Familie des AMG-Kommissionsmitglieds und Bankiers Benedict Vischer-Staehelin (1882–1966), bei der das Töchterchen Irene gelegentlich Ferien machte.

Damit war eine Grundlage gelegt, die ein Leben lang halten sollte. Von da an verging kaum eine Basler Saison ohne Adolf Busch. Im Februar 1918 folgte das Violinkonzert von Beethoven und ein Jahr darauf ein Kammermusikabend mit Adolf Busch und seiner Gattin Frieda am Klavier (sie war die Tochter des Bonner Musikdirektors Hugo Grüters). 1920 spielte Busch an einem Abend drei Violinkonzerte (Mozart, Bach, Mozart), im Jahr darauf gastierte das Busch-Quartett in der damals neuen Besetzung mit Adolf Busch und Gösta Andreasson, Karl Doktor und Paul Grümmer bei der AMG. Suters eigenes Violinkonzert in A-Dur op. 23, das Busch und Suter am 28. Januar 1922 gemeinsam uraufführten und im Mai auch in Wien vorstellten, dürfte zumindest im Solopart von Busch beeinflusst sein; nach der Uraufführung reicherte er den Violinpart im Einvernehmen mit dem Komponisten noch durch zusätzlicher Triller und Arpeggien an. Bei einem Auftritt der «Busch Chamber Players» im Herbst 1935 – man wagte nichts Geringeres als eine zyklische Aufführung der sechs Brandenburgischen Konzerte von Bach – war Arturo Toscanini zugegen, der schon seit langem zum Freundeskreis der Brüder Busch gehörte. Diese Bach-Aufführungen mit nur 27 Spielern (darunter Rudolf Serkin am Flügel und August Wenzinger als Cellist im Orchester) werden heute zu den Pionierleistungen der Aufführungspraxis alter Musik gezählt, weil sie dem «romantisierenden» Bach-Bild mit seinen grossen Orchesterbesetzungen eine Alternative entgegensetzten.[2]

Adolf Busch lehrte – in Nachfolge Joseph Joachims – als Professor an der Königlich Akademischen Hochschule für Musik in Berlin-Charlottenburg.

Doch die Karriere bedeutete ihm nicht alles. Die Berliner Stelle legte er, erst einunddreissig, aus Protest gegen die Berufung des Komponisten Franz Schreker als Leiter der Musikhochschule 1922 nieder. Er zog zuerst nach Darmstadt und 1927 nach Basel. Die Buschs waren durch fast alljährliche Sommeraufenthalte in Arosa seit 1914 bestens mit der Schweiz vertraut; schon 1917 spielten sie offenbar mit dem Gedanken einer Übersiedelung, verwarfen diesen aber wieder. Für die Verwirklichung dieses alten Vorhabens im Jahr 1927 gaben letzten Endes politische Gründe den Ausschlag. Busch ertrug es nicht, dass Juden in Deutschland systematisch geächtet und verfolgt wurden, wie er es bei seinem jungen Begleiter und Freund Rudolf Serkin hatte mitansehen müssen. Dass ein Konzertveranstalter einmal das vorgesehene Klavierquintett von Brahms durch ein Streichquartett ersetzen wollte, damit der Jude Serkin nicht mitspiele, war für Adolf Busch ein Signal, seine Zukunft anderswo als in seinem Heimatland zu suchen.

Das Busch-Quartett mit (von links nach rechts) Adolf Busch, Bruno Straumann, Hermann Busch und Hugo Gottesmann
(Foto O.E. Nelson)

Adolf Busch in Wien. Scherenschnitt von Hans Schliessmann
(Foto Archiv der Basler Zeitung)

Die Familie nahm am 5. April 1927 Wohnsitz in der Basler Altstadt, in einer Villa an der St. Alban-Vorstadt 96. Und man dachte nicht daran, Basel als Übergangsquartier zu betrachten. Nach fünf Jahren konnten die Buschs am Schnitterweg 50 in Riehen ihr selbst in Auftrag gegebenes eigenes Haus beziehen – ein Doppelgebäude mit einem niedrigen Anbau für Rudolf Serkin, den 1903 geborenen Pianisten, der mittlerweile zum ständigen Begleiter Adolf Buschs geworden war und 1935 die Busch-Tochter Irene heiratete. Die Familien Busch und Serkin hatten rasch einen höchst interessanten und interessierten Basler Freundeskreis gefunden, zu welchem die Maler Jean Jacques Lüscher und Alfred Heinrich Pellegrini, die Schriftsteller Albert Steffen und Felix Moeschlin, der Philosophieprofessor Paul Häberlin und der Bankier Benedict Vischer-Staehelin zählten.

Mit welcher Entschiedenheit Busch trotz erheblicher finanzieller Einbussen das Konzertieren in Deutschland verweigerte, belegt folgende Erklärung, die er am 4. April 1933 unmittelbar nach einem Konzert des Busch-Quartetts in Berlin einer Konzertagentur gegenüber abgab[3]:

> Es tut mir leid, dass ich Sie durch meine plötzliche telegrafische Absage in eine unangenehme Lage bringen musste. Durch den Eindruck der Aktion christlicher Landsleute gegen deutsche Juden, die darauf abzielt, Juden aus ihren Berufen zu verdrängen und ihrer Ehre zu berauben, bin ich ans Ende meiner psychischen und physischen Kräfte gekommen, sodass ich mich genötigt sehe, meine Konzertreise in Deutschland abzubrechen.

Toscanini, der selber unter den Faschisten zu leiden hatte, versicherte ihn darauf seiner Solidarität; auch Albert Einstein gratulierte ihm zu seiner konsequenten Haltung.

Busch, der nicht Jude war und persönlich keine Verfolgung zu befürchten hatte, setzte das deutlichste Zeichen der Distanzierung, das selbstgewählte Exil. Von Riehen aus beobachtete er aber auch, wie ein Teil der deutschen Intelligenz sich mit dem Nationalsozialismus arrangierte. Über Wilhelm Furtwängler heisst es in einem Brief Adolfs vom 26. Juli 1933 an seinen Bruder Fritz, der nach Buenos Aires ausgewandert war[4]:

> Furtwängler ist Staatsrat der N.S.D.A.P. geworden. Ich war nicht sicher, ob ich ihm meiner Freude darüber durch ein Glückwunschtelegramm Ausdruck verleihen sollte. Mich hat's gefreut, denn seine nebelhaft verschwommene inner- und äusserliche Haltung fängt an, festere und «eindeutigere» Konturen zu bekommen.

Diesen Brief unterschrieb er mit «Georg Wilhelm» und fügte hinzu: «Meinen anderen Vornamen führe ich nicht mehr.» Als der Verleger Kistner ihm 1934 einmal aus Deutschland die Noten eines Violinkonzerts von Richard Wetz zuschickte und den Begleitbrief mit «Heil Hitler» unterschrieb, antwortete Busch postwendend[5]:

> Wir lehnen es ganz entschieden ab, mit Ihrem Gruss verabschiedet zu werden. Wir leben hier in der Schweiz, was bedeutet, dass wir Ihre Grussformel als Beleidigung empfinden.

Diese Reaktion wurde allerdings von Fritz Busch als «Entgleisung» kritisiert. 1935 nahm Busch in Riehen das Schweizer Bürgerrecht an, und seine Frau Frieda studierte an der Basler Universität Nationalökonomie; sie promovierte 1936 mit einer Arbeit «Tribute und ihre Wirkungen untersucht am Beispiel der französischen Zahlungen nach dem Krieg 1870/71». 1938 lehnte Busch es auch ab, in Italien zu spielen, was er mit der «unwürdigen Nachahmung der barbarischen Judengesetze des Dritten Reiches durch die italienische Regierung» begründete.[6]

Den Präzeptoren Nazideutschlands war die widerständige Haltung eines der meistgefeierten deutschen Musikstars nicht entgangen. Nachdem dieser jahrelang einen Bogen um Deutschlands Konzertsäle gemacht hatte, liess ihm Adolf Hitler über seinen Reichsminister Arthur Seyss-Inquart (der vorübergehend österreichischer Kanzler war und die deutschen Truppen zum «Anschluss» Österreichs an das Deutsche Reich aufforderte) ausrichten, er dürfe sich in Deutschland eine Stelle nach freier Wahl aussuchen, und auch der Pianist Rudolf Serkin, inzwischen Buschs Schwiegersohn, solle eine Professur in Wien erhalten. Das war 1938, als immer noch viele Deutsche behaupteten, von den Nazigreueln nichts zu wissen. Busch lehnte in schroffer Form ab.

Aber vollkommen sicher konnte man sich natürlich auch im grenznahen Riehen nicht fühlen. Das belegt ein Brief Buschs an seinen Quartettgeiger Gösta Andreasson, geschrieben unmittelbar vor einer Amerikareise am 20. Juli 1937, in dem er diesen auffordert, er möge doch für den Fall, dass «etwas passieren sollte», dafür besorgt sein, dass «alles Schriftliche (ausser Musikmanuskripten fertiger Werke), sämtliche Briefe aus unserem Besitz (also auch Friedas), vernichtet werden».[7] 1938 half Adolf noch mit, die Musikfestwochen in Luzern zu gründen, indem er als Konzertmeister das Festwochenorchester aus den besten Musikern der Schweiz zusammenstellte, das Toscanini dann – eine demonstrative Geste gegen das zunehmend nationalsozialistische Deutschland und insbesondere gegen Bayreuth und Salzburg – mit grossem Erfolg leitete; Stimmführer der Streicher waren die vier Mitglieder des Busch-Quartetts (Adolf Busch, Gösta Andreasson, Karl Doktor, Hermann Busch). Aber seine Zeit in der Schweiz lief ab. Im Dezember weilten die Buschs in New York, offenbar auch, um das Terrain zu sondieren; nach Kriegsausbruch 1939 siedelten die Buschs und die Serkins endgültig nach Vermont in die Vereinigten Staaten über. Es gelang Adolf, auch seinen jüngeren Bruder Hermann von der Notwendigkeit einer Übersiedelung nach Amerika zu überzeugen, um dort die Quartett-Tätigkeit wieder aufnehmen zu können.[8]

> **Für mich wäre es sinnlos, nach der Schweiz zu kommen, so sehr wir uns nach dort zurücksehnen. Hier habe ich nicht sehr viel Konzerte, aber genug zum Leben, und mit dem Quartett etwas mehr als ohne euch.**

Die ersten amerikanischen Jahre Buschs waren sicherlich nicht seine glücklichsten. Gesundheitliche Probleme – er erlitt im Dezember 1940 während einer Aufführung der «Kreutzer-Sonate» von Beethoven in New York einen schweren Herzanfall – und Heimweh nach den Schweizer Freunden überschatteten die Kriegsjahre. Überdies betrachtete man ihn, berichtet Hedwig Busch-Vischer, in den Vereinigten Staaten als «typisch deutschen» Musiker, was dem erklärten Gegner aller deutschnationalen Tendenzen mehr als unangenehm gewesen sein muss. Ein Brief vom 5. März 1941 an Benedict und Henriette Vischer enthält geradezu ein Verzeichnis der vermissten Freunde: Hans und Gertrud Ritz, Colette und Emil Barell (Direktor von Hoffmann-La Roche), der Kunstmäzen Robert von Hirsch, der Arzt Hans Oertli, der Sandoz-Direktor und Riehener Nachbar Max Fahrländer, der Maler Jean Jacques Lüscher (der das Busch-Quartett 1926 in Riehen porträtiert hat) und seine Frau Adele, die Riehener Nachbarn und Lehrer Paul und Bethli Gessler. Überdies beklagte Busch den Mangel an geeigneten Kammermusiksälen und bekannte, mit dem Musikverständnis der Amerikaner Mühe zu haben. So gesehen, war das von Busch mit Rudolf Serkin und Marcel Moyse gegründete, vorwiegend der Kammermusik gewidmete Musikfestival in Marlboro auch ein Stück musikalischer Entwicklungshilfe. In einem Brief an den Zürcher Dirigenten Volkmar Andreae heisst es darüber einmal prägnant[9]:

> **Das Können der Einzelnen ist hier hervorragend. Aber die ganze Einstellung zur Musik ist sehr verschieden von dem, was wir gewohnt sind und was wir lieben. Die Virtuosen haben das Land in diesem Sinne verdorben. Jeder junge Mensch versucht womöglich noch schneller oder noch lauter zu spielen wie der berühmte X, Y, Z, und dadurch mehr Recht auf mehr Geld verdienen und die grössere Carriere zu haben wie sein College.**

Mehrere Versuche, den bedeutenden Musiker nach Kriegsende wieder an Europa zu binden, schlugen fehl; so lehnte Busch das Angebot des damaligen Kölner Oberbürgermeisters Konrad Adenauer ab, die Leitung der Kölner Musikhochschule (an der er einst studiert hatte) zu übernehmen. Er konnte nicht akzeptieren, dass viele Musiker, die mit dem Naziregime kollaboriert hatten (wie Furtwängler, Richard Strauss, Karl Böhm ...), weiterhin in Amt und Würden waren. Auch die Schweiz rechnete ihm nicht konsequent genug mit Musikern wie Edwin Fischer oder Ernest Ansermet ab, die im «Dritten Reich» weiter konzertiert hatten. Mit Entsetzen musste er vom Freund und Musikkritiker der «National-Zeitung», dem aus Deutschland stammenden ehemaligen protestantischen Pfarrer Otto Maag (1885–1960) hören, dass 1945 anstelle Toscaninis in Luzern ausgerechnet Furtwängler auftrat – der «Staatsrat» und Kollaborateur als Bugfigur des ursprünglich antifaschistischen Festivals. (1946 kehrte Toscanini als Dirigent nach Luzern zurück, allerdings einige Tage vor dem Festwochen-Beginn.)

Aus dieser Enttäuschung heraus entstand – hauptsächlich aufgrund der Initiative von Maags Sohn aus erster Ehe, des Dirigenten Peter Maag – in der Schweiz der Plan einer «Gegengründung» zu Luzern, eines Festivals in Interlaken, das im Sommer 1946 denn auch zustandekam. Damals spielte das Concertgebouw-Orchester unter Eduard van Beinum und Pierre Monteux im Kursaal Interlaken. Zu einer direkten Fortsetzung dieser Berner Oberländer Festival-Alternative zu Luzern kam es nicht; in gewissem Sinn trat aber das zehn Jahre später von Yehudi Menuhin gegründete Menuhin-Festival in Gstaad die Nachfolge der Interlakner Festwochen an. Die im Busch-Briefband abgedruckten Schreiben Maags an Adolf Busch gehören zu den wichtigsten Dokumenten der Verarbeitung des Nationalsozialismus in der Schweiz.[10] An sein Comeback in Deutschland 1949 erinnert sich seine zweite Frau, Hedwig Busch-Vischer, heute mit gemischten Gefühlen. Ihr Mann sei bei seinem Bonner Auftritt so angespannt gewesen, dass ihm die Interpretation des Beethoven-Konzerts nicht befriedigend gelang – die Folgen seiner Verzweiflung über Deutschland. «Deutschland hat ihn gebrochen», sagt Frau Busch.

Unmittelbar nach dem Krieg war Otto Maag, ein Neffe von Buschs früherem Kölner Lehrer Fritz Steinbach, einer der einflussreichsten Basler Freunde Buschs. Er tat für ihn, was er nur konnte. Zunächst setzte er seinen Basler Verleger Kurt Reiss als Agenten Buschs und Serkins für ihre Konzerte in der Schweiz ein. Dann gelang es Maag, Adolf Busch wenigstens als Gastsolisten wieder nach Basel zu locken. So feierte er 1947 in einem Sonderkonzert unter Hans Münchs Leitung mit den Violinkonzerten von Dvořák und Beethoven («Zum 1. Auftreten von Adolf Busch seit dem Kriege») ein Wiedersehen mit Basel. Daneben gab es auch Auftritte eher volkstümlicher Art. Die Konzerte des Männerchors Riehen unter Mitwirkung der «Weltstars» Busch und Serkin sind in die Annalen der Gemeindegeschichte eingegangen. Busch bekannte damals, dass ihn das Wiedersehen seines inzwischen verkauften Riehener Hauses «mitgenommen» habe, und er war gerührt über die Herzlichkeit des Basler Publikums.[11] Im selben Jahr 1947 trat ein junger Basler Geiger in Buschs Quartett ein, der ein Jahr zuvor sein Schüler geworden war: Bruno Straumann, ehemaliger Schüler Carl Fleschs und Sohn des Musiklehrers am Basler Mädchengymnasium und Komponisten Bruno Straumann.

Adolf Buschs Schicksal blieb auch in privater Hinsicht mit dieser Stadt verbunden. Hier hatte er eine junge Frau kennengelernt, Hedwig Vischer, die beste Freundin seiner Tochter Irene und Nichte seines Freundes Benedict Vischer, die er 1947 heiratete; inzwischen war die Arzttochter selbst Dr. med. Hedwig Vischer geworden. Seine erste Frau Frieda war 1946 gestorben. Der zweiten Ehe Buschs entsprossen nochmals zwei Söhne, Nicholas Ragnar (so genannt nach Ragnar Jonsson, einem isländischen Freund Buschs) und Thomas. Busch verbrachte nach dem Krieg noch einige Winter im Riehener Wettsteinhof, der dem Maler «Schangi» Lüscher gehörte (der ebenso wie Pellegrini ausdrucksvolle Porträts von Adolf Busch gemalt hat). Eine Feier zu seinem sechzigsten Geburtstag führte die Buschs wieder nach Basel. Am 17./18. Dezember 1951 spielte das Orchester der BOG – übrigens sehr zur Zufriedenheit Buschs – in Basler Erstaufführung unter Hans Münch seine Drei Etüden für grosses Orchester op. 55, und der Jubilar trat noch einmal mit dem Violinkonzert von Johannes Brahms auf. Es war sein letztes öffentliches Konzert. Zwei Wochen später erlitt er in Riehen einen Herzinfarkt, und am 9. Juni 1952 starb Adolf Busch in Guilford (Bundesstaat Vermont). Seine letzte vollendete Komposition, die Vertonung des 6. Psalms «Ach Herr, strafe mich nicht in deinem Zorn», op. 70, erlebte ihre Uraufführung im Juni 1954 mit dem Basler Gesangverein und dem BOG-Orchester unter Hans Münch. Heute wird das Erbe Adolf Buschs von seiner Witwe Hedwig Busch-Vischer in

Allschwil sowie vom Brüder-Busch-Archiv in Hilchenbach-Dahlbruch (Deutschland) verwaltet.

Yehudi Menuhin, der Meisterschüler

Trotz seiner antinazistischen Einstellung, trotz seines Schweizer Bürgerrechts und trotz seiner Auswanderung in die Vereinigten Staaten von Amerika ist Busch als geradezu prototypisch deutscher Musiker in die Geschichte eingegangen. Der Komponist Hermann Reutter nannte ihn «vielleicht den deutschesten aller lebenden Künstler», und Yehudi Menuhin äusserte Ähnliches. Nach dem Bericht von Menuhins Vater Moshe empfahl Yehudis damaliger Lehrer George Enescu dem jungen Menuhin, zu Adolf Busch zu gehen; auch Fritz Busch gab Yehudi diesen Rat. Enescu soll zwar die «ernsthafte, klare und wissenschaftliche Art der deutschen Musiker» geschätzt haben, weniger hingegen die deutsche Schule des Geigenspiels. Trotzdem soll er zu Yehudi gesagt haben[12]:

> Mein lieber Junge, du gehörst zur französisch-belgischen Schule. Trotzdem musst du dich eines Tages eingehend mit der deutschen Schule des Geigenspiels beschäftigen. Irgendwann einmal musst du bei Adolf Busch studieren, dem besten Vertreter dieser Schule. Wenn du einige Zeit bei ihm verbracht hast, kannst du, wenn du möchtest, zu mir zurückkehren.

Man fragte Adolf Busch an und erhielt positiven Bescheid aus Basel. «Der Herr Professor» unterrichte sonst nicht, mache aber für Yehudi eine Ausnahme, woran man erkennen könne, wie sehr er sich auf diese Arbeit freue. Offenbar hatte Fritz Busch den jungen Menuhin bei Adolf empfohlen, obwohl dieser Vorbehalte gegen die Ausbildung von «Wunderkindern» hatte.[13] Fritz Busch hatte in New York mit Yehudi triumphal das Beethoven-Konzert aufgeführt und war voller Enthusiasmus über das Spiel des Jungen. Darauf stellte er den Kontakt zwischen Yehudis Eltern und seinem Bruder Adolf her. In einem Brief aus Dresden vom 13. November 1928 heisst es[14]:

> Ich habe auf Bitten meines Bruders die Korrespondenz übernommen, wenngleich ich ebenso stark beschäftigt bin wie er. Adolf ist aber schwer bei seinen vielen Reisen zu erreichen.

Vor der Reise nach Basel absolvierte das Junggenie Yehudi Menuhin noch jenes legendäre Berliner Konzert mit den Violinkonzerten der «drei grossen Bs» – Bach (E-Dur), Beethoven und Brahms. Dirigent des Konzerts mit den Berliner Philharmonikern am 12. April 1929 sollte wiederum Fritz Busch sein; da aber sein Vater plötzlich gestorben war, suchte man Ersatz und fand ihn in Bruno Walter. Es war jenes Konzert, das Albert Einstein auf die Bühne stürzen und ihn nach eigenem Zeugnis den Glauben an Gott wieder finden liess: «Ich habe etwas entdeckt. Es gibt doch noch Wunder ... Unser guter alter Jehova ist noch am Werk!» Fritz Busch aber holte das geplante Konzert in Dresden nach und teilte seinem Bruder unmittelbar danach, am 18. April 1929, mit[15]:

> Gestern hat Menuhin hier gespielt, Bach E-Dur, Beethoven und Brahms. Er ist noch besser geworden, und ein wirkliches Wunder. Es ist geradezu unheimlich, und ich habe ihn in jeder Weise in mein Herz geschlossen. Die Eltern, die sehr klug und vernünftig sind, erwarten nun alles für die Zukunft des Jungen von Deiner Mithilfe, und ich habe nicht verfehlt, meinen lieben Bruder als Musiker und Menschen ins rechte Licht zu setzen.

Die Familie Menuhin liess sich im Frühjahr 1929 im Hotel «Drei Könige» am Rhein nieder. Man verlor keine Zeit und kam unverzüglich zur Hauptsache, zum Unterricht bei Adolf Busch (den Yehudi in Briefen «Onkel Adolf» oder «Professor Busch» nannte). Die Unterweisung hatte bereits begonnen, als die Familie Menuhin ein Haus an der Gartenstrasse 12 in Basel bezog (später im Besitz der «Basler Nachrichten» und der «Basler Zeitung», 1982 als Eigentum des Schweizerischen Bankvereins abgebrochen). Ständiger Klavierbegleiter des jungen Menuhin wurde Hubert Giesen, der «Hubsie» genannte Begleiter Adolf Buschs. Er wohnte zeitweilig ebenfalls an der Gartenstrasse 12, wo auch die Dienstmädchen der Menuhins und die Italienischlehrerin der Kinder untergebracht waren, und zog dann in eine Pension.[16] Deutsch lernten die drei Kinder – regulären Schulbesuch kannte man in der Menuhin-Familie nicht – bei einem Basler Pädagogen namens Justin Geist. Die Menuhins pflegten in Basel kaum gesellschaftliche Kontakte; zu ihren wenigen Basler Freunden gehörte der Leiter der Schallplattenabteilung von Musik Hug & Co., Karl Pinsker.

Hubert Giesen hat in seiner Autobiografie geschildert, wie der «bedeutendste Geiger Deutschlands», mit dem er seit 1925 öfter musizierte, ihn nach Basel zitierte. Busch soll ihn damals aufgefordert haben[17]:

> **Du musst sofort nach Basel kommen, ich habe seit einigen Wochen die Familie Menuhin bei mir. Du weisst, der junge Menuhin ist das Wunderkind, das ganz New York mit seinem ersten Auftritt verrückt gemacht hat. Die Eltern suchen für den Jungen einen festen Begleiter, mit dem er musizieren und Kammermusik machen kann.**

Giesen zögerte nicht, und zwei Tage nach seiner Ankunft in Basel war er für ein Jahr als Begleiter Yehudis unter Vertrag genommen. Für den wenig karriereorientierten Giesen begann ein hektisches Pendeln zwischen den Konzertzentren dieser Welt. Giesen hat den Alltag im Hause Menuhin in seinen Memoiren geschildert. Die Arbeit begann morgens um acht. Bis zwölf Uhr, schreibt Giesen, musste er im Musikzimmer am Flügel den Klavierpart der Stücke üben, die Yehudi in seinem Zimmer auf der Geige erarbeitete. Am Nachmittag übte man zusammen, und abends erhielt Yehudi noch zwei Stunden Unterricht von seinem Vater. Der dreizehnjährige Junge kam auf einen Acht-Stunden-Arbeitstag an seinem Instrument, der Violine ... Nach einigen Monaten verlangte Busch, dass Yehudi und Giesen täglich eine Stunde «Kammermusik vom Blatt» spielten, was Yehudi anfänglich Mühe bereitete. Doch sein weit überdurchschnittliches Talent liess ihn auch auf diesem Gebiet rasch die besten Resultate erzielen. Es entging Giesen nicht, dass der junge Menuhin ausserordentliche körperliche Voraussetzungen für sein Geigenspiel hatte. Der rechte Arm, mit dem er den Bogen führte, besass angeblich die Muskulatur eines Athleten und war fast doppelt so stark entwickelt wie der linke; dafür war seine linke Hand ein bis zwei Zentimeter länger als die rechte; vermutlich, meint Giesen, waren auch die Armlängen verschieden.[18]

Yehudi Menuhin probt mit dem Radio-Sinfonieorchester Basel im Basler Volkshaus, August 1994
(Foto Kurt Wyss)

Die Woche war strikt in Werktage und freien Sonntag eingeteilt; dann machten die Menuhins Ausflüge im offenen Amerikaner Wagen. Giesen wohnte damals, obwohl die Menuhins ihm ein Zimmer in ihrem Haus angeboten hatten, im «Christlichen Hospiz» ganz in der Nähe der Gartenstrasse. Das Gefühl der Menuhins, ihren Klavierbegleiter (den sie mit 24 000 Mark pro Jahr fürstlich honorierten) nicht immer unter Kontrolle haben zu können, muss in ihnen Misstrauen geweckt haben, ebenso wie Giesens Freiheitsdrang, seine bissigen Kommentare zur Erziehung Yehudis und seine Weigerung, Yehudis Schwestern Hephzibah und Yaltah Klavierunterricht zu erteilen. Schliesslich kam es auch zu Spannungen zwischen den Frauen Busch und Menuhin – Giesen meint, der kostenlose Unterricht, den Yehudi bei Adolf Busch genoss, habe bei dessen Frau zu einer Art von Eifersucht geführt, und auch Moshe Menuhin spricht von Eifersucht. Überdies wollte Busch – so erzählt es heute die Witwe Adolf Buschs, Hedwig Busch-Vischer – die Konzerttätigkeit des jungen Menuhin stärker einschränken, als dies den ehrgeizigen Eltern Yehudis lieb war. So kam es zum Zerwürfnis vor allem zwischen Mutter Marutha Menuhin und Busch, aber auch zwischen Marutha und Giesen, das diesen zur Aufgabe seiner Position veranlasste. Giesen schreibt in seinen Erinnerungen[19]:

> **Ich muss, der Gerechtigkeit halber, feststellen, dass sie in ihrer Haltung nicht flüchtigen Launen folgte, sondern Grundsätze hatte, die ich bewundern muss, auch wenn ich sie nicht teile.**

In diese Auseinandersetzung spielte ein Konflikt herein, den man auf die Formel «Busch oder Enescu?» bringen kann; denn nach einem Jahr Unterricht bei Busch in Basel hatten Yehudis Eltern offenbar das Gefühl, die auf Werktreue und Detailgenauigkeit ausgerichtete «deutsche» Schule Adolf Buschs lasse der künstlerischen Entwicklung des Jungen zu wenig freien Raum. Die Familie suchte bei Menuhins früherem Lehrer George Enescu selbst Rat. Enescu kam zweimal nach Basel und riet Yehudi, noch bis 1931 bei Busch zu bleiben und dann zu ihm nach Paris zurückzukehren. Yehudi konzertierte auch während seiner Ausbildung bei Adolf Busch weiter und bereitete manchem Konzertveranstalter durch seine Weigerung Ärger, das Stück «Nigun» des jüdischen Komponisten Ernest Bloch aus Rücksicht auf die immer manifester antisemitische Stimmung in Deutschland vom Programm abzusetzen[20] – er bewies damals wie noch so oft in seinem Leben Rückgrat und Zivilcourage. Im Frühjahr 1931 zog die Familie – wie Enescu es vorgeschlagen hatte – von Basel weg nach Ville d'Avray zwischen Paris und Versailles. Später schrieb Menuhin über Adolf Busch[21]:

> **Durch Adolf Busch habe ich das tiefe Erbe der deutschen Musik kennen gelernt. (...) Adolf Busch ist vielleicht der letzte grosse rein deutsche Musiker und Geiger gewesen, der noch ganz fest, sicher und bewusst Deutscher war: ein Mensch mit Familiensinn, ein guter Vater und Freund.**

Und Bram Eldering, der frühere Lehrer Adolf Buschs, meinte, man könne an der Weise, wie Menuhin die langsamen Sätze der Solosonaten von Bach verklingen lasse, Adolf Buschs Einfluss erkennen. Diana Menuhin, die spätere Frau Yehudis, überliefert eine Anekdote, deren Wahrheitsgehalt ungewiss ist. Als ein Musiker Adolf Busch fragte, was er von dem kleinen amerikanischen Jungen halte, soll er geantwortet haben: «Ach, der spielt schon viel besser als ich!»[22]

Yehudi Menuhin kehrte immer wieder nach Basel zurück, sei es als Geiger oder als Dirigent. Zuletzt erarbeitete er im August 1994 im Basler Volkshaus mit dem Radio-Sinfonieorchester Basel Mozarts Oper «Don Giovanni» im Hinblick auf eine konzertante Aufführung in Gstaad.

Rudolf Serkin, Begleiter und Schwiegersohn

Geigerische Technik lässt sich lernen; Charakterfestigkeit wohl kaum. Umso erstaunlicher, dass wir dieselbe moralische Geradlinigkeit bei Adolf Busch wie bei seinem Schüler Yehudi Menuhin finden. Der dritte Musiker in diesem Basler Bunde ist anders als Menuhin kaum durch sein humanitäres Engagement, wohl aber durch seine Kompromisslosigkeit als Pianist berühmt geworden: Rudolf Serkin. Die Geschichte, wie Adolf Busch den zwölf Jahre jüngeren Musiker kennen lernte, klingt wie gut erfunden, ist aber verbürgt. Lassen wir Adolfs älteren Bruder Fritz Busch erzählen[23]:

Sei es, dass mein Bruder wieder einmal unzufrieden mit seinem Klavierbegleiter gewesen, oder dass dieser erkrankt war: Adolf befand sich in Wien auf Umschau nach Ersatz, als ihn Freunde auf den blutjungen, hochbegabten Serkin, Schüler des Klavierpädagogen (Richard) Robert, aufmerksam machten. Man suchte ihn zuhause. Zum Schrecken der Abgesandten stellte sich heraus, dass Rudi zur gleichen Stunde, zusammen mit einer anderen Gruppe unterernährter Kinder von einer Wohlfahrtsvereinigung zur Erholung fortgeschickt, auf dem Wege nach Frankreich war. Adolfs Freunde holten ihn beinahe aus dem Zuge heraus zurück, einen schmächtigen, ernsthaft-scheuen, fünfzehnjährigen Jungen mit borstigem schwarzem Haar und gescheiten Augen. Zwei Musiker, die sich ihrer ganzen menschlichen und künstlerischen Veranlagung nach besonders verstehen mussten, fanden sich damals zu dauerndem Zusammenwirken. Hätte der Zug auf dem Wiener Westbahnhof früher zur Abfahrt gepfiffen, so wären sie vielleicht aneinander vorbeigegangen.

Nach anderer Quelle war Serkin allerdings gar nicht in den Zug nach Paris eingestiegen, weil er seine Fahrkarte verloren hatte ... Jedenfalls musizierten die beiden 1920 zum ersten Mal, und die Begegnung Buschs mit Serkin erwies sich als bestimmend für das Leben beider Musiker. Serkin war nicht nur ein begabter junger Pianist, sondern – was seine Zusammenarbeit mit Adolf Busch anfänglich sicherlich nicht erleichterte – auch ein begeisterter Anhänger des Kreises um Arnold Schönberg. Schon mit sechzehn Jahren spielte er in Schönbergs «Verein für musikalische Privataufführungen» Klavierwerke und Lieder von Josef Suk und Alban Berg. Busch indes konnte sich zeitlebens nicht mit der Überwindung der harmonischen Tonalität durch Atonalität und Zwölftonmusik anfreunden. Schon die Musik Schrekers, der keineswegs atonal schrieb, war für ihn inakzeptabel; seine eigenen Kompositionen – er hinterliess ein Œuvre von rund siebzig Werken, darunter ein von Serkin 1924 in Dresden uraufgeführtes Klavierkonzert in C-Dur – sprechen eine eher konservative Sprache.[24]

Dass die beiden Musiker trotzdem enge Freunde wurden, spricht für die Substanz, die in ihrer Freundschaft lag. Ihre Diskussionen, erinnert sich Hedwig Busch-Vischer, gipfelten oft darin, dass der eine den andern überzeugte, sie also gewissermassen die Positionen vertauschten ... Busch und Serkin waren durchaus unterschiedliche Temperamente; so liebte Adolf Busch die Geselligkeit und musizierte auch gern mit Laien zusammen, während Serkin derlei wenig schätzte. «Beide waren Perfektionisten, aber sie vertraten einen unterschiedlichen Perfektionismus», sagt

Rudolf Serkin, 1981
(Foto Kurt Wyss)

Hedwig Busch heute. Doch stimmten beide in der Einsicht überein, dass Kunst weniger mit «Schönheit» als mit «Wahrheit» zu tun habe – oder, wie Schönberg sagte, dass Kunst nicht von «Können», sondern von «Müssen» komme. Das musikalische «Bindeglied» zwischen den beiden war ausser der grossen Musik der Klassik und Romantik der Komponist Max Reger, der sowohl im Schönberg-Kreis hohes Ansehen genoss als auch von Adolf Busch ausserordentlich geschätzt wurde.[25]

Die Chroniken der Allgemeinen Musikgesellschaft Basel vermelden den Namen Serkin zum ersten Mal anlässlich eines Sinfoniekonzerts vom 15. Dezember 1923, in welchem «Rudolf Serkin aus Darmstadt» das fünfte Klavierkonzert von Beethoven und die «Wanderer-Fantasie» von Schubert interpretierte (solche aus Solowerken und Instrumentalkonzerten kombinierte Programme waren damals nichts Ungewöhnliches). Jenes berühmt-berüchtigte Konzert, mit welchem Serkin einst das Berliner Publikum überrascht hatte, lag schon über zwei Jahre zurück. Er spielte damals den Klaviersolopart im fünften Brandenburgischen Konzert von Bach. Als der Beifall nicht enden wollte, flüsterte ihm Adolf Busch, der das Konzert leitete, zu, er müsse eine Zugabe spielen. Daraus wurde die mutmasslich längste Zugabe der Musikgeschichte – Serkin spielte die gesamten «Goldberg-Variationen» von Bach. Nach einer guten Stunde sollen noch drei Personen im Saal gewesen sein: Frieda und Adolf Busch sowie Albert Einstein ...[26]

Eines der denkwürdigsten Basler AMG-Konzerte überhaupt muss das Extrakonzert vom 17. April 1936 gewesen sein, in welchem Fritz Busch das Orchester der BOG dirigierte. Auf dem Programm standen zwei Gipfelwerke der Konzertliteratur, das Doppelkonzert von Brahms und das Tripelkonzert von Beethoven – natürlich mit Adolf Busch, Violine, seinem jüngeren Bruder, dem Cellisten Hermann Busch, und Rudolf Serkin am Klavier. Als Kammermusiker war Serkin – der wie Adolf Busch auswendig zu spielen pflegte – ein im Ton zurückhaltender, niemals falsch dominierender und wahrhaft kommunikativer Partner. Sein titanisches Temperament offenbarte sich, wenn er allein auf dem Podium war. Dann bemühten die Kritiker gern die stärksten Metaphern, redeten von «fanatischer Besessenheit», von «eruptivem Gestaltungswillen» und von «Draufgängertum». Noch Joachim Kaiser sollte über den längst gereiften Serkin sagen, er spiele, als sei die Klaviatur mit Starkstrom geladen, und die Crescendi klängen bei ihm, «als habe Prometheus sie komponiert».[27]

Rudolf Serkin blieb, obwohl er nicht so tiefe Wurzeln schlug wie Adolf Busch, mit seinen stets von musikalischem Feuer, von Präzision und Intelligenz geprägten pianistischen Darstellungen ein immer wieder gern gesehener Gast im baselstädtischen Musikleben, wobei er sich nicht zu schade war, gelegentlich an Chorkonzerten des Männerchors Riehen mitzuwirken. Das letzte Mal erlebte man ihn in Riehen anlässlich der Feier zum 75-jährigen Bestehen dieses Chores; in der Region Basel spielte er, schon 84-jährig, noch einmal 1987 in einem Klavierabend in Freiburg im Breisgau die drei letzten Sonaten Ludwig van Beethovens.

Als Adolf Busch mit Rudolf Serkin 1939 Riehen verliess, war auch Buschs Tochter Irene mit dabei, die seit vier Jahren Serkins Frau war. Das Paar hatte sechs Kinder, darunter den späteren Pianisten Peter (eigentlich Peter Adolf) Serkin. Eine Basler Verbindung Serkins, der am 8. Mai 1991 – im Jahr, als man des hundertsten Geburtstages von Adolf Busch gedachte – 88-jährig in Vermont gestorben ist, bestand auch in der Person von Serkins langjährigem Klavierstimmer Franz Scheerer (Riehen). Dieser wahrhafte Assistent der grossen Musikkultur verbrachte noch Jahrzehnte nach Serkins Basler Phase manchen Sommer in Marlboro, um für die Flügel des dortigen Festivals zu sorgen, dessen Leitung Serkin von seinem Schwiegervater Adolf Busch übernommen hatte.[28]

Anmerkungen

1 Yehudi Menuhin: «Zum Geleit», in: «Veranstaltungen zum Gedenken an Adolf Busch aus Anlass seines 100. Geburtstages», hrsg. von der Brüder-Busch-Gesellschaft, Hilchenbach 1991 (Redaktion Wolfgang Burbach), S. 4.

2 «Adolf Busch in Basel», Erinnerungen von Christoph Bernoulli und von Hans Ehinger, in: «In memoriam Adolf Busch», hrsg. von der Brüder-Busch-Gesellschaft, Dahlbruch o.J. (Redaktion Wolfgang Burbach), S. 47 ff., und Wilhelm Merian: «Hermann Suter. Ein Lebensbild als Beitrag zur schweizerischen Musikgeschichte», Bd. 1, Basel 1936, S. 149. Zur Ästhetik des Busch-Kreises vgl. Martin Elste: «Adolf Busch oder Die Aktualität eines intelligenten Kammervirtuosen», in: «Veranstaltungen zum Gedenken an Adolf Busch aus Anlass seines 100. Geburtstages», S. 35–40, hier S. 37. Adolf Buschs Briefe wurden veröffentlicht von seiner Tochter Irene Serkin-Busch: «Adolf Busch. Briefe – Bilder – Erinnerungen», Walpole 1991.

3 Zit. nach «Adolf Busch. Briefe – Bilder – Erinnerungen», S. 286 f.; vgl. auch Hans Ehinger: «Adolf Busch in Basel», S. 53 (praktisch gleichlautend Ehingers Aufsatz «Adolf Busch und Basel» im Basler Jahrbuch 1955, S. 64–82). Zu Buschs Beziehung zu Riehen vgl. auch die Beiträge von Hans Ehinger: «Adolf Busch. Kleines Porträt eines grossen Musikers» und Paul Gessler: «Erinnerungen an Adolf Busch», in: «z'Rieche 1991. Ein heimatliches Jahrbuch», Bd. 4, Riehen 1964, S. 5–14 und 15–20.

4 «Adolf Busch. Briefe – Bilder – Erinnerungen», S. 290 f.

5 «In memoriam Adolf Busch», S. 61 und «Adolf Busch. Briefe – Bilder – Erinnerungen», S. 303 f.

6 «Adolf Busch. Briefe – Bilder – Erinnerungen», S. 387, und Otto Grüters: «Adolf Busch – Mensch und Werk», in: «In memoriam Adolf Busch», S. 16 ff., hier S. 19.

7 «Adolf Busch. Briefe – Bilder – Erinnerungen», S. 367 f.

8 «Adolf Busch. Briefe – Bilder – Erinnerungen», S. 402.

9 «Adolf Busch. Briefe – Bilder – Erinnerungen», S. 427.

10 «Adolf Busch. Briefe – Bilder – Erinnerungen», S. 465–473; vgl. auch Sigfried Schibli: «‹Nobles Menschentum, nobles Künstlertum›. Vor 50 Jahren: Musikfestwochen in Interlaken als politische Antwort auf Luzerns Festwochen – eine möglicherweise heilsame Erinnerung», in: Basler Zeitung vom 30. August 1996, S. 45.

11 «Adolf Busch. Briefe – Bilder – Erinnerungen», S. 504. Vgl. auch Nicolas Jaquet: «Männer, werdet Sänger! Aus der Geschichte des Männerchors Riehen», in: «z'Rieche 1991. Ein heimatliches Jahrbuch», Bd. 31, Riehen 1991, S. 71–82.

12 Moshe Menuhin: «Die Menuhins», Zürich 1985, S. 143.

13 «Adolf Busch. Briefe - Bilder – Erinnerungen», S. 264 f.

14 Fritz Busch: «Aus dem Leben eines Musikers», Zürich 1949, S. 173 f.

15 «Adolf Busch. Briefe – Bilder – Erinnerungen», S. 266.

16 Hubert Giesen: «Am Flügel Hubert Giesen. Meine Lebenserinnerungen», Frankfurt a.M. 1972, S. 85.

17 Hubert Giesen, op. cit., S. 11 f.

18 Hubert Giesen, op. cit., S. 87 ff.

19 Hubert Giesen, op. cit., S. 115.

20 Moshe Menuhin, op. cit. S. 186 f.

21 «In memoriam Adolf Busch», S. 29.

22 «In memoriam Adolf Busch», S. 58, und Diana Menuhin: «Durch Dur und Moll. Mein Leben mit Yehudi Menuhin», München/Zürich 1985, S. 187.

23 Fritz Busch, op. cit., S. 142 f.; Franz Scheerer: «Mit Rudolf Serkin unterwegs. Erinnerungen an einen grossen Pianisten», in: «z'Rieche 1991. Ein heimatliches Jahrbuch», Bd. 31, Riehen 1991, S. 65–69.

24 Zum kompositorischen Werk Adolf Buschs vgl. Dominik Sackmann: «Adolf Busch, der Komponist – eine Annäherung», in: «Veranstaltungen zum Gedenken an Adolf Busch aus Anlass seines 100. Geburtstages», S. 43–51. Sackmann ist auch Redaktor des Werkverzeichnisses von Adolf Busch, das 1994 als Publikation des Schweizerischen Musik-Archivs erschienen ist.

25 Vgl. Susanne Popp: «Max Reger und Adolf Busch – Eine musikalische Wahlverwandtschaft», in: «Veranstaltungen zum Gedenken an Adolf Busch aus Anlass seines 100. Geburtstages», S. 17–34 und den unter Anm. 24 genannten Text von Dominik Sackmann.

26 Zit. nach «In memoriam Rudolf Serkin», in: «Veranstaltungen zum Gedenken an Adolf Busch aus Anlass seines 100. Geburtstages», S. 11; vgl. auch «Adolf Busch. Briefe – Bilder – Erinnerungen», S. 224.

27 Vgl. Sigfried Schibli: «Der Pianist Rudolf Serkin und seine Riehener Jahre», in: «z'Rieche 1991. Ein heimatliches Jahrbuch», Bd. 31, Riehen 1991, S. 57–64.

28 Vgl. Franz Scheerer, op. cit.

***Strassenfest der
Musik-Akademie
im Mai 1997***
(Foto Jeck)

Sigfried Schibli

Musik und Emanzipation. Musikausbildung, Schulmusik und gewerkschaftliche Bildungsarbeit.

Die Idee einer allgemeinen Musikschule

Musikausbildung im institutionellen Rahmen ist eine verhältnismässig junge Errungenschaft. Die staatlichen Musikschulen der Schweiz sind Gründungen der zweiten Hälfte des 19. Jahrhunderts (Bern 1858, Lausanne 1861, Schaffhausen 1866, Zürich 1876; nur Genf macht eine Ausnahme: 1835). Auch die Basler Musikschule stammt aus dieser Zeit; sie wurde 1867 ins Leben gerufen. Für die Gründung solcher Schulen kann man eine ganze Reihe von Motiven angeben. Einerseits bilden sie einen Bestandteil des allgemeinen pädagogischen Aufbruchs im Zeichen des helvetischen «Pestalozzianismus»; die Musikausbildung sollte nach Möglichkeit unabhängig vom Lebensstandard der Eltern sein, und dafür drängten sich staatliche Schulen geradezu auf. Ausschlaggebend war zweitens das Bedürfnis der Kirche, das allgemeine kirchenmusikalische Niveau zu heben. Ausserdem wurde im Orchestermusikbereich das laienhafte Musizieren offenbar mehr und mehr als ungenügend angesehen und der Ruf nach soliderer Ausbildung der Orchestermitglieder wurde lauter. Schliesslich sah man im Allgemeinen mit Befremden, dass die in den Städten auftretenden Künstler fast ausnahmslos von auswärts kamen.

Den entscheidenden Anstoss zur Gründung einer Musikschule gab der aus Riehen gebürtige Johann Jacob Schäublin, Basler Gymnasiallehrer und Waisenvater (1822–1901). Die pädagogischen Grundmotive dazu hielt Schäublin 1865 in seiner Schrift «Über die Bildung des Volkes für Musik und durch Musik» mit aller Deutlichkeit fest[1]:

> Es ist nicht der Kunstgenuss allein, sondern auch die Kunstfertigkeit, welche von pädagogischer Seite betont werden muss, indem jener einzig durch diese möglich ist.

Die Musik-Akademie der Stadt Basel heute
(Foto Mathias Lehmann)

Die Voraussetzungen zum Erlernen dieser Kunstfertigkeit aber, der sogenannte «seelische Tonsinn» (was wir heute Musikalität nennen würden), sei «allen vollsinnigen Menschen angeboren»; woraus sich logisch die Notwendigkeit einer allgemeinen Musikerziehung ergebe.

Die unmittelbare Vorstufe zur Basler Musikschule bildete die Violinschule, die 1860 von der Gesellschaft für das Gute und Gemeinnützige im Lehrerzimmer des Realgymnasiums eingerichtet wurde. Dies erstaunt angesichts der Tatsache, dass die zweite Hälfte des 19. Jahrhunderts als Zeitalter des Klaviers gilt – der Wiener Kritiker Eduard Hanslick sprach sogar von einer «Klavierseuche». Doch war es vielen Pädagogen gerade ein Anliegen, dem «Überhandnehmen des Klaviers» entgegenzutreten und Instrumente zu fördern, die man als «natürlicher» empfand und die überdies dem gemeinschaftlichen Musizieren zugänglicher sind als das Klavier.[2] Auch die Kirche war interessiert am Geigenunterricht in der neuen Schule, denn die meisten Organisten betrieben das Geigenspiel im «Nebenamt» und konnten von einer Zusatzausbildung nur profitieren. Erster Lehrer war der Konzertmeister des «Collegium Musicum», Abel[3]. Schon 1862 kam eine Chorschule hinzu, an der auch das organistische Improvisieren gelehrt wurde. Die Schule verstand sich im Wesentlichen als Elementarschule. Der Schülerzustrom war anfänglich bescheiden; nur acht Schüler hatten sich im ersten Kurs eingeschrieben. Aber der Unterricht hatte schon bald einen so guten Ruf, dass sich immer mehr Eltern meldeten, darunter auch wohlhabende, die die Kosten für die Instrumente übernehmen wollten.

Aus der Violin- und der Chorschule erwuchs die Idee einer Allgemeinen Musikschule, die im Spätherbst 1867 an der Herbergsgasse 1 eröffnet wurde. Sie basierte auf den Grundsätzen Gruppenunterricht, methodische Schulung des Lehrkörpers und staatliche Subventionierung. Organisatorisches Vorbild für die Schule war die 1858 ins Leben gerufene Berner Musikschule. Unterrichtsfächer waren Gesang (Solo und Chor), Klavier, Violine, Violoncello und Orgel. Schon damals gab es das Problem der Wartelisten, das die Schule nie mehr verlassen sollte, denn für die populären Fächer Klavier und Violine hatten sich doppelt so viele Bewerber angemeldet, als aufgenommen werden konnten. «Der Unterricht der Schülerinnen», stellte § 17 der Statuten fest, «ist von demjenigen der Schüler beim Klassenunterricht getrennt». Bemerkenswert die Finanzierung, bei der die private Unterstützung auf dem Subskriptionsweg (1940 Franken im Gründungsjahr) gegenüber der Subvention von Regierung (1000 Franken) und Stadtrat (500 Franken) den Hauptanteil ausmachte.

Die ersten 28 Jahre der neuen Institution sahen nur einen einzigen Direktor: Selmar Bagge (1823–1896). Er war ein aus Coburg gebürtiger Organist, Cellist und Musikschriftsteller, der sich als Parteigänger von Robert Schumann und Johannes Brahms und als Gegner der neudeutschen «Zukunftsmusik» einen Namen gemacht hatte. Wilhelm Merian meint in seinem «Basler Musikleben im XIX. Jahrhundert», dass Bagge ganz bewusst in eine Stadt ging, in der der «Neudeutsche» Hans von Bülow tiefe Spuren hinterlassen hatte, wie wenn er dessen Prägung hätte auslöschen wollen.[4] Nur gegen die 4. Sinfonie von Brahms äusserte Bagge, der auch musikkritisch tätig war, erhebliche Vorbehalte, wofür er den Dank des eher «neudeutsch» orientierten Hans Huber empfing.[5] Bagge leitete die Basler Musikschule von 1868 bis 1896; die Zahl der eingeschriebenen Schülerinnen und Schüler stieg von 68 im ersten Jahr auf knapp 300 im letzten. Schon 1877 war die Schule in ein eigenes grösseres Gebäude am Nadelberg 8 umgezogen, wo das Ehepaar Bagge auch Wohnsitz genommen hatte.

1889 kam der Pianist Hans Huber aus Schönenwerd (Solothurn) als Lehrer der «Fortbildungsklassen» an die Musikschule. Derselbe Hans Huber, über dessen «Studien» op. 7 der Musikkritiker Selmar Bagge einst geschrieben hatte[6]:

Es ist trotz allem möglich, dass Herr Huber Talent hat (…), aber bis jetzt scheinen ernstliche Studien nicht gemacht zu sein, der Naturalismus überwiegt, und es dürfte noch manchen Läuterungsprozess kosten, bis aus dem Most ein trinkbarer Wein geworden sein wird.

Mit Huber zog die «Zukunftsmusik» nach Basel ein; seine zweite Sinfonie ist ein Tongemälde über Motive Arnold Böcklins, und seine dritte widmete Huber Richard Strauss mit den enthusiastischen Briefworten: «Sie sind der Mann des neuen Jahrhunderts, der eine andere Sprache spricht als bis dahin …»[7] Auch die Präsenz der

Liszt'schen Klavierschule erhöhte sich durch Hubers Einwirkung, was die Notwendigkeit einer Professionalisierung des Klavierspiels mit sich brachte. Die Einführung von Fortbildungsklassen mit Einzel- statt Klassenunterricht erweiterte das Pflichtenheft der Schule um einen Komplex, der in Richtung Konservatorium, also Berufsausbildung, wies – auch wenn die Musikschule per definitionem keine «Kunstschule» sein wollte. Bläserklassen gab es übrigens bis nach der Jahrhundertwende keine, das Fach Flöte existiert erst seit 1902.

Das Wirken Hans Hubers

Nach dem Tod Bagges 1896 wurde Hans Huber unangefochten Direktor. Er setzte im Inneren der Schule zunehmend das Prinzip des Einzelunterrichts durch; überdies integrierte er die Musikschule stärker in das Basler Musikleben, was sich etwa in seinen Festspielen, die ihn in Basel ausserordentlich populär machten, in den öffentlichen Schulkonzerten und im Schweizerischen Tonkünstlerfest 1917 manifestierte. Zumindest durch einen prominent gewordenen Schüler hat sich Huber auch als Klavierlehrer grossen Ruhm erworben: Von seiner Förderung profitierte um die Jahrhundertwende der junge Pianist Edwin Fischer, der spätere Nachfolger Artur Schnabels an der Berliner Musikhochschule. Wenig später konnten bereits Lehrerinnen und Lehrer (wie die Huber-Schülerinnen Charlotte Schrameck oder Dora Meerwein) an der Musikschule angestellt werden, die aus der eigenen Institution hervorgegangen waren. Huber selbst war als Komponist so populär wie wohl vor und nach ihm kein Basler Musiker mehr.

Die sichtbarste Veränderung aber betraf die Örtlichkeit: Unter Hans Huber zog die Schule, die um die Jahrhundertwende gegen 500 Schülerinnen und Schüler zählte, an ihr jetziges Domizil an der Leonhardsstrasse, das von den Architekten Fritz Stehlin und Emanuel La Roche entworfen worden war. Finanziell wurde dieser grosszügige Ausbau durch die «Gesellschaft zur Beförderung des Guten und Gemeinnützigen» ermöglicht. 47 Klaviere wurden von vier Transporteuren ins neue Domizil getragen, so dass am 19. Oktober 1903 der Unterricht beginnen konnte.

Die Geschichte der Basler Musikschule ist im Grunde die Geschichte einer stetigen Erweiterung – der Erweiterung der Räumlichkeiten, der Fächer, aber auch der Ergänzung der Musikschule für Laien durch eine Berufsschule für angehende Berufsmusikerinnen und -musiker. Konsequenterweise wurde der Name der Institution 1905 in «Musikschule und Konservatorium» verändert (damals war das Basler Konservatorium das einzige der Deutschschweiz). 1912 nahm Karl Nef am Konservatorium seine Kurse in Musikgeschichte auf, an denen sich später Paul Sachers Passion für die Alte Musik wirkungsmächtig entfalten sollte. 1913 rief Hans Huber eine Opern-

Hans Huber.
Zeichnung von Rudolf Löw
(Foto Archiv der Basler Zeitung)

schule – die erste der Schweiz – ins Leben. Meisterkurse der Pianisten Egon Petri und seines Lehrers Ferruccio Busoni bildeten vor dem Ersten Weltkrieg Höhepunkte im Konservatoriums-Programm, die einen Schülerkreis aus aller Welt anzogen. Unmittelbar nach dem Krieg konnte man dann die Pionierin des Cembalospiels Wanda Landowska für einen Meisterkurs nach Basel gewinnen. Ganz ohne Zweifel bedeutete die Ära Huber für die Basler Schule einen Zuwachs an Internationalität.

Im Jahre 1902 war ein neuer Stern am Basler Musikhimmel aufgegangen: Hermann Suter, der als Zweiunddreissigjähriger die Leitung der AMG-Sinfoniekonzerte, des Basler Gesangvereins und der Liedertafel übernahm und auch als Komponist Furore machte. Folgerichtig fast, dass der Aargauer Suter, der wie Huber in Leipzig studiert hatte, 1918 nach dem durch eine Diabeteskrankheit erzwungenen Rücktritt Hans Hubers auch die Leitung von Musikschule und Konservatorium übernahm, unterstützt von Ruth Eglinger als vollamtliche Administratorin, die ihr Amt bis zum Jahr 1941 innehatte. In die kurze Ära Hermann Suters – er demissionierte schon 1921, um sich vermehrt dem Komponieren widmen zu können – fällt auch der Schritt zur Teilverstaatlichung der Schule, ablesbar an der jährlichen Subventionierung mit 40 000 Franken, der materiellen Besserstellung des Lehrpersonals und an der Tatsache, dass von nun an zwei Staatsdelegierte Einsitz in die Kommission nahmen. Zu der von Suter geforderten Verstaatlichung kam es indes nicht. Auch die für die Schule richtungweisende Berufung des Gesangslehrers (und Musikkritikers am «Basler Volksblatt») Joseph Cron sowie des langjährigen Theorielehrers Gustav Güldenstein fiel unter Suters Verantwortung.

In dieser Zeit wurde das Programmangebot durch Solfeggienklassen nach der Methode von Emile Jaques-Dalcroze ergänzt. Dessen rhythmische Gymnastik wurde 1905 als methodisches Prinzip des Musikunterrichts an Musikschule und Konservatorium eingeführt; ab 1908 waren Solfège und Rhythmik à la Jaques-Dalcroze für Studierende am Basler Konservatorium obligatorisch. Jaques-Dalcroze hatte im Theorielehrer Gustav Güldenstein (1888–1972) und im 1896 geborenen Basler Musiklehrer und Dirigenten Paul Boepple jun. höchst engagierte Verfechter seiner Lehre an Musikschule und Konservatorium. Boepple, der Uraufführungs-Dirigent von Arthur Honeggers «Roi David» und «Judith» im Théâtre du Jorat in Mézières, wanderte 1926 als «Botschafter» von Jaques-Dalcroze nach Amerika aus und wirkte bis 1944 als Direktor der Dalcroze School of Music in New York. Ausdruck der Wertschätzung, die man in Basel der Methode Jaques-Dalcroze entgegenbrachte, ist auch die Tatsache, dass 1925/26 ein Rhythmiksaal gebaut wurde (zu Jaques-Dalcroze siehe auch unten, Abschnitt 6). 1926 wurden am Basler Konservatorium Kompositionsunterricht, Kontrapunkt und Instrumentenkunde als neue Fächer eingeführt. «Neue» Instrumente reicherten das Angebot an wie Harfe und endlich auch Blasinstrumente – in enger Wechselwirkung mit dem Musikverein, der Stadtmusik und der Jägermusik.

Nach Huber und Suter – den jeweils «ersten Männern» des städtischen Musiklebens – leitete für fünf Jahre der aus Morges stammende Willy Rehberg (1863–1937) die Schule. Auf ihn geht die bis heute geübte Praxis der «Vortragsübungen» zurück, die auch wenig fortgeschrittenen Schülerinnen und Schülern Gelegenheit zu öffentlichem Auftreten bieten. An Prominenz weit in den Schatten gestellt wurde der als Führungsfigur offenbar eher glücklose Rehberg durch seinen Nachfolger, den vom Mai 1927 an amtierenden Felix von Weingartner, der so berühmt war, dass die Kommission von Musikschule und Konservatorium von ihrem Wunsch abrückte, wieder einen Schweizer zu berufen. Für Weingartner öffneten sich in Basel alle Tore: Er erhielt ein «Superamt» als AMG-Dirigent, Stadttheaterdirigent und Leiter von Musikschule und Konservatorium. Dass mit Weingartner ein bereits 64-jähriger Musiker berufen wurde, mochte erstaunen. An Strebsamkeit und Neuerungswillen konnte er es aber mit jedem Jüngeren aufnehmen. Er hatte sich vorgenommen, seine Institution von falscher Anspruchslosigkeit zu befreien und stellte für sich die Devise auf, «sparsam mit Diplomen umzugehen und bei der Verteilung rigoros zu verfahren». Auf seine Initiative geht die bis heute bestehende Trennung von Lehrdiplomen und Solistendiplomen zurück – Ausdruck eines neuen Qualitätsbewusstseins.

Der Bekanntheitsgrad des musikalisch konservativen Weingartner (1863–1942) brachte eine weitere Internationalisierung des Konservatoriums, vor allem der von ihm geleiteten Dirigierkurse, mit sich (in einem dieser Kurse lernte Weingartner die 44 Jahre jüngere Carmen Studer

Musik und Emanzipation

Botschafterin der Schule von Jaques-Dalcroze: Die Tänzerin Rosalia Chladek

kennen, mit der er seine vierte Ehe einging). Die Akten vermerken, dass in Weingartners Meisterkurs des Semesters 1928/29 Angehörige von 27 Nationen vertreten waren. Weingartner engagierte sich stark für die Einführung von Tanzklassen am Konservatorium, für die er die in der Schultradition von Jaques-Dalcroze stehende junge Tänzerin Rosalia Chladek von Hellerau/Laxenburg nach Basel berief. Durch die 1927 vertraglich geregelte Zusammenarbeit der Tanzklasse mit dem Stadttheater (etwa in «L'histoire du soldat» und «Petruschka» von Strawinsky) wurde eine der Grundlagen für die Tanzkultur in Basel gelegt. Auch die Gründung der «Schweizerischen Orchesterschule» (1931) und die damals beschlossene enge Zusammenarbeit von Theater und Konservatorium waren Weingartner zu verdanken. Was seine Personalpolitik am Konservatorium angeht, kann man allerdings nicht verschweigen, dass er keine Musiker von ihm vergleichbarem Rang an sein Institut verpflichtete. Weder der Geiger Adolf Busch noch der Pianist Rudolf Serkin, die beide seit 1927 in Basel beziehungsweise Riehen lebten, erhielten eine Anstellung. «Felix Weingartners Leistung bleiben die Dirigierkurse. Alles andere lief irgendwie mit, ganz besonders die Musikschule», schreibt Hans Oesch.[8] In sozialer Hinsicht war die Ära Weingartner, die durch seine Berufung an die Wiener Staatsoper 1935 beendet wurde, bedeutsam: Unter Felix Weingartners Mentorschaft wurde die Pensionskasse für die Lehrerschaft von Musikschule und Konservatorium ins Leben gerufen.

Von der Schule zur Akademie

In jenen Jahrzehnten waren die Geschicke von Musikschule und Konservatorium eng mit der Allgemeinen Musikgesellschaft verbunden. Als Felix Weingartner Basel 1935 verliess, übertrug man dessen Ämter sowohl bei der AMG als auch an Musikschule und Konservatorium dem 42-jährigen Hans Münch (1893–1983), der seit Hermann Suters frühem Tod 1926 schon Leiter von Gesangverein und Liedertafel war. Der aus Mülhausen stammende Cellist, Pianist und Dirigent hatte damit eine weder vor noch nach ihm erlebte Machtfülle über das Basler Musikleben in seiner Hand. Seine zwölf Jahre als Direktor von Musikschule und Konservatorium waren von den Kriegsfolgen und von institutsinternen Schwierigkeiten überschattet. Während das Theater von der Auswanderungswelle nicht nazifreundlicher Künstler aus Deutschland profitieren konnte, wurde am Konservatorium kein entsprechendes Engagement realisiert; Paul Hindemith und Ernst Krenek hielten zwar einzelne Kursstunden, doch kam es nicht zu einer Anstellung. Als die Schülerzahl stetig sank, besann sich Münch auf spezielle Propagandamassnahmen. So versandte die Musikschule eine von Ernst Müller verfasste Schrift «Du und die Musik» an alle Familien der Stadt und der Umgebung, um die Jugend wieder in die Musikschule zu locken. 1945 mussten die Kommission personell neu besetzt, eine neue Lehrerordnung eingesetzt und das Finanzloch in der Pensionskasse gestopft werden. In Münchs Amtszeit fiel auch die zeitweilige Verbindung des Basler Konservatoriums mit dem Luzerner Konservatorium («Vereinigte Konservatorien Basel-Luzern»), das über keine eigenen Lehrkräfte verfügte.

Hans Münch blieb dem Basler Musikleben als Dirigent des Gesangvereins während vollen 52 Jahren erhalten; die Schulleitung indes gab er 1947 in die Hände Walter Müller von Kulms (1899–1967), der – ein Novum – neben seinem Direktorenamt nur die Leitung des Basler Bach-Chors und keine sonstigen Ämter innehatte. Neben der Erweiterung des Lehrangebots unter Müller von Kulm fallen Neuerungen auf wie die Einrichtung einer Tonmeisterschule und die Gründung eines vorerst noch kleinen elektronischen Studios. Den Sinn für die pädagogische Aufbauarbeit dokumentiert die Gründung eines «Orchesters der Kleinen» und eines Jugendchors durch Müller von Kulm. Besonders am Herzen lag ihm die Verstärkung des Pädagogikunterrichts, den der Direktor selbst erteilte. «Die ‹virtuoses ratés› als Musiklehrer sollten langsam aussterben», meinte er programmatisch in der Festschrift zum 50-jährigen Bestehens des Konservatoriums.

Schon Müller von Kulm wunderte sich darüber, dass es «in der kleinen Schweiz mit ihren nicht einmal fünf Millionen Einwohnern ein gutes Dutzend Konservatorien gibt». Diese zur sinnvollen Zusammenarbeit zu veranlassen, war die Hauptabsicht der von ihm erstmals im Januar 1948 einberufenen «Konferenz schweizerischer Konservatoriumsdirektoren». Im selben Jahr wurden Musikschule und Konservatorium in eine Stiftung umgewandelt; die GGG konnte sich aus der finanziellen Verantwortung für die Schule zurückziehen. Ebenfalls unter Müller von Kulms Ägide erhielt die Schule 1954 den Namen «Musik-Akademie der Stadt Basel» und nahm als dritte Abteilung neben Musikschule und Konservatorium die 1933 von Paul Sacher gegründete Schola Cantorum Basiliensis auf (vgl. das 10. Kapitel). Im Nachhinein erwies sich die anspruchsvolle Namenswahl «Musik-Akademie» doch als problematisch. Während der Begriff «Konservatorium» praktisch weltweit und der Name «Musikhochschule» zumindest in den deutschsprachigen Ländern allgemein verständlich ist, erinnert «Akademie» doch eher an die Gelehrtenvereinigungen des 18. Jahrhunderts als an eine Musiker-Berufsschule. Es sollte noch über vierzig Jahre dauern, bis der Name «Musikhochschule» als Ergänzung zu «Konservatorium» im Briefkopf der Schule auftauchte. Damit versuchte man das Problem der Anerkennung der Diplome zu mildern, das beispielsweise in Österreich bestand, wo Diplome der Schweizer Konservatorien zeitweise nicht anerkannt wurden.

Eine Institution – drei Abteilungen

Als die Schule 1954 zum dreiblättrigen Kleeblatt wurde, trat Schola-Gründer Paul Sacher (1906–1999) als gleichberechtigter Kodirektor in die Akademieleitung ein. Gleichzeitig erwarb man das alte Doktorhaus als Schola-Sitz sowie die Lotz'sche Liegenschaft Leonhardsstrasse 4 und erstellte einen Erweiterungsbau für die Bibliothek und einen kleinen Saal. Nun war die Schule in der Lage, «das ganze abendländische Musikschaffen in Lehre und Praxis» zu vermitteln,

wie der Ratschlag der Regierung an den Grossen Rat sich ausdrückte. Trotz wiederholter Subventions-Erhöhungen lagen die an die Lehrerschaft ausbezahlten Gehälter der Musik-Akademie immer noch unter dem im Ausland Üblichen. Vor allem waren es keine festen Monatslöhne, sondern Zahlungen, die von der Anzahl der erteilten Stunden abhingen. Dies änderte sich erst 1960, als der Grosse Rat eine Erhöhung der Subvention «zum Zwecke der Schaffung fixbesoldeter Positionen für Meisterklassen, Ausbildungs- und Konzertklassen» bewilligte. Der Kanton Basel-Land, aus dem ein Fünftel der Studierenden kamen, beteiligt sich seit 1963 an den Kosten.

In die Zeit der gemeinsamen Direktion Müller von Kulm/Sacher fällt auch das durch Sacher ermöglichte Engagement des französischen Komponisten und Dirigenten Pierre Boulez, an dessen Kompositionskursen von 1960 bis 1963 später so anerkannte Tonsetzer wie Hans Ulrich Lehmann, Jean-Claude Eloy, Heinz Holliger und Pierre Mariétan teilnahmen. Ähnlich prominent war der Teilnehmerkreis in der Interpretations- und Dirigierklasse von Boulez im Sommer 1965, in deren Rahmen es zu einer Teilaufführung des «Sacre du printemps» von Igor Strawinsky kam; 1968 kehrte Boulez in der AMG mit einer kompletten Aufführung des Werks nach Basel zurück. Ein festes Engagement von Boulez als Orchesterdirigent in Basel, das damals in den Bereich des Möglichen gerückt war, kam nicht zustande. Als Boulez 1963 als Orchesterchef nach New York ging, übernahm Karlheinz Stockhausen seinen Kurs, später Henri Pousseur. Basel war auch dank dieser Meisterkurse zu einem Anziehungspunkt der modernen Musikszene geworden.

Als Walter Müller von Kulm 1964 altersbedingt zurücktrat, wurde Paul Sacher alleiniger Direktor der Musik-Akademie. Zu seiner Entlastung wurden die Positionen von Abteilungsleitern geschaffen – eine Struktur, die sich bis heute bewährt hat. Erste Abteilungsleiter waren Joseph Bopp für die Musikschule, Klaus Linder am Konservatorium und Walter Nef an der Schola Cantorum. Nicht gelöst war indes das Problem der grossen Nachfrage nach Unterrichtsstunden vor allem in der Musikschule, die aufgrund der räumlichen und personellen Gegebenheiten nicht befriedigt werden konnte. «Die alarmierenden Zahlen der aus Raummangel Abgewiesenen bilden eines der Hauptprobleme der Direktion im Jubiläumsjahr 1967», schreibt Hans Oesch in der 1967er-Festschrift. Und es dauerte nicht mehr lange, bis die Sollbruchstelle erreicht war und der Direktor – um es salopp zu sagen – das Handtuch warf. Am 30. Oktober 1969 erklärte Sacher dem Regierungsrat[9]:

Für den Direktor der Musik-Akademie ist eine Warteliste von 1000 Musikschülern (seit 1962 müssen wir solche Wartelisten führen) nicht nur eine statistische Zahl auf einem Blatt Papier, sondern eine Bedrängnis, ein Stück schmerzlich unterdrückten Leben. Wer die

*Das Hauptgebäude
der Schola Cantorum
Basiliensis*
(Foto H.R. Clerc)

Enttäuschung junger Menschen gesehen und ihren Kummer, vom Musikunterricht ausgeschlossen zu sein, miterlebt hat, weiss, dass hier Unrecht zum Schaden der Jugend geschieht.

In seiner mutigen Rücktrittsrede wies Sacher darauf hin, dass der Engpass nur durch die Errichtung einer Kleinbasler Filiale gelöst werden könne. Bis es so weit war – 1982 konnte man feierlich das ehemalige Kolpinghaus in Besitz nehmen –, sollte es allerdings nochmals 13 Jahre dauern. Etwas früher, im Dezember 1980, konnte in Riehen das frisch renovierte Elbs-Birr-sche Landhaus als Zweigstelle der Musik-Akademie der Stadt Basel eingeweiht werden. Inzwischen war der Musikwissenschaftler (mit Promotion über Anton Webern) und Komponist Friedhelm Döhl (geboren 1936) zum Direktor der Gesamtinstitution ernannt worden, nachdem der Basler Pianist und Leiter des Konservatoriums, Klaus Linder, nach Sachers Rücktritt viereinhalb Jahre lang die Geschicke der Institution gelenkt hatte. In Linders Amtszeit fielen Auseinandersetzungen zwischen Stiftungsrat und Lehrervertretern, welch Letztere ganz im Sinne der Emanzipationsbewegung nach 1968 «volle Gleichberechtigung in Gespräch und Verhandlungen» und vollkommene Transparenz aller Entscheidungen verlangten.

Mit Döhl hatte man einen auswärtigen Musiker und einen Mann der Neuen Musik in das hohe Amt berufen. Mit ihm erhielt die Schule einen «Kopf» mit fantasievoller Diktion, sensibler Wahrnehmung und leichtem Hang zum Spielerischen. In seinen Basler Jahren von 1974 bis 1982 (er wechselte danach an die Musikhochschule in Lübeck) erlebte die Akademie nochmals eine markante Erweiterung ihres Angebots. Eine Schule, die in ihren Anfangsjahren gerade ein paar wenige Fächer angeboten hatte, offerierte jetzt eine enorme Palette von Studienmöglichkeiten, die von den klassischen Instrumentalfächern bis zum Jazz und zur aussereuropäischen und elektronischen Musik reichte und dabei die Musik des Mittelalters ebenso selbstverständlich einbezog wie die zeitgenössische Produktion.

Der Stiftungsrat der Musik-Akademie berief 1982 mit dem Komponisten Rudolf Kelterborn (geboren 1931) einen auch kulturpolitisch äusserst erfahrenen und überdies kämpferischen Mann zum Nachfolger Döhls. Es waren subventionspolitisch schwierige Zeiten angebrochen. Schon 1975 war die Akademie von Subventionskürzungen bedroht, konnte diese aber unter Hinweis auf die inzwischen auf 1500 Kinder angewachsenen Wartelisten noch abwenden. Achtzehn Jahre später – die Warteliste war immer noch gleich lang – liess sich die Regierung nicht mehr umstimmen: Die Finanzkrise des Kantons Basel-Stadt forderte auch von der Musik-Akademie ein Opfer. Die Regierung stufte die Akademie 1993 in einem Drei-Kategorien-Modell der Sparstufe B («Zielvorgabe minus 10 Prozent») ein; woraufhin die Akademie mit einem etwas massvolleren 8,5-Prozent-Gegenvorschlag antwortete. Dieses Sparziel erreichte sie durch den Verzicht auf einzelne Lehrangebote (zum Beispiel im Fach Orgel), die Erhöhung der Studiengebühren um 25 Prozent sowie die Verringerung der musikalischen Grundkurse an Primarschulen um zwanzig Prozent (Streichung der vierten Klasse). Sie musste hinnehmen, dass ihre Lehrerinnen und Lehrer einen niedrigeren Teuerungsausgleich als die Staatsangestellten erhielten und neu eintretende Lehrpersonen nicht mehr in die komfortable staatliche Pensionskasse aufgenommen wurden.

Dass es bei diesen vergleichsweise geringen Einsparungen blieb, war ein Erfolg der Überzeugungskraft und des Verhandlungsgeschicks von Rudolf Kelterborn. Darüber hinaus fällt seine Direktionszeit durch die starke Präsenz international renommierter Komponisten auf, die zu intensiven «Komponistenwochen» nach Basel kamen und die Akademie zeitweise in einen Tempel der Musica nova verwandelten. Als Kelterborn nach elf Jahren demissionierte und nach längerer Evaluation durch den Stiftungsrat im Januar 1995 Hans F.J. Linnartz aus Den Haag die Direktion übernahm, konnte er dies mit der relativen Gewissheit tun, sich in absehbarer Zeit wieder auf die Kernaufgaben der Musikausbildung konzentrieren zu können. Und als leicht distanzierter Beobachter durfte man sich darüber wundern, dass neben dem Riehener Filialenchef Frank Nagel, dem Konservatoriumsleiter Gerhard Hildenbrand und dem Schola-Direktor Peter Reidemeister mit Hans Linnartz (geboren 1936) erneut ein gelernter Flötist Führungsaufgaben in der Basler Musik-Akademie übernahm.

Einige Zahlen mögen die Entwicklung der Musik-Akademie verdeutlichen. Während die Musikschule 1927/28 757 und das Konservatorium 413 Schülerinnen und Schüler (also zusammen 1170) zählte, waren es 1934 insgesamt nur noch 889; 1940 nahm die Zahl weiter auf 629 (423 + 207) ab. 1945/46 zählte man total 1090 Lernende und Studierende, und von da an gingen die Zahlen aufwärts: 1951/52 wurden 1862 gezählt, 1955 – inzwischen hiess die Institution «Musik-Akademie der Stadt Basel» und umfasste auch die Schola Cantorum – 2818, 1980 rund 3500, 1982 etwa 5000 und 1987 4580 Schülerinnen und Schüler (die Zweigstellen in Riehen und im Kleinbasel eingerechnet). Zehn Jahre später, im Juni 1997, besuchten 2802 Menschen die Musikschule, 347 das Konservatorium (Musikhochschule), 466 die allgemeine Schule der Schola Cantorum und 191 deren Berufsschule sowie rund 500 die Musikschule in Riehen – insgesamt also über 4300 Schülerinnen und Schüler, Studentinnen und Studenten. Hinzu kommen rund 4700 Kinder, die in den Genuss der musikalischen Grundkurse an den Primarschulen kamen. Rund 9000 Menschen nahmen in irgendeiner Form Unterricht an der Musik-Akademie der Stadt Basel oder bei Lehrpersonen der Akademie. Sie wurden unterwiesen von 390 Lehrerinnen und Lehrern.

Trotz des Ausbaus des staatlichen Musik-Ausbildungswesens behielt der private Unterricht sowohl für Amateure als auch für angehende Berufsmusiker seine Bedeutung. Neben den Privatlehrern gibt es in Basel heute verschiedene private Musikausbildungsstätten, so seit 1981 eine vornehmlich der improvisierten Musikpraxis verpflichtete Genossenschaft «Musikwerkstatt», die privat verfasst, aber staatlich unterstützt ist. Die gerade im musikerzieherischen Bereich seit jeher starke anthroposophische Präsenz in Basel wird durch die seit 1978 bestehende, als Verein organisierte «Freie Musikschule» markiert; in ihr wird nicht nur Eurythmie für Kinder vom vierten Lebensjahr an angeboten, sondern auch Instrumentalunterricht für Erwachsene. Seit 1987 existiert als Gründung des Gitarristen Bernhard Ley eine Jazzschule (seit 1995 operativ mit dem Festival «Off Beat» zu «Jazz By Off-Beat/Jazzschule Basel J.S.B.» verbunden), die ähnlich wie ihre grosse Schwester, die Musik-Akademie, in eine allgemeine Schule und eine Berufsschule (mit SMPV-Anerkennung) gegliedert ist. Im Unterschied zur Akademie muss das Basler Jazz-Ausbildungs-Institut bisher ohne kantonale Subventionen auskommen (vgl. das 8. Kapitel).

Musik in der Schule: Vom Singen zur Musik

Die Auffassung, dass die Musik – ob aktiv ausgeübt oder passiv rezipiert – zur Veredelung des Menschen beitrage, war eine der tragenden pädagogischen Ideen des 19. Jahrhunderts. Sie löste weitgehend die Skepsis gegenüber dem «irrationalen», den Menschen emotional gefangen nehmenden Wesen der Musik ab.[10] So ist es nur folgerichtig, dass im 19. Jahrhundert der Musikunterricht Einzug hielt in die allgemeine Schule und dass die Ausbildung der Lehrerinnen und Lehrer um spezifisch musikalische Fächer erweitert wurde. Allerdings galt die Schulmusik immer – und nicht nur in Basel – als «Fach für die Kleinen»; meist hört die musikalische Unterweisung nach dem siebten Schuljahr auf, um für die Berufswahl wichtigeren Fächern Platz zu machen. Und unter der Oberfläche der «Communis opinio» vom segensreichen Wirken der Musik brodelten immer wieder dieselben Fragen: Musik oder Gesang? Zum Gesangsunterricht: Sollen Kenntnisse in Elementarlehre und Notenschrift vor dem Singen erworben oder erst aus ihm abgeleitet werden? Hinzukommen sollte im späteren 20. Jahrhundert, als der reine Gesangsunterricht in den Schulen längst von einer umfassenderen Musikkunde abgelöst worden war, die Frage: Welche Musik soll Gegenstand des Schulunterrichts sein, die als qualitativ hervorragend geltende Musik der klassischen Konzertsäle oder die von den Jugendlichen selbst oft bevorzugte Popmusik?

Eine Schwierigkeit unseres Themas liegt darin, dass der Musikunterricht auch an den öffentlichen Schulen seit jeher sehr weitgehend von der Persönlichkeit der Lehrerin oder des Lehrers abhängig ist und sich schwerlich reglementieren lässt. Der Musiklehrer Rudolf Jaggi schrieb noch 1986[11]:

> Basel ist zu Recht stolz auf seine liberale Tradition. Jedem Lehrer ist z.B. freigestellt, welche Methode er im Singunterricht anwenden will. Das Resultat dieser Freiheit ist aber leider in vielen Fällen, dass man sich mit dem «Absingen» von Liedern begnügt. Mit Erziehung *durch* Musik und Erziehung *zur* Musik hat das herzlich wenig zu tun.

Gleichwohl kann man versuchen, einige Grundlinien der methodischen Ausrichtung des Schulmusikunterrichts in Basel festzuhalten. Seit etwa 1880 war der Musikunterricht, seit der Jahrhundertwende der Singunterricht an den Primarschulen praktisch aller Schweizer Kantone obligatorisch (die schulischen Lehrpläne waren und sind strikt föderalistisch). Der Unterricht wurde lange Zeit durch nicht spezialisierte Volksschullehrer erteilt.[12] Doch die Lehrpersonen waren sich uneinig über die Grundlagen ihres Unterrichts. Noch im ersten Jahrhundertdrittel gab es zwei konkurrierende Methoden der musikalischen Grundausbildung: «Absolutismus» und «Relativismus». Gemeint ist die Alternative zwischen dem Erlernen der absoluten Tonhöhen (wie C, D, E usw.) und dem Erlernen relativer Tonnamen wie do, re, mi usw. In der schweizerischen Musikerziehung des 19. Jahrhunderts war lange Zeit der «Relativist» Johann Rudolf Weber führend gewesen, der 1848 die guidonischen Silben do re mi usw. unabhängig von der absoluten Tonhöhe und von der Buchstabenbezeichnung des Tones angewandt hatte[13]; die «Absolutisten» mussten also gegen den Druck einer ehrwürdigen Tradition ankämpfen.

Die Methode Jaques-Dalcroze

Zu Beginn des 20. Jahrhunderts lehrte am Genfer Konservatorium ein «Absolutist», der rasch Einfluss auf die Musikerziehung in vielen Kantonen und Ländern gewann: der Musikpädagoge und Komponist Emile Jaques-Dalcroze (1865–1950), einst Schüler von Léo Delibes und Anton Bruckner. Seine Methode der «rhythmischen Gymnastik» (oder «Methode Dalcroze») setzte weder beim Hören noch beim Singen, sondern beim körperlichen Erleben des Rhythmus an, das zu einem vertieften Tonerlebnis und zu einem innigeren Verhältnis zur Tonproduktion führen sollte. Zu den Elementen der Methode gehörten rhythmische Übungen, die mit Gehörbildung verbunden wurden, zum Beispiel das Skalensingen mit «absoluten» Solmisationssilben, verbunden mit rhythmischen und taktmässigen Formeln, Arm-, Schritt- und Körperbewegungen.[14] Der Einfluss dieses Pädagogen reichte weit über die Westschweiz hinaus. Von 1911 bis 1914 wirkte er als künstlerischer Leiter an der «Bildungsanstalt Jaques-Dalcroze» in Hellerau bei Dresden; von dort gingen beispielsweise auf den Komponisten Carl Orff die nachhaltigsten Wirkungen aus.[15] Anschliessend kehrte Jaques-Dalcroze nach Genf zurück und wirkte bis zu seinem Tod an dem von ihm begründeten «Institut Jaques-Dalcroze».

Im Chorleiter Paul Boepple sen. (1867–1917) hatte seine Methode an der Basler Musikschule und am Konservatorium einen einflussreichen «Propheten», der seine Überzeugungen an die Primarlehrerinnen und Primarlehrer weitergab; Boepples 1896 geborener gleichnamiger Sohn folgte diesem Engagement mit internationaler Ausstrahlung (siehe oben). Nachdem Konservatoriumsdirektor Hans Huber und Boepple sen. im Februar 1905 zu Jaques-Dalcroze nach Genf gereist waren, um seinen Unterricht zu studieren, wurde schon im April sowohl an der Musikschule als auch am Konservatorium Solfège nach der Methode Jaques-Dalcroze eingeführt. Dalcroze selbst kam mit Genfer Schülerinnen mehrmals nach Basel, um seine Methode vorzuführen. Auf diese Weise fand die «Methode Jaques-Dalcroze» allmählich auch an den Schulen Verbreitung. Jaques-Dalcroze' früherer Mitarbeiter Gustav Güldenstein und seine Frau Nora (geborene Siebert) führten die Methode ihres Lehrers von 1921 bis 1953 und noch darüber hinaus in Basel in eigenständiger Modifikation fort; 1969 wurde die Rhythmikausbildung am Konservatorium eingestellt.

Musikunterricht an der Primarschule mit Irina Flato
(Foto Peter Larson)

Neben diesem «romanischen» Einfluss auf die Schulmusik in Basel gab es eine starke Ausstrahlung der deutschen Jugendmusik- und Singebewegung der Zwanzigerjahre, die hauptsächlich mit den Namen Fritz Jöde («Der Zupfgeigenhansl») und Carl Orff verbunden ist. Jödes Lieder fanden Eingang in das Basler Singbuch; man musizierte auch in Basel auf Psaltern, die auch für Kinder ohne eigentliche Instrumentalausbildung spielbar sind – getreu der Devise der Jugendbewegung, dem hochgezüchteten spezialisierten Musikbetrieb sei eine aktivistische Alternative entgegenzusetzen. Manche Basler Singlehrerinnen und -lehrer (wie etwa Ina Lohr, Helene Bodmer, Bruno Straumann oder Hans Lorenz Schumacher) liessen sich durch die deutsche Jugendbewegung anregen, in der vorbachschen Musik einen Quell frischer musikalischer Kultur zu suchen. So führte Straumann mit dem Chor des Mädchengymnasiums Messen von Dufay auf; Schumacher nahm Musik von Monteverdi in sein Schulrepertoire auf und gründete an der Universität einen «Singkreis» – ein Terminus, der via Zürich (Willi Gohl) auf den «Norddeutschen Singkreis» und damit die deutsche musikalische Jugendbewegung zurückgeht. Auch die pädagogische Methode Carl Orffs («Das Schulwerk») mit ihrem besonderen Instrumentarium nahm in Basler Schulen Einzug.

Die Basler Lehrerschaft beschäftigte immer wieder die Grundfrage: Ist Musik gleichbedeutend mit Gesang? Musik stehe über blossem Gesang, konnte man im Amtlichen (Basler) Schulblatt 1929 aus der Feder eines Lehrers lesen, der seinen Blick nach Deutschland gerichtet hatte (W. Arni). Er stützte sich auf Beobachtungen an deutschen Volksschulen, an denen Musik- und nicht mehr Gesangsunterricht erteilt wurde – und zwar von spezialisierten Lehrkräften.[16] Dies war eine Folge der vor allem mit dem Namen Leo Kestenberg verbundenen preussischen Reform des «Musikunterrichts an den höheren Schulen» von 1924, denen 1927 eine Reform der Volksschulen folgte. Zu deren zentralen Forderungen gehörte, dass «der Musikunterricht in Zukunft nicht mehr ausschliesslich Gesangsunterricht sein wird, die Schüler also neben den eigentlichen Sing- und Treffübungen auch zum Verständnis des Musikinhalts vokaler und instrumentaler Werke angeleitet werden sollen»[17] – also die Emanzipation vom Gesangs- zum Musikunterricht.

Eine Reform wie die von Kestenberg durchgeführte war in Basel damals noch blosses Postulat. Die Basler Primarschülerinnen und -schüler erhielten in den Zwanzigerjahren weiterhin Singunterricht und sangen immer noch in den ersten drei Schuljahren ohne Notenkenntnisse, rein nach dem Gehör; erst im vierten Primarschuljahr lernten sie die Notenschrift und damit eine der Grundlagen des Instrumentalspiels. Ihre Lehrerinnen und Lehrer hatten eine allgemeine Primarlehrer- und keine spezifische Musiklehrer-Ausbildung. Manche von ihnen vertraten eine dritte Weise der Aneignung von Musik, eine Art Mittelding zwischen Singen nach Gehör und Notenlesen: das «Ziffernsingen», eine Vorstufe zur Solmisation. Diese rein intuitive Methode der Musikaneignung nach dem Gehör vermochte aber gehobene Ansprüche an die Musikpädagogik nicht zu befriedigen. In der Basler Lehrerschaft wurden Stimmen laut, die das «nicht Bewusste» dieser Erziehung zum Singen kritisierten und ein rationaleres System forderten, wie es die Musikpädagogin Anna Lechner in Wien praktizierte: die sogenannte «Tonika-do-Methode», bei welcher der Tonika-Grundton stets mit do bezeichnet und statt Notenköpfen die Solmisationssilben (do, re, mi, fa ...) eingesetzt wurden.[18]

Diese Methode hielt einerseits am Primat des Singens innerhalb der Musikerziehung fest und brachte andererseits eine Rationalisierung und Systematisierung des Singens. Auf diesen Kompromiss zwischen den beiden Grundrichtungen setzte auch das Basler Erziehungsdepartement: Es lud Anna Lechner 1932 zu einem mehrtägigen Kurs ein, der von der Basler Lehrerschaft kostenlos und mit Freistellung vom normalen Unterricht besucht werden konnte. Die Lechner-Methode wurde in Basel rasch zum Modell. Das Rosentalschulhaus, an dem Esther Gutknecht nach den Grundsätzen Anna Lechners unterrichtete, galt in den Vierzigerjahren als Stätte fortschrittlichster Musikerziehung.

Während Jaques-Dalcroze vom Primat des Rhythmus und der Bewegung ausgegangen war, legte Anna Lechner den Hauptakzent auf Melodie und Gesang. Überdies wollte sie gegen die Vorstellung von der «Lernschule» einen Schultypus begründen, der von der Idee einer Förderung des (musikalischen) Talents durch die Kinder selbst geprägt ist. Mit diesem Unterricht verknüpfte sie hohe ethisch-soziale Erwartungen. Er solle die Schüler, lehrte sie, «zur Erweiterung eines eigenen Urteils bringen» und die «aufbauenden sittlich hochwertigen Seelenkräfte» mobilisieren.[19] Ob Lechners Methode den Einfluss von Jaques-Dalcroze in Basel entscheidend zurückdrängen konnte, kann man schwerlich verallgemeinernd feststellen. Sicher aber ist, dass in den Dreissigerjahren eine zunehmende Systematisierung und Professionalisierung des Musiklehrerberufs begann. Ablesbar ist dies etwa an der 1938 von der Gesellschaft für Musikerziehung in Zürich, Bern und Basel durchgeführten Internationalen Konferenz «Musikerziehung und Heilpädagogik», vor allem aber an der Einführung eines neuen Prüfungsreglements für Kandidatinnen und Kandidaten des Lehramts für Gesang und Musik an den Stadtbasler Mittel- und Oberschulen. Dieses 1940 in Kraft gesetzte Reglement definiert exakt die Voraussetzungen zum neuen Beruf des Musik-Fachlehrers. Verlangt wurden ein mindestens sechs Semester langes Studium, Fachkenntnisse in Musiktheorie und Pädagogik und erhebliche praktische instrumentale Qualifikationen in Klavier oder Violine, ausserdem Stimmbildung, Gesangsunterricht, Rhythmik und Solfège.[20]

Die Zeit der Geringschätzung des Musikunterrichts, die sich im Fehlen jeglicher Systematik der Musiklehrerausbildung artikulierte, schien vorbei zu sein. Doch die Tendenz zur Verwissenschaftlichung der Musikerziehung weckte auch Opposition in Lehrerkreisen. In den Fünfzigerjahren wurden Stimmen laut wie die des Musiklehrers am Mädchengymnasium und Nachfolgers von Bruno Straumann, Hans Lorenz Schumacher. Er verteidigte in einem flammenden Aufsatz im «Basler Schulblatt» die Singlehrer – diesen Berufszweig gab es in den Primarschulen immer noch – gegen das Vorurteil der «Faulheit» und argumentierte mit dem renommierten Zoologen Adolf Portmann gegen die «Überbewertung der theoretischen Funktionen, der einseitigen Bevorzugung des Denktypus mit dem Vorherrschen rationaler Einstellung», gar gegen die «Diktatur der wissenschaftlichen Fächer» an der Schule; eine Stossrichtung, die sich auch gegen die Einführung des «Musischen Gymnasiums» richtete.[21] Dass diese Haltung nicht zu verwechseln ist mit reaktionärer Feindseligkeit gegenüber der modernen Musik, zeigt die Tatsache, dass derselbe Schumacher an seiner Schule schwierigste Werke von Schönberg, Janáček und Britten vermittelte.

Von der Auffassung der Musik als Ausgleich zur Verstandestätigkeit ist auch der Lehrplan für den Musikunterricht an den Primarschulen des Kantons Basel-Stadt geprägt, der 1969 und 1970 verabschiedet wurde – mit 45 Druckseiten das bei weitem umfangreichste derartige Curriculum in der Schweiz. Im schweizerischen Vergleich fallen beim Basler Modell einige Besonderheiten auf. So wird schon im ersten Schuljahr die Improvisation als Lernziel genannt (vermutlich eine Spätfolge von Jaques-Dalcroze!) und bereits im zweiten das Einzelsingen gefördert – früher als in allen andern Kantonen der Eidgenossenschaft. Eine differenzierte Bewertung des Musikunterrichts an den Basler Schulen durch Seminar-Musiklehrer Richard Buser im Jahr 1970 erbrachte Resultate, die nicht in allen Punkten der «Musikstadt Basel» zur Ehre gereichen. So ist die Gesamtdauer des Musikunterrichts in den Basler Schulen zwar höher als in den meisten andern Kantonen, erbringt aber etwa für die Primarschule nur mittlere Werte (28 Prozent der Kantone hatten mehr Singstunden als Basel-Stadt). An den Basler Gymnasien brach der Gesang-/Musikunterricht früher ab als in den meisten andern Kantonen. Für die Basler Maturandinnen und Maturanden errechnete Buser einen mittleren Platz in der Schweizer Musikstunden-Statistik.[22]

Institutioneller Ausdruck der grossen Bedeutung des privaten und öffentlichen Musikunterrichts in der Schweiz ist die Gründung eines Berufsverbands, des seit 1911 so genannten Schweizerischen Musikpädagogischen Verbands, der aus dem 1893 gegründeten Schweizerischen Gesang- und Musiklehrer-Verein hervorging; sein erster Sekretär war der 1868 in Sissach geborene Gesangslehrer an der Basler Realschule und am kantonalen Lehrerseminar, Louis Zehntner. (Zehntner hatte als Musikpädagoge die sogenannte «Grieder'sche Treffmethode» weiterentwickelt und stellte sie der zunehmend sich ausbreitenden «Methode Dalcroze» entgegen.) Der Einfluss des neuen Verbandes blieb in Basel lange Zeit vergleichsweise gering. Erst 1934 wurde – nach Bern, Solothurn und Zürich und gleichzeitig mit St. Gallen – die Ortsgruppe Basel (Stadt und Land) des SMPV gegründet; sie zählte 1991 stolze 604 Mitglieder. Bis 1942 wurden die Diplome des SMPV in sieben Schweizer Kantonen offiziell anerkannt; Basel-Stadt war nicht dabei, wohl aber Baselland. Noch 1983 schrieb der Vorsteher des Erziehungsdepartements des Kantons Basel-Stadt an den Zentralvorstand des SMPV, eine «allgemeine Anerkennung der von Ihrem Verband ausgestellten Diplome» werde nicht ins Auge gefasst, weil der Kanton an den öffentlichen Schulen gar keine Lehrer für Instrumentalfächer, Sologesang und Theorie beschäftige, sondern ausschliesslich Musik- und Singlehrer; möglich sei allenfalls eine Anerkennung «von Fall zu Fall».[23] Heute ist der SMPV vor allem als «Lobby» der Musikerzieherinnen und Musikerzieher tätig.

Grundkurse und Reformen

Eine Frucht der engen Zusammenarbeit zwischen Musik-Akademie und Primarschulen sind die «Musikalischen Grundkurse», die 1976 zuerst probeweise an vier Primarschulen des Kantons Basel-Stadt, ab 1997 dann sukzessive an allen Primarschulen eingeführt wurden; die Ausbildung der Grundkurs-Lehrerinnen und -Lehrer obliegt der Musik-Akademie. Durch die Grundkurse (Themenbereiche: Hören, Singen und Sprechen, Bewegen und Tanzen, Spiel auf einfachen Instrumenten und musikalische Begriffsbildung) sollen auch Kinder aus wenig musikförderndem Elternhaus eine Chance erhalten, aktives Interesse an wertvoller Musik zu entwickeln – eine Zielsetzung, die in einem für beide Basler Kantone gültigen Rahmenlehrplan (erschienen im März 1997) festgeschrieben ist. Letzten Endes sind die Grundkurse ein Ausdruck davon, dass der Musikbegriff in der Schule nicht auf das Singen einzuschränken ist, sondern eine breite Palette vom Tanzen bis zum Instrumentalspiel abdeckt.

Auch in den höheren Schulen hat es immer wieder Versuche einer Aufwertung des Musikunterrichts gegeben, zuletzt im Rahmen der kantonalen Schulreform, die etwa in der neugeschaffenen «Orientierungsschule» eine Neubewertung der musischen Fächer Musik und bildnerisches Gestalten mit sich brachte. Schon 1973 war in Basel-Stadt Musik als Pflichtfach neben dem Zeichnen zu den Maturitätsfächern aufgenommen worden; nach dem Ende des neunten Schuljahrs konnten die Schülerinnen und Schüler zwischen Zeichnen und Musik wählen. 1988 begann die Basler Realschule einen Versuch mit «Musikklassen» – weniger Hauptfachstunden, vier zusätzliche Musikstunden –, der positiv ausfiel. Die Musikklassen der Orientierungsschule griffen diese Erfahrungen auf. Nach dem 1994 verabschiedeten Schulgesetz des Kantons Basel-Stadt ist Musik auch im Rahmen des Bildungsplans der auf fünf Jahre reduzierten Gymnasien des Kantons Basel-Stadt «Grundlagenfach» mit zwei Jahresstunden in der ersten Klasse; von der zweiten Gymnasialklasse an können die Schüler die Wahl treffen zwischen Musik und bildnerischem Gestalten. Musik wird überdies als Schwerpunktfach angeboten.

Wie weit man sich von der Vorstellung «Musik = Singen» entfernt hat, macht die Formulierung im 1997 verabschiedeten «Bildungsplan» deutlich[24]:

> In der Reflexion über Musik werden die Erfahrungen des Musizierens und Musikhörens vertieft. Sie ermöglichen die Verbindung zu anderen Künsten und weiteren Fachbereichen (...) Im Umgang und in der Auseinandersetzung mit der Musik werden für die Lebensbewältigung entscheidende Haltungen – soziales Handeln, Geduld, (Selbst-)Disziplin, Konzentrationsfähigkeit – gefördert.

Musik in der Arbeiterbewegung: Volkskonzerte

Manche Züge des Basler Musiklebens muten wie ein Wettstreit zwischen den Städten Basel, Bern und Zürich an. Im Jahr 1900 setzte die Basler Gemeinnützige Gesellschaft eine «Kommission zur Veranstaltung von Volkskonzerten» ein. Sie folgte damit dem Beispiel Zürichs, das 1897 in der neuerbauten Tonhalle «populäre Symphonie-Konzerte» ausgeschrieben hatte, in denen man zumindest in den ersten Jahren aus Kostengründen auf die Mitwirkung von Solisten verzichtete. Ebenfalls um die Jahrhundertwende führte der Bernische Orchesterverein sogenannte «Volkskonzerte» für 20, später 50 Rappen Eintritt ein. 1907 ging man in Zürich – unter der Leitung von Volkmar Andreae – zum Namen «Volks-Sinfoniekonzerte» über. Auch diese kosteten nur 50 Rappen Eintritt; trotzdem mussten sie mangels Interesse nach zwei Spielzeiten eingestellt werden.[25]

Erstes Ergebnis der Tätigkeit der Basler Kommission war ein Volkskonzert am 23. September 1900 in der Martinskirche, in dem das

Orchester der AMG unter seinem Dirigenten Alfred Volkland Werke von Haydn, Mendelssohn und Wagner spielte. Auch Volklands Nachfolger Hermann Suter liess in den Volkskonzerten vor allem die Musik der klassisch-romantischen Ära ertönen, darunter alle neun Beethoven-Sinfonien, aber auch Zeitgenössisches wie die Sinfonischen Dichtungen von Richard Strauss. Das «Volk», so mag man daraus schliessen, sollte im Rahmen einer «kulturellen Emanzipation» die vom gebildeten Bürgertum geschätzte Musik kennen lernen, sollte den Anschluss schaffen an den Informationsstand über Musik, den man von den gebildeteren Schichten erwarten konnte. Wobei man nicht nur Orchestermusik spielte, sondern auch Chorwerke, Streichquartette, Lieder und (im Basler Münster mit Adolf Hamm am Instrument) Orgelwerke darbot. 1912 wurde auch ein «Volkschor» gegründet (später «Gemischter Chor GGG»), der anfänglich mit A-cappella-Werken, schon 1914 aber auch mit Orchesterbegleitung (in Mendelssohns «Paulus») auftrat; er wurde erst von Ferdinand Küchler, ab 1928 von Walter Sterk geleitet. 1955 stellte der Chor seine Tätigkeit ein.

So überzeugend die Idee der musikalischen «Volksbildung» durch preiswerte Konzerte auch anmutet, so krisenanfällig war ihre Verwirklichung. Während der «Volkschor» immerhin gut vierzig Jahre existierte, hatten die «Volkskonzerte» offenbar nach knapp zwanzig Jahren ihre Faszinationskraft verloren und wurden eingestellt. Unter dem als Attraktion geltenden Dirigenten Felix Weingartner flammte die Idee populärer Konzerte für die Arbeiter- und Angestelltenschichten wieder auf, doch wurde die Reihe 1934 mit Weingartners Demission von Basel erneut aufgegeben. Freilich war der Gedanke preisgünstiger klassischer Konzerte für die arbeitende Bevölkerung keineswegs aus der Welt geschafft. Nur sieben Jahre später, im Februar 1941, konnte das erste Basler «Volkssinfoniekonzert» stattfinden, initiiert vom Theaterkapellmeister Alexander Krannhals, dem sozialdemokratischen Regierungsrat Fritz Hauser und dem Musikkritiker der «National-Zeitung» Otto Maag und institutionell getragen vom damaligen «Arbeiterbund», später von der gewerkschaftseigenen «Basler Kulturgemeinschaft». «Kopf und Seele», resümierte der sozialdemokratische Politiker Helmut Hubacher fünfzig Jahre später, war während 25 Jahren deren künstlerischer Leiter Alexander Krannhals.[26] Der Eintritt kostete einen Franken – nicht nur ein Symbol für Volksnähe, sondern auch tatsächlich ein Preis, den fast alle zahlen konnten. Harry Goldschmidt, der aus Basel stammte und später an der Ost-Berliner Humboldt-Universität als marxistischer Musikforscher Furore machte, hielt Einführungsvorträge zu den Konzerten, die zuerst im Volkshaus an der Rebgasse und später im Musiksaal des Stadt-Casinos stattfanden.

Doch die Volkssinfoniekonzerte wurden immer «normaler», der Bildungsaspekt trat immer stärker in den Hintergrund. Programmgestalter waren der Cellist Fritz Moser und, seit 1977, der Regisseur Erich Holliger. 1991 konnte die Konzertreihe mit Mozart und einem imponierenden Solistenaufgebot unter Mario Venzagos Leitung ihr Fünfzig-Jahr-Jubiläum feiern. Nichts erinnerte mehr an die sozialistischen Anfänge dieser Kulturinitiative ausser den günstigen Preisen und der Tatsache, dass man zum Jubiläum ein populäres musikalisches Fest im Basler Volkshaus, dem Sitz des Gewerkschaftsbunds, feierte. 1997/98 gingen die Volkssinfoniekonzerte mit den «Basler Sinfoniekonzerten» Coop Basel/Fricktal zusammen, blieben aber unter der programmlichen Aufsicht Erich Holligers.

Konzerte für die Jugend

Es war wiederum Felix Weingartner, der unter dem Dach der AMG den entscheidenden Anstoss zur Einführung von Jugendkonzerten gab, die er auch selbst kommentierte. Am 17. Dezember 1927 dirigierte er vor einem jungen Publikum Mozarts Es-Dur-Sinfonie KV 543 und drei Sätze aus der «Sommernachtstraum»-Musik von Felix Mendelssohn Bartholdy. Und wieder funktionierte die produktive Konkurrenz zwischen Basel und Zürich: Schon im folgenden Jahr führte man in der dortigen Tonhalle Jugendkonzerte mit Erläuterungen ein. Auch Albert E. Kaiser, der langjährige Leiter des Collegium Musicum Basel, engagierte sich mit Jugendkonzerten für die musikalische Bildungsarbeit; doch stellte er seine Reihe 1972 wieder ein.

Von dauerhafterem Bestand waren die Jugendkonzerte der AMG. Viele Jahre von Hans Münch und ab 1966 von Hans Löwlein geleitet, erfüllten sie ihre Aufgabe bis 1980, stets programmiert von einer speziellen Kommission und veranstaltet von der AMG. Einen Höhepunkt bildeten zweifellos die vom zeitweiligen Dirigenten des Radio-Sinfonieorchesters Basel, Matthias Bamert, moderierten und geleiteten «Freitags-Konzerte für junge Leute», die aber wieder einschliefen, als Bamert 1981 nach nur fünfjähriger Tätigkeit Basel verliess. Danach flammte die Idee «Jugendkonzerte» immer wieder auf, erlosch aber Ende der Achtzigerjahre wieder, bis die Stiftung Basler Orchester in den Neunzigerjahren wieder spezifische Jugendkonzerte programmierte.

Dem Geiste nach galt bis zuletzt das Reglement von 1941 der AMG-Kommission, das als Ziel des Unternehmens Jugendkonzerte formuliert, «die reifere Schuljugend mit guter Musik in künstlerisch einwandfreier Darbietung bekannt zu machen und in ihr die Freude an guter Musik zu wecken». Ein unverbindlich weites und mit ungenügenden Mitteln verwirklichtes Konzept, das kaum Dauerhaftigkeit haben konnte; die «Basler Zeitung» sprach denn auch 1977 von einem «mit der linken Hand gemachten ‹Nebenprodukt› des Konzertlebens»[27]. Es zeigte sich, dass Jugendkonzerte noch mehr als «normale» Konzertanlässe von der Persönlichkeit des Dirigenten abhängen, der entweder eine glückliche Hand im Kommentieren klassischer Werke hat oder eben nicht.

Anmerkungen

1 Johann Jacob Schäublin: «Über die Bildung des Volkes für Musik und durch Musik», Basel 1865, S. 5 ff.
2 Schäublin, op. cit., S. 14.
3 Wilhelm Merian: «Basels Musikleben im XIX. Jahrhundert», S. 28.
4 Merian, op. cit., S. 57.
5 Sibylle Ehrismann: «Von Kunstgreisen und Kunsthubern», in: «Basler Zeitung» vom 3. April 1997.
6 Edgar Refardt: «Hans Huber. Leben und Werk eines Schweizer Musikers», Zürich 1944, S. 25
7 Refardt, op. cit., S. 116.
8 Hans Oesch: «Die Musik-Akademie der Stadt Basel. Festschrift zum hundertjährigen Bestehen der Musikschule Basel 1867–1967», Basel o. J., S. 52.
9 Paul Sacher: «Ansprache zur Rücktritt als Direktor der Musik-Akademie der Stadt Basel am 30. Oktober 1969», in: Paul Sacher, «Reden und Aufsätze», Zürich 1986, S. 49–57.
10 Wilfried Gruhn: «Geschichte der Musikerziehung. Eine Kultur- und Sozialgeschichte vom Gesangunterricht der Aufklärungspädagogik zu ästhetisch-kultureller Bildung», Hofheim 1993, S. 9 ff. – Wichtige Anregungen zum Schulmusik-Abschnitt verdanke ich Hans Lorenz Schumacher, Riehen.
11 Paul Jaggi: «Musikerziehung an Basler Schulen. Fünf Berichte nebst einigen Anmerkungen», in: «Basler Schulblatt», 47. Jg., Dezember 1986, H. 12, S. 170–174, hier S. 173.
12 Paul Kälin: «Musikerziehung in der Musikerziehung in der Schweiz», Frankfurt am Main/Zürich 1976, S. 10.
13 Antoine-E. Cherbuliez: «Geschichte der Musikpädagogik in der Schweiz. Beiträge zur Entwicklung der Musikerziehung im Rahmen der schweizerischen Musik- und Geistesgeschichte bis zum Ausgang des 19. Jahrhunderts», o. O. 1944, S. 374.
14 A.-E. Cherbuliez, op. cit., S. 386 f.
15 W. Gruhn, op. cit., S. 230. Zum Einfluss von Jaques-Dalcroze in Basel vgl. auch Erika Schneiter: «Bewegungsunterricht an der Musik-Akademie der Stadt Basel gestern – heute – morgen», in: «Musik-Akademie der Stadt Basel. Informationen, Berichte, Veranstaltungen», 1/1998, S. 2 f.
16 «Amtliches Schulblatt», 1. Jahrgang, Basel 1929, S. 44 ff.
17 W. Gruhn, op. cit., S. 244.
18 Max Memmel im «Amtlichen Schulblatt», 3. Jahrgang 1931, S. 21.
19 Anna Lechner: «Die Grundlagen des neuzeitlichen Gesangsunterrichts», in: «Amtliches Schulblatt», 4. Jahrgang 1932, S. 2 ff.
20 Publiziert im «Amtlichen Schulblatt», 12. Jahrgang 1940, S. 18 ff.
21 Hans Lorenz Schumacher im «Basler Schulblatt», 18. Jahrgang, 1957, S. 205 ff.
22 Richard Buser: «Auch die Musik wird benachteiligt», in: «National-Zeitung» vom 11. November 1970, S. 11; vgl. auch P. Kälin, op. cit., S. 202, 215.
23 A.-E. Cherbuliez, op. cit., S. 428, und «Musikerziehung in der Schweiz. Festschrift 100 Jahre Schweizerischer Musikpädagogischer Verband 1893–1993», Bern 1993, S. 52.
24 «Bildungsplan für die Gymnasien Basel-Stadt». Erziehungsdepartement Basel-Stadt 1997, S. 107.
25 René Karlen: «Geschichte des Konzertlebens in der Tonhalle», in: René Karlen/Andreas Honegger/Marianne Zelger-Vogt, «‹Ein Saal, in dem es herrlich klingt›...», Zürich 1995, S. 60 ff.; zu Bern vgl. François de Capitani: «Musik in Bern. Musik, Musiker, Musikerinnen und Publikum in der Stadt Bern vom Mittelalter bis heute», Bern 1993, S. 206.
26 Helmut Hubacher: «50 Jahre Volkssinfoniekonzerte», in: Basler Stadtbuch 1991, S. 175 f.
27 Sigfried Schibli: «Wer kümmert sich um Basels Konzertjugend?», in: «Basler Zeitung», 4.7.1977.

Plakat des Basler Schubert-Fests 1978

Klaus Schweizer

Feiern und feiern lassen.

Musikfeste und Festivals der E-Musik in Basel.

Vielfalt der Anlässe, der Themen

Nachschlagewerke berichten vom festen Glauben primitiver wie auch höchst zivilisierter Völker, demzufolge «Ereignisse oder Entwicklungen erst dadurch wirklich werden oder in der rechten Weise ablaufen, dass sie im Fest ausdrücklich vollzogen werden.»[1] Zwar führen unsere Enzyklopädisten dann Beispiele wie «Baumblüte, Sonnenwende, Mannbarwerdung, Friedensschluss ...» und Ähnliches an. Doch auch die musischen Disziplinen bezeichneten ihre überregionalen, turnusgemäss wiederkehrenden Zusammenkünfte und Leistungsvergleiche immer schon als Feste – gleichermassen für Jodler wie Alphornbläser, Choristen wie Philharmoniker. Selbst dissonanzenreiche und aggressiv tönende Programme, wie sie von Neutönern für hohe und höchste Komponistentreffs erdacht werden, wollten des harmoniegesättigten Terminus «Fest» bekanntlich keineswegs entraten (vgl. die aus «Kammermusikfesten» hervorgegangenen Donaueschinger Musiktage oder die «Weltmusikfeste» der Internationalen Gesellschaft für Neue Musik, IGNM).

So wären denn auch die zahlreichen Musikfeste (oder, etwas modischer: Musikfestivals) dazu nütze gewesen, musikalisch-kompositorische «Ereignisse und Entwicklungen» durch den festlichen Nachvollzug Wirklichkeit im Bewusstsein der geneigten Hörerschaft werden zu lassen? Sicherlich dienten die sechs Schweizerischen Tonkünstlerfeste, die in den Jahren 1903, 1917, 1937, 1954, 1975 und zuletzt 1993 nach Basel vergeben wurden, der Kenntnisnahme und Festschreibung markanter kompositorischer Entwicklungsschritte. Von fachkundigen Programmkommissionen waren sie schliesslich für wesentlich, zumindest diskussionswürdig erachtet worden.

Alma und Gustav Mahler 1903 auf der Basler Pfalz
(Foto Archiv der Basler Zeitung)

Naturgemäss vermochten diese auf ein Frühlingswochenende zusammengedrängten, später bestimmten Leitthemen zugeordneten Veranstaltungsfolgen das Publikum der traditionellen Konzertreihen oder sogar Neugierige von ausserhalb nur schwer anzusprechen. Zumeist blieb man unter sich, als handle es sich um die Fachtagung einer bestimmten Berufsbranche und nicht um passionierte Künstler: Komponisten und Interpreten vor allem, dann auch Melomanen und Studenten, Pädagogen und Kritiker. Der Gefahr einer nationalen «geschlossenen Gesellschaft» suchte man in späteren Jahren dadurch zu begegnen, dass man ausländische Komponistenpersönlichkeiten um ihre Präsenz während der Feste bat und etliche ihrer Werke neben schweizerischen Arbeiten zur Aufführung brachte.

Internationale Musica-viva-Prominenz reiste nach Basel, als 1970 das 44. Weltmusikfest der IGNM zu ehrenvoller Durchführung anstand. Doch auch diesmal hielten die Basler Verantwortlichen am bewährten Prinzip der vorangegangenen Bartók-, Honegger- oder Strawinsky-Feste fest. Möglichst viele der geplanten Teilveranstaltungen sollten von einheimischen Veranstaltern und Ausführenden bestritten werden und zugleich Bestandteile der örtlichen Abonnementsreihen sein. Nicht nur finanzielle, sondern auch künstlerisch-erzieherische Argumente sprachen für ein solches Vorgehen. Veranstalter wie Publikum sollten sich flexibel zeigen, Interpreten am geforderten anspruchsvollen Spezialrepertoire wachsen. Gerade den ausländischen Komponisten und Gästen wollte man überdies die Peinlichkeit ersparen, ohne Publikum in den vielbeschworenen «elfenbeinernen Türmen» isoliert bleiben zu müssen.

Fast alle Feste nach 1950 kamen unter Federführung des dem Erziehungsdepartement zugeordneten «Vereins für Basler Kunst- und Musikveranstaltungen» zustande. Den Vätern der Neuen Musik galten die reich bestückten Feste von 1958 (Béla Bartók), 1962 (Arthur Honegger), 1968 (Igor Strawinsky) und 1973 (Neue Wiener Schule). Die junge Komponistengeneration diesseits und jenseits des Rheins kam 1964 zu Wort (Neue Musik aus Deutschland und der Schweiz), ein ins Internationale geweitetes Forum für die Avantgarde wurde 1980 geschaffen (Musik 1945–1980). Zentralen Grössen früherer Epochen blieben die facettenreichen Feste von 1978

(Franz Schubert), 1983 (Joseph Haydn) und 1985 (Bach-Händel) vorbehalten. In allen Fällen machte die thematische Konzentration den deutlich erhöhten Aufwand wohl mehr als nur wett. Die einzelnen Veranstalter entgingen der Gefahr allzu einseitiger Programmierung; die Besucherschichten der unterschiedlichen Reihen – Stichwort: «Stammpublikum» – tauschten sich wenigstens bei solchen Gelegenheiten aus; ermöglicht wurde schliesslich das vertiefte Kennenlernen eines sonst nur selten in dieser Verdichtung dargestellten Epochal- oder Personalstils.

Richard Strauss und Gustav Mahler in Basel

Bereits kurze Zeit nach der 1900 in Zürich erfolgten Gründung des Schweizerischen Tonkünstlervereins STV kam der Wunsch auf, eine der Jahrestagungen zusammen mit dem sehr viel älteren und traditionsreichen Allgemeinen Deutschen Musikverein durchzuführen. Basel bot sich als Treffpunkt geradezu an. So kam es im Juni 1903 zu dieser bedeutsamen Begegnung von Musikern und Musikfreunden beider Länder. Kräftige Impulse sollten hinübergehen und herüberkommen und sowohl dem Basler Musikleben als auch vor allem dem STV weiteren Aufschwung geben. Die schweizerischen Beiträge zu den fünf Konzerten stammten aus der Feder von Emile Jaques-Dalcroze, Joseph Lauber, Otto Barblan, Friedrich Hegar und der hochangesehenen Basler Musikerpersönlichkeit Hans Huber.[2] Richard Strauss bekundete dem Basler Gesangverein «wärmsten Dank und Gruss» für die Wiedergabe seines anspruchsvollen Rückert-Chores op. 34 Nr. 2. Wohl erstmals erklang Reger'sche Orgelmusik in der Schweiz. Hermann Suter, im Jahr zuvor in wichtige Positionen des Basler Musiklebens aufgerückt, bereitete Gesangverein, Liedertafel und Orchester für Gustav Mahlers Zweite Sinfonie vor. Der Komponist selbst war aus Wien angereist, um mit seiner «Auferstehungssinfonie» im Münster einen einhelligen Publikumserfolg zu erringen. Seiner Schwester Justine berichtete Mahler aus Basel[3]:

> Die drei Proben wären also vorüber. Alles ausgezeichnet vorbereitet, Chor wundervoll – ich hoffe auf eine befriedigende Aufführung. Die Kirche stimmungsvoll. Heute werden wir uns ein bisschen umschauen in der Stadt – Böcklin, Holbein etc. Bisher haben wir nur ein wenig gebummelt ... Das Orchester ist entschieden besser (als in München. Anm. KS), und nimmt sich sehr zusammen, obwohl sie noch immer dumm dreinschauen.

Zwei Fotografien haben sich erhalten, die den prominenten Hofoperndirektor und seine schöne Gemahlin Alma bei der Promenade auf der Pfalz zeigen, den Blick auf Rhein und Kleinbasel gerichtet.[4]

Der Gedanke, Mozarts Œuvre auch im Konzertsaal schwerpunktartig zu vergegenwärtigen, führte zur Gründung «städtischer Festspiele», die offenbar zur ständigen Einrichtung hätten werden sollen.[5] Den Hauptanteil dieser Mozart-Feste der Jahre 1930/31, 1936 und 1941/42 trug die Allgemeine Musikgesellschaft (AMG), die während der Ära Weingartner (1927–1935) ihre Aktivitäten und ihre Repräsentanz im Musikleben der Stadt erheblich zu mehren verstand. Einen Beethoven-Schwerpunkt mit allen Sinfonien setzte man im Frühjahr 1933, um dann im Folgejahr – wiederum unter der Stabführung Felix Weingartners – alle Schubert-Sinfonien auf einige wenige Konzertabende zu konzentrieren. Stets liess man es sich angelegen sein, diese reinen Orchesterkonzerte mit Kammermusik, womöglich auch mit Bühnenwerken zu umgeben. Bald erwies es sich, dass die Idee blockartiger Kumulierung klassisch-romantischer Spitzenwerke die Gefahr allzu grosser Einseitigkeit barg. Weitere Feste standen daher unter wesentlich breiter gefächerten Devisen wie «Italienische Musik» (1932), «Klassische Operetten- und Tanzmusik» (1935) oder «Romantik im Wandel der Zeiten» (1945). Für alle diese Festspiele darf wohl gelten, was der Musikkritiker der «National-Zeitung», Otto Maag, 1932 anlässlich der «Italienischen Musik» schrieb[6]:

> Zum dritten Mal werden in diesem Jahr nach den zwei so gelungenen Mozartfesten der letzten beiden Jahre die Festspiele der Stadt Basel abgehalten, die sich zu einer Dauereinrichtung ausgestaltet haben. Trotz Krise und Krisengeschrei. Ja, es ist vielmehr die Meinung der Veranstalter und nicht zuletzt auch der Behörden, die durch einen jährlichen Beitrag an Organisation und Reklamekosten an der dauernden Befestigung der das kulturelle Ansehen unserer Stadt mehrenden

Institution beteiligt sind, dass solche Dinge Förderung verdienen, die einen sinnvollen Optimismus voraussetzen und bestärken. (...) Gewiss wird das Publikum dieser Basler Musikfeste sich immer zunächst aus Basler Hörern rekrutieren, aber auch die Wirkung nach aussen hin, in die übrige Schweiz und ins Ausland, darf nicht unterschätzt werden (...).

Mit späteren Tonkünstlerfesten tat sich der STV nach dem Höhepunkt von 1903 nicht immer leicht. Mehrmals bedurfte es der Verpflichtung ausländischer Orchester oder des Aufgebots von Ad-hoc-Klangkörpern, um grossbesetzte Novitäten vorstellen zu können. Bewusst ging man mit kleinen und mittleren Festen auch in kleinere Städte, um für die Neue Musik Breitenarbeit zu leisten. Nur in grossen Zeitintervallen fiel die Wahl auf Basel. In den Jahren 1917 und 1937 traf man sich in der Dreiländerecke. Zählen konnte man beim zweitgenannten Anlass auf die Mitwirkung der 1927 gegründeten, ausserordentlich aktiven Ortsgruppe Basel der IGNM.

Bei der Lektüre der Programme des «grossen» Basler STV-Festes von 1954 fällt auf, in welchem Masse die Juroren alles Progressive eliminiert, alles Konfliktträchtige umgangen hatten. Willy Burkhards Gotthelf-Oper «Die schwarze Spinne», 1949 bereits in Zürich kreiert, stand auch jetzt wieder im Mittelpunkt. Als zeitgenössische Musik mochte man allenfalls Constantin Regameys «Musique pour cordes» und Rolf Liebermanns dramatische Kantate «Streitlied zwischen Leben und Tod» einstufen. Kompositionen der Jüngeren, die sich bei den Darmstädter Ferienkursen und den Donaueschinger Musiktagen umgesehen und dort mit der seriellen Gestaltungsweise vertraut gemacht hatten, fehlten ohne Ausnahme. Die Stunde der Gruppe Suter, Wildberger, Huber, Kelterborn usw. hatte, wenigstens beim STV, noch nicht geschlagen.[7]

Mit dem Bartók-Fest von 1958 sollte zweifellos an jene knappe Zeitspanne angeknüpft werden, als der Ungar für Basel gleich drei Auftragswerke geschaffen hatte («Musik für Saiteninstrumente ...», «Sonate» für zwei Klaviere und Schlagzeug, «Divertimento» für Streichorchester, uraufgeführt 1937, 1938 und 1940). Nicht ohne Stolz konnte man auch jetzt, 13 Jahre nach dem Tod des Komponisten im amerikanischen Exil, mit einer Erstaufführung aufwarten. Bartók hatte seiner leidenschaftlich verehrten, später in Zürich lebenden Landsmännin Stefi Geyer ein erstes Violinkonzert (1907/08) zugeeignet. Nie war es bisher in dieser originalen Gestalt erklungen. Nun, zwei Jahre nach dem Tod der Widmungsträgerin, konnte der Geiger Hansheinz Schneeberger unter Sachers Stabführung das geheimnisumwitterte Opus erstmals präsentieren. Erwähnenswert vielleicht noch, dass der berühmte Tenor Fritz Wunderlich am selben Konzertabend in der «Cantata profana» mitwirkte, dass Bartóks Budapester Freund und Assistent Sándor Veress die Festansprache hielt und dass dank zweier Chorzyklen auch einmal der profunde Volksliedforscher Bartók zur Geltung kam.

Beim Honegger-Fest von 1962 gedachte man zu erkunden, wie gross die Aktualität des 1955 verstorbenen, jahrzehntelang so hochgeschätzten Schweizers in Paris noch sei. Der Musikologe Hans Oesch präzisierte:[8]

Gerade der Umstand, dass sein Werk heute den ewig Gestrigen zwar immer noch zu modern, manchen auf der Höhe der Zeit Stehenden aber als in manchen Teilen «überholt» erscheinen kann, schafft die Voraussetzung, mit einem gewissen Anspruch auf Objektivität zu prüfen, wo sich innerhalb seines Schaffens das Bleibende findet und wo allenfalls der Anteil des Zeitspezifischen dominiert.

Honegger, der Vielseitige, sollte in Erscheinung treten. Daher erklangen Lieder ebenso wie Klavier- und Kammermusik, Sinfonisch-Konzertantes neben Filmmusiken. Viel Aufmerksamkeit erfuhr vor allem das breitgefächerte theatralische Œuvre, vertreten durch das Melodram «Amphion», die Tragödie «Antigone» (mit Grace Bumbry in der Titelrolle), die pantomimische Sinfonie «Horace victorieux», die Opera seria «Judith», die Operette «Les Aventures du Roi Pausole» und durch den Sinfonischen Psalm «Le Roi David». Selbst wohlwollende Kritiker konstatierten eklatante Qualitätsunterschiede in den Arbeiten des rasch und viel Schreibenden. Ein neues, wohl kritischeres Honegger-Verständnis kündigte sich nach den Erfahrungen dieses Festes an.

Besonders mutig gab man sich 1964 beim Festival «Neue Musik aus Deutschland und der Schweiz». Während zweier ereignisreicher Wochen gab es eine Fülle von Begegnungen zwischen Älteren und Jüngeren, Traditionalisten und Avantgardisten, Deutschen und Schweizern. Frank Martins «Golgotha»-Oratorium erklang am Tage nach Wolfgang Fortners Lorca-Oper «Bluthochzeit», Karl Amadeus Hartmanns Einakter «Simplicius Simplicissimus» neben Jacques Wildbergers «Epitaphe pour Evariste Galois», Arbeiten von Hindemith, Moeschinger und Beck im Kontext von Novitäten Henzes, Zimmermanns und Stockhausens. Ein Hauch Donaueschingen und Darmstadt durchwehte die Basler Säle und sollte eine günstige Atmosphäre schaffen für Folge-Festivals mit ähnlich progressiver Thematik.

Mit einem weiteren Kapitel «Igor Strawinsky» wollte man 1968 die bereits seit 1930 datierende Geschichte der Beziehungen zwischen dem russischen Kosmopoliten und der Stadt am Rheinknie fortschreiben. Das vielgestaltige Œuvre des nunmehr 86-jährigen Universalisten legte Programme von bunter Vielfalt zwischen Früh und Spät, Sakral und Weltlich, Szenisch und Konzertant nahe. Ältere erinnern sich noch heute, mit welch federnder Elastizität Pierre Boulez den «Sacre du Printemps» exekutieren liess. Michael Gielen stellte in einem Gastkonzert des Westdeutschen Rundfunks das erst 1965/66 komponierte Opus ultimum der «Requiem Canticles» vor. Paul Sacher seinerseits steuerte das andere noch unbekannte Spätwerk bei, die knapp gefassten «Variations Aldous Huxley in memoriam» (1963/64). Dass neben diesen vitalen Zeugnissen des jungen und hochbetagten Strawinsky manches Klassizistische der mittleren Jahre verblasste, konnte kaum einem aufmerksamen Hörer verborgen bleiben. Drei Jahre später war Strawinsky tot.

Das IGNM-Weltmusikfest

«Was bleibt, ist ein grosses Fragezeichen.» So überschrieb der renommierte Münchner Kritiker Ulrich Dibelius seinen Bericht über das mit viel Elan und grossem Aufwand bewältigte IGNM-Weltmusikfest 1970. Nicht weniger als 35 Komponisten aus 25 Ländern aller Erdteile kamen in acht üppig bestückten Veranstaltungen unter Mithilfe eines stattlichen Interpretenaufge-

Jürg Wyttenbachs «Exécution ajournée» 1970 beim Weltmusikfest der IGNM
(Foto Peter Stöckli)

botes zu Gehör. Eine vor allem flächendeckende, nicht immer hochkarätige, Weltmesse der nicht stets so Neuen Musik musste faszinieren und zugleich befremden. Mit Respekt wurde die souveräne Durchführung einer Grossveranstaltung bedacht, die schon zweimal nach Zürich (1926, 1957, später noch 1991), zum ersten Mal jedoch nach Basel vergeben worden war. Lobende Worte fand Dibelius nicht nur für Heinz Holligers Nelly-Sachs-Projekt «Der magische Tänzer»[9]:

Nach Holliger entbot die Schweiz für das erste Konzert – als statutengemässe Selbstpräsentation in eigener Regie – nochmals fünf Komponisten, Klaus Huber, Rudolf Kelterborn, Robert Suter, Jacques Wildberger und Jürg Wyttenbach, mit insgesamt durchaus niveauvollen Stücken, unter denen Hubers Violinkonzert «Tempora» durch beherrschte, etwas introvertierte Eigenart und Wyttenbachs musiktheatralischer Ulk «Exécution ajournée» durch parodistische Lust am Spass auffielen. Rechnet man noch die offiziellen Festivalbeiträge von Jacques Guyonnet und Hans Ulrich Lehmann hinzu, so mag die breit gestreute und sehr individuell gefärbte Aktivität der «kleinen» Schweiz erstaunen. Und da man ihr sonst nie so gebündelt begegnet, hatte das Musikfest auch darin seinen guten Sinn.

Diesem 44. Weltmusikfest der IGNM in Basel war eine politische Auseinandersetzung vorangegangen, die nicht gerade zum Ruhme Basels beitrug. Der Grosse Rat des Kantons Basel-Stadt lehnte im Oktober 1969 einen vom Regierungsrat unterstützten Antrag ab, dem IGNM-Fest eine Defizitgarantie von 100000 Franken zu gewähren, weil das IGNM-Fest eine exklusive Angelegenheit sei und nur einen ganz kleinen Kreis interessiere. Doch wurde solche Skepsis durch den grossen Publikumserfolg des Basler Festes deutlich widerlegt.[10]

Die Idee, ein ganzes Fest ausschliesslich der «Zweiten Wiener Schule» vorzubehalten, liess sich 1973 verwirklichen. Strikt beschränkten sich die Programmschmiede auf die Komponisten-Trias Schönberg-Webern-Berg. In glücklicher Konstellation fügte es sich, dass sich gleich alle drei abendfüllenden Opern realisieren liessen: Bergs «Wozzeck» und «Lulu» als vielbeachtete Beiträge des Stadttheaters (mit Armin Jordan am Pult), Schönbergs «Moses und Aron» als konzertantes Gastspiel der Städtischen Bühnen Nürnberg. Um diese Programmkerne gruppierten sich zahlreiche Schlüsselwerke der unterschiedlichen Stilphasen der Schönberg-Schule. Paul Sacher setzte sich – eine Seltenheit – als Dirigent mit Webern'scher Orchestermusik (op. 1, op. 6), Schönbergs aufrüttelndem «Überlebenden aus Warschau» und Bergs visionärem Violinkonzert auseinander. Ein prominenter Gast: Alfred Brendel als Solist des Schönbergschen Klavierkonzertes.

Zur Feier seines 75-jährigen Bestehens gestattete sich der Schweizerische Tonkünstlerverein 1975 in Basel ein deutlich grösser dimensioniertes Fest. Nicht alle hochgespannten Erwartungen konnte im Stadttheater Klaus Hubers musiktheatralischer Versuch nach Alfred Jarry erfüllen. Unter dem Titel «Im Paradies oder Der Alte vom Berge» stellte er sich dem Publikum als ein höchst zeremonielles, «sich in mehreren Ebenen bewegendes «Spiel» zwischen Traum und Realität, Illusion und Desillusion, Rausch und Ernüchterung» dar.[11] Kraftvolle Akzente setzten wiederum die Basler Komponisten mit ihren Arbeiten für bzw. mit Orchester: Jürg Wyttenbach («Divisions»), Heinz Holliger («Atembogen»), Rudolf Kelterborn («Nuovi Canti»), Robert Suter («Sonata per orchestra») und Jacques Wildberger («Contratempi»). Bemerkenswert, dass sich inmitten von Fest und Feier fürs lamentable Thema «Musik in der Schule» ein eigenes Podiumsgespräch anberaumen liess. Ob die erhobenen Forderungen auf offene Ohren stiessen?

Schon bei der Planung für 1964 – «Neue Musik aus Deutschland und der Schweiz» – wünschte man Fortsetzungen in regelmässigem Turnus. 1980 erst nahm eine betont europäisch sich gebende Neuauflage unterm nüchternen Titel «1945–1980» konkrete Gestalt an. In die deutsch-schweizerische Polyphonie mischten sich jetzt zusätzliche Stimmen aus Frankreich (Messiaen, Boulez), Italien (Dallapiccola, Nono, Berio), England (Britten), Polen (Lutoslawski, Penderecki), Spanien (Halffter) und Ungarn (Ligeti). Selbst die USA und Mexiko stimmten ein (Cage, Chávez). Rückblickend liesse sich vielleicht vom unbewussten Versuch sprechen, einmal jene aus der Nachkriegszeit erwachsene Ära zu belauschen, die am Ideal eines möglichst rasch und genau erkennbaren Personalstils festhielt. Denn bereits kündigte sich die noch heute vorherrschende

Phase stilistischer Pluralität an, die derartige Individualstile kaum sonderlich schätzt. In Erinnerung blieb wohl ein Abend der Theaterwerkstatt mit Kurzopern ohne eigentliche Handlung mit Ligetis «Aventures & Nouvelles Aventures», gekoppelt mit Holligers Beckett-Dreierspiel «Come and Go». Oder bot jener Konzertabend die stärkeren Eindrücke, der Boulez' «Rituel» aufs Schärfste gegen Cages «Klavierkonzert» und Stockhausens «Punkte»-Studie abgrenzte?

Zurück zu den «Vätern» bewegten sich die Programme der Festveranstaltungen von 1978, 1983 und 1985. Zunächst galt es des 150. Geburtstages Franz Schuberts zu gedenken. Joseph Haydns 200. Geburtstag duldete eine einjährige Verzögerung. Die 300. Wiederkehr des Geburtsjahres von Bach und Händel konnte man leicht zum Doppelereignis umfunktionieren. Über das Feiern dieser ohnedies in den Musiksälen präsenten Grossen liess sich mit trefflichen Argumenten streiten. Immerhin erprobte man den heiklen Balanceakt zwischen wünschenswerten und gänzlich überflüssigen Aufführungen. So lauschte man beim Schubert-Fest nur zu gerne den vernachlässigten Frauen- und Männerchören, einer Gruppe von Stücken «à quatre mains» oder den nummernreichen Musiken zu «Rosamunde» und «Zauberharfe». Und hätte man auf den Sonatenabend des mit hoher Charakterisierungskunst gestaltenden Alfred Brendel verzichten mögen, der Wohlbekanntes in gründlich überdachter Neusicht vergegenwärtigte? Ähnliche Erfahrungen zeitigte die Wiederbegegnung mit Haydn, diesem vielleicht Bekanntesten unter allen Unbekannten. Allein das Kennenlernen der Opern «Orlando Paladino» und «L'Isola disabitata», die erste inszeniert, die zweite konzertant dargeboten, vermochte den leichten Ärger über die soundsovielten Reprisen einiger Sinfonien und Quartette auszuräumen.

Schwer taten sich die Organisatoren mit einem sinnvollen Konzept zum Bach-Händel-Jahr 1985. Ungemindert prallten die Gegensätze in Fragen der Aufführungspraxis aufeinander. Fast alle Wiedergaben der grossen Oratorienwerke hielten an den Usanzen fest, wie sie einst das erstarkende Chorwesen des 19. Jahrhunderts initiiert hatte: stattliche Sängerscharen, kompakte Orchester, sinfonisches Klangideal. Dass die Schola Cantorum Basiliensis unterm Dach der Musik-Akademie seit Jahrzehnten aufklärerische Forschungsarbeit zum Fragenkomplex «Alte Musik» betreibt, machte sich nur in einer minderen Zahl von Einstudierungen bemerkbar (Ensemble Hespèrion XX, Linde-Consort, Freunde alter Musik). Einem Jahres-Marathon unterzogen sich sechs namhafte Organisten der Stadt, indem sie an ebenso vielen Orgeln über 21 Sonntage hinweg sämtliche Orgelwerke des Thomaskantors darboten. Nur ein einziger Tasteninterpret, Heiner Kühner, platzierte in einem Cembalo-Rezital zwischen Händelsche Suiten und Bachs «Goldberg-Variationen» eine Gruppe von Scarlatti-Sonaten und rief so die Erinnerung an den dritten grossen Jubilar des Jahres wach ...

Eine ungewöhnliche «Entdeckungsreise in die Grenzbereiche von Neuer Musik, avantgardistischen Theaterkonzepten, Jazz, Film und Video» starteten die kooperierenden Basler Musik- und Theaterverantwortlichen Anfang 1993 unter dem Motto «u.a.», kurzerhand abgeleitet aus: «Fest mit Musik, Theater u.a.».[12] Vielfalt und Breite, Interdisziplinäres und Experimentelles waren gefragt während dieses sympathisch unkonventionellen, von breiten Publikumsschichten akzeptierten Alternativfestivals. Vom Hamburger Komponisten Detlev Müller-Siemens, seit einiger Zeit in Basel wirkend, brachte das Theater die eindrucksvolle Zweitaufführung der Oper «Die Menschen». Aus dem Versuch, den exaltierten Expressionismus der Textvorlage von Walter Hasenclever gleichsam heraus zu destillieren, war ein hartes und illusionsloses, zugleich fantasievolles und auf seine Art durchaus bühnenwirksames Stück Musiktheater erwachsen. Daniel Weissberg setzte der aufwendigen Oper unterm Titel «Der Schein» ein raffiniertes «Hör- und Schauspiel» entgegen, eine «Reflexion über Sein und Schein, Wirklichkeit und Fiktion, Wahrheit und Illusion, Original und Kopie, Täuschung und Ent-Täuschung ...». Diskussionen über die glaubwürdige «Komponierbarkeit» der Thematik Gastarbeiter-Misere und Exil-Entfremdung löste das politisch leidenschaftlich engagierte Multimedia-Stück «Les Emigrés (‹Emigranten›)» von Vinko Globokar aus.

Im September 1993 dann trafen sich die schweizerischen Tonkünstler zum sechsten Mal in Basel, um ihr Jahresfest zu feiern. Wie immer gab es heisse Wortgefechte über die Fragen, ob Jury und Vorstand genügend auf Qualität geachtet, nicht nur die arrivierten Älteren berücksichtigt und für ausreichende Probenzeiten gesorgt hätten. Nicht alle Besucher beurteilten es als glückliche Wahl, den Amerikaner James Tenney als «Composer in Residence» eingeladen zu haben. Verblüffung herrschte über die «unverbrauchte Kraft und Radikalität» der bereits 1930 entstandenen und erst jetzt uraufgeführten Drei Orchesterstücke op. 3 des Dirigenten und Schönberg-Schülers Erich Schmid. Auf einhellige Zustimmung stiess Rudolf Kelterborns «Ensemble-Buch I» (Texte: Erika Burkart). Anklang fand Hans Wüthrichs strategisch ausgeklügeltes «Netz-Werk II (Flexible Umrisse)», dem ein dirigentenloses räumliches Domino-Prinzip zugrunde liegt («Die ZuhörerInnen werden von zwei gegenläufigen Klangschleifen umhüllt ...»).[13]

Dieser Aufzählung musikalischer Festanlässe in Basler Musik- und Theatersälen fügt sich als besonders ehrgeiziges Projekt schliesslich die themen- und terminreiche Konzertreihe «Klassizistische Moderne» des Frühjahrs und Frühsommers 1996 an. Aus Anlass des Jubiläums «10 Jahre Paul Sacher Stiftung» verwirklichten die weitsichtigen Planer im Stiftungsdomizil am Münsterplatz nichts Geringeres als den fruchtbaren Verbund von Live-Konzert und Fachkongress, vermittelnder Buchpublikation und horizonterweiternder Dokumentar- und Kunstausstellung («Canto d'amore», Kunstmuseum). Alle namhaften Musikorganisationen beteiligten sich mit insgesamt zwei Dutzend Konzerten, die wenigstens teilweise die Thematik abhandelten. Von Strawinskys «Pulcinella»-Ballett bis zu den schweizerischen Nachfahren der «Jungen Klassizität» eines Busoni, von Prokofjews «Symphonie classique» bis zu Henzes «Telemanniana» reichten die Klangbeiträge. Ein hochkarätig besetztes Symposion hatte sich die kaum zu lösende Aufgabe gestellt, den schillernden Terminus einer «klassizistischen Moderne» zu definieren und all seinen wuchernden Verästelungen in der Musik des 20. Jahrhunderts nachzuspüren. Auf «klassizistische Moderne in Musik und bildender Kunst 1914–1935» suchte sich die faszinierende Ausstellung zu beschränken. Doch vermochten Auge und Ohr kaum die Fülle des Gebotenen zu fassen. Bilder von Böcklin bis de Chirico, daneben Figurinen der «Ballets Russes», Plastiken, Gouachen und Zeichnungen luden die Besucher zu fortwährenden Grenzgängen hin zu den musikbezogenen Exponaten ein, die sich in Gestalt von Partiturhandschriften, Briefdokumenten und Druckausgaben in Vitrinen ausgebreitet fanden und über Walkman-Hörprogramme sogar teilweise zum Klingen gebracht werden konnten. Der Kunstkritiker Hans-Joachim Müller schrieb[14]:

> **«Klassizistische Moderne» ist avantgardebereinigte Moderne, aufgeklärte Moderne. Moderne, die mit ihrer Vergeblichkeit rechnet und mit der Traumunerfüllbarkeit spielt. Nicht umsonst gehört die «Melancholia» zu den Lieblingsfiguren de Chiricos. Und Melancholie liegt wie ein feiner Schleier über der ganzen Ausstellung.**

Anmerkungen

1 Art. «Fest, Festtage», in: «Brockhaus-Enzyklopädie», Wiesbaden, 17. Auflage 1968.
2 Zit. in: Wilhelm Merian: «Basels Musikleben im XIX. Jahrhundert», Basel 1920, S. 213 ff., wo sich eine Schilderung des Tonkünstlerfestes 1903 findet.
3 Zit. in: «Ein Glück ohne Ruh'». Die Briefe Gustav Mahlers an Alma. Erste Gesamtausgabe. Hrsg. und erläutert von Henry-Louis de La Grange und Günther Weiss, Berlin 1995, S. 154.
4 Wiedergabe beider Fotografien in: Gilbert Kaplan (Hrsg.): «Das Mahler Album». Bild-Dokumente aus seinem Leben, Wien 1995, Abb. 39 und 40 (auch als CD-Rom erhältlich).
5 Vgl. im folgenden Fritz Morel: «Die Konzerte der Allgemeinen Musikgesellschaft in Basel 1926–1951». Festschrift zur Feier des 75-jährigen Bestehens der Allgemeinen Musikgesellschaft, Basel 1951.
6 O.M. (Otto Maag): «Festspiele der Stadt Basel», in: «National-Zeitung» vom 23. Mai 1932, S. 5.
7 Vgl. «Tendenzen und Verwirklichungen». Festschrift des Schweizerischen Tonkünstlervereins aus Anlass seines 75-jährigen Bestehens, Zürich 1975, S. 77–80.
8 In: Programmbuch «Honegger-Fest in Basel», S. 5.
9 In: «Neue Musikzeitung», August-September 1970, S. 4.
10 Anton Haefeli: «Die Internationale Gesellschaft für Neue Musik (IGNM). Ihre Geschichte von 1922 bis zur Gegenwart», Zürich 1982, S. 210 f.
11 Einführungstext im Programmbuch «Schweizerisches Tonkünstlerfest in Basel ...», S. 5.
12 Vgl. den Bericht von Toni Haefeli in: «Dissonanz/dissonance» Nr. 36, Mai 1993, S. 27–29.
13 Vgl. den Bericht von Toni Haefeli in: «Dissonanz/dissonance» Nr. 38, November 1993, S. 24–26.
14 In: «Basler Zeitung» vom 26. April 1996.

Der junge Paul Sacher.
Holzschnitt von
Theo Meier
(Foto Universitäts-
bibliothek Basel)

Sigfried Schibli

Eine Schlüsselfigur der musikalischen Moderne.

Paul Sacher, seine Persönlichkeit, sein Wirken, sein Vermächtnis.

Eine Schlüsselfigur der musikalischen Moderne

Dirigent, Anreger, Mäzen

Mit Paul Sachers Namen verbindet sich zunächst die Musik eines ganzen, des 20. Jahrhunderts. Namhafteste Komponisten standen mit ihm in regem, zum Teil freundschaftlichem Austausch. Über 200 musikalische Werke wurden von ihm in Auftrag gegeben und finanziert, die meisten von ihm persönlich am Dirigentenpult uraufgeführt. Eine kapitale Figur der Musik unseres Jahrhunderts, die Sinn für Qualität, aber auch für Machtentfaltung und Sicherung eines reichen Erbes besass. Davon kündet die 1973 ins Leben gerufene und seit 1986 am Münsterplatz residierende «Paul Sacher Stiftung», deren Bestand an musikalischen Handschriften Weltgeltung besitzt.

Es gibt mehrere Möglichkeiten, von Paul Sacher zu sprechen. Von ihm als Dirigenten, als Mäzen der Tonkunst wie der bildenden Künste, als Grossindustriellem, der er durch die Heirat mit Maja Hoffmann-Stehlin geworden ist, der Tochter des Basler Architekten Fritz Stehlin und Witwe des 1932 bei einem Autounfall zu Tode gekommenen Basler Chemikers Emanuel Hoffmann, eines Sohns der Gründerfamilie der «F. Hoffmann-La Roche». Wie also sprechen von Paul Sacher?

Wenn wir zunächst Paul Sacher selbst sprechen lassen, so entsteht vor uns das Bild eines Sohns einfacher Leute, die aus dem Fricktal stammten und um die Jahrhundertwende nach Basel gezogen waren. Sein Vater absolvierte eine Lehre in einem Speditionsgeschäft am Totentanz und lebte offenbar anspruchslos, ohne Ambitionen auf eine berufliche Karriere und auf gesellschaftliche Anerkennung. Sachers Mutter stammte aus einer Prattler Bau-

Paul Sacher 1997 bei einer Probe mit dem Basler Schlagzeugensemble
(Foto Kurt Wyss)

ernfamilie; sie war es, die für die Ausbildung der Kinder sorgte, sie entwickelte in ihnen den Sinn für das Schöne und setzte sich dafür ein, dass Paul «etwas werden» könne. 1996 erzählte Sacher[1]:

Sie fand zwar schon, dass ich etwas Besseres werden sollte, aber nicht gerade Musiker, so ein Lumpenberuf! Für sie war ein Künstler nichts Seriöses. Sie hat auch später, als ich verheiratet war und diese Verbindung zur F. Hoffmann-La Roche hatte, über mich nur den Kopf geschüttelt, weil sie dachte, ich könnte doch bei Roche etwas werden, und nun sehen musste, dass ich weiter dirigierte.

Sacher hat sich seine kleinbürgerliche Herkunft nach der Heirat mit Maja Hoffmann-Stehlin nicht anmerken lassen. Der Komponist Ernst Krenek, der mit den Sachers befreundet war, schreibt über ihn[2]:

Es war bemerkenswert, wie der junge Mann, der, soviel ich weiss, aus einer recht armen Familie kam, über das Vermögen verfügte, das ihm so in die Hände gefallen war, und sich mit so überzeugender Selbstsicherheit an den entsprechenden Lebensstil anpasste, dass niemand vermutet hätte, dass er nicht mit Kaviar und Champagner aufgewachsen war.

Sacher hat stets Wert darauf gelegt, nicht als blosser «Financier» von über zweihundert Partituren, als Besitzer ungezählter Kunstwerke und kostbarer Musikhandschriften zu gelten. Und schon gar nicht wollte er der Milliardär sein, als den ihn Wirtschaftspostillen mit schöner Regelmässigkeit immer wieder «entlarvten». Dahinter verbirgt sich das Ethos des nachschöpfenden Künstlers Sacher, welcher er als ausgebildeter Geiger und langjähriger Dirigent auch war. Dieser praktisch-professionelle Bezug zur Kunst unterscheidet ihn von andern Mäzeninnen und Mäzenen, die – wie der deutsche Sammler Peter Ludwig oder die amerikanische Musikmäzenin Elizabeth Sprague-Coolidge – einer vergleichbaren Quantität (und Qualität!) von Werken zu ihrem Entstehen verhalfen, dies aber nicht als ausübende Künstler, sondern ausschliesslich als Geldgeber taten.

Sacher relativierte seine Finanzierungstätigkeit gern, indem er darauf beharrte, er habe schlicht und einfach für sein 1926 gegründetes Basler Kammerorchester neue Werke gebraucht und diese dann eben durch Auftragsvergabe erworben – eine für den schlauen, auch listigen Sacher typische Rechtfertigung, in der sich nüchterne Bescheidenheit und der Stolz, nicht über Finanzen sprechen zu müssen, weil Geld im Übermass vorhanden ist, verbinden. Beeindruckend sind denn auch wohl nicht so sehr die Summen, die Sacher für einige «Klassiker der Moderne» ausgab (Kritiker rechneten ihm gelegentlich vor, Meisterwerke für Almosen-Beträge eingekauft zu haben), sondern die Begeisterungsfähigkeit und persönliche Herzlichkeit, die etwa zum Entstehen von Meisterwerken wie Bartóks «Divertimento» geführt haben.

Gerade das «Divertimento» ist geeignet, eine Vorstellung von Sachers Mäzenatentum in seiner umfassenden, unlösbar an seine Person gebundenen Form zu geben. Sacher hatte 1929 als 22-jähriger Student in Basel ein Bartók-Konzert mit der Geigerin Stefi Geyer und der Sängerin Ilona Durigo gehört und war tief beeindruckt. Sieben Jahre später sollte Bartók für Sacher die bedeutende «Musik für Saiteninstrumente, Schlagzeug und Celesta» schreiben, später folgten noch die «Sonate für zwei Klaviere und Schlagzeug» sowie das «Divertimento» für Streichorchester. Es entstand während eines Sommeraufenthalts, den der ungarische Komponist – verschreckt durch den auch in seiner Heimat heraufziehenden Nationalsozialismus – im Chalet Aellen in Saanen, das Sachers Frau Maja gehörte, verbringen durfte.

Die Sachers waren übrigens nicht die einzige Basler «Adresse» für Bartók. Er unterhielt in den Dreissigerjahren Kontakt zum Musiklehrer und Pianisten Ivan Engel, vor allem aber zu Annie und Oskar Müller-Widmann, die in ihrem Heim an der Fringelistrasse Hauskonzerte mit Werken Bartóks veranstalteten. Als die politische Lage in Ungarn Mitte 1938 für Bartók brisant wurde, suchte er nach einer Möglichkeit, seine musikalischen Manuskripte in Sicherheit zu bringen. Im Mai und Juni 1938 sandte er auf vier Postpakete verteilt alle seine musikalischen Autographen aus Budapest an Annie Müller-Widmann nach Basel. Ein Jahr später bat Bartók sie, die Manuskripte an seinen neuen Verleger Boosey & Hawkes in London weiterzusenden (sein Wiener Verlag, die Universal Edition, hatte ihn freigegeben). Später erwarb Sacher von Müller-Widmann das Manuskript von Bartóks frühem Violinkonzert, das er mit dem Solisten Hansheinz Schneeberger und dem

Basler Kammerorchester 1958 in Basel zur Uraufführung brachte.³

Im Bann der musikalischen Jugendbewegung

Begonnen hat die musikalische Laufbahn des am 28. April 1906 in Basel geborenen Paul Sacher in einem Schülerorchester. 1922 gründeten einige Schüler der Oberen Realschule – des späteren Mathematisch-Naturwissenschaftlichen Gymnasiums – ein «Orchester junger Basler», das einen jungen Geiger zu seinem «Chef» wählte: Paul Sacher. Zu den Mitgliedern gehörte auch der später als Gambist, Dirigent und Herausgeber alter Musik so bedeutende August Wenzinger. Man spielte vorwiegend Barockliteratur und Werke der Wiener Klassik, fand aber auch bald Kontakt zur musikalischen Jugendbewegung mit ihren Präzeptoren August Halm und Paul Hindemith.

Der spätere Grossindustrielle und Multimillionär Sacher – er war von 1938 bis 1996 aktiver Verwaltungsrat der «Roche», deren Aktienmehrheit er stellvertretend für seine Kinder besass – begann also mit einem «alternativen» Orchester, dessen geistige Haltung in scharfer linker Opposition zum offiziellen Schulbetrieb stand und aller «falschen Romantik» abschwor. In einem Aufsatz geisselte der zwanzigjährige Sacher die «Überschätzung der technischen Fertigkeiten» im Musikbetrieb und posaunte ganz im Stil der deutschen Jugendbewegung, Bertolt Brechts und Paul Hindemiths und ihrer antielitären Hochschätzung der musikalischen Laienkultur:⁴

Die Kulturlosigkeit unserer Kunstübung manifestiert sich am stärksten im Konzertwesen. (…) Musik sollte nicht, wie heute, nur die Angelegenheit einer Zunft von Ausübenden, sondern des ganzen Volkes sein.

1928 begann Sacher, eigentliche Kompositionsaufträge zu vergeben, zuerst an Basler Komponisten wie Rudolf Moser, Conrad Beck und Hans Haug; einige dieser jungen Meister gehörten zur Gruppe «Die Fünf», die sich parallel zur Pariser «Groupe des Six» gebildet hatte. Die Werke wurden entweder von Sachers Schülerorchester oder vom Basler Kammerorchester aufgeführt, das Sacher 1926, unmittelbar nach seiner Matura, ins Leben gerufen hatte, um damit gleichermassen alte und neue Musik (kaum aber solche des 19. Jahrhunderts!) kompetent aufzuführen. Diese Personaleinheit von Auftraggeber und Uraufführungsdirigent hatte nicht weniger als sechzig Jahre lang Bestand, bis Sacher sein Kammerorchester, das inzwischen überwiegend aus sozial gut abgesicherten BOG-Musikern bestand, zur Überraschung vieler Musikfreunde 1987 auflöste – ein Schock zumindest für die baselstädtische Musikkultur. Sachers Zürcher Parallelgründung, das Collegium Musicum Zürich, musizierte noch ein wenig länger: Erst 1992 wurde der (1941 von Sacher gegründete) Klangkörper formell aufgelöst, erstand aber jeweils zu den traditionellen Serenaden am Löwendenkmal in Luzern noch bis 1996 vorübergehend zum Leben.⁵ Bis zu seinem Tod am 26. Mai 1999 Bestand hatte ein weiteres Ensemble Sachers, das 1967 gegründete «Basler Schlagzeugensemble».

Die beiden Orchester Sachers waren keineswegs Orchester für moderne Musik allein. Gewiss waren sie dies auch. Aber gemäss dem frühen Interesse Sachers an unbekannter neuer und alter Musik spezialisierten sich seine Klangkörper in beide Richtungen. Sie gehörten zu den ersten Orchestern, die in der Schweiz die Musik Carl Philipp Emanuel Bachs aufführten, und pflegten unter Sacher unabhängig von allen Moden die Sinfonik Haydns und Mozarts. Eine Statistik der ersten zehn Collegium-Musicum-Jahre zeigt eine verblüffende Proportion: Von 141 gespielten Werken gehören 72 dem Barock und der Wiener Klassik an, 60 stammen von Zeitgenossen, und nur neun Kompositionen aus dem 19. Jahrhundert, das im Abonnementskonzert-Betrieb sonst ja bis auf den heutigen Tag dominiert.

Sacher darf als Pionier der sogenannten «historischen Aufführungspraxis» bezeichnet werden, die das Verhältnis breiter Hörerschichten zur alten Musik nachhaltig verändert hat. Schon 1928 führte er Purcells Oper «Dido und Aeneas» auf – dasselbe Werk stand auch auf dem Programm des Konzerts, mit dem sich Sachers Basler Kammerorchester 1987 vom Publikum verabschiedete. Mag auch die Zeit inzwischen über diese noch mit «modernen»Instrumenten gespielten Aufführungen hinweggegangen sein: Es war im wesentlichen Sachers Verdienst, dass dem Basler Publikum die Werke der

Paul Sacher und Anne-Sophie Mutter, Basel 1986
(Foto André Muelhaupt)

alten Meister als künstlerisch vollgültige Musik nahegebracht wurden. Eigentlich modellhaft war die Art und Weise, in der er Praxis und Theorie zu verbinden vermochte. Durch die von ihm mitbegegründete Schola Cantorum Basiliensis, deren «Geburtsstunde» im November 1933 schlug, hat Sacher für die vielfach in die Musikpraxis hineinwirkende wissenschaftliche Erkundung der alten Musik Unschätzbares geleistet (vgl. das 10. Kapitel).

Gewiss hat Sacher die Pflege der barocken und vorbarocken Musik in Basel nicht erfunden. Vor ihm ebneten Musiker wie Münsterorganist und Bach-Chor-Gründer Adolf Hamm und im 19. Jahrhundert der Dirigent August Walter den Weg, und mit ihm arbeiteten Persönlichkeiten wie Ina Lohr, August Wenzinger und Walter Nef und andere am Projekt einer Wiederbelebung alter Musik. Aber die revolutionäre Idee eines Lehr- und Forschungsinstituts war Sachers Idee. Sie war kein Widerspruch zu Sachers Musica-Nova-Bestrebungen, sondern deckte sich mit den Impulsen, die er aus der musikalischen Jugendbewegung bezog; überdies war Sacher durch sein mehr als zehnsemestriges musikwissenschaftliches Studium bei Karl Nef in Basel auf den Geschmack der vorklassischen Musik gekommen. Die Orientierung an der Musik der Vergangenheit galt der Jugendbewegung als Ausweg aus der Krise des Musikbetriebs – eine Optik, der sich Sacher mühelos anschliessen konnte.

«Exotische» alte Instrumente wie Cembalo und Viola da gamba hatten schon in den späten Zwanzigerjahren in die Konzerte des Basler Kammerorchesters Eingang gefunden; nun wurden sie auch Gegenstand wissenschaftlicher Studien in der neugegründeten «Schola», die zuerst (von 1933 bis 1940) im «Seidenhof» am Blumenrain residierte. Bis 1964 – inzwischen war das Institut an die Leonhardsstrasse umgezogen – war Sacher in Personalunion Leiter der Musik-Akademie und «seines» Instituts für historische

Musikpraxis, das 1954 mit Konservatorium und Musikschule fusionierte. Als Akademie-Leiter demissionierte er 1969 – aus Protest gegen die «mangelnde Entschlossenheit der Behörden» (vgl. das 12. Kapitel).

Eine Art Künstlerkreis

1934 heiratete Paul Sacher Maja Hoffmann-Stehlin, Architektentochter, Bildhauerin und Kunstsammlerin, die 1989 hochbetagt gestorben ist. Diese Heirat bildete die materielle und ideelle Grundlage für eine umfassende mäzenatische Tätigkeit des Ehepaars, die zahlreiche Kompositionsaufträge, Bilderankäufe und sogar Museumsgründungen umfasste (Museum für Gegenwartskunst, Emanuel-Hoffmann-Stiftung, Jean-Tinguely-Museum). Maja Sacher, an welche heute noch die Maja-Sacher-Stiftung erinnert, war auch für die Planung des Landhauses auf dem Schönenberg in Pratteln verantwortlich.

Zum Sacher'schen Kreis von Komponisten und Musikern trat ein Kreis von bildenden Künstlern, die dem Ehepaar Sacher zugetan waren, denen man Aufträge erteilte und die sich mit Kunstwerken bei den Sacher-Stehlins bedankten. Auf Musikerseite zur Sacher-«Familie» gehörten zunächst Persönlichkeiten wie die ungarische Geigerin Stefi Geyer, die erste Konzertmeisterin des Collegium Musicum Zürich, und ihr Mann seit 1920, der Zürcher Konzertagent und Impresario Walter Schulthess; später der russische Cellist (und Dirigent) Mstislaw Rostropowitsch, dessen Emigration aus der Sowjetunion von Sacher unterstützt wurde. Sacher half auch bei der «Entdeckung» junger Talente wie Anne-Sophie Mutter mit, die unter ihm als Dirigenten unter anderem Werke der Zeitgenossen Witold Lutoslawski und Wolfgang Rihm interpretierte. Unter den Pianisten sind vor allem Dinu Lipatti und Géza Anda als Angehörige der Sacher-«Familie» zu nennen.

Unter den Schweizer Komponisten, denen Sacher in freundschaftlicher Verbundenheit neue Werke abgewann, waren Arthur Honegger («Jeanne d'Arc au bûcher» 1938, «La Danse des Morts» 1940, 4. Sinfonie «Deliciae Basilienses» 1946, «Eine Weihnachtskantate» 1953), Frank Martin («Ballade» 1941, «Der Cornet» 1945, Violinkonzert 1952, Cellokonzert 1967), Conrad Beck (5. Sinfonie 1930, Suiten 1931 und 1946, Violinkonzert 1940), Willy Burkhard (Streicherfantasie 1934, «Das Gesicht Jesajas» 1936, Violinkonzert 1943), Albert Moeschinger (Erstes und zweites Orchesterstück 1938, Konzert für Violine, Streichorchester, Pauke und kleine Trommel 1935, 3. Konzert für Klavier und Kammerorchester 1939) und Rudolf Kelterborn (Missa 1961, «Die Flut» 1965, Sonata sacra 1968) mit Sacher befreundet. Auswärtige Komponisten von internationalem Renommee, die Sacher und seinen beiden Orchestern nahestanden, waren vor allem die Neoklassizisten Igor Strawinsky (Concerto in d für Streichorchester 1947, «A Sermon, a Narrative, and a Prayer» 1962), Paul Hindemith («Marsch für Orchester über den alten ‹Schweizerton›» 1960) und Béla Bartók (siehe oben), aber auch der Tscheche Bohuslav Martinů (Doppelkonzert 1940, Sinfonia concertante 1950, Konzert für Violine und Streichorchester, Klavier, Pauken und Schlagzeug 1942, «Das Gilgamesch-Epos» 1958), der Engländer Benjamin Britten (Cantata academica «Carmen Basiliense» 1960), der Deutsche Hans Werner Henze (2. Violinkonzert 1972) und der Österreicher Ernst Krenek («Kette, Kreis und Spiegel» 1958, Symphonisches Stück für Streichorchester 1939).

In den letzten Jahren wurde Heinz Holliger – neben dem von Sacher «entdeckten» Norbert Moret – zu dem von Sacher vielleicht am entschiedensten geförderten Musiker, was einmal mehr Sachers Spürsinn für herausragende künstlerische Talente belegt. Eine Zeit lang sah es aus, als wolle Sacher dem Oboisten und Komponisten Holliger, der zunehmend zu dirigieren begonnen hatte, die Leitung seines Basler Kammerorchesters anvertrauen. Dazu kam es nicht. Doch steht die von Holliger mit Rudolf Kelterborn und Jürg Wyttenbach gegründete Konzertreihe «Basler Musik Forum» zumindest von der geistigen Ausrichtung her klar in der von Sacher begründeten Tradition.

Eine Stiftung für die Zukunft

1986 bereitete Sacher sich und der Musikwelt insgesamt ein besonderes «Geschenk»: die seit 1973 bestehende «Paul Sacher Stiftung» bezog das

Die Paul Sacher Stiftung «auf Burg» in Basel
(Foto Niggi Bräuning)

von Sacher erworbene und von Katharina und Wilfrid Steib umgebaute Haus «Auf Burg» am Basler Münsterplatz. Ein stolzes Haus mit historischer Aura: Es war während Jahrzehnten vom Historiker Werner Kaegi bewohnt worden, der darin seine grosse Jacob-Burckhardt-Biografie schrieb. Dieses mit den modernsten Techniken der Archivierung ausgestattete Institut dient der Sicherung, Sichtung und wissenschaftlichen Erforschung der zahlreichen Musik-Autographen und Komponisten-Nachlässe Sachers. Zugleich wurde die Stiftung – klug ist es, ein geordnetes Haus zu verlassen – von Sacher als Nachlassorgan für die Zeit nach seinem Ableben konzipiert.

«Im Lauf meines langen Dirigentenlebens ist eine grosse Menge von Briefen, Büchern, Noten, Manuskripten usw. zusammengekommen, die nicht in alle Winde zerstreut werden soll», schrieb Paul Sacher zur Eröffnung seiner Stiftung im Haus «Auf Burg».[6] Systematisch gesammelt habe er allerdings nie, erklärte Sacher; er sei nicht einmal im Besitz aller von ihm in Auftrag gegebenen Werke. Dafür erwarb Sacher immer wieder kostbare Autographen und seit den Achtzigerjahren in grossem Stil Nachlässe und Sammlungen bedeutender Komponisten – am spektakulärsten der 1983 für 5,25 Millionen Dollar (damals rund 12 Millionen Franken) in New York von Albi Rosenthal im Auftrag Sachers ersteigerte Nachlass Igor Strawinskys sowie die umfangreiche Webern-Sammlung von Hans Moldenhauer. Besonders der Erwerb des Strawinsky-Nachlasses liegt ganz auf der Linie von Sachers Musikpraxis und Ästhetik. Schon 1930 hatte er Igor Strawinsky als Solisten seines «Capriccio» für Klavier und Orchester und als Dirigenten seiner

Eine Schlüsselfigur der musikalischen Moderne

Pierre Boulez dirigiert in Basel, 1998
(Foto Mathias Lehmann)

Ballettmusik «Apollon musagète» nach Basel geladen, und in vielen Interviews gab er zu Protokoll, Strawinsky sei für ihn eine Art «Picasso der Musik». Der Erwerb des gewaltigen Nachlasses muss sein grösster Herzenswunsch gewesen sein.

Hinzu kamen so bedeutende Nachlässe wie der des italienischen Dirigenten und Komponisten Bruno Maderna, der Schweizer Conrad Beck und Frank Martin sowie aufgrund spezieller Vereinbarungen auch «Nachlässe zu Lebzeiten», deren Zahl und Bedeutung für Aussenstehende heute kaum mehr zu überblicken ist: Luciano Berio, Harrison Birtwistle, Pierre Boulez, Elliott Carter, Henri Dutilleux, Brian Ferneyhough, Sofia Gubaidulina, Cristóbal Halffter, Hans Werner Henze, Mauricio Kagel, György Kurtág, György Ligeti, Conlon Nancarrow, Wolfgang Rihm, Galina Ustvolskaja, dazu die Schweizer Walther Geiser, Robert Suter, Klaus Huber, Rudolf Kelterborn, Heinz Holliger und viele andere. Heute ist die Paul Sacher Stiftung, deren Bestände wohl weltweit einzigartig sind, ein von Musikologinnen und Musikologen aus der ganzen Welt zu Studienzwecken besuchtes Institut, das Forschungsstipendien vergibt, musikologische Publikationen herausgibt und Symposien veranstaltet – eine wissenschaftliche Akademie auf rein privater Basis.

Weisse Flecken auf der Landkarte

Mäzene sind im Unterschied zu staatlichen Förderungsinstanzen nicht verpflichtet, über die Kriterien ihrer Unterstützungstätigkeit Rechenschaft abzulegen; sie müssen auch nicht auf Ausgewogenheit, Gerechtigkeit oder objektive Qualitätskriterien achten. Doch wird jeder Mäzen bestrebt sein, zukunftsträchtige Kunst zu fördern, wenn er nicht in den Verdacht der rein subjektiven «Freundschaftsdienste» geraten will – mäzenatische Akte sind immer auch bis zu einem gewissen Grad Selbstinthronisationen der Gönner.

Unter diesem Gesichtspunkt erstaunt es zunächst, dass der Auftraggeber und Dirigent Sacher gerade zu jener Komponistengruppe, die sich im 20. Jahrhundert als geschichtsmächtigste erwiesen hat, Distanz hielt: zur Wiener Schule um Arnold Schönberg. Weder Schönberg selbst noch Anton Webern noch Alban Berg erhielten Kompositionsaufträge aus Basel. Dies hatte verschiedene Ursachen. Zunächst entsprach die vor allem im romanischen Bereich verankerte musikalische Ästhetik des Spiels, der Collage, deren reinste Verwirklichung der musikalische Neoklassizismus war, viel eher Sachers Naturell als die Ästhetik des extrem gesteigerten Ausdrucks. Diesem hatte sich der deutsche musikalische Expressionismus verschrieben, zu dem man die in der Musik von Wagner, Brahms und Mahler wurzelnde Wiener Schule rechnen kann. Auch als Dirigent war Sacher kein Mann der expressiven Gebärden und der subjektiven Emanationen, sondern ein nüchtern-exakter Zeichengeber, der gerade durch seine Sachlichkeit in Bann zog.

Hinzu kommen biografische Gründe. Alban Berg, der «Romantiker» unter den Wienern, starb schon 1935 – der Vollender einer tief ins 19. Jahrhundert zurückreichenden Tradition, der sich Sacher ohnehin nie so nahe fühlte wie der Klassik, dem Barock oder der neoklassizistischen Moderne. Auch das «Schulhaupt» Arnold Schönberg lernte er nie persönlich kennen und stand seiner Musik erklärtermassen weit weniger nahe als etwa der von Honegger oder Bartók. Zu Anton Weberns strengem Konstruktivismus hatte Sacher zwar durchaus einen musikalischen «Draht», wollte aber offenbar das territoriale Recht des Winterthurer Mäzens Werner Reinhart, der sich Webern verbunden und verpflichtet fühlte, respektieren. Sein «Link» zur Wiener Schule bestand in der Person des von ihm hoch geschätzten Pierre Boulez, der sich durchaus als französischen Erben der seriellen Wiener Schule verstand und die Errungenschaften der Schönberg-Schule mit denen Igor Strawinskys zusammenführte.

Trotz dieser Einschränkung ist festzuhalten, dass Sachers musikalisches Mäzenatentum – und das zeigt allein schon die Liste der von ihm angekauften Komponisten-Nachlässe – von ausserordentlicher stilistischer Breite war. Auch Komponisten von ausgeprägt gesellschaftskritischem Habitus wie Jacques Wildberger oder Klaus Huber erhielten von ihm, dem Grosskapitalisten, Aufträge.

Macht und Mythos

Paul Sacher – während Jahrzehnten eine mächtige, eine übermächtige Figur im Basler Musikleben. Um solche Persönlichkeiten herum bilden sich leicht Legenden. Und von der real vorhandenen Macht ist es oft nur ein kleiner Schritt zur Zuschreibung von Allmacht. Dies widerfuhr auch Paul Sacher. Keine Organisten- und keine Chorleiterstelle, so hörte man immer wieder munkeln, werde in dieser Stadt ohne den «Segen» von Paul Sacher besetzt. Und dass der «Chef» Sacher auch eine mitunter verschlossene, schwierige, autokratische Seite hatte, mussten einige seiner Mitarbeiter erfahren.

Der Einfluss Sachers auf die baselstädtische Kultur war in der Tat während Jahrzehnten unvergleichlich und nur teilweise auf seine zahlreichen öffentlichen Funktionen – etwa bei der IGNM, der Musik-Akademie, dem Radio, dem Tonkünstlerverein, der Pro Helvetia – zurückzuführen. Es ist kein Geheimnis, dass Sacher die Berufung des Komponisten Conrad Beck als Musik-Abteilungsleiter am Radio-Studio Basel vorantrieb und dass der damalige Akademiedirektor Sacher 1958 seinen Einfluss bei der Berufung des neuen Lehrstuhlinhabers für Musikwissenschaft geltend machte; damals wurde Leo Schrade als Nachfolger von Jacques Handschin nach Basel berufen. Auch Schrades Nachfolger Hans Oesch war als langjähriges Vorstandsmitglied des Basler Kammerorchesters und später wissenschaftlicher Leiter der Paul Sacher Stiftung (heute Hermann Danuser) gewissermassen ein Mann Sachers, ebenso wie der langjährige Departementssekretär im Erziehungsdepartement, Emil Vogt. Auch die Direktoren der Musik-Akademie Friedhelm Döhl und Rudolf Kelterborn konnten sich der grundsätzlichen Sympathie Sachers sicher sein, und mit Andreas P. Hauri stand ein «Roche»-Mann auch viele Jahre an der Spitze der Theaterverwaltung. Sachers Einfluss schwand in den Jahren seines hohen Alters. Wichtige orchesterpolitische Entscheidungen wie der Übergang von der BOG zur Stiftung Basler Orchester oder die Fusion der

Paul Sacher mit Lionel Hampton 1981 auf dem Schönenberg
(Foto André Muelhaupt)

beiden Basler Orchester erfolgten ohne die Beteiligung, ja sogar teilweise gegen den erklärten Willen Sachers.

Die Fama von Sacher als «grauer Eminenz», die hinter allem stecke, wurde genährt durch einige Vorfälle in der gewiss freien, aber eben nicht in jedem Fall objektiven Presse- und Medienlandschaft. So konnte ein kritischer Beitrag zu Sachers 80. Geburtstag aus der Feder von Christoph Keller in Radio DRS 2 auf höhere Weisung nicht ausgestrahlt werden (er erschien dann unter dem Titel «Die verhinderte Festschrift» in der Zeitschrift «Magma»). Auch ein von Dietmar Polaczek für die «Frankfurter Allgemeine Zeitung» im Dezember 1986 verfasster Artikel «Bittere Sacher-Pille» blieb nach Intervention der dortigen Kulturverantwortlichen ungedruckt. Von einer Einflussnahme Sachers zu sprechen wäre naiv. Es gab vielmehr um Sacher ein schwer nachzuweisendes, aber ganz offensichtlich wirkungsvolles Tabu, das nicht selten zur viel zitierten «Schere im Kopf» von Lokalhistorikern und Journalisten führte.

Gewiss ist mit Geld auch Kultur und Kulturpolitik zu machen. Und die private Förderung von Museen und Instituten war im Grunde ein Stück kulturpolitisches Handeln, mit dem Sacher in – höchst produktive! – Konkurrenz zur staatlichen, kantonalen, kommunalen Kulturförderung trat – getreu dem Credo des Wirtschaftsliberalismus, private Initiativen seien allemal effizienter als solche des Gemeinwesens. Und als private Gönner, darunter auch Sacher, 1996 die Pläne der Christoph Merian Stiftung für ein Kulturzentrum im ehemaligen Lohnhof zu Fall brachten und mit 5,6 Millionen Spenderfranken eine andere Planung – die Erweiterung der Musikinstrumenten-Sammlung des Historischen Museums Basel – durchsetzten, war das Wort von der «Allmacht von Sachers Geld» noch einmal zu vernehmen. 1996/97 schloss sich in gewissem Sinn auch der Kreis Sachers zur Allgemeinen Musikgesellschaft. Sachers langjährige Sekretärin Kathrin Klingler übernahm mit ihrer von Walter Schulthess übernommenen, lange Zeit in Zürich und jetzt in Basel angesiedelten «Konzertgesellschaft» die Verwaltung der AMG und des Basler Musik-Forums. Vielleicht nicht ganz zufällig trat zur gleichen Zeit ein Wissenschaftler der Paul Sacher Stiftung, Felix Meyer, in den Vorstand der AMG ein.

Freilich ist mit Geld allein nicht nur kein Staat, sondern auch keine Kultur zu machen. Die Verdienste Paul Sachers für das Basler Musikleben können schlechterdings nicht überschätzt werden. Paul Sacher war eine in seiner Zeit wohl einzigartige Persönlichkeits-Konstellation aus Intelligenz, Musikalität, Charme, Machtwillen und Selbstsicherheit, zu der die materiellen Mittel gleichsam als Treibstoff hinzukamen. Der Motor des Ganzen war er selbst, seine Neugier, seine Innovationsfreude, seine Professionalität.

Anmerkungen

1 Vgl. die Aufzeichnungen von Paul Sacher: «Meine Herkunft, meine Kindheit, meine Jugend, mein frühes Musizieren», aufgezeichnet von Sigfried Schibli, in: «Basler Magazin» Nr. 17, 27. April 1996, S. 3, und Sachers autobiografische Notizen «Ein Leben für die (andere) Musik», in: Jürg Erni, Heinrich Kuhn (Hrsg.): «Neue Musik in Basel. Paul Sacher und sein Mäzenatentum», Basel 1986, S. 23–40.

2 Ernst Krenek: «Im Atem der Zeit. Erinnerungen an die Moderne», Hamburg 1998, S. 944.

3 Paul Sacher: «Begegnungen mit Béla Bartók», in: P. S., «Reden und Aufsätze», Zürich 1986, S. 107–118; Werner Fuchs: «Béla Bartók und die Schweiz. Eine Dokumentensammlung», Bern 1973, vor allem S. 83 ff. Ein Brief Bartóks an Annie Müller-Widmann vom 13. April 1938 ist abgedruckt in: «Béla Bartók. Weg und Werk. Schriften und Briefe», hrsg. von Bence Szabolcsi, Kassel/München 1972, S. 280–283.

4 Paul Sacher: «Musik und Schule», in: «Orchester junger Basler 1922–27», Basel 1927, S. 3.

5 Vgl. dazu die Festschriften «Alte und neue Musik. Das Basler Kammerorchester (Kammerchor und Kammerorchester) unter Leitung von Paul Sacher 1926–1951», Zürich 1952; «Alte und neue Musik II. Das Basler Kammerorchester (Kammerchor und Kammerorchester) unter Leitung von Paul Sacher 1926–1976», Zürich 1977; «Alte und neue Musik III. 60 Jahre Basler Kammerorchester. Kammerchor und Kammerorchester unter Leitung von Paul Sacher 1976–1987», Zürich 1988. Weitere ausgewählte Werke zu Paul Sacher: «Dank an Paul Sacher (zum 28. April 1976)», hrsg. von Mstislav Rostropovitch; «Paul Sacher als Gastdirigent. Dokumentation und Beiträge zum 80. Geburtstag», hrsg. von Veronika Gutmann, Zürich 1986 sowie die Festschriften zum Collegium Musicum Zürich, zuletzt «Fünfzig Jahre Collegium Musicum Zürich», hrsg. von Sibylle Ehrismann, Zürich 1994.

6 Paul Sacher: «Vorrede», in: «Komponisten des 20. Jahrhunderts in der Paul Sacher Stiftung», Katalog, hrsg. von Hans Jörg Jans, Basel 1986, S. 9.

Der Oboist und Komponist als Dirigent: Heinz Holliger, 1998
(Foto Kurt Wyss)

Klaus Schweizer

Musica nova made in Basel.

Komponisten von Hans Huber bis zu Heinz Holliger und jüngeren.

Bericht eines Ethnologen

Im Jahr 1881 reiste der ebenso gefürchtete wie geschätzte Wiener Musikkritiker Eduard Hanslick (1825–1904) ferienhalber an den Vierwaldstätter See. Doch auch hier drängte es den bissigen Criticus zur Niederschrift musikbezogener Eindrücke, nachdem er wohl nur zum Schein um Schreibdispens gebeten hatte: «Man reist zur Sommerszeit nicht in die Schweiz, um Musik zu hören.» In Gersau entstand die Studie «Musikalisches aus der Schweiz».[1] Denn Seltsames erspähte und erlauschte der verwöhnte Musikprofessor bei seinen Exkursionen zu Wasser und zu Lande. Zu konstatieren gab es bei einheimischen Ausflüglern jeglichen Alters und jeglicher Profession ein offenbar unbändiges Verlangen, sich bei passender wie unpassender Gelegenheit chorisch zu formieren, um «anspruchslose Gesangsproductionen» mit grossem Eifer, doch «ohne feinere Tonempfindung, Alles gleich stark» von sich zu geben. Hanslicks Essay verfällt zuweilen in den Ton eines Ethnologen, der ferne Lande bereist und fremdartige Kulturen beschreibt. Zwar räumt der Autor ein, dass die Schweiz, «diese fleissigste Werkstätte des Chorsingens», in ihren Städten ein achtbares «Concertwesen» aufweist[2]:

> Basel und Zürich namentlich wetteifern mit regelmässiger Orchester- und Kammermusik, machen auch zeitweilig durch Aufführung grosser Oratorien eine rühmenswerte, von bestem Gelingen begleitete Anstrengung. Auch von guten Opernaufführungen hört man in neuerer Zeit, obgleich die Oper jedenfalls hinter dem Concert- und Chorwesen dieses Landes zurücksteht. Opernvorstellungen haben die bedeutendsten Schweizer Hauptorte doch nur in den Wintermonaten, und dann nicht immer regelmässig.

Schien dem Reisenden aus Wien das, was sich musikalisch in Zürich und Bern, Genf und Basel bewegte, nun wirklich nur als etwas, was sich mit wenigen Druckzeilen abtun lässt? Fand Hanslick, dieser hartnäckige Brahmsianer und entschiedene Gegner aller neudeutschen «Zukunftsmusik» im Gefolge Wagners, in helvetischen Musentempeln so gar keine Konservativen zu rühmen, keine Wegbereiter des kommenden Jahrhunderts zu kritisieren?

Eher fündig wurde da schon Hanslicks Berliner Professorenkollege Hermann Kretzschmar (1848–1924), in dessen vielbenutztem «Führer durch den Concertsaal» von 1887 dem gebürtigen Zürcher und leidenschaftlichen «Neudeutschen» Joachim Raff (1822–1882) vor der Besprechung der Programmsinfonien «Im Walde» und «Lenore» bescheinigt wird, er habe nach Berlioz und Liszt «am erfolgreichsten das Banner der Programmmusik in das Gebiet der grossen Sinfonie hinübergetragen». Bereits einer ehrenvollen Erwähnung wert scheint dem Verfasser der gerade erst uraufgeführte Sinfonie-Erstling «Tell» des seit 1877 in Basel tätigen Solothurners *Hans Huber* (1852–1921).[3]

In der Tradition verwurzelt

Zwar weisen heutige Plattenkataloge nur wenige Einspielungen von Werken Hans Hubers auf, auch erklingen solche fast nur nur an Gedenktagen einmal im Konzertsaal. Doch verdankt das Basler Musikleben diesem tatkräftigen Pädagogen und metierkundigen Komponisten ausserordentlich viel. Nicht umsonst ziert sein Name noch immer den Kammermusiksaal des Stadt-Casinos. Im kirchlich geprägten Umkreis Solothurns auch musikalisch gross geworden, erfuhr der auffällig Begabte seine prägende Ausbildung am Leipziger Konservatorium, diesem Hort vorbehaltloser Klassik- und Klassizismuspflege schlechthin. Bemerkenswert, dass der gerade Zwanzigjährige offen mit den Fortschrittlern sympathisierte, wie ein Brief des Carl-Reinecke-Schülers von 1872 bezeugt[4]:

> Zweitens stehen sich hier zwei scharf geschiedene Parteien gegenüber, die alte und die moderne Richtung! Verteidiger und Executor der ersten ist Reinecke, weshalb am Gewandhaus auch der unverzeihliche Übelstand herrscht, dass der Gewandhaussaal der neueren Musik ganz verschlossen ist, offenbar nur Brotneid! Die andere viel zahlreichere Richtung hat ihren Halt in den sehr bekannten Euterpe-Konzerten mit ihren Leitern Svendsen und Volkland!

Was Huber noch nicht wissen konnte: Bereits vier Jahre später würde der besagte Alfred Volkland als Leiter der Konzerte der Allgemeinen Musikgesellschaft nach Basel berufen werden (Amtszeit 1976 bis 1902) und wie er selbst auf das Musikleben der Stadt entscheidend einwirken. Denn 1877 liess sich Huber in Basel nieder; von 1896 bis 1918 leitete er höchst erfolgreich die Geschicke der Allgemeinen Musikschule und des angegliederten Konservatoriums (vgl. das 1. und das 12. Kapitel). Gleichzeitig ging der Vielbeschäftigte mit Leidenschaft seiner kompositorischen Tätigkeit nach, wobei die Vielfalt seines auf Oper und Sinfonie, Oratorium und Kammermusik sich erstreckenden Œuvres beeindrucken musste. Doch wiesen weder Volklands AMG-Programme noch Hubers Partituren in späteren Jahren Anzeichen der früher in jugendlichem Eifer beschworenen «Zukunftsmusik» eines morbiden Fin-de-siècle auf. Starke Resonanz war vor allem der im Jahr 1900 ausgearbeiteten «Böcklin-Sinfonie» (Sinfonie e-Moll, op. 115) beschieden, deren düsterer «Toteninsel»-Satz immerhin 9 bzw. 13 Jahre vor Rachmaninows und Regers gleichfalls bildinspirierten Tondichtungen gleichen Namens konzipiert wurde.

Mit der 1902 erfolgten Wahl *Hermann Suters* (1870–1926) zum künstlerischen Leiter der AMG setzten die Basler Musikverantwortlichen auf weitere Konsolidierung und Kontinuität. Auch Suter hatte, nach einer ersten Studienphase in Stuttgart, die auf Mendelssohn und Schumann zurückblickende Leipziger Schule Carl Reineckes durchlaufen. Nach Basel berufen, übte er als stets präsenter AMG-Stratege (1902–1926), überdies als langjähriger Dirigent des Gesangvereins und der Liedertafel, dazu als zeitweiliger Direktor von Musikschule und Konservatorium (1918–1921) einen kaum zu überschätzenden Einfluss auf Horizont und Geschmack der Basler Musiker und Musikfreunde aus. Was Suter aufs Programm setzte, dürfte seine persönlichen Neigungen widergespiegelt haben. Die grossen Klassiker und Romantiker (Beethoven, Schumann) dominierten mit turmhohen Aufführungsziffern. Als Jüngere lernte man Saint-Saëns, d'Indy, Strauss, Schillings, Reger und Braunfels, mit Einschränkung auch Debussy und Ravel kennen, kaum aber Schönberg und Schreker, Bartók und Strawinsky, überhaupt nicht Webern und Berg. Verwunderlich auch, dass Suters gewissenhafte Vorbereitungsarbeit für die vom Komponisten selbst dirigierte Aufführung der Mahler'schen «Auferstehungssinfonie» (im Rahmen des 1902 nach Basel vergebenen Festes der Allgemeinen Deutschen Musikgesellschaft) kaum Folgen zeitigte: Neben den «Kindertotenliedern» figurierte lediglich die Vierte Sinfonie einmal auf einem Suterschen AMG-Programm von 1908.

Es ist ein recht schmales kompositorisches Œuvre, das der viel beschäftigte Suter vorlegte. Der Universität eignete er zum Dank für die 1913 verliehene Würde eines Doktors ehrenhalber seine Sinfonie d-Moll op. 17 zu. Für den berühmten, 1927 dann nach Basel übersiedelnden Geiger und Quartettprimarius Adolf Busch (1891–1952, vgl. das 11. Kapitel) war drei Jahre zuvor das Violinkonzert A-Dur op. 23 entstanden. Besondere Wertschätzung und Verbreitung wurden vor allem dem mit «Le Laudi di San Francesco d'Assisi» überschriebenen und anlässlich des Zentenariums des Basler Gesangvereins im geliebten Engadin geschaffenen «Sonnengesang» op. 25 (1923) zuteil. Auf hymnische, teils fugierte Preisungen der Sonne (I), der Gestirne (II) und der Elemente Luft, Wasser, Feuer und Erde (III–VI) folgen stimmungsvolle Meditationen über die Sanftmut (VII) und das jüngste Gericht (VIII) sowie ein feierlicher, vom sechsfachen Amen gekrönter Dankgesang (IX). Zwar liegen zwischen dem auf Bruckner'sche Harmonik und bewährte Mittel des alten Kirchenstils zurückgreifenden Oratorium und dem etwa gleichzeitigen, von expressionistischer Zerreissspannung geprägten «Wozzeck» eines Alban Berg weite Welten. Doch wird man auch heute noch dem von tiefer Religiosität und Naturgläubigkeit zeugenden Werk seinen Respekt nicht versagen.

Zwischen 1927 und 1935 wirkte der in ganz Europa gefeierte *Felix Weingartner* (1863–1942) als Chefdirigent des Stadttheaters und der seit Suters Tod 1926 verwaisten AMG. Gleichzeitig amtierte er als Direktor von Musikschule und Konservatorium an der Leonhardsstrasse. Auch wenn während dieser Ära etliche der Weingartner'schen Sinfonien, Konzerte und Orchestergesänge (sowie seine Einrichtung des Schubert'schen Sinfonie-Fragments E-Dur, D 729) erklangen, wird man die Ausstrahlung des Komponisten Weingartner doch in enger Abhängigkeit von derjenigen des suggestiven Dirigenten sehen dürfen. Bemerkenswertes leistete der Prominente als Orchestrator (etwa der Beethoven'schen «Hammerklaviersonate»), Entdecker (unter anderem von Bizets C-Dur-Jugendsinfonie, 1935 in Basel uraufgeführt) und als

Autor von viel befolgten «Ratschlägen für Aufführungen klassischer Symphonien». In Weingartners Amtszeit fällt 1931 auch die Schaffung eines staatlichen «Musikkredits», mit dem Basel einen für die Schweiz neuen Weg der Komponistenförderung beschritt. Allerdings war nicht Weingartner, sondern der Musikhistoriker und Musikkritiker Wilhelm Merian (1889–1952) geistiger «Vater» dieser bis heute aktiven Institution.

Rudolf Moser (1892–1960) durchlief in Leipzig die gestrenge Lehre Max Regers, bevor er sich bei Huber und Suter in Basel ausbilden liess. Neubarockes Gepräge tragen viele seiner Kompositionen, die vor allem um 1930 auf Interesse stiessen. Den Geist der Schola Cantorum Basiliensis verrät schon von der Besetzung her sein Doppelkonzert für Viola d'amore, Gambe und Streichorchester op. 74 (1943).

Ernst Levy (1895–1981) trat bereits mit sechs Jahren als pianistisches Wunderkind auf. Nach viel versprechenden Studien bei seinen Basler Lehrern (u.a. Hans Huber, Egon Petri) und in Paris (Raoul Pugno) übernahm er als 22-jähriger Hans Hubers Meisterklasse am Basler Konservatorium! Doch hielt es Levy nicht lange in Basel, wo er sich nach eigenem Bekunden «fühlt(e) wie Kaffeesatz». Paris lockte ihn und stimulierte den Vielseitigen zum Komponieren, Dirigieren sowie auch zu journalistischer Tätigkeit. Nach der Emigration in die USA eröffnete sich eine steile Universitätslaufbahn. Aufführungen seiner stets der Tonalität verpflichteten, rhythmisch höchst anspruchsvollen Werke stossen auf breite Resonanz, die dem seit 1966 wieder Zurückgekehrten in der Schweiz keineswegs mehr beschieden ist. Im Jahr nach seinem Tode kam es in Basel immerhin zur erstmaligen Darbietung und Aufzeichnung der weiträumigen, 1967 minuziös aus elementaren Basismaterialien herausentwickelten Sinfonie Nr. 15.[6]

Walter Lang (1896–1966), aus Basel gebürtig, empfing kompositorische Anleitung vor allem in München bei dem Bruckner-Schüler Friedrich Klose. Aufs Zeitgeschehen beziehen sich sicherlich seine «Variationen über ein sibirisches Sträflingslied» (1937). Vor seiner Basler Lehrtätigkeit zeitweilig im Tessin lebend, liess sich Lang dort zum Festspiel «Leggende del Ticino» (1944), aber auch zum Versuch einer grossorchestralen Sinfonie (op. 45, 1946) anregen.

Bewahrer, Einzelgänger

Albert Moeschinger (1897–1985) muss den Basler Komponisten zugerechnet werden, auch wenn er die längste Zeit seines Lebens ausserhalb der Stadt verbrachte. Am Spalenberg aufgewachsen und zunächst in Bern ausgebildet, konnte er sich dank eines Stipendiums des Winterthurer Mäzens Werner Reinhart zu weiteren Studien nach Leipzig (Paul Graener) und vor allem nach München (Walter Courvoisier) begeben. Dass sich Moeschinger dennoch stets als Autodidakt fühlte, kennzeichnet sein Naturell als

Albert Moeschinger
(Foto Universitätsbibliothek Basel)

Aussenseiter und Einzelgänger. Nach einer physischen wie psychischen Krise entzog sich der zeitweilige Kaffeehauspianist und Berner Konservatoriumslehrer der Betriebsamkeit der Städte und begab sich gewissermassen in Klausur (Saas-Fee, Ascona), um ein Eigener zu werden. Rastlos schrieb er sich durch alle musikalischen Werkgattungen hindurch, wobei er sich par distance an Bartók und Strawinsky, am Neoklassizismus und der Neuen Sachlichkeit orientierte. Vor allem in den Vierziger- und Fünfzigerjahren war der Eigenwillige in den Konzertsälen und Funkhäusern mit einer Reihe phantasievoller Orchesterwerke (zum Beispiel den fünf Sinfonien, 1946–1959), Instrumentalkonzerte, Vokalwerke und Kammermusiken erfolgreich. Zu Ende der Vierzigerjahre fühlte sich Moeschinger durch Thomas Manns «Doktor Faustus»-Roman um den fiktiven Komponisten Adrian Leverkühn dazu angeregt, intensive Zwölftonstudien zu betreiben und dergestalt sein Materialdenken zu überprüfen, ja zu revidieren. Ein Briefwechsel mit dem durchaus hellhörigen Schriftsteller schloss sich an. Zumindest zwei Arbeiten entstanden, die dem Umkreis des Romans angehören: das «Märchen von der kleinen Seejungfrau» (Radio-Oper op. 75, 1948) und die «Vier Stücke über H-E-A-E-Es (dem Andenken Adrian Leverkühns)». Neben den Sinfonien sind es vor allem drei Werke, die Moeschingers Satzkunst, Klangsinn und künstlerische Aufrichtigkeit bezeugen: der Vokalzyklus «Miracles de l'enfance» nach Gedichten französischer und belgischer Kriegskinder (op. 92, 1961), das Orchesterstück «Erratique» op. 104 (1969) und die «Variations mystérieuses» (1975/76) für Kammerorchester. Der reiche Nachlass des Komponisten wird in der Basler Universitätsbibliothek verwahrt, die anlässlich des 100. Geburtstages eine facettenreiche Ausstellung veranstaltete.

Ferruccio Busoni (1866–1924) hatte am Basler Konservatorium im Herbst 1908 auf Einladung Hans Hubers einen viel beachteten Klavier-Meisterkurs abgehalten. Können und Persönlichkeit dieses grossen Geistes faszinierten viele. Als Busoni dann im Jahr 1920 eine Kompositionsklasse an der Berliner Akademie der Künste übernahm, akzeptierte er gleich drei schweizerische Jungkomponisten: Luc Balmer, Robert Blum und Walther Geiser. Ein anderer Busoni-Schüler, der Deutschrusse Wladimir Vogel, sollte sich in späteren Jahren in der Schweiz niederlassen. Busonis umfassende Erfahrung und Bildung muss die Jüngeren, unter denen sich auch Kurt Weill befand, tief beeinflusst haben, auch wenn dem Befürworter einer «Jungen Klassizität» die Formierung einer «Schule» fern lag. Insofern dürfte man im Œuvre des aus Zofingen gebürtigen, seit der Gymnasialzeit in Basel ansässigen *Walther Geiser* (1897–1993) kaum direkte Spuren eines wie auch immer gearteten Busoni-Stils entdecken. Doch müssen die Berliner Erfahrungen in dem jungen Musiker nachgewirkt haben, der noch 1923, im Jahr seiner Rückkehr, an Konservatorium und Musik-Akademie eine breit gefächerte und bis 1963 ausgeübte Lehrtätigkeit aufnahm.

Für Adolf Busch und Rudolf Serkin komponierte Geiser die Violinsonate op. 27 (1939), welche die beiden Meisterinterpreten noch wenige Tage vor ihrer Emigration in die USA zur Uraufführung brachten. Eine Reihe orchestraler «Fantasien» ist gleichfalls vom Wunsch geprägt, formale Konventionen zu meiden (Opera 31, 34 und 39, 1941–1949). Relativ spät erst wandte sich Geiser, der dem Basler Musikleben auch als langjähriger Leiter des Bach-Chores verbunden blieb, mit zwei Beispielen der Gattung Sinfonie zu (op. 44, 1953 und op. 60, 1967). Hansjörg Pauli würdigte die stilistische Position des Komponisten einmal in knapper Formulierung[7]:

Von den Einflüssen der Spätromantik und des französischen Impressionismus, die ihn ganz zu Anfang bestimmt beeinflusst haben mochten, kam er früh schon los, weil er das Objektive, Überpersönliche der zuchtvoll gebundenen Form dem ich-bezogenen masslosen Sichverströmen vorzog; Busonis Unterweisung bestätigte ihm hierin, was seine Liebe zu Bach und Mozart ihn schon gelehrt hatte.

In der Nachfolge von Hans Münch übernahm *Walter Müller von Kulm* (1899–1967) die Direktion von Musikschule und Konservatorium, ab 1954 zusammen mit Paul Sacher auch die Leitung der neu geschaffenen Musik-Akademie der Stadt Basel. Als Komponist blieb ihm, dem regelmässig zum Komponiertisch Zurückkehrenden, der breite Zuspruch versagt. Hans Kaysers Lehre von der harmonikalen Ordnung der Welt übte ihre Faszination aus und brachte ihn, der sich nach eigenen Worten zuerst einer «chaotischen Atonalität» verschrieben hatte, «zum Kosmos der Tonart zurück, allerdings zu einer sehr erweiterten Tonart. Meine Musik wurde persönlicher und objektiver zugleich, entfernte sich aber dabei zusehends vom marktgängigen Habitus. Auch ergriff mich immer stärker die geistige Not der Zeit und zwang mich, Werke zu schreiben, die niemand aufführen noch verlegen will …»[8] Müller von Kulms Anliegen finden sich vielleicht am ehesten verdeutlicht in den beiden Oratorien «Vater unser» (1945) und «Petrus» (1958/59).

Hans Haug (1900–1967) war in Basel (bei Ernst Levy und Egon Petri) sowie in München (bei Walter Courvoisier und Joseph Pembaur) vielseitig ausgebildet worden und verstand sich zeitlebens als nachgestaltenden und schöpferischen Musiker. Der Chorleiter und erfolgreiche Kapellmeister (Stadttheater Basel, Orchestre Radio Suisse Romande, Radioorchester Beromünster) pflegte sich als Komponist genauestens an der Praxis und ihrer Funktionalität zu orientieren. So entstanden Bühnenwerke jeglichen Genres, aber auch Sinfonisches und Sakrales, überdies Filmpartituren und Festspielmusiken. Der Dirigent Haug, der seit 1947 in Lausanne unterrichtete, verlagerte seinen Aktionsradius später vor allem nach Italien und Frankreich.

Conrad Beck (1901–1989), geboren in Lohn (Kanton Schaffhausen), erwarb sein umfassendes musikalisches Metier am Zürcher Konservatorium erst, nachdem er Studien an der Eidgenössischen Technischen Hochschule betrieben hatte. Im Jahrzehnt zwischen 1924 und 1933 lebte er in der Musikweltstadt Paris und empfing vielseitige Anregungen durch Komponistenpersönlichkeiten wie Bohuslav Martinů, Albert Roussel, Marcel Mihalovici, Nadia Boulanger und seinen Landsmann Arthur Honegger. Als Komponist von Orchesterwerken und Kammermusik brachte er es in der Seine-Metropole zu internationalem Ansehen in einer stilistischen Sphäre, die dem Klassizismus eines Strawinsky und der Ästhetik der Gruppe der «Six» stark verpflichtet war. Der NS-Kulturpolitik, die auch auf Becks deutsches Verlagshaus Einfluss zu nehmen suchte, wollte sich der Komponist keinesfalls beugen. Von Paul Sacher 1933 nach Basel zurückgerufen, wirkte er ab 1939 fast drei Jahrzehnte lang als Musikabteilungsleiter am Radio-Studio Basel. Auf vielfältige Weise war sein dortiges Wirken zugleich mit dem Basler Musikleben verflochten, wobei ein besonderes Augenmerk ganz selbstverständlich der Förderung der zeitgenössischen Musikproduktion galt. Becks alte Liebe zu Frankreich schlug sich im Ankauf eines Anwesens im burgundischen Ort Rosey nieder, wo zahlreiche der späteren Arbeiten entstanden.

Becks stattlicher Werkkatalog weist gross angelegte Oratorien auf (zum Beispiel jenes nach «Sprüchen des Angelus Silesius», 1933/34), aber auch Sinfonien (so etwa jene mit dem Beinamen «Aeneas Silvius» als Huldigung an den Basler Humanisten und Universitätsbegründer, entstanden 1956/57). Konzertante Werke finden sich ebenso wie farbige Orchesterstücke («Hommages», 1965/66), Vokalzyklen («Herbstfeuer», 1956), Streichquartette und Sonatinen unterschiedlicher Besetzung. Kaum tragen diese Arbeiten schöpferische Konflikte aus oder folgen umstürzlerischen Konzepten. Beck blieb stets ein Komponist des massvollen Ausdrucks und der soliden handwerklichen Absicherung, des spielerischen Kontrapunkts wie der wohlfasslichen Themenformulierung. Jacques Wildberger notierte über ihn[9]:

Beck hat die stürmische und oft überhitzte Wandlung der Musik seit dem Zweiten Weltkrieg ganz einfach nicht mitgemacht. Zwar hat er an seiner Sprache gefeilt, hat ihre Mittel differenziert und erweitert, aber er ist der geblieben, der er am Ende der Dreissigerjahre bereits war. Dieses unbeirrte Bekenntnis zu sich selbst macht letzten Endes auch die Qualität seiner Musik aus, sichert ihr die unverwechselbare Handschrift.

Nach dem obligaten Studium im konservativen Leipzig suchte *Benno Ammann* (1904–1986) zusätzliche Anregungen bei Roussel, Honegger und Milhaud in Paris. Nach dem Zweiten Weltkrieg faszinierten den in Gersau geborenen, in Basel ansässigen Unruhegeist vor allem die Möglichkeiten der elektronischen Klangerzeugung. In den Studios in München, Utrecht, Gent, Rom, Warschau und New York perfektionierte er unablässig seine praktischen Kenntnisse. Beeindruckend bleibt die stilistische Spanne seiner zahlreichen Arbeiten.

Viele kennen *Philipp Eichenwald,* doch kennen nicht allzu viele seine Musik. Er, der entschiedene Gegner «gemachter» Publizität, drängte sich nie vor. Umgekehrt nimmt er selbst aber regen Anteil an der Arbeit anderer Zunftkollegen und bleibt neugierig auf alles, was sich an ernsthaften neuen Tendenzen zur Diskussion stellt. Sein Œuvre blieb überschaubar, da er stets

Robert Suter
(Foto Kurt Wyss)

langsam und mit grosser Skepsis arbeitete. Von 1960/61 stammen die hoch expressiven «Suoni estremi» für Sprecherin und Streichquartett, von 1964 eine farbintensive «Cantata mediterranea». Szenische und halbszenische Momente fliessen in die espritreichen Partituren «Absolutes Gehör» (1973) und «... eine Art Ensemble» (1975/76) ein. Eine Art «Entdeckung der Langsamkeit» erprobte der Komponist bei seinem grossorchestralen Projekt «Chiffren» (1975–1989). Dessen fünf Teile beginnen durch Einschaltung älterer sinfonischer Zitate gewissermassen bei den Ahnen und lösen dann, nach Ankunft in der «Gegenwart», immer neue Teilformationen aus dem stattlichen sinfonischen Apparat heraus. Sollte dergestalt das Ende der Institution Orchester angezeigt werden? 1998 gab Eichenwald mit dem feierlichrituell und anrührend schlicht klingenden «Epilog» für Alt, Glasharmonika und Schlagzeugtrio seinen Abschied von der Komponistenbühne. – Eichenwald wurde 1915 im Kanton Luzern geboren, verlebte seine Schulzeit in Deutschland und studierte in Basel, zeitenweise auch in Wien. Auf eine kurze Gastrolle als Korrepetitor und Kapellmeister folgte eine Tätigkeit als Klavier- und Theorielehrer, ab 1965 in fester Anstellung an der Basler Musik-Akademie.

Im Musikleben seiner Geburtsstadt Basel blieb *Peter Escher* (*1915) auch noch verwurzelt, als sich seine Aktivitäten teilweise nach Olten verlagerten. Als langjähriger Dirigent von Laienformationen widmete er seine schöpferische Kraft vorrangig praxisnahen Werken für Chor oder Blasorchester.

«Der Alchimist» – so lautete der Titel einer abendfüllenden satirischen Musikkomödie von 1959, die anlässlich des Schweizerischen Tonkünstlerfestes 1983 in St. Gallen noch einmal zur Diskussion gestellt wurde. Diese Hommage des St. Galler Stadttheaters galt ihrem langjährigen Kapellmeister, dem 1917 in Basel geborenen *Max Lang*. Dieser hatte seine Laufbahn als Solotrompeter des Orchesters der BOG begonnen, dann aber intensive kompositorische Studien betrieben (unter anderem bei Arthur Honegger). Zahlreiche Bühnenmusiken stammen aus der Feder dieses Praktikers, dem übrigens auch die Entdeckung und Verbreitung einiger nachgelassenen Nietzsche-Kompositionen zu danken sind.

Als die Basler Musik-Akademie ihrem langjährigen Lehrer für musiktheoretische Fächer im Jahr 1983 «Carte blanche» für einen Konzertabend erteilte, fiel das Ergebnis halbwegs überraschend aus. *Robert Suter* (geboren 1919) wählte neben Eigenem nicht etwa Schönberg, Strawinsky oder Boulez, sondern Mozart, Schubert und Benjamin Britten. War der Letztgenannte seiner Traditionsverbundenheit, seiner Romantizismen wegen in Kreisen zielstrebiger Avantgardisten nicht geradezu verpönt gewesen? Den Einzelgänger Suter störte derlei keineswegs. Ihm imponierte die Art des Engländers, gegen den Strom zu schwimmen und Komponieren nicht als eine mode- oder tendenzabhängige Angelegenheit zu betrachten. Mit dem Metier, das dem jungen St. Galler Komponisten am Basler Konservatorium vermittelt werden konnte, liess sich den Umwälzungen um 1950 nur bedingt standhalten. Die Darmstädter Ferienkurse der Fünfzigerjahre lehrten den kühlen seriellen Materialgebrauch. Mit anderen verunsicherten Basler Komponistenkollegen machte sich Suter daher erst einmal auf den Weg nach Ascona, um beim erfahrenen Wladimir Vogel in klärenden Einzellektionen das zwölftönige Material mit sinnlicher Erfahrung zu verbinden. Suter, der passionierte und lebenslang praktizierende Jazzpianist, Mitglied der Band «Darktown Strutters», bedurfte solcher Anregungen vielleicht mehr noch als andere. – Seit über vier Jahrzehnten erscheinen die mit grosser

Beständigkeit geschaffenen Suter'schen Novitäten auf den Konzertprogrammen. Orchesterstücke wie die «Sonata per orchestra» (1967) oder «L'Art pour l'art» (1979) sowie konzertante Werke wie «Airs et Ritournelles» (1973), «Conversazioni concertanti» (1978) oder das Doppelkonzert «Capriccio» (1991) verraten grosses Gefallen an virtuos ausgespielten Bewegungsverläufen und Neigung zu dichtem Espressivo. Das Verhältnis zur Institution Orchester mit satten Streichern, impulsiven Bläsern und agilen Schlagwerkern scheint ungebrochen. Zahlreiche Kammermusiken lassen sich von ungewöhnlichen Besetzungen geradezu herausfordern. Nachdenkliche, ja gesellschaftskritische Ansätze verfolgen die Kompositionen «Marcia funebre» (1980/81) und «Der abwesende Gott» (1978). Will Suters Musik etwas «bewirken», etwas verändern? Soll sie den Hörer im Sinne eines erzieherischen oder gar politischen Programms beeinflussen? – Der Komponist sagte dazu[10]:

> Gesellschaftsverändernde oder gar weltverändernde Auswirkungen sind von Musikstücken ehrlicherweise nicht zu erwarten. Musik vermag aber sehr wohl den Menschen etwas zu bedeuten, ihre Erlebnisfähigkeit zu erweitern und ihre Sensibilität zu vertiefen. Darin scheint mir auch ein wahrer Sinn von Musik als Gemeinschaftserlebnis zu stecken, an dessen Erhaltung auch der Komponist unserer Tage seinen Anteil trägt.

Für *Ernst Pfiffner* (geboren 1922) wurzelt nahezu alles Komponieren ursächlich im geistlichen Bereich, dem er als langjähriger, in Basel ansässiger Organist, Chorleiter und Direktor der Luzerner Akademie für Schul- und Kirchenmusik auch beruflich eng verbunden sein wollte. In seinen biblisch motivierten Vokal- und Instrumentalwerken sucht Pfiffners oft herbe Tonsprache nach sinnfälligen Entsprechungen zu Wort und Bild.

Komponierend Zeugnis ablegen ...

Als die «Stiftung Basler Orchester» dem in Riehen lebenden *Jacques Wildberger* (geboren 1922) anlässlich des eidgenössischen Jubiläums-Jahres 1991 einen Auftrag erteilte, reagierte dieser mit einem eindrucksvollen «Concerto per orchestra». Der unverfängliche Titel überraschte bei einem kritischen Komponisten, dessen Arbeiten mehr und mehr versuchten, gesellschaftliche Unstimmigkeiten aufzuzeigen. Im Konzertsaal entpuppte sich das neue Werk dann aber als eine klug kalkulierte Studie zum brisanten Thema eines «demokratischen» Musizierens. Als Einzelne und in Gruppen sollten die Orchestermusiker aus dem Kollektiv hervortreten und sich in individuell gehaltenen Dialogen ausführlich artikulieren dürfen. Zwei Ereignisse müssen für den aus traditionellen Basler Konservatoriumsstudien hervorgegangenen Musiker zu Wendepunkten geworden sein. Zum einen war es das Erlebnis der Darmstädter Ferienkurse, das Wildberger gleich Suter und anderen bei Wladimir Vogel «aufarbeiten» musste. Zum andern zeigten die gesellschaftlichen Veränderungen zu Ende der Sechzigerjahre ihre alarmierende Wirkung. Noch intensiver als zuvor war jetzt zu bedenken, was die begriffslose Musik bewirken könne. In vielen wohlbedachten Ansätzen liess sich der aufgeschreckte Komponist jetzt kritisch vernehmen, etwa in der Kammermusik «La Notte» (1967), im Triptychon «... die Stimme, die alte, schwächer werdende Stimme...» (1973–1975), im Orgelstück «Schattenwerk» (1976) oder in der ironisch auf Richard Strauss anspielenden Kantate «Tod und Verklärung» (1977). Dass diese und spätere Arbeiten nur zur Entfaltung brachten, was bereits angelegt war, könnte ein Wiederhören der

Jacques Wildberger
(Foto Kurt Wyss)

viel zu wenig beachteten «Action documentée» von 1962 mit dem Titel «Epitaphe pour Evariste Galois» leicht belegen. Mit dem Namen Wildberger verbindet sich auch der Gedanke an den leidenschaftlichen Lehrer in Karlsruhe (ab 1959) und Basel (1963–1987) sowie an den scharfsinnigen Anwalt in Sachen Musica nova (Aufsätze, Musikliterarische Studios für den Rundfunk). Aufschlussreich sind die Namen jener prägenden Komponisten, denen Wildberger neben den Klassikern kluge Studien widmete: Schönberg, Dallapiccola, Zimmermann, Schostakowitsch.

Klaus Huber (geboren 1924) fand fraglos die stärkste Resonanz ausserhalb der Stadt- und Landesgrenzen. Erstaunlich hoch gestalteten sich die Aufführungsziffern seiner Werke etwa im Zusammenhang mit seinem 70. Geburtstag 1994. In den Zentren der neuen Musik trifft die leise, aber entschiedene Stimme seiner engagierten Arbeiten auf offene Ohren, obwohl die Realisierung der minuziös ausgearbeiteten Partituren eines ganz erheblichen Darstellungsaufwandes bedarf. Hubers Gedankenwelt kreist häufig um geistliche Fragestellungen und Texte. Liturgische Melodien können in seiner Musik die Bedeutung zentral steuernder Gestalten gewinnen, auf welche der oft streng konstruierte, doch stets fantasievoll ausgesponnene Satz sich bezieht. Dennoch kann von Sakralmusik im engen Sinn bei Huber nicht gesprochen werden, viel eher schon von einer gesellschaftskritischen, aufs Menschliche und Ökologische bedachten Ausdrucksmusik. Mystische Haltungen kennt sie ebenso wie extreme Anspannungen und Ausbrüche von bildhafter Intensität. Vielleicht darf das Oratorium «Erniedrigt – geknechtet – verlassen – verachtet» (1979–1981) mit seiner eindringlichen sozialen Anklage und seiner Beschwörung eines utopischen Friedens als zentrales Werk gelten. Davor verzeichnet der Werkkatalog Kantaten, Kammermusik («Moteti-Cantiones», 1962/63), Orchesterstücke («Tenebrae», 1966/67) und oratorische Projekte («Soliloquia», 1959-64; «... inwendig voller Figur ...», 1970/71). Jüngere Kompositionen zeigen sich zunehmend vom späten Nono und dessen Vorliebe für ein Wechselspiel von konzentrierten Ereignissen und Momenten der Stille beeinflusst. Bedeutsam werden «auskomponierte» Reflexionen über aussereuropäische Musiksysteme und die Verwendung seltener Klangfarben («Plainte – Die umgepflügte Zeit», 1990; «Die Erde bewegt sich auf den Hörnern eines Ochsen», 1994). – Hubers Basler Jahre als Theorie- und Kompositionslehrer der Musik-Akademie reichten von 1961 bis 1973. Zuvor hatte der gebürtige Berner in Zürich und Berlin bei Willy Burkhard bzw. Boris Blacher kompositorische Anweisung erfahren. Auf Basel folgte Freiburg im Breisgau (1973–1990), wohin man den längst Vielbeachteten als Nachfolger Wolfgang Fortners berief. Zahlreiche Schüler haben aus Hubers unkonventionellem Unterricht mit seinen bohrenden Fragen und gezielten Anregungen grossen Nutzen gezogen, ohne doch in ihrem persönlichen Gestaltungswillen beeinträchtigt worden zu sein.

Seit 1961 ist *Jim Grimm* (geboren 1928), Basler von Geburt, wieder am Rheinknie ansässig. Sein «aussermusikalischer» Brotberuf bescherte ihm Unabhängigkeit und Aussenseitertum zugleich. Fraglos verfügt der professionelle Musiker Grimm, der vor allem in Genf (unter anderem bei Henri Pousseur) studierte, über ein erstaunliches schöpferisches Potential. Davon zeugen etwa das Orchesterwerk «Entropien» (1970–1974, aufgeführt beim IGNM-Weltmusikfest Boston 1976), die T.S. Eliot-Solokantate «Kerker, Palast und Widerhall» (1976) oder die Werkreihe «Bewegungen der Zeit I–IV» (1979–1983) und das 1999 uraufgeführte Doppelkonzert für Klarinette und Vibraphon.

Wenn der Begriff einer ungeteilten Musik sich je auf eine Person beziehen liesse, so müsste diese Person *Rudolf Kelterborn* (*1931) heissen. Als Theorie- und Kompositionslehrer, Kursleiter und Dirigent, Buchautor und Zeitschriftenredaktor, Radioabteilungsleiter und Akademiedirektor zog es ihn von Basel aus über Detmold, Zürich und Karlsruhe wieder nach Basel zurück. Von 1983 bis 1994 leitete er die Geschicke der Musik-Akademie und sicherte diesem Institut eine Phase beruhigter Expansion und Qualitätssteigerung. Mit diesen zeitraubenden Ämtern und Tätigkeiten hatte sich der Komponist Kelterborn stets zu arrangieren. Umso erstaunlicher, dass nach und nach ein breitgefächertes Œuvre entstehen konnte, das alle Gattungen einschliesslich des Musiktheaters berührt. Sogar ein so eigenwilliger Zeitgenosse wie Friedrich Dürrenmatt fand sich zur Mitarbeit an einem Bühnenprojekt bereit («Ein Engel kommt nach Babylon», 1975/76). Doch will sich Kelterborn keineswegs als Komponist mit Schwerpunkt «Oper» oder auch «Vokalmusik» sehen[11]:

Rudolf Kelterborn
(Foto Kurt Wyss)

> Ich habe eigentlich nicht mehr Vokal- als Instrumentalmusik geschrieben, im Gegenteil. Für mich ist der Text oft der Kommentar zu meiner Musik, und es kam oft vor, dass ich eine Musik schon entwickelt hatte und dazu noch einen Text suchte. Ich finde die wechselnde Distanz oder Integration von Text und Musik gerade das Spannende.

Gleich Leitmotiven kehren in den Kelterborn-Titeln Begriffe wieder, die mit Licht und Dunkel, Tag und Nacht, Wachen und Träumen zu tun haben: «Nachtstücke» (1963), «Traummusik» (1971), «Gesänge zur Nacht» (1978), «Chiaroscuro» (1979/80), «Notturni» (1981), «Musica luminosa» (1983/84) oder «Lux et tenebrae» (1987). Es scheint, dass diese Motive sich mit einer suggestiven Klangsphäre verbinden, die vielleicht die persönlichste dieses gestalterisch so vielseitigen Komponisten sein könnte[12]:

> Ich kann nur sagen: In einem tönt eine Musik. Zuerst ist da eine Vorstellung, die sich entwickelt. Ich kann im Allgemeinen nur komponieren, wenn ich ein Stück im Grossen im Kopf habe. Ich kann also nicht anfangen, wenn ich nicht weiss, was auf der zweiten Seite stehen soll, und es geht einfach darum, unerbittlich umzusetzen und niederzuschreiben, was in einem klingt, und das heisst, ein dichtes Netz von Bezügen zu schaffen ...

Immer noch gebe er seinen Luftschlössern entschieden den Vorzug vor den sagenumwobenen Elfenbeintürmen, in denen sich die Avantgardisten einst so gerne einquartieren liessen. Schliesslich seien Luftschlösser im Unterschied zu Türmen durchlässig gehalten, vor allem aber zeichneten sie sich durch absolute Unzerstörbarkeit aus. Solchen Gedanken in Semiseria-Manier hängt *Jürg Wyttenbach* (geboren 1935), der ideenreiche Basler Komponist, Pianist und Dirigent bernischen Ursprungs, gerne nach. Luftschlösser als Baustellen kompositorischer Imagination? Wyttenbach liebt es, seine musikalischen Produkte – ossia: «Kunststücke, die Zeit totzuschlagen» – in Vorstellungsräumen anzusiedeln, zu deren gedanklicher Errichtung die Kathedralen, Festauditorien oder Akademiesäle bürgerlicher Musikübung schlecht taugen. Nicht zufällig geraten bereits in der frühen «Serenade» (1959) ein Flötist und ein Klarinettist beim musikalischen Marschieren aus dem Tritt («Kleiner Marsch»), bleibt ein Spieler während der ausschweifenden Promenade des Kollegen an einem einzigen Ton kleben («Duettino»), unterlaufen im melodieseligen Unisono verräterische Fehltritte («Walzer»), spulen bedächtige Redner ihren Text plötzlich in verschreckter Überstürzung herunter («Chasse»). Stets ist Szenisches, ja Cineastisches im Spiel, ganz konkret etwa bei den Abenteuern eines «Fliessbandmusikers» (1977), in deren Verlauf ein Klarinettist den vor seinen Augen vorüberziehenden Comic-Stimuli widerspruchslos Gefolgschaft zu leisten hat. Hier wie auch etwa in den von einer singenden und spielenden Geigerin darzustellenden Zyklen «Trois chansons violées» (1973/1981) und «Harmonie mit schräger Dämpfung» (1990): handfestes instrumentales Cabaret, hieb- und stichfest ausgeklügelt und mit klug kontrollierter Phantasie umgesetzt! – Wyttenbach ist der Basler Musik-Akademie seit den Sechzigerjahren als Leiter einer ungemein lebendigen Klasse für die Interpretation zeitgenössischer Musik verbunden. Gedankenreich aktualisierte er interpretatorische Ansätze in Gestalt szenischer Collagen (Beethoven, Strawinsky, Ives). Dem erfahrenen Dirigenten sind bedeutsame Ur- und Erstaufführungen zu danken (Ives, Scelsi, Huber, Lachenmann u.a.). Vom Komponisten Wyttenbach erhofft man sich den Abschluss eines Rabelais-Spektakulums, das sich seit längerem in Vorbereitung befindet und das den ganzen Ideenreichtum dieses originellen Musikers vereinigen könnte.

Zwei heute als Direktoren von Musikhochschulen wirkende Komponistenpersönlichkeiten gestalteten jeweils für einige Jahre die Basler Musicanova-Szene tatkräftig mit. *Friedhelm Döhl* (geboren 1936 in Göttingen), Schüler von Wolfgang Fortner, hatte während der Zeitspanne 1974–1982 die Leitung der Basler Musik-Akademie inne, bevor er neue Aufgabenbereiche in der Hansestadt Lübeck übernahm. Stark und direkt wirken Poesie und Malerei in sein vielschichtiges Komponieren hinein. In Uraufführung erklangen in Basel etwa die Werke «Odradek» (nach Kafka, 1976), das Orchesterballett «Ikaros» (1977/78), ein A-cappella-Requiem «Auf schmalem Grat» (1978) oder der «Conductus» (1980) für ein Quartett von Perkussionisten. – Von äusserster Sensibilität und zerbrechlichen Stimmverästelungen sind die Arbeiten von *Hans Ulrich Lehmann* (geboren 1937 in Biel) geprägt. Von 1976 bis 1998 an der Spitze von Konservatorium und Musikhochschule Zürich stehend, unterrichtete er 1961–1972 an der Basler Musik-Akademie. Entscheidende Impulse hatte Lehmann 1960–1963 durch die Basler Kurse von Pierre Boulez und Karlheinz Stockhausen empfangen[13]:

Bei meinen neueren Kompositionen handelt es sich vorwiegend um verhaltene, stille und leise Musik, die zum genauen Zuhören zwingt, zum Hinhören auf Details, auf feine Veränderungen und Differenzierungen des Klangs. Es ist mehrheitlich eine langsam sich entwickelnde Musik, fern jeglicher Konstruktionsschemata, eine Musik, die umso mehr auf innere Intensität und Ausdruck bedacht ist.

Regelmässig ist auch der seit langem in Arlesheim lebende und in Winterthur unterrichtende *Hans Wüthrich-Mathez* (geboren 1937 in Aeschi, Bern) auf der Basler Ars-nova-Szene präsent. Der promovierte Linguist und langjährige Veress- und Huber-Schüler befindet sich seit jeher auf der Suche nach offenen Formen sprachlich-musikalischer Kommunikation. Damit, dass vor einem saturierten Publikum in perfekter, nahezu ritualisierter Weise ein museales Repertoire repetiert werden soll, will er sich nicht abfinden. Wüthrichs «Netzwerke» (Teile I–III, 1982–1989) setzen daher orchestrale Klangprozeduren in Gang, die nach dem Prinzip von Dominosteinen funktionieren und daher ohne Dirigenten auskommen. Auf breite Resonanz stiessen Wüthrichs sozialkritische Arbeiten «Das Glashaus» (1974/75) und vor allem «Brigitte F.» als Realisation des offenen Konzeptes «Genossin Caecilia» (1976–1978). Als raumakustische Installation versteht sich eine beispielsweise auf der Basler ART zur Diskussion gestellte «Landschaft mit 15 Streichquartetten» (1989).

Als *Thomas Kessler* (geboren 1937) im Jahr 1973 an die Basler Musik-Akademie berufen wurde, hatte er bereits wichtige Erfahrungen im Umgang mit elektronischer Musik gesammelt (unter anderem in Berlin und Nancy). Es fügte sich, dass in der Leonhardsstrasse längst Pläne zur Gründung eines eigenen Studios bestanden. Nach Bewältigung erheblicher Schwierigkeiten und Durchlaufen mehrerer Aufbaustufen konnten Kessler und sein junges Team im Frühjahr 1991 im eigenen Hause ihr neu eingerichtetes Studio beziehen, das seinen exponierten Platz als «Schnittstelle innerhalb der verschiedensten Bereiche der Akademie erhalten hat».[14] Diese «Ausbildungsstätte für junge Komponisten und Instrumentalisten», die sich auch als «Arbeitsplatz für Berufskomponisten» versteht, hält die Bereitstellung neuer und neuester Technologie für unerlässlich. Wichtig war, dass die Studierenden für ihre häusliche Arbeit «leihweise eine eigene digitale Workstation für Hard-Disk-Recording, Sampling und direkte Signalverarbeitung» erhalten konnten. «Zwischen digitaler Workstation und dem Studio ist der Austausch von Klangmaterial auf digitaler Ebene jederzeit möglich.»[15] Nur konsequent war es, ab Herbst 1995 neben der Fachklasse für Komposition einen eigenständigen Studiengang unter der Bezeichnung «Audio-Design» (Leitung Wolfgang Heiniger) anzubieten. Er dient zur Ausbildung von Fachleuten, die ihr elektronisches Instrumentarium wie ein Blas-, Streich- oder Tasteninstrument beherrschen und den Komponisten dank dieses vielseitigen künstlerisch-technischen Könnens als interpretierende Mittler zur Verfügung stehen. Kessler ist in «seinem» Studio von Mitarbeitern, Studenten und Gästen aus vielerlei Ländern und mit vielerlei Interessen umgeben. Zu den Studios in Zürich und Freiburg, Paris und Stanford bestehen freundschaftliche Beziehungen. Immer wieder wird die Mithilfe des Studios auch erbeten, wenn es im Konzertsaal um die Darbietung von Werken mit Zuspielung oder Live-Elektronik geht, und im Zweijahresturnus realisiert das Studio die «Tage für Live-Elektronische Musik». – Als Komponist hat sich Kessler seine rege Fantasie im Umgang mit den technischen Hilfsmitteln bewahrt. «Lost Paradise» (1975) erregte Aufsehen, die Reihe der «Controls» fand starke Beachtung, Signalwirkung hatten die auf Computereinsätze gestützten Orchesterwerke «Drumphony» (1981) und «Ausbruch» (1989/90).

Interpretatorische Praxis und kompositorische Reflexion stellen für *Jost Meier* (*1939) keinesfalls Aktionsbereiche dar, die säuberlich zu trennen wären. Im Gegenteil: Die Biografie des in Basel und im Tessin lebenden Solothurners besteht aus permanenten Rollenwechseln zwischen Orchester- und Dirigentenpult, Konservatoriumslehrsaal und Komponiertisch. In weitem Umkreis dürfte es kein Orchester geben, mit dem Meier nicht zusammengearbeitet hätte (Schwerpunkte: Biel 1969/79 und Basel 1980–1983, daneben internationale Tätigkeit als Gastdirigent). Kompositorische Unterweisung kam von Rolf Looser in Bern, zusätzliche Anregung gab Frank Martin in den Niederlanden. Den gelernten Cellisten und Kapellmeister reizte es naturgemäss, für unterschiedliche Kammer- und Orchesterformationen zu schreiben, wobei der kundige Praktiker den Überschwang des Musikerfinders zu kontrollieren, aber auch zu beflügeln wusste. Durch lokale Motive und Anlässe zeigten sich die Streicherstudie «Glarus» (1980), die Oper «Sennentuntschi» (1982), die Gitarrenstücke «Arcegno» und die Orchesterstücke «Ascona» (beide 1989) inspiriert. Mit wachsender Theatererfahrung wandte sich Meier der Komposition von Bühnenwerken zu. Auf beträchtliche Resonanz stiessen, dank wirkungssicherer Libretti und gestenreicher Musik, die Projekte «Der Drache» (nach Jewgenij Schwarz, Text Martin Markun, 1985), «Der Zoobär» (nach Kurt Schwitters, 1987), «Augustin» (Hansjörg Schneider, 1988) und «Dreyfus – die Affäre» (George R. Whyte, Berlin und Basel 1994, New York 1995). Über das letztgenannte Stück, ein Beispiel engagierten Musiktheaters exakt hundert Jahre nach dem weltbewegenden Skandal, schrieb der Kritiker Frieder Reininghaus anlässlich der Berliner Premiere in der «Basler Zeitung» vom 10. Mai 1994:

> Jost Meier hat weite Partien seiner 14 Szenen tonal gehalten, ohne dabei allerdings harmonische Zentren deutlich hervortreten zu lassen, zugleich «eine Expressivität gesucht, die nicht mehr tonal ist». Die Melodien gerieten absichtsvoll «ziellos». Einmontiert wurde allerhand historisches Material – «Marseillaise» in schrägen Verrückungen und Cancan, Gassenhauer und einzelne Gesten jener Musik, die Arnold Schönberg in den Jahren der «Dreyfus-Affäre» zwischen der Mitte der Neunzigerjahre und 1910 komponierte ...

Ferne Klänge, Tonscherben

Wer den Namen *Heinz Holliger* (geboren 1939) nennt, muss sogleich präzisieren, welchen von mehreren Musikern gleichen Namens er meint. Ist vom ältesten, dem früh zwischen Barock und Avantgarde kompetenten Oboisten die Rede? Oder steht der kaum jüngere Komponist zur Diskussion, der nach anregenden Studien bei Sándor Veress (in Bern) und Pierre Boulez (in Basel) bald kompromisslos erdachte Arbeiten vorlegte und inmitten der verwirrenden Polyphonie gegenwärtigen Komponierens als eine Stimme von bemerkenswerter Eigenart geschätzt wird? Oder ist der jüngste Holliger, der Dirigent, angesprochen, der sich fast unmerklich von den beiden älteren ablöste und heute als «Darsteller» von Haydn und Schumann, Mahler und Berg vielerorts beeindruckt? Dabei bleibt Holliger in der Rolle des gelegentlichen Pianisten oder des gesuchten Pädagogen (an der Musikhochschule in Freiburg im Breisgau) erst noch unerwähnt. – Doch entspringt all diese erstaunliche Vielseitigkeit demselben Musikverständnis mit nur einem übermächtigen Ausdruckswillen. Bereits früh zeigte sich Holliger bei seinen Arbeiten für literarische Wahlverwandtschaften empfänglich. Gedichte und Bühnenwerke von Georg Trakl (Nachtstücke «Elis», 1961 ff.; Vokalszene «Siebengesang», 1966/67) und Nelly Sachs (Bühnenwerk «Der magische Tänzer», 1963–1965), Samuel Beckett (drei Kammeropern, 1976–1988) und Friedrich Hölderlin («Scardanelli-Zyklus», 1975–1991), David Rokeah (Orchesterstück «Tonscherben», 1985) und Robert Walser (Liederzyklus «Beiseit», 1990, Oper «Schneewittchen», Zürich 1998) stimulierten den phantasievollen Komponisten über blosses «Vertonen» hinaus zu Partituren ganz unterschiedlicher Gattungszugehörigkeit. Ungewöhnlich gestaltete sich etwa die Annäherung an Hölderlin-Scardanelli[16]:

Heinz Holliger
(Foto André Muelhaupt)

Mit meinem PSALM, dem STREICHQUARTETT und vor allem mit ATEM-BOGEN für Orchester näherte ich mich einer Musik, deren klangliche Erscheinung für mich nur von sekundärer Bedeutung war gegenüber dem Fühlbar-, ja Sichtbarmachen der extremen physischen und psychischen Bedingungen, unter denen diese Klänge entstehen. Im Sommer 1975 arbeitete ich an einem Streicherstück, das ausschliesslich aus natürlichen Flageolett-Tönen besteht. Die untemperierten Intervalle und die grundtonlosen Klänge erzeugen eine völlig spannungslose, gleichsam gefrorene Harmonik und eine erstarrte Expressivität. Ohne vorher im Entferntesten an ein Chorstück oder an die Hölderlin-Gedichte gedacht zu haben, führte mich diese Arbeit mitten in «Scardanellis» Welt. Das Flageolett-Stück blieb liegen. In rascher Folge entstanden die ersten «Frühling»-, «Sommer»- und «Herbst»-Lieder. Zwei «Winter»-Lieder wurden zu Ende des Jahres 1975 geschrieben.

Auch wenn an die Stelle assoziierter Texte Musik früherer Zeit tritt, kommt es bei Holliger zu einer Begegnung ganz persönlicher Art. So etwa stellen die beiden «Liszt-Transkriptionen» (1986) den Versuch dar, «die Stücke aus meinem eigenen Unterbewusstsein wieder heraufzuholen und gleichsam durch einen Traumfilter hindurch in verschiedenen Graden von Wirklichkeit (von ‹presence› und ‹absence›) Klang werden zu lassen.»[17]

«A partir de 1976, mes compositions sont assérielles et avant tout caracterisées par la forme. C'est la réalisation sonore d'une vision graphique mouvante.»[18] Für die in Allschwil lebende, bei Robert Suter und Jacques Wildberger ausgebildete Komponistin *Heidi Baader-Nobs* (geboren 1940 in Delémont) ergaben sich aus der eigenwilligen Transformation zeichnerischer Strukturen in klingende Verläufe zumeist sehr bündige und streng zielgerichtete Stücke ohne vermittelndes Beiwerk. Unter den rein instrumentalen Arbeiten der Achtzigerjahre («Quatuor à cordes», «Grande étude chromatique», «Session» oder «Contravenant») figuriert als einzige textbezogene Partitur die politisch sich engagierende A-cappella-Studie «Lamento y Protesto» (1984/85).

Mit der verwirrenden Vielfalt der gegenwärtigen Stile und Idiome, der Überfülle von Kunst- und Alltagsklängen will *Alfred Knüsel* (geboren 1941 in Luzern) ganz bewusst gestalterisch umgehen. Der seit Jahrzehnten in Basel lebende und unterrichtende Cellist zeigt bereits in manchen Werktiteln an, dass er den Glauben ans alte «opus perfectum» kaum mehr teilen kann (vgl. etwa «Idioma», «AbArt», «Geschichtsklitterung als Rezitativ und Arie» oder «Fundstücke», alle zwischen 1980 und 1995).

Ein volles Jahrzehnt lang wirkte *Gerald Bennett* (geboren 1942 in New Jersey, USA) an der Basler Musik-Akademie als Theorielehrer (ab 1967) und Abteilungsleiter (1969–1976). Der brillante Harvard-Absolvent und Basler Klaus-Huber- bzw. Pierre-Boulez-Schüler gehörte dann unter Boulez zum ersten Planer-, Forscher- und

Leiterteam des neu gegründeten Pariser «Institut de Recherche et Coordination Acoustique/Musique» (IRCAM). Vorrangig galten seine kompositorischen Neigungen hier der computersprachlichen Aufbereitung und Nutzung des Phänomens Singstimme. Bennett, in Muttenz ansässig und seit 1981 in Zürich lehrend (am Konservatorium) sowie auch forschend (am Schweizerischen Zentrum für Computermusik), komponiert selbstkritisch und konzentriert, fasziniert von der magischen Unergründlichkeit komplexer Materialsysteme. Unter seinen Arbeiten mit Tonband wären anzuführen: «Aber die Namen der seltnen Orte und alles Schöne hatt' er behalten» (1979), «Kyotaku» für Shakuhachi (1987) oder «Weisst du es noch?» (1990).

Gleich Wyttenbach, Wüthrich oder Holliger zählt *Roland Moser* (geboren 1943 in Bern) zu den schweizerischen Schülern von Sándor Veress. Dieser kluge Ungar, in Budapest zuvor auch Mentor von Ligeti und Kurtág, hielt die angehenden Komponisten zu grösster Verantwortung gegenüber dem gewählten Material und dessen Gebrauch an. Moser fühlte sich diesem Geist der schöpferischen Verantwortlichkeit stets verpflichtet. Nach Veress förderte auch Wolfgang Fortner (Freiburg im Breisgau) in Moser die Neigung zu Ökonomie und Konzentration. Dem widerspricht etwa in der Komposition «Wal» (für «schweres Orchester mit 5 Saxophonen», 1980–1983) keineswegs die Idee, dem massigen sinfonischen Apparat der Spätromantik eine fast zerbrechliche, Sprachähnlichkeit anstrebende Musik abzuverlangen. Bilder und vor allem Texte bilden des Öfteren Ausgangspositionen für Mosers kompositorische Projekte, so etwa in den «Heineliedern» (1970 ff.), der Szene «Wortabend» (Bruno Schnyder, 1979) oder dem «Lebenslauf» (Hölderlin, 1980–1985). Bild, Text und Musik verklammern sich geradezu in den herb tönenden «Brentanophantasien» (1988–1995) für Sopran, Bariton und Klavier nach den «Zeiten»-Zeichnungen des Frühromantikers Philipp Otto Runge. Moser kam 1984 nach Basel und wirkt an der Musik-Akademie als geschätzter Theorie- und Kompositionslehrer.

Aus Basel gebürtig und an hiesigen Institutionen als Pianist, Dirigent und Musikologe ausgebildet, wandte sich *Thüring Bräm* (geboren 1944) erst einmal in die USA (1970–1973). Mit solchermassen geöffneten Visieren nahm er damals leitende Positionen in Basel (1973–1987 Abteilungsleiter Musikschule der Musik-Akademie) und in Luzern ein (seit 1987 Direktor des Konservatoriums). In Bräms kompositorischem Denken schlugen sich die europäischen Strömungen (Webern, Boulez) und die Stimuli der amerikanischen Pluralität (unter anderen Cage) in belebender Weise nieder. Immer wieder auch kommen in seinen Kammermusiken, Vokalstücken und Lehrwerken die Erfahrungen des engagierten Pädagogen und Chorleiters zum Tragen. Nachhaltige Eindrücke vermittelt der kantatenartige Zyklus «Les Lettres de Cézanne» (1984).

Bezüglich seines zentralen Werkes «Anima» beschrieb *Balz Trümpy* (geboren 1946 in Basel) eine von Komponisten des öfteren erlebte Situation[19]:

> Ich hatte bereits grosse Teile der Musik geschrieben und hatte auch eine klare Vorstellung von der Art, das heisst von der «Atmosphäre» der Texte, ohne diese schon konkret ausgewählt zu haben. Dass die Wahl bei der Suche nach dem literarischen Pendant zu meiner Musik auf mittelhochdeutsche Minnelyrik fiel, wirkt für mich aus der heutigen zeitlichen Distanz wie eine Notwendigkeit.

Erläuternd führt Trümpy über die definitive Auswahl dreier Gedichte aus[20]:

> In der einzigartigen Poesie der mittelhochdeutschen Lyrik sehe ich den Ausdruck einer allgemein menschlichen Sehnsucht, (...) die Sehnsucht des Menschen nach höherer Einheit und nach innerer Vollkommenheit. Daneben stehen Sprachmelodie und Klangsinnlichkeit des Mittelhochdeutschen bei meiner Vertonung im Vordergrund.

Trümpy liebt das Ausschweifen in ferne Zeiträume und Regionen. Seine Titelwahl «Gesang der Ferne» (1990) scheint symptomatisch. Im Werkkatalog figurieren «Dionysos-Hymnen» (1985) ebenso wie «Petrarca-Gesänge» (1989) oder eine «Helios»-Sinfonie (1990–1996) auf Texte der alten Ägypter sowie zahlreicher Indianerstämme und griechischer Zauberpapyri neben solchen neuzeitlicher Autoren. Musik als Möglichkeit, entschwundene Kulturen zu vergegenwärtigen, für die Gegenwart wieder aussagemächtig werden zu lassen? – Seit 1979 unterrichtet der zeitweilige Assistent Luciano Berios die Fächer Musiktheorie und Komposition am Basler Konservatorium.

Unterwegs auf vielerlei Wegen

Jean-Jacques Dünki (geboren 1948 in Aarau) begreift Komponieren, Interpretieren und musikwissenschaftliches Forschen als selbstverständliche Einheit. Auch will er diese Interessen keineswegs auf eine schmale Zeitspanne einengen, sondern zwischen Renaissance und Gegenwart weit geöffnet wissen. Folglich bedient sich der vielerorts in die Lehre gegangene Pianist und Komponist nicht nur des modernen Konzertflügels, sondern mit Hingabe auch weiterer «historischer» Tasteninstrumente (zum Beispiel des Clavichords oder des Hammerflügels). Musikalische Gesten und Ausdrucksgebärden früherer Epochen fliessen häufig auch in die Kompositionen ein, die zwischen Klavierstück und Lied, Orchesterprojekt und Kammeroper nahezu alle Gattungen umfassen. Von zentraler Bedeutung ist für Dünki die Werkreihe von «Kammerstücken» (1985 ff.), deren erstes für Klavier solo, deren achtes – Untertitel: «Kammersinfonie» – jedoch für ein stattliches Ensemble von 32 Spielern gesetzt ist. Dem Basler Musikleben ist der Vielseitige auch als Leiter einer lebendigen Klavierklasse (am Konservatorium) sowie als Initiator einfallsreich programmierter Konzerte («Kammerkunst Basel») verbunden.

Wiederholt trafen Kompositionen von *Christoph Delz* bei international bedeutsamen Festivals der Neuen Musik auf beträchtliche Resonanz (unter anderem in London, Venedig, Köln und Zürich). Bei den Donaueschinger Musiktagen 1983 überraschte etwa das Orchesterstück «Im Dschungel» (1981/82) mit dem Untertitel «Ehrung für Rousseau den Zöllner». Weite, fantasievoll genutzte Vorstellungsräume eröffnen sich in diesem etwa halbstündigen Werk. Unter Rousseaus Patenschaft soll sich ein künstliches Klangparadies auftun, in dessen Umkreis zivilisationsabhängige Klangmuster mehr zu ahnen als präzise zu erkennen sind. Von «Transkomposition» sprach Delz bei seinem Bemühen, Materialien von ausserhalb in einfallsreicher Prozedur fürs Sinfonieorchester umzudenken und so zu einer fesselnden Klangsprache von neuartiger Virtuosität zu gelangen. 1950 in Basel geboren, vollbrachte Delz das Kunststück, sein Konzertdiplom bereits vor der Maturität zu erwerben. Kölner Studien- und Schaffensjahre schlossen sich an (Komposition: Stockhausen, Pousseur). 1989 kehrte Delz in die Heimatregion zurück. Erst 43-jährig erlag er einer schweren, ihn noch einmal zu unerhörter Arbeitswut provozierenden Krankheit. Die gross besetzte Komposition «Istanbul» (1992/93) zeugt mit ihren harten Kontrasten und Brüchen von den Befindlichkeiten der letzten Lebensmonate. Delz, der auch malerischen Neigungen nachging, hat in seinen Kompositionen einen «singulären Ansatz zwischen allen möglichen Stühlen und Schulen ausgearbeitet, der zugleich bewundernswert und kritisierbar war».[21] Seit 1996 kümmert sich eine von Dominik Sackmann verwaltete «Stiftung Christoph Delz» um das Nachleben des Komponisten.

Patricia Jünger (geboren 1951), von Geburt Österreicherin, lebt und arbeitet nahe Basel. Von ihren häufig sprachbezogenen Stücken – «Die Sprache trägt wesentlich bei zur Überprüfbarkeit der kompositorischen Ästhetik», sagt sie – erregten vor allem ihr Tonband-Requiem «Sehr geehrter Herr» (1986) und ihr einaktiges Melo-

Antoinette Vischer, die Cembalistin der Neuen Musik
(Foto René Groebli)

dram «Die Klavierspielerin» (nach dem Roman von Elfriede Jelinek, 1988) beträchtliches Aufsehen.

David Wohnlich (geboren 1953 in Basel) kommt vom Sängerischen her und ist in seinen Projekten bestrebt, die Trennung zwischen U- und E-Musik nach Möglichkeit zu negieren. Während der Luzerner Musikfestwochen 1991 wurde sein Beitrag «Der Heilige» zum kollektiven Bühnenwerk «Das Lachen der Schafe» inszeniert.

Daniel Weissberg (geboren 1954 in Basel) lokalisiert seine Arbeiten gerne dort, wo das Instrumentale ins Szenische umschlägt, wo herkömmliche und elektronische Klangerzeugung sich zum Verwechseln annähern. Bei Mauricio Kagel, dem Mentor etlicher Kölner Studien- und Assistentenjahre, entwickelte der heutige Lehrer der Basler Musik-Akademie seinen intellektuellen Scharfsinn fürs Aufdecken von Hintergründen und kritische Aufzeigen von festgefahrenen Konventionen. Den Prix Italia 1995 erhielt das von Weissberg mitverantwortete «MusikHörSpiel» «Sind Töne Töne oder sind Töne Webern».

René Wohlhauser (geboren 1954 in Zürich) hat seine Tätigkeitsfelder als Theorielehrer in Luzern und Basel. Seinen kompositorischen Erfahrungskreis suchte er nach Basler Studienjahren systematisch auszudehnen, um die «Bestimmungsgrenzen dieses imaginären Landes ‹Ausdruck›»[22] zu erweitern. Begegnungen unter anderem mit Brian Ferneyhough führten zu einer erheblichen Verfeinerung, aber auch Komplizierung seiner Tonsprache, wie sie sich beispielhaft im Orchesterwerk «in statu mutandi» (1991–1993) artikuliert.

Thomas Demenga (geboren 1954 in Bern) trennt seine Tätigkeit als international gefragter (und in Basel unterrichtender) Cellist keinesfalls von seinen kompositorischen Zielsetzungen.

«Mein Bedürfnis, Musik zu schreiben, entwickelte sich ganz deutlich aus der Improvisation. So ist in jedem meiner bis heute geschriebenen Stücke eine Improvisation eingebettet, die als solche oft gar nicht mehr erkannt wird.»[23]

Als anlässlich eines Konzertabends des «Basler Musik-Forums» im Januar 1996 an junge Komponisten der Regio die Einladung erging, sich mit knappen Studien über die einprägsame Zwölftonreihe aus Alban Bergs berühmtem «Violinkonzert» zu beteiligen, steuerten unter anderem *Urban Mäder* (geboren 1955), *Mischa Käser* (1959), *Mario Pagliarani* (1963), *Christoph Neidhöfer* (1967), *Kaspar Ewald* (1969) und *Lukas Langlotz* (1971) sehr unterschiedliche, durchweg aber einfallsreiche Kammermusikminiaturen bei. Fast unabsichtlich ergab sich auf diese Weise ein kleines, aber facettenreiches Porträt von begabten jungen Komponisten, die sich mit Basel mehr oder weniger stark verbunden fühlen. Zu vervollständigen wäre dieses Generationenporträt allerdings noch durch den Wildberger-, Lehmann- und Lachenmann-Schüler *Thomas Müller* (geboren 1953), den durch Suter, Moser sowie Kurtág geprägten *Mathias Steinauer* (1959) wie auch durch den aussergewöhnlich vielseitigen *Daniel Ott* (1960), der seit 1990 das fantasievoll programmierte Festival «Neue Musik Rümlingen» leitet.

Eine neue Farbe gewann die Basler Neutönerszene gewiss durch *Detlev Müller-Siemens* (geboren 1957 in Hamburg). Seit 1991 erteilt der früh stark beachtete Ligeti-Schüler an der Basler Musik-Akademie Theorie- und Kompositionsunterricht. Sein abendfüllendes Bühnenwerk «Die Menschen» nach dem gleichnamigen Theaterstück von Walter Hasenclever erlebte 1993 am Theater Basel seine viel beachtete Zweitinszenierung (nach der Uraufführung in Karlsruhe) in der Regie Michael Simons und mit Michael Boder am Dirigentenpult.

Belebende Impulse kommen den Basler Programmen überdies durch Aufführungen von Arbeiten der aus Polen gebürtigen, seit 1988 in Riehen lebenden Komponistin *Bettina Skrzypczak* (geboren 1962) zu. Ihrem im Herbst 1996 in Basel uraufgeführten «Oboenkonzert» attestierte die Musikkritik, dass es «in die oft düstere Neue Musik ein Moment gelöster Heiterkeit einschleust; allerdings erst, nachdem die (...) Oboe etliche Bedrohungen durch das Orchester erlebt, viel geweint und den Aggressor in röhrendem Tierlaut und mit b-a-c-h-Formeln besänftigt hat. Ein sich zunehmend aufhellendes, glänzend instrumentiertes, am Ende zum Streicher-Pizzicato entschwebendes Konzertstück.»[24] 1998 schob die Komponistin ein im Auftrag der 50 Jahre alt gewordenen Klubhaus-Konzerte entstandenes einsätziges Klavierkonzert in virtuoser Tradition nach (uraufgeführt von Massimiliano Damerini und der Philharmonischen Werkstatt Schweiz unter Mario Venzago).

Ausblick

Hat die Basler Musikszene im Allgemeinen und jene für die zeitgenössische Musik im Besonderen aufs Ende des Jahrhunderts hin an Vielfalt, Dichte und Farbe verloren? Besteht Mangel an jüngeren Feuerköpfen und mutigen Veranstaltern? Existiert überhaupt ein aufgeschlossenes jüngeres Publikum, das für eine Musik um 2000 den Adressaten abgeben könnte?

Gewiss bleiben vielerlei Fragen offen. Finanzielle Engpässe wirken sich bei den kulturtragenden Institutionen in lähmender Weise aus. Überalterte Abonnentenstämme lassen sich kaum erneuern, da die Jüngeren den spontan besuchten «Event» des Tages der Bindung an terminreiche Veranstaltungsreihen vorziehen. Junge Komponisten treten weniger in Künstlergruppen hervor, viel lieber als ausgesprochene Einzelgänger. Auch den über Jahrzehnte hinweg in Basel ansässigen Komponisten vom Schlage eines Conrad Beck, Robert Suter oder Jacques Wildberger könnte es in Zukunft seltener oder überhaupt nicht mehr geben. Denn zwischen den Schweizer Kulturstädten herrscht rege Mobilität. Ausländische Studien- und Tätigkeitsorte sind näher gerückt, Internationalität ist Trumpf. Der neugierige Nachwuchskomponist aus Basel studiert vielleicht in Paris weiter, sieht sich in amerikanischen Studios um, kooperiert mit den Musica-nova-Tagen in X und brütet in seinem Refugium in Y über den Auftragswerken, die in Z zur Uraufführung gelangen. Kaum verwundert es daher, dass der Lebenslauf fast eines jeden Schweizer Komponisten und so manch einer Komponistenpersönlichkeit von jenseits der Grenzen die baslerischen Musikinstitutionen und -zirkel auf die eine oder andere Weise tangiert ...

Zweifellos ein erfreuliches Symptom für die zukünftige Neue Musik in Basel: Die «Nebenschauplätze» ausserhalb der etablierten Veranstaltungsreihen sind zahlreicher und interessanter geworden. Die ehemals so erbittert verteidigten Sphären U (= Unterhaltungsmusik) und E (= «ernste» Musik) scheinen keine nennenswerte Rolle mehr zu spielen. Professionell gehandhabte technische Installationen gehören ohnedies hüben wie drüben zum fast schon selbstverständlichen Zubehör. In Schulhäusern, ausgedienten Brauereien und Kinos, engen Galerien und stimmungsvollen Kleintheatern nisten sich Elektroniker wie Instrumentalisten, Wortkünstler und Komponisten ein, um Programme und Performances von greller Buntheit, aber auch beeindruckender Ernsthaftigkeit zu gestalten. Ihnen dürfte ein wachsender Anteil an der Neuen Musik der nächsten Jahre und Jahrzehnte gehören.

Anmerkungen

1 In: «Suite. Aufsätze über Musik und Musiker», Wien und Teschen 1884.
2 Ebenda, S. 197.
3 Vgl. «I. Abteilung: Sinfonie und Suite», Leipzig 1887, S. 209.
4 Gian Gundi: «Hans Huber. Die Persönlichkeit nach Briefen und Erinnerung», Basel 1925, S. 28.
5 Vgl. die Programmregister in «Die Konzerte der Allgemeinen Musikgesellschaft in Basel in den Jahren 1876 bis 1926. Festschrift zur Feier des 50-jährigen Bestehens der Allgemeinen Musikgesellschaft ...», Basel 1926.
6 Vgl. Hans Oesch: «Ein Komponist nebst den Zeiten». Einführungstext zur LP Ernst Levy: Fünfzehnte Symphonie (1967), Bärenreiter Musicaphon (= Reihe «Basler Komponisten»).
7 Hansjörg Pauli in: «Schweizer Komponisten in unserer Zeit. Biografien, Werkverzeichnisse mit Discografie und Bibliographie», Winterthur 1993, S. 148.
8 Mitteilungen des Basler Kammerorchesters Nr. 90, 18. März 1960.
9 In: «Weltoffenheit und Beharrungsvermögen. Der Schweizer Komponist Conrad Beck feiert seinen 70. Geburtstag». Manuskript für den Sender Freies Berlin 1971.
10 Zit. im Beiheft zur CD Grammont-Portrait CTS-P 6-2.
11 Vgl. «Basler Zeitung» vom 26. September 1996.
12 Ebenda.
13 Vgl. «Schweizer Komponisten in unserer Zeit ...», S. 243.
14 Thomas Kessler im Programmbuch der «Tage für Live-Elektronische Musik Basel», April 1991.
15 Ebenda.
16 In: Programmbuch «Donaueschinger Musiktage 1985».
17 Vgl. Einführungstext im Programmheft zum Konzert des Basler Kammerorchesters am 12./13. Februar 1987.
18 Vgl. «Schweizer Komponisten in unserer Zeit ...», S. 25.
19 In: «Dissonanz/dissonance» Nr. 21. August 1989, S. 34.
20 Vgl. Partiturvorwort Edition Hug, Nr. 11 362 (= Reihe «Schweizer Musik des 20. Jahrhunderts»).
21 Reinhard Oehlschlägel in seinem Nachruf in der «Süddeutschen Zeitung» vom 21. September 1993.
22 Vgl. «Schweizer Komponisten in unserer Zeit ...», S. 447.
23 Ebenda, S. 90.
24 Sigfried Schibli in der «Basler Zeitung» vom 3. September 1996.

Musik der Welt in Basel: Thailändische Tanzgruppe vor dem Münster
(Foto Tino Briner)

Sigfried Schibli

Musik im Museum, Musik aus dem Museum. *Sammeln, Zeigen, Staunen machen.*

Von der Instrumentensammlung zum Musikmuseum

Die Geschichte der «Musikinstrumenten-Sammlung des Historischen Museums Basel» ist eine Geschichte von Wachstumsprozessen – und infolgedessen von Umzügen. Dafür sind gleich mehrere Faktoren verantwortlich. Erstens neigt jegliche Sammeltätigkeit zum Vermehren des Vorhandenen, zur Ausdehnung. Zweitens sind immer wieder neue Musikinstrumente erfunden worden, was den Bereich des für private Sammler und Museen Interessanten zwangsläufig vergrösserte. Drittens hat sich unser Bewusstsein Musikinstrumenten gegenüber verändert: Während man etwa im 18. Jahrhundert kaum Hemmungen hatte, ältere Instrumente zu demontieren, um aus dem Holz oder Metall neue Klangerzeuger zu konstruieren, würden wir ein solches Verhalten heute – ausser vielleicht im Orgelbau – als Sakrileg geisseln. Und viertens kam die Musikstadt Basel immer wieder in den Genuss bedeutender Schenkungen historischer Instrumente.

Anders als die meisten Traditions-Institutionen des Basler Musiklebens hatte die Musikinstrumenten-Sammlung lange Zeit nicht ihren festen Ort – zumindest nicht, bis man ihr auf dem Areal der Musik-Akademie und später im Basler «Lohnhof» eine Bleibe einrichtete. Ein eindeutiges Gründungsdatum lässt sich der Sammlung des Historischen Museums nicht zuordnen; sie wurzelt im Privaten, blieb lange Zeit der Wissenschaft vorbehalten und wurde erst 1943 der Öffentlichkeit zugänglich gemacht. 1862 hatte die Leonhardsgemeinde der damaligen «Mittelalterlichen Sammlung zu Basel» eine Tischorgel aus dem 17. Jahrhundert geschenkt. Ausgehend von dieser Schenkung entschloss sich die «Mittelalterliche Sammlung» zur Anschaffung weiterer Instrumente – weniger zu Ausstellungszwecken als im Hinblick auf eine historisch korrekte, stilgerechte Aufführung alter Musik. Bereits 1878 (damals hielt der Vorsteher der Sammlung, Prof. Moriz Heyne, schon eigentliche instrumentenkundliche Vorlesungen) zählte man rund vierzig, 1894 über siebzig Instrumente im neuen Museumsraum, der Barfüsserkirche.

Weil die «Sammlung» den Raum anderweitig in Anspruch nehmen wollte, wurden die Instrumente 1906 ins heutige Verwaltungsgebäude des Historischen Museums am Steinenberg 4 verlegt (diesen Namen trägt das Museum seit 1891). 1926 zog das Musikwissenschaftliche Seminar der Universität in den «Segerhof» am Blumenrain, und mit ihm dislozierte auch die mittlerweile schon über dreihundert Stücke zählende Instrumentensammlung. Sie war inzwischen durch eine Privatsammlung erweitert worden, die

Virginal des Andreas Ryff von 1572
(Foto Maurice Babey, Historisches Museum Basel)

der Genfer Zoologe Maurice Bedot-Diodati dem Historischen Museum als Legat vermacht hatte; von den 48 Instrumenten übergab das Museum «17 meist exotische Stücke» dem Museum für Völkerkunde, dem heutigen Museum der Kulturen. Im gleichen Jahr erwarb es einige kostbare Instrumente aus der ehemaligen Luzerner Privatsammlung Heinrich Schumacher. Neun Jahre später, als der Blumenrain verbreitert wurde und dafür Häuser geopfert werden mussten, standen schon wieder Umzugswagen vor den Museumstoren, und mit dem Universitätsinstitut zusammen ging es an den Leonhardskirchplatz 5. Im Winter 1939/40 weckte eine grosse Ausstellung im Basler Gewerbemuseum «Unsere Musikinstrumente. Die Entwicklung ihres Baues und ihrer Funktion» breites Publikumsinteresse. Vielleicht war dies das unmittelbare Motiv dafür, dass die zuvor nur der Wissenschaft dienende Sammlung 1943 für die Öffentlichkeit zugänglich gemacht wurde.

Wiederum waren Raumprobleme dafür ausschlaggebend, dass die Sammlung 1956 in den spätklassizistischen «Vorderen Rosengarten» am Eingang der Musik-Akademie dislozierte. Paul Sacher hatte die umfangreiche Sammlung von Otto Lobeck-Kambli in Herisau, die der Schola Cantorum schon länger als Leihgabe anvertraut gewesen war, gekauft und sie dem Museum geschenkt, und mit dem Nachlass des Zürcher Geigenbauers Albert Riemeyer kamen im Jahr danach nochmals 25 Instrumente hinzu. Kein Wunder, ist das Jahr 1956 als «goldenes Jahr» in die Geschichte des Historischen Museums eingegangen. Die gegen 400 Instrumente zählende Sammlung Lobeck führte dem Museum zahlreiche bisher fehlende Klangerzeuger und auch manche Kuriosität wie eine Spazierstockgeige oder einen Egerländer Dudelsack zu.

Konservator der Sammlung war zum Jahrhundertanfang der Musikhistoriker Karl Nef

Walter Nef in der Sammlung alter Musikinstrumente

(1873–1935). Nef gilt als Begründer der Musikwissenschaft als eigenständige wissenschaftliche Disziplin in Basel und als «erster eigentlich schweizerischer Musikwissenschaftler».[1] Als Musikologe war er streng historisch orientiert, interessierte sich aber auch für das Gebiet der Instrumentenkunde, mit dem er als Vorsteher der Instrumentenabteilung des Historischen Museums aufs Engste vertraut war. Am Museum versicherte sich Nef der Mitarbeit eines Spezialisten für Instrumentenbau, Hermann Seyffarth aus Leipzig. Von Nef stammt auch der erste und bisher einzige wissenschaftliche Katalog der Sammlung; er erschien als vierter der Museumskataloge und gleichzeitig als Anhang der Festschrift zum 2. Kongress der Internationalen Musikgesellschaft 1906. 1926 veröffentlichte er noch eine kleine «Geschichte unserer Musikinstrumente». (In jüngerer Zeit wurden einzelne Teilbestände der Basler Sammlung in den Jahresberichten des Historischen Museums vorgestellt.)

Ihm folgte als Konservator sein Neffe Walter Nef (geboren 1910), seit 1935 Mitarbeiter und seit 1960 Leiter der Sammlung alter Musikinstrumente des Historischen Museums; seit 1981 ist Veronika Gutmann, die stellvertretende Direktorin des Historischen Museums, Konservatorin. Walter Nef hatte im damaligen Akademiedirektor und Schola-Gründer Paul Sacher (dessen Stellvertreter er war) einen starken Mitstreiter in Sachen alter Musik und historischer Instrumente. Dieser personellen Konstellation war es letztlich zu danken, dass die Sammlung 1957 ein immerhin vierzig Jahre währendes Domizil im «Vorderen Rosengarten» fand. Dieser Umzug auf das Gelände der Musik-Akademie bedeutete auch die endgültige räumliche Trennung der Instrumentensammlung vom Musikwissenschaftlichen Institut der Universität, mit dem sie historisch eng verbunden war.

Die räumliche Vergrösserung entsprach weiser Voraussicht, denn die etwa 800 Instrumente umfassende Sammlung wuchs weiter an. Als 1980 noch die «Sammlung historischer Blechblasinstrumente und Trommeln» von Pfarrer Dr. h.c. Wilhelm Bernoulli aus Greifensee als Legat hinzukam, zählte sie schon 1700 Instrumente. Diese nochmalige Erweiterung machte ein Magazin für die nicht unmittelbar ausstellungs-, aber gleichwohl sammlungswürdigen Intrumente notwendig. Der Bernoulli-Sammlung – sie umfasst allein etwa achtzig Trommeln – gehört denn auch das älteste Instrument der Sammlung an, ein Luzerner Harsthorn von 1455. Zu den bemerkenswertesten Objekten gehören weiter zwei Basler Trommeln von 1571 und 1575. Aus dem Nachlass Felix Weingartners stammt eine Traversflöte aus der Zeit vor 1800, die angeblich Ludwig van Beethoven gehörte. Erwähnenswert sind weiter einige Tasteninstrumente, so ein venezianisches Cembalo von 1696, ein Ansbacher Clavichord von 1782 und mehrere Wiener Hammerflügel aus der Zeit Mozarts und Beethovens. Seit 1990 krönt das durch private Gönner zugunsten des Historischen Museums angekaufte sogenannte «Virginal des Andreas Ryff», ein flämisches Instrument von 1572, die Tasteninstrumenten-Abteilung des Historischen Museums, und als Geschenk eines Kollektivs empfing das Museum 1996 zehn wertvolle Saxophoninstrumente, vier davon aus der Werkstatt von Adolphe Sax, entstanden zwischen 1856 und 1863. Um 1997 belief sich der Sammlungsbestand auf fast 2000 Musikinstrumente.

Konzeptionelle Fragen

Bis zu ihrem Auszug aus dem «Rosengarten» war die Sammlung weitgehend systematisch, das heisst nach Instrumentenfamilien und -gruppen geordnet, so dass man etwa die Baugeschichte des Waldhorns vom Natur- zum Ventilinstrument sozusagen am Modell studieren konnte. Moderne Gesichtspunkte der Museumskonzeption erforderten allerdings ein Überdenken dieses traditionellen systematischen Prinzips. Ein Instrumentenmuseum sollte nicht nur für wissenschaftliche Spezialisten und praktizierende Musiker die Baugeschichte einzelner Instrumente illustrieren, sondern auch dem Laien ein Bild von der Erlebniswelt «seiner» Musik vor Augen führen.

Mitte der Neunzigerjahre eröffnete sich für die Instrumentensammlung die Perspektive, in den «Lohnhof» umzuziehen und ihr Konzept in räumlich wesentlich verbessertem Ambiente grundsätzlich zu erneuern. Allerdings erst nach Überwindung einiger kulturpolitischer Hürden; denn gleichzeitig arbeiteten zwei Planungsgruppen an einem Lohnhof-Projekt: eine der Christoph Merian Stiftung und eine des Historischen Museums. Die CMS-Gruppe tendierte dazu, aus dem ehemaligen Untersuchungsgefängnis im Lohnhof ein Begegnungszentrum zu machen, in dem nicht nur ein Hotel, sondern auch unterschiedlichste Organisationen aus den kulturellen Bereichen Musik, Theater und Film sowie der Jugendarbeit Platz finden und mit dem Musikinstrumentenmuseum, einem Café und einem gemeinsamen Ticketcorner den Lohnhof zu einem «lebendigen Ort» machen sollten. Als private Mäzene dem Musikinstrumenten-Museum im März 1995 stolze 5,6 Millionen Franken zusprachen, folgte der Regierungsrat den Wünschen des Historischen Museums und favorisierte das von einer privaten Planungs- und Baukommission vorgelegte Konzept eines weitestgehend privat finanzierten «Musikmuseums», ergänzt durch einen Restaurations- und Beherbergungsbetrieb sowie andere Räumlichkeiten, aber ohne das zuerst vorgesehene Kino und das Begegnungszentrum für Jugendliche. Darauf zog sich die Christoph Merian Stiftung aus der Planung zurück; Kritiker aus dem linken und ökologischen Lager, aber auch Sprecher der CMS, sprachen von einer unnötigen «Museumshochburg».

Das neue «Musikmuseum im Lohnhof» (Eröffnung im Herbst 2000) fasst seinen Zweck weiter als die bisherige Musikinstrumenten-Sammlung des Historischen Museums: Nicht nur das Instrumentarium, sondern gleich die Musik selbst ist sein Gegenstand. Überdies nimmt die neue Konzeption, für die Veronika Gutmann verantwortlich zeichnet, Abschied von der Idee des systematischen Sammelns, dem auf Besucherseite das rein passive Betrachten entsprach. Gutmann skizzierte im Gespräch drei Möglichkeiten der Perzeption im Museum:

- eine rein passive (Betrachten von Instrumenten, Anhören von Musik);
- eine interaktive (elektronische Medien, Spielen auf Kopien der originalen Klangkörper);
- aktives Erleben von Musik in «Lecture Recitals» und Demonstrationen, Spielen unter Anleitung von Museumspädagogen.

Tendenziell soll Abschied genommen werden von der Aufstellung ganzer Instrumenten-Baureihen zugunsten von Ensembles; auch für Wechselausstellungen ist auf den nunmehr rund 900 zur Verfügung stehenden Quadratmetern Platz. Die Zellenstruktur des ehemaligen Gefängnisses, die vom Basler Denkmalschutz weitgehend unter Schutz gestellt worden ist, steht in Übereinstimmung mit dieser Konzeption. Während grosse Instrumente wie Flügel und Orgeln im breiten Gang aufgestellt werden können, bieten die unterschiedlich geräumigen Zellen eine Möglichkeit, Instrumente in «Familien» aufzugliedern. Die drei zur Verfügung stehenden Stockwerke sollen folgendermassen strukturiert werden:

- im Parterre wird «Musik in Basel» (mit reichem Bestand an Trommeln und Pfeifen) thematisiert;
- im 1. Stockwerk sind die Bereiche «Konzert, Choral und Tanz» angesiedelt, was Kircheninstrumente ebenso wie Volksmusikinstrumente einschliesst;
- im 2. Stockwerk findet unter dem Titel «Feier und Parade» zumindest ein Teil der mit 900 Instrumenten sehr umfangreichen Sammlung von Blechblasinstrumenten Platz;
- im ausgebauten und von der Zellenstruktur befreiten Dachgeschoss des «Lohnhofs» ist Raum für öffentliche Konzerte und Vorträge.

Da das «neue» Museum aufgrund des vorhandenen Materials konzipiert ist und keine grösseren zusätzlichen Bestände umfassen soll, wird man Instrumente aus der neuesten Geschichte wie Keyboards, elektrische Gitarren, Computer-Klaviere, Plastikblockflöten usw. kaum darin finden. Zweck des Museums ist nicht, die Musikgeschichte anhand der Instrumente lückenlos darzustellen. Selbstverständlich aber werden moderne museumsdidaktische Techniken, Computer zur Klanganalyse und andere technische Hilfsmittel eingesetzt, die den Schritt vom begriffslosen Staunen über die Vielfalt europäischer Musikinstrumente zu einem tieferen Verständnis ihrer Funktionsweise und Ästhetik erleichtern sollen.

Museen entfremden im Allgemeinen die in ihnen ausgestellten Objekte ihrem ursprünglichen Lebensraum; sie ähneln darin zoologischen Gärten. Das «Musikmuseum im Lohnhof» steht unter der Prämisse «Sammeln – Bewahren – Vermitteln», es kann und will nicht dem populären Anspruch eines «Museums zum Anfassen» dienen. Die zum Klingen geschaffenen Instrumente bleiben in aller Regel stumm, sobald sie hinter Museumsvitrinen ruhen. Veronika Gutmann, die Konservatorin der Sammlung, schrieb 1997[2]:

So hat sich heute doch die Erkenntnis durchgesetzt, dass die Wiederherstellung des spielbaren Zustandes eines Instruments niemals Hauptziel der Restaurierung oder Konservierung sein kann, sondern dass die Spielbarkeit gleichsam als eine angenehme «Nebenerscheinung» willkommen und entsprechend vorsichtig zu berücksichtigen ist.

Es wäre fahrlässig, wertvolle Musikinstrumente dem Publikum unkontrolliert zum Gebrauch zu überlassen. Kaum weniger fragwürdig aber ist es, Musikinstrumente gänzlich der visuellen Betrachtung zu überlassen. Deshalb veranstaltet das Historische Museum schon seit langem Führungen und «historische Konzerte» auf sammlungseigenen Instrumenten, sei es im «Kirschgarten», sei es in den Museumsräumlichkeiten im «Rosengarten» selbst. In diesen Konzerten, deren erstes um 1882 (unter anderem mit Viola d'amore und einem «Klavier von gegen 1720») stattfand, darf man sicherlich eine frühe Ausprägung der sogenannten historischen Aufführungspraxis sehen.

Heute tendieren Museumsfachleute meist zu behutsamem Umgang mit Museumsinstrumenten. Die meisten Klangerzeuger befinden sich nicht in einem Zustand, der den extremen Belastungen durch intensives Üben und Aufführungen gewachsen wäre; überdies würden sie den Ansprüchen auf klangliche Perfektion, die unser Musikleben entwickelt hat, in den seltensten Fällen genügen können. Noch vor wenigen Jahren machte man Instrumente gern durch Einfügung moderner Materialien wieder spielbar; so vertrat etwa der lange Zeit pionierhaft in Basel wirkende Instrumentenbauer Martin Scholz mit Überzeugungskraft die Meinung, beim Renovationsvorgang stehe «das klingende Musikinstrument mit seinem lebendigen historischen Klang» und nicht die abstrakte historische Authentizität im Mittelpunkt. Heute herrscht im Instrumentenbau wie allgemein im Museumswesen eine starke Tendenz zu sanfter und reversibler Restauration möglichst mit den ursprünglichen Materialien. So kommt es, dass auch im neuen «Musikmuseum» die meisten Klangerzeuger tonlos bleiben werden.

Die grossen Ausstellungen im Kunstmuseum

Musik ist Tonkunst; doch durch die Notenschrift tendiert sie immer auch zur Bildenden Kunst. Damit wächst der flüchtigen Zeitkunst ein Moment von Dauerhaftigkeit und räumlicher Fixierung zu. Über den musizierenden Menschen und das Instrumentarium ist Musik immer wieder in den Gesichtskreis der Bildhauer und Maler getreten. Kein Wunder, dass diese visuelle Komponente der Musik Ausstellungsmacher fasziniert und zu Ausstellungen veranlasst hat.

Die Basler Universitätsbibliothek hat schon seit jeher Musikhandschriften gesammelt und sporadisch auch öffentlich gezeigt, so etwa 1969 in einer Ausstellung mit Musikerbriefen. Sechs Jahre später erreichte das Thema «Musikhandschriften in Basel» eine neue Dimension durch die gleichnamige Ausstellung im Kunstmuseum, die Yvonne Boerlin-Brodbeck und Tilmann Seebass aus verschiedenen Sammlungen zusammengestellt haben; ihr äusserer Anlass war das 75-jährige Bestehen des Schweizerischen Tonkünstlervereins (Tonkünstlerfest 1975). Sie umfasste sowohl Notenhandschriften – von der flüchtigen Skizze bis zur Partitur-Reinschrift – als auch handschriftliche Musikerbriefe und reichte historisch von einem Brief von Michael Praetorius (1608, Universitätsbibliothek) bis zur Partitur von Karlheinz Stockhausens «Klavierstücken II/III» von 1952. Inspirator dieser Schau war einmal mehr Paul Sacher, der auch mit den folgenden musikbezogenen Grossausstellungen im Kunstmuseum verbunden ist.

1984 konnte dort, vom damaligen Direktor Christian Geelhaar und Hans Jörg Jans von der Paul Sacher Stiftung konzipiert, die Schau «Strawinsky. Sein Nachlass. Sein Bild» gezeigt werden. Zwar spielte Basel in Strawinskys Biografie eine untergeordnete Rolle, vergleicht man es etwa mit der Genfersee-Region, mit Paris oder Venedig. Dennoch ist Basel als Stadt Paul Sachers in der Biografie des grossen Russen nicht ohne Bedeutung. Sowohl sein «Concerto in D» als auch die Kantate «A Sermon, a Narrative and a Prayer» verdanken ihre Existenz Aufträgen des Basler Dirigenten und Mäzens; beide Werke wurden im Rahmen der Konzerte des Basler Kammerorchesters in Basel uraufgeführt (das Streicherstück am 21. Januar 1947, die Kantate am 22. März 1962). Über vierzig Werke Strawinskys wurden von Sacher dirigiert.[3] Mit dem Erwerb des Strawinsky-Nachlasses für die Paul Sacher Stiftung wurde Basel vollends zur «Strawinsky-Stadt». Nach langen Verhandlungen war es Albi Rosenthal, dem Oxforder Kunsthändler und Vertrauten Sachers, im Sommer 1983 gelungen, diesen überaus gewichtigen Nachlass für Basel zu erwerben. Er stand darin in Konkurrenz zu bedeutenden amerikanischen Institutionen wie den Universitäten von Kalifornien und Texas, der New York Public Library und der Pierpont Morgan Library, die sich ebenfalls um die Dokumentation des 1971 verstorbenen Komponisten bemühten.[4] Die Sammlung umfasst als Schwerpunkt Autografen zu zahlreichen seiner Werke, darunter die letzten Arbeitsmanuskripte und das Partiturmanuskript zum bahnbrechenden Orchesterwerk «Le Sacre du Printemps» sowie zahlreiche andere Werke, aber auch bedeutende Arbeiten von Malern – man denke nur an Picasso und Auberjonois! –, Briefe und Fotografien von Persönlichkeiten, mit denen Strawinsky in seinem langen Musikerleben zu tun hatte. Die Aufgabe, aus diesen reichen Beständen eine Ausstellung zusammenzustellen, muss äusserst dankbar gewesen sein, wovon der prachtvolle Katalog der 272 Nummern zählenden Schau Zeugnis ablegt.

Bereits zwei Jahre später konnte das Kunstmuseum erneut zu einer grossen Ausstellung einladen, die wiederum mit dem Namen Paul Sachers verknüpft war: «Komponisten des 20. Jahrhunderts in der Paul Sacher Stiftung». Dieser ausserordentlich schnelle Ausstellungs-Rhythmus entspricht der Tatsache, dass Sachers Sammeleifer nach dem Erwerb des Strawinsky-Nachlasses nicht ruhte – unmittelbar danach kaufte er die Anton-Webern-Sammlungen von Hans Moldenhauer sowie den Nachlass des Komponisten und Dirigenten Bruno Maderna. Hinzugekommen waren auch der musikalische Nachlass der Basler Cembalistin Antoinette Vischer und aufgrund von Vereinbarungen mit den Komponisten mehrere «Nachlässe zu Lebzeiten», etwa von Luciano Berio und Pierre Boulez. Die Fülle von Manuskripten und anderen Materialien findet seit 1986 im ehemaligen Haus der Freiwilligen Akademischen Gesellschaft «Auf Burg» am Münsterplatz, in dem der Historiker Werner Kaegi mehr als vierzig Jahre gelebt hat, Platz (vgl. das 14. Kapitel). Und die Eröffnung der neuen Zentrale der Paul Sacher Stiftung bot den Anlass zur 1986er Ausstellung im Kunstmuseum, für die Hans Jörg Jans, Christian Geelhaar und Felix Meyer verantwortlich zeichneten.

Im Unterschied zur Strawinsky-Ausstellung also eine historisch ausserordentlich breit gefächerte Schau, die von Bach und Haydn – unter weitgehender Aussparung des 19. Jahrhunderts! – bis zur Gegenwart reichte und das Spektrum von Sachers Sammlung getreu spiegelte. Und ebenfalls im Unterschied zur 1984er-Schau weitestgehend eine Autografen-Präsentation, entsprechend dem wissenschaftlichen Charakter der Sacher-Stiftung mit Kommentaren und Erläuterungen von Experten versehen sowie durch ein opulentes Katalogbuch ergänzt. Die Komponisten-Handschrift sollte in ihr nicht als rein ästhetisch-bildliches Kunstwerk gelten, sollte sich nicht mit einer grafischen Skizze verwechselbar machen – obwohl die neue Musik durchaus auch den Sonderfall der «grafischen Notation» kennt, bei welcher der notierten Partitur eine gewisse bildnerische Autonomie zukommt (zum Beispiel bei John Cage, Roman Haubenstock-Ramati oder Anestis Logothetis). Gewahrt blieb stets der innere Zusammenhang zwischen Notenschrift und klingender Musik, die Hierarchie der Musik, in welcher die Notation ein Hilfsmittel zur klingenden Realisation ist und bleibt.

Die letzte hier zu nennende Ausstellung im Kunstmuseum war demgegenüber von stärkerer Autonomie der bildnerisch-künstlerischen Ebene: «Canto d'Amore. Klassizistische Moderne in Musik und bildender Kunst 1914–1935» (1996), so betitelt nach dem gleichnamigen Gemälde von Giorgio de Chirico von 1914. Diese Exposition feierte einerseits das zehnjährige Bestehen der Paul Sacher Stiftung «Auf Burg», verdankte sich andererseits dem hundertjährigen Bestehen der «Roche» und nicht zuletzt auch dem Neunzigsten von Paul Sacher. Über diese Jubiläen hinaus hatte sie nichts Geringeres vor als eine Überprüfung des in der Kunst- ebenso wie in der Musikgeschichte gängigen Topos vom «(Neo-)Klassizismus» als einer im Grunde retrospektiven, die überkommenen Standards bloss neu arrangierenden Kunstrichtung. Entsprechend waren die Autoren der Schau Kunst- und Musikhistoriker: der Basler Kunstgeschichts-Ordinarius Gottfried Boehm, die Kunstmuseums-Direktorin Katharina Schmidt und Ulrich Mosch von der Paul Sacher Stiftung. «Wir blicken vom Ende des Jahrhunderts zurück», sagte Katharina Schmidt in einem Zeitungsinterview, «und wollen dabei kritisch untersuchen, ob nach den Diskussionen um die Krise der Moderne die alte These noch hält, nach der die Beschäftigung mit der naturalistischen Figur im Wesentlichen als ‹Retour à l'ordre› zu gelten hat»; und Hermann Danuser, der wissenschaftliche Koordinator der Sacher-Stiftung, verteidigte diesen Rettungsversuch des Neoklassizismus für die Musik so: «Es hat keinen Sinn, die Kunst, die von den Verfahren her moderner ist als die noch im Organismus-Modell des 19. Jahrhunderts fussende Dodekaphonie der Wiener Schule, von der Moderne auszuschliessen. Wir wollen deutlich machen, dass die Musik Strawinskys oder Hindemiths zur Moderne gehört.»[5]

Die Ausstellung vereinigte eine bisher kaum gesehene Fülle klassizistischer Gemälde, Skulpturen und Notenhandschriften aus dem 20. Jahrhundert. Flankiert wurde die durch einen klingenden Tonband-«Hain» angereicherte Schau von einem wissenschaftlichen Symposium, das in aller Breite Fragen des (vorwiegend) musikalischen Klassizismus kontrovers erörterte –

Plakat der Ausstellung von 1986
(Foto Archiv der Basler Zeitung)

und von einer zahlreiche Basler Konzertveranstalter zusammenführenden Konzertreihe «Klassizistische Moderne», in der verschiedenartigste Werke des sogenannten Neoklassizismus, die sonst in den Notenarchiven schlummerten, auf den Prüfstand lebendiger Aufführungen kamen. Kein repräsentatives «Musikfest», sondern eine in die Breite wirkende konzertante Beispielsammlung, die allerdings auch zeigte, dass der einstmals als «publikumsfreundliches» Korrektiv von Zwölftontechnik und Atonalität fungierende Klassizismus heute einiges von seiner Breitenwirkung eingebüsst hat. Die Begleitpublikation zur Konzertreihe ebenso wie der Symposiumsbericht dürfen für sich in Anspruch nehmen, die Diskussion um den musikalischen Klassizismus so umfassend und gründlich wie noch nie zuvor thematisiert zu haben.[6]

Die aussereuropäische Volksmusik in Basel

Das europäische Interesse an der Musik aussereuropäischer Völker ist nicht erst im 20. Jahrhundert aufgekommen. Im Grunde haben Musiker schon im Mittelalter «exotische» Anregungen und Einflüsse aufgegriffen[7]; bereits im Zeitalter der Aufklärung gab es wissenschaftliche

Darstellungen der Musik Amerikas, Chinas oder Persiens, die man keineswegs mit den Schlagworten des «oberflächlichen Klangreizes» und des «kolonialistischen Exotismus» abtun darf. Strukturen und Denkformen der südostasiatischen Musik drangen tief in das Musikdenken und Werk Claude Debussys ein, nachdem dieser 1889 anlässlich der Pariser Weltausstellung zum ersten Mal ein javanisches Gamelan-Orchester gehört hatte. Später liessen sich Olivier Messiaen, Pierre Boulez, John Cage und Karlheinz Stockhausen von aussereuropäischen Rhythmen, Besetzungen und Skalen inspirieren; andere Komponisten wie Luigi Nono zeigten sich dagegen hypersensibel gegenüber musikalischen Collagen europäischer und nichteuropäischer musikalischer Elemente und sprachen von kolonialistischer «Räuberei». Hans Oesch hat allerdings auch gezeigt, dass etwa Debussys Verständnis der balinesischen Musik trotz allen Bemühens im Missverständnis befangen war, es handle sich dabei um ein reines «Naturprodukt» sozusagen frei von geistig-kultureller Durchdringung; für Oesch der Ausdruck einer «kolonialistischen Mentalität», von der auch Messiaen und andere Adepten aussereuropäischer Musik nicht frei waren. Einzig Boulez billige er zu, sich auf «ganzheitliche orientalische Gestaltprinzipien» eingelassen zu haben.[8]

Während viele Komponisten der Neuen Musik des 20. Jahrhunderts Einflüsse aussereuropäischer Musikkulturen synthetisierten, um zu einer noch originelleren und unverbrauchteren musikalischen Sprache zu finden, wurde die Musik vor allem Asiens und Afrikas in den Ländern der «alten Welt» zunehmend als «Ethnische Musik» oder gar «Ethno-Pop» populär. In Basel führte eine glückliche Synthese von musikethnologischer Forschung, praktischem Musizieren und Konzertbetrieb zu einer weiterum bestaunten Blüte in der Pflege aussereuropäischer Musik.

Was bescheiden mit der eher unsystematischen Instrumenten-Sammeltätigkeit im Volkerkundemuseum begonnen hatte, war am Ende des Jahrhunderts zu einer kontinuierlichen praktischen und theoretischen Beschäftigung vor allem mit der Musik Asiens geworden. Im Zentrum dieser Entwicklung stand immer das Völkerkunde-Museum (seit 1996 «Museum der Kulturen»). Seit der Ethnologe, Musikethnologe und Jazzpianist Urs Ramseyer 1970 eine von insgesamt rund 800 Menschen besuchte Konzertreihe mit dem Titel «Musik im Museum» begründet hatte, erweiterte sich das Interesse an den nichteuropäischen Musikkulturen stetig. Zwanzig Jahre später stand dieses Interesse auf vier Säulen: erstens auf Ramseyers ungebrochenem Enthusiasmus vor allem für die balinesische Musik, zweitens auf der Arbeit des zunehmend auf Ethnomusikologie spezialisierten Basler Ordinarius für Musikwissenschaft Hans Oesch (1926–1992) und des auch als Musikethnologe kompetenten späteren Zürcher Musikwissenschafts-Ordinarius Ernst Lichtenhahn, drittens auf dem der Musik-Akademie zugehörigen «Studios für aussereuropäische Musik» und viertens auf Thomas Kaysers Veranstalter-Verein «Musik der Welt in Basel», dessen alljährliche Festivals ein Publikum von bis zu 10 000 Personen anziehen.

Natürlich fiel auch diese konzentrierte Aufmerksamkeit für hauptsächlich fernöstliche Musik (Afrika und China waren keine Domäne der Basler) nicht vom Himmel. Hans Oesch zum Beispiel konnte als junger Musikforscher sozusagen die Erbschaft eines Chemikers der «Sandoz» antreten, der sich via Japan während des Kriegs seit 1942 bis 1945 beruflich auf Bali aufhielt und schon Ende der Vierzigerjahre begann, wissenschaftliche Arbeiten über balinesische Musik zu veröffentlichen – Dr. Ernst Schlager (1900–1964). Oesch selbst setzte sich dafür ein, dass sich Ramseyer mit Tilmann Seebass und dem Holländer D. Schaareman von 1972 bis 1974 auf Kosten des Schweizerischen Nationalfonds auf Bali aufhalten und dabei viel Feldforschung betreiben konnte. Unmittelbare Folge dieses Aufenthalts waren die Gamelan-Ensembles, die man auf Bali herstellen liess und nach Basel mitnahm. Das Völkerkunde-Museum besitzt rund viertausend Musikinstrumente, freilich nicht in einer geschlossenen Sammlung, sondern auf die verschiedenen kulturgeografischen Abteilungen verteilt. Die von Bali nach Basel transportierten Instrumente sollten nicht hinter Museumvitrinen verschwinden, sondern dem praktischen Gebrauch zugeführt werden. Die spezifisch baslerische Pflege der aussereuropäischen Musik stand nie ausschliesslich im Zeichen puristischer Authentizität, sondern hatte immer auch einen Hang zum Pluralismus und zur «Weltmusik». Zu ihren Pionieren gehörte bezeichnenderweise der Jazzer George Gruntz, der schon in den Siebzigerjahren mit Berbermusikern zusammenspielte, als «World Music» noch kein Schlagwort war. Umgekehrt befasste sich der Bali-Fahrer Ramseyer auch ausgiebig mit der «Musikethnologie» Basels, etwa in dem von ihm mitherausgegebenen Band «Vom Trommeln und Pfeifen».⁹ Grenzüberschreitungen und Begegnungen zwischen den Musiksparten waren hier immer wichtig, was nicht selten auch zu produktiven Spannungen zwischen exakter Wissenschaftlichkeit und Popularisierung führte.

1987 wurde mit der Gründung des Vereins «Musik der Welt in Basel» eine neue organisatorische Stufe erreicht. Von da an fand jährlich in Verbindung mit dem «Atelier d'Ethnomusicologie» in Genf, dem Studio für aussereuropäische Musik an der Basler Musik-Akademie und dem Basler «Indian Music Circle» eine viel beachtete Konzertreihe statt, die im ersten Jahr Indien («India in Basel»), 1990 den «Tambours de la Terre», 1991 der «Seidenstrasse», 1992 dem «Anderen Amerika», 1993 «Indonesien», 1994 den «Musik- und Tanzkulturen zwischen Afrika und Asien», 1995 «Afrika», 1996 wieder «Asien» und 1997 der Karibik gewidmet war. Das Festival, das einmal relativ bescheiden begonnen hatte, wuchs sich zum städtischen Massen-Event aus, für das ein grosses Zelt auf dem Münsterplatz erforderlich war. Natürlich profitierten diese Unternehmungen auch von Moden wie der seit den Siebzigerjahren virulenten Indien-Welle. Aber es brauchte dazu auch eine glückliche personelle Konstellation, für die bezeichnend war, dass der amerikanische Spezialist für klassische indische Musik Ken Zuckerman ebenso in Basel wirkt wie der Shakuhachi-Meister Andreas Gutzwiller und der Gamelan-Experte Karl Richter – die drei massgeblichen Lehrer am Studio für aussereuropäische Musik der Musik-Akademie, die nicht selten auch in Veranstalter-Rollen schlüpfen. Derselbe Zuckerman ist auch Dozent für mittelalterliche Musik und führt so die oral überlieferte Musik beider Sphären, des europäischen Mittelalters und des klassischen Indien, gewinnbringend zusammen.

Neben den grossen Konzertfestivals erwähnenswert ist die 1969 von Urs Ramseyer gestaltete Ausstellung im Völkerkundemuseum «Klangzauber. Funktionen aussereuropäischer Musikinstrumente», die die Musik als «Geisterstimmengerät», als Geisterabwehr oder -anziehung und als Anbetung und Lobpreis im kultischen Vollzug thematisierte. Weiter zu erwähnen ist, dass 1993 in Basel ein grosser internationaler Kongress zum Thema Pädagogik aussereuropäischer Musik stattfand («The second international symposium Teaching musics of the world»), der viele Fäden der Musikpraxis zusammenführte.¹⁰ Einmal mehr zeigt sich daran, dass die Beschäftigung mit der aussereuropäischen Musik in Basel auf bemerkenswerte Weise theoretische und pädagogisch-praktische Aspekte zusammenführt und darüber hinaus das Interesse breiter Bevölkerungsschichten ansprechen kann.

Anmerkungen

1 Wilhelm Merian: «Karl Nef und die Entstehung der Musikwissenschaft in Basel», in: «Basler Jahrbuch 1939», S. 72–93.
2 Veronika Gutmann: «Une introduction/ Eine Einführung», in: «L'instrument de musique dans les musées. Quelle restauration pour quelle esthétique?» Actes du colloque AMS-ICOM Lausanne, Novembre 1996, in: «Bulletin d'information de l'Association des musées suisses», Nr. 58, Juni 1997, S. 16.
3 Hans Jörg Jans: «Konstellationen – Paul Sacher und Igor Strawinsky», im Ausstellungskatalog «Strawinsky. Sein Nachlass. Sein Bild», Basel 1984, S. 17.
4 Albi Rosenthal: «Der Strawinsky-Nachlass in der Paul Sacher Stiftung», in: Ausstellungskatalog «Strawinsky ...», S. 19.
5 Beide Interviews im «Basler Magazin» Nr. 17 vom 27. April 1996, S. 8.
6 «Klassizistische Moderne. Eine Begleitpublikation zur Konzertreihe im Rahmen der Veranstaltungen ‹10 Jahre Paul Sacher Stiftung›», hrsg. von Felix Meyer. Der Symposiumsbericht erschien unter dem Titel «Die klassizistische Moderne in der Musik des 20. Jahrhunderts», hrsg. von Hermann Danuser, Winterthur 1997.
7 Vgl. Hans Oesch: «Aussereuropäische Musik» (Teil 2), = «Neues Handbuch der Musikwissenschaft», Bd. 9, Hrsg. von Carl Dahlhaus, Laaber 1987, S. 482 ff.
8 Op. cit. S. 485.
9 Georg Duthaler, Brigitte Bachmann-Geiser, Urs Ramseyer, Christoph Kreienbühl (Hrsg.): «Vom Trommeln und Pfeifen», Basel 1986; darin von Urs Ramseyer: «Signale einer Stadtkultur. Zur musiksoziologischen Entwicklung des Trommelns und Pfeifens in Basel», S. 97–184.
10 «The second international symposium Teaching musics of the world». Kongressbericht, hrsg. von Margot Lieth-Philipp und Andreas Gutzwiller, Philipp Verlag, Affalterbach 1995.

Die Autoren

Bernhard A. Batschelet, geboren 1956 in Basel. Lehr- und Solistendiplom als Flötist bei Peter Lukas Graf. Kompositionsstudien und Lehrtätigkeit an der University of California San Diego (UCSD). Masters Degree und PhD an der UCSD. Konzerte mit klassischer und zeitgenössischer Musik. Aktivitäten in Musik-Theater und Performance. Projekte in Gartenarchitektur und Umweltgestaltung in Kalifornien. Lebt freischaffend in Basel als Musiker, Multimedia-Event-Gestalter, Performance- und Installationskünstler und aktiver Umweltschützer. Seit 1989 intensiver Kulturaustausch mit Indonesien. Langjähriger Leiter des «Museumskonzärtli» am Basler Völkerkundemuseum. Seit dem dritten Lebensjahr aktiver Fasnächtler (Leckerlitrommel).

Theo Mäusli, geboren 1960, lebt in Agno und arbeitet als wissenschaftlicher Mitarbeiter und Lehrbeauftragter an der Fakultät für Kommunikationswissenschaften an der Università della Svizzera italiana. Er arbeitet zurzeit an einem Nationalfondsprojekt zur Sozialgeschichte des Radios in der Schweiz (1930–1955) und war in Zusammenarbeit mit der Schweizerischen Landesphonothek Initiator der internationalen Colloqui del Monte Verità und Herausgeber der Tagungsbände dieser Veranstaltungen. Mäusli hat an der Universität Zürich mit einer Arbeit unter dem Titel «Jazz und Geistige Landesverteidigung» (Zürich 1995) im Hauptfach Geschichte dissertiert.

Regula Rapp, geboren 1961 in Konstanz. Studium der historischen Tasteninstrumente an der Hochschule der Künste Berlin, Studium der Musikwissenschaft, Kunstwissenschaft und Philosophie an der Technischen Universität Berlin. Promotion über die Clavier-Konzerte Johann Gottfried Müthels. 1992 bis 1998 wissenschaftliche Mitarbeiterin und stellvertretende Leiterin der Schola Cantorum Basiliensis. 1998/99 Stipendiatin am Wissenschaftskolleg zu Berlin mit einer Arbeit zu Joseph Haydn. Seit Herbst 1999 Chefdramaturgin an der Staatsoper Unter den Linden Berlin.

Martin Schäfer, geboren 1948 in Melligen (Aargau). Studium der Philosophie und Geschichte in Basel. Frühe Interessen an Science-Fiction-Literatur, die sich zur Abschlussarbeit (Dissertation in Philosophie der Politik) verdichten. Seit 1976 Redaktor bei Schweizer Radio DRS, Redaktionsleiter Daytime bei Radio DRS 3 Basel. Freier Mitarbeiter von «National-Zeitung» und «Basler Zeitung», wo er die wöchentliche Pop-Kolumne «Jukebox» verantwortet.

Sigfried Schibli, geboren 1951 in Basel. Studium der Germanistik, Musikwissenschaft und Philosophie an den Universitäten Basel und Frankfurt am Main. Dort 1984 musikwissenschaftliche Promotion über Alexander Skrjabin. Seit 1972 Musikkritiker und Musikpublizist, 1979 bis 1988 hauptsächlich bei der «Frankfurter Allgemeinen Zeitung» und beim Hessischen Rundfunk. 1984 bis 1988 Verlagsredaktor der «Neuen Zeitschrift für Musik». Seit 1988 Musikredaktor der «Basler Zeitung».

Klaus Schweizer, geboren 1939 im südlichen Baden-Württemberg. Studium der Fächer Schulmusik, Musikwissenschaft und Romanistik in Karlsruhe und Freiburg im Breisgau. 1968 musikwissenschaftliche Promotion mit einer Arbeit über Alban Berg. Seit 1984 Professor an der Karlsruher Musikhochschule. Auch kompositorisch, publizistisch und musikkritisch tätig, unter anderem für die «Basler Zeitung».

Die Abbildungen

Umschlag	(Fotos Peter Schnetz[1], ZVg[2], Hans Bertolf[3], Kurt Wyss[4], Peter Armbruster[5,6])
Frontispiz	Dekorative Stukkatur am Basler Stadt-Casino (Foto Kurt Wyss)
Seite 16	Mario Venzago, künstlerischer Leiter der Allgemeinen Musikgesellschaft Basel seit 1997 (Foto Kurt Wyss)
Seite 18	Hermann Suter, Komponist und Dirigent (Foto Archiv der Basler Zeitung)
Seite 21	1966 vom Eidgenössischen Departement des Innern prämiertes Plakat der AMG. Entwurf Celestino Piatti (Foto Archiv der Basler Zeitung)
Seite 25	Sinfoniekonzert im Grossen Musiksaal unter Leitung von Felix Weingartner (Foto W. Brückner, Archiv der Basler Zeitung)
Seite 29	Hans Münch im Basler Musiksaal (Foto Hans Bertolf)
Seite 31	Hornist des Radio-Sinfonieorchesters Basel in einer Produktion des Schweizer Fernsehens (Foto B.R. Eberhard)
Seite 32	Nello Santi und das Radio-Sinfonieorchester Basel im Orchesterstudio im Basler Volkshaus (Foto André Muelhaupt)
Seite 36	Der Orchestereingang des Stadt-Casinos in Basel (Foto Kurt Wyss)
Seite 39	Der Basler Musiksaal 1999 (Foto André Muelhaupt)
Seite 41	Das Stadt-Casino in den Dreissigerjahren und nach dem Neubau 1951 (Fotos Staatsarchiv)
Seite 42	Sanierung des Stadt-Casinos 1997 (Foto Kurt Wyss)
Seite 45	Arthur Rubinstein 1961 in Basel (Foto Hans Bertolf)
Seite 48	Das alte Stadttheater vor dem Abriss 1975 (Foto Peter Stöckli)
Seite 51	Basler «Ring»-Bühne von Adolphe Appia, 1925 (Foto Archiv der Basler Zeitung)
Seite 53	«Nussknacker», 1979, Choreografie Heinz Spoerli (Foto Peter Schnetz)
Seite 55	«Rigoletto», im amerikanischen Gangstermilieu: Die Verdi-Inszenierung von Jean-Claude Auvray am Theater Basel von 1981 gehörte zu den meistdiskutierten Opernaufführungen der Nachkriegszeit (Foto Peter Schnetz)
Seite 57	Ballettsaal im neuen Stadttheater (Foto Peter Stöckli)
Seite 60	Szenenbild aus Mauricio Kagels Liederoper «Aus Deutschland», 1997, in der Inszenierung von Herbert Wernicke (Foto Kurt Wyss)
Seite 66	Die Schwalbennestorgel in der Predigerkirche (Foto Kurt Wyss)
Seite 69	Burkhard Mangold: Hauskonzert, Farblithografie von 1917 (Foto Öffentliche Kunstsammlung Basel, Martin Bühler)
Seite 70	Burkhard Mangold: Konzert im Basler Münster, Linolschnitt (Foto Öffentliche Kunstsammlung Basel, Martin Bühler)
Seite 72	Adolf Hamm, Münsterorganist und Gründer des Basler Bach-Chors (Foto Robert Spreng, aus: Hans Oesch: «Die Musik-Akademie der Stadt Basel. Festschrift zum hundertjährigen Bestehen der Musikschule Basel 1867–1967», Basel o.J.)
Seite 74	Die Orgel der katholischen Kirche St. Anton (Foto Peter Armbruster)
Seite 76	Hans Viol, der Spielmann und die Landfahrerin im Festspiel zur Basler Bundesfeier 1901 (Offizieller Fest-Bericht der Basler Bundesfeier)
Seite 79	Aus dem «Rosentanz», Basler Bundesfeier 1901 (Offizieller Fest-Bericht der Basler Bundesfeier)
Seite 80	Festbühne der Basler Bundesfeier 1901 (Offizieller Fest-Bericht der Basler Bundesfeier)
Seite 85	Der Komponist Conrad Beck (Foto Peter Moeschlin)
Seite 87	Partiturseite (Klavierauszug) aus dem geplanten Festspiel «Basel 1798» von George Gruntz und Markus Kutter
Seite 90	Pfeifer mit Kopflaterne am Morgenstreich (Foto Kurt Wyss)
Seite 93	Gruppenbild der Sans-Gêne am Morgenstreich, 1936 (aus «Zwischentöne», Buchverlag der Basler Zeitung)
Seite 94	«Näpeli», Trommelschrift von Joseph Wintzer, 1912 (Archiv der Basler Zeitung)
Seite 100	Basler Jodlerchor am Nationalfeiertag (Foto Peter Armbruster)
Seite 103	Basler Blasmusiker (Foto Peter Armbruster)
Seite 104	Blaskapelle in Pratteln (Foto Peter Armbruster)
Seite 110	Lionel Hampton 1985 in Basel (Foto André Muelhaupt)
Seite 113	Jazzkonzert am Spalenberg (Foto Hannes-Dirk Flury)
Seite 115	Lukas «Cheese» Burckhardt als Trompeter in action (Foto Archiv der Basler Zeitung)
Seite 117	Die «Darktown Strutters» in den Fünfzigerjahren im «Atlantis» (Foto Heinz Höflinger)
Seite 119	George Gruntz mit seiner George Gruntz Concert Jazz Band in der Jazzschule Basel (Foto Tino Briner)

Seite 124 Popstar Luana (Foto privat)
Seite 126 Plakat für ein Beat-Konzert in Basel aus dem Jahr 1965 (Foto Archiv der Basler Zeitung)
Seite 127 Konzert der Basler Beat-Band «The Countdowns» im Kino Union im Jahr 1966 (Foto Hans Wilhelm)
Seite 128 «The Wondertoys» mit dem 1999 verstorbenen Dominique Alioth (Foto Heiner Schmitt)
Seite 131 Besucher eines Rock-Open-Airs im Stadion St. Jakob, 1992, (Foto Matthias Geering)
Seite 133 Konzert der Basler «Lovebugs» mit Leadsänger Adrian Sieber in Frick (Foto Peter Larson)
Seite 134 Mick Jagger im Juli 1982 im Stadion St. Jakob (Foto Peter Armbruster)
Seite 136 Joshua Rifkin probt mit dem Ensemble der Schola Cantorum Basiliensis (Foto Jürg Erni)
Seite 139 «Vocales Basilienses» und «Concerto Palatino» im Rahmen der «Freunde der alten Musik in Basel» in der Martinskirche, 1999 (Foto Kurt Wyss)
Seite 141 August Wenzinger und Paul Sacher im «Seidenhof» (Foto Eidenbenz, aus: Hans Oesch: «Die Musik-Akademie der Stadt Basel. Festschrift zum hundertjährigen Bestehen der Musikschule Basel 1867–1967», Basel o.J.)
Seite 144 Das Viola-da-Gamba-Quartett der Schola Cantorum Basiliensis (Foto Jeck, aus: Hans Oesch: «Die Musik-Akademie der Stadt Basel. Festschrift zum hundertjährigen Bestehen der Musikschule Basel 1867–1967», Basel o.J.)
Seite 146 Bläserensemble an der Schola Cantorum mit Michel Piguet (Foto Jeck)
Seite 154 Der dreizehnjährige Yehudi Menuhin mit seinem Lehrer Adolf Busch in Basel (Foto Archiv der Basler Zeitung)
Seite 157 Das Busch-Quartett mit (von links nach rechts) Adolf Busch, Bruno Straumann, Hermann Busch und Hugo Gottesmann (Foto O. E. Nelson)
Seite 158 Adolf Busch in Wien. Scherenschnitt von Hans Schliessmann (Foto Archiv der Basler Zeitung)
Seite 161 Yehudi Menuhin probt mit dem Radio-Sinfonieorchester Basel im Basler Volkshaus, August 1994 (Foto Kurt Wyss)
Seite 165 Rudolf Serkin, 1981 (Foto Kurt Wyss)
Seite 168 Strassenfest der Musik-Akademie im Mai 1997 (Foto Jeck)
Seite 170 Die Musik-Akademie der Stadt Basel heute (Foto Mathias Leemann)
Seite 172 Hans Huber. Zeichnung von Rudolf Löw (Foto Archiv der Basler Zeitung)
Seite 174 Botschafterin der Schule von Jaques-Dalcroze: Die Tänzerin Rosalia Chladek (Foto aus. Hans Oesch: «Die Musik-Akademie der Stadt Basel. Festschrift zum hundertjährigen Bestehen der Musikschule Basel 1867–1967», Basel o.J.)
Seite 177 Das Hauptgebäude der Schola Cantorum Basiliensis (Foto H.R. Clerc)
Seite 180 Musikunterricht an der Primarschule mit Irina Flato (Foto Peter Larson)
Seite 186 Plakat des Basler Schubert-Fests 1978
Seite 189 Alma und Gustav Mahler 1903 auf der Basler Pfalz (Foto Archiv der Basler Zeitung)
Seite 192 Jürg Wyttenbachs «Exécution ajournée» 1970 beim Weltmusikfest der IGNM (Foto Peter Stöckli)
Seite 196 Der junge Paul Sacher. Holzschnitt von Theo Meier (Foto Universitätsbibliothek Basel)
Seite 198 Paul Sacher 1997 bei einer Probe mit dem Basler Schlagzeugensemble (Foto Kurt Wyss)
Seite 201 Paul Sacher und Anne-Sophie Mutter, Basel 1986 (Foto André Muelhaupt)
Seite 203 Die Paul Sacher Stiftung «auf Burg» in Basel (Foto Niggi Bräuning)
Seite 204 Pierre Boulez dirigiert in Basel, 1998 (Foto Mathias Leemann)
Seite 206 Paul Sacher mit Lionel Hampton 1981 auf dem Schönenberg (Foto André Muelhaupt)
Seite 208 Der Oboist und Komponist als Dirigent: Heinz Holliger, 1998 (Foto Kurt Wyss)
Seite 212 Albert Moeschinger (Foto Universitätsbibliothek Basel)
Seite 215 Robert Suter (Foto Kurt Wyss)
Seite 216 Jacques Wildberger (Foto Kurt Wyss)
Seite 218 Rudolf Kelterborn (Foto Kurt Wyss)
Seite 221 Heinz Holliger (Foto André Muelhaupt)
Seite 223 Antoinette Vischer, die Cembalistin der Neuen Musik (Foto René Groebli)
Seite 226 Musik der Welt in Basel: Thailändische Tanzgruppe vor dem Münster (Foto Tino Briner)
Seite 229 Virginal des Andreas Ryff von 1572 (Foto Maurice Babey, Historisches Museum Basel)
Seite 230 Walter Nef in der Sammlung alter Musikinstrumente (Foto aus: Hans Oesch: «Die Musik-Akademie der Stadt Basel. Festschrift zum hundertjährigen Bestehen der Musikschule Basel 1867–1967»)
Seite 235 Plakat der Ausstellung von 1986 (Foto Archiv der Basler Zeitung)
Seite 255 Und nochmals ein Detail am Basler Stadt-Casino, aufgenommen vor der letzten Renovation (Foto Kurt Wyss)

Literatur

zu Kapitel 1
Wilhelm Merian: «Basels Musikleben im XIX. Jahrhundert», Basel 1920
«Die Konzerte der Allgemeinen Musikgesellschaft in Basel in den Jahren 1876–1926. Festschrift zur Feier des 50jährigen Bestehens der AMG», hrsg. von Walter Mörikofer, Basel 1926
«Festschrift für Dr. Felix Weingartner zu seinem siebzigsten Geburtstag», hrsg. von der AMG Basel, Basel 1933
Wilhelm Merian: «Hermann Suter», 2 Bde., Basel 1935/36
Max F. Schneider: «Musik der Neuzeit in der bildenden Kunst Basels», Basel 1944
Edgar Refardt: «Hans Huber. Leben und Werk eines Schweizer Musikers», Zürich 1944
Edgar Refardt: «Die Basler Dilettanten-Orchester (Programmsammlung)», maschinenschriftlich, Basel 1949/50
«Die Konzerte der Allgemeinen Musikgesellschaft in Basel 1926–1951. Festschrift zur Feier des 75jährigen Bestehens der AMG», hrsg. von Fritz Morel, Basel 1951
«Die Konzerte der Gesellschaft für Kammermusik Basel 1926–1951» hrsg. von Hans Oesch und Leo Eder, Basel 1954
Hans Peter Schanzlin: «Basels private Musikpflege im 19. Jahrhundert», Basel 1961
Eduard Fallet: «Liebhabermusizieren. Festschrift zum 50jährigen Bestehen des Eidgenössischen Orchesterverbandes 1918–1968», Zug 1969
Hans Ziegler: «50 Jahre Basler Orchester-Gesellschaft 1921/22–1971/72», Basel 1972
«Die Allgemeine Musikgesellschaft Basel 1876–1976. Festschrift zum hundertjährigen Bestehen», hrsg. von Tilmann Seebass, Basel 1976
Christiane Muschter: «Musikleben in Basel. Ein Führer durch die Vielfalt der Musikinstitutionen des Stadtkantons», Basel 1982

zu Kapitel 2
«Das neue Basler Casino». Beilage der «Basler Nachrichten» Nr. 345 vom 16./17.12.1939
Lucius Burckhardt: «Johann Jacob Stehlin der Jüngere und sein Basler Kulturzentrum», in: «Werk», H. 12, 1963, S. 464 ff.
Rolf Brönnimann: «Basler Bauten 1860–1920», Basel 1973
Georges Weber: «Neuer Glanz für das Basler Konzertgebäude», in: «Basler Zeitung» Nr. 243 vom 16.10.1980
Peter Hagmann: «Ein alter Raum in neuem Glanz. Renovation des Musiksaals im Basler Stadtcasino», in: Basler Stadtbuch 1989, S. 167–170
Jürg Jecklin: «Musik, Akustik und Architektur. Zur Problematik der Konzertsaal-Architektur», in: «Neue Zeitschrift für Musik», H. 11/1989, S. 4–9

zu Kapitel 3
Leo Melitz: «Theater-Erinnerungen», Basel 1919
Fritz Weiss (Hrsg.): «Das Basler Stadttheater 1834–1934», Basel 1934
Rudolf Schwabe (Hrsg.): «1834 – 1934 – 1959. Festschrift zur Feier des 125jährigen Bestehens des Basler Stadttheaters», Basel 1959
Schwarz & Gutmann, Arch. BSA/SIA: «Neubau Stadttheater Basel». Dokumentation zur Baubesichtigung des Grossen Rates 23.3.1972
«Stadttheater Basel einst und jetzt» = Schweizer Theaterjahrbuch 38/39 der Schweizerischen Gesellschaft für Theaterkultur, Bern 1975
Karl Gotthilf Kachler/Gustava Iselin-Haeger: «Lebendiges Theater in schwieriger Zeit. Ein Kapitel Basler Theatergeschichte 1936–1946», Basel 1982
«Heinz Spoerlis Basler Ballett», hrsg. von Heinz Eckert, Basel 1991
Stefan Koslowski: «Der dressierte Tramgaul. Zur Basler Theatergeschichte des 19. Jahrhunderts», in: Andreas Kotte (Hrsg.), «Theater der Region – Theater Europas. Kongress der Gesellschaft für Theaterwissenschaft», Basel 1995, S. 167–174
Thomas Blubacher: «Befreiung von der Wirklichkeit? Das Schauspiel am Stadttheater Basel 1933–1945», Basel 1995
Stefan Koslowski: «Stadttheater contra Schaubuden. Zur Basler Theatergeschichte des 19. Jahrhunderts», Zürich 1998

zu Kapitel 4
Rudolf Thommen: «Festschrift zur Feier des hundertjährigen Bestehens des Basler Gesangvereins 1824–1924», Basel 1924
Ernst Müller: «Der Sterksche Privatchor Basel 1920–1940», Basel 1940
«100 Jahre Basler Liedertafel 1852–1952. Jubiläumsschrift», Basel 1952
Ernst Müller: «Der Sterksche Privatchor Basel 1940–1960», Basel 1960
«50 Jahre Basler Bach-Chor. Festschrift», Basel 1961
Albert Müry: «150 Jahre Basler Gesangverein», in: Basler Stadtbuch 1974, S. 33–40
Theo Winkler: «50 Jahre Basler Knabenchor», in: Basel Stadtbuch 1977, S. 73–78

«25 Jahre Evangelische Singgemeinde», Festschrift, Redaktion Marianne Lüthi, Rosemarie Locher, Boll 1987
Alfred Reichling: «Ein ‹Verzeichnis der Orgelbauer, Reparateure und Stimmer etc.› in Deutschland, Österreich-Ungarn und der Schweiz», in: «Acta organologica» Bd. 18, 1985

zu Kapitel 5
«Offizieller Fest-Bericht der Basler Bundesfeier 1901», 1901
Hans Jelmoli: «Festspielmusik 1923», in: «Wissen und Leben» Jg. 16, 1922/23, S. 1034–1039
Edgar Refardt: «Das Schweizer Festspiel», in: «Musica aeterna», Zürich 1948, S. 229–236
«Gedenkbuch der 500-Jahr-Feier der Schlacht bei St. Jakob an der Birs», Basel 1944
«Die Basler Festspiele 1923–1951. Festschrift für Oskar Wälterlin anlässlich seines 60. Geburtstages», Basel 1955
Othmar Birkner: «Die Basler Festepoche zwischen 1892 und 1901», in: «Basler Nachrichten» vom 23.2.1969, S. 21–22
Martin Stern: «Das Festspiel des 19. Jahrhunderts in der Schweiz», in: Jean-Marie Valentin (Hrsg.), «Volk – Volksstück – Volkstheater im deutschen Sprachraum des 18.–20. Jahrhunderts», Bern/Frankfurt am Main/New York 1986
«Stadt und Fest. Zu Geschichte und Gegenwart europäischer Festkultur», hrsg. von Paul Hugger, Walter Burgert, Ernst Lichtenhahn, Unterägeri/Stuttgart 1987
«Das Festspiel: Formen, Funktionen, Perspektiven», hrsg. von Balz Engler und Georg Kreis, Willisau 1988 (= Schweizer Theaterjahrbuch Nr. 49/1988)
Philipp Sarasin: «Stadt der Bürger. Struktureller Wandel und bürgerliche Lebenswelt Basel 1870–1900», Diss. Basel 1990
Catherine Santschi: «Schweizer Nationalfeste im Spiegel der Geschichte», Zürich 1991
Philipp Schlatter: «Mentalität und Geschichtsdenken in den Bundesfeiern 1891, 1941 und 1991», Lizentiatsarbeit Historisches Seminar der Universität Basel, 1992
«Festgenossen. Über Wesen und Funktion eidgenössischer Verbandsfeste», hrsg. von Basil Schader und Walter Leimgruber, Basel/Frankfurt am Main 1993 (Nationales Forschungsprogramm 21: Kulturelles Vielfalt und nationale Identität)
«Ereignis – Mythos – Deutung. 1444–1994 St. Jakob an der Birs», Basel 1994
Stefan Hess: «Von der Krisenstimmung zum Festrausch. Die ‹vierhundertjährige Vereinigungsfeier von Riehen und Basel› im Jahre 1923», Lizentiatsarbeit Basel 1996
Stefan Hess: «Basler Vereine und Festspiele. Mit vereinten Kräften», in: «Mimos» 7/1997, S. 27–31

zu Kapitel 6
Robert B. Christ/Eugen A. Meier: «Fasnacht in Basel», Basel 1968
Georg Duthaler: «Trommeln und Pfeifen in Basel», Basel 1985
«Die Basler Fasnacht», hrsg. von Eugen A. Meier, Basel 1985
«Vom Trommeln und Pfeifen». Beiträge von Georg Duthaler, Brigitte Bachmann-Geiser, Urs Ramseyer, Christoph Kreienbühl, Basel 1986
«Zwischentöne. Fasnacht und städtische Gesellschaft in Basel 1923–1998», hrsg. von Christine Burckhardt-Seebass, Josef Mooser, Philipp Sarasin und Martin Schaffner, Basel 1998

zu Kapitel 7
Cedric F.W. Rieppel: «Die Basler Jagdhornbläser», in: Basler Stadtbuch 1979, 100. Jahr, Basel 1980, S. 255–256
Brigitte Bachmann-Geiser: «Die Volksmusikinstrumente der Schweiz» (Handbuch der europäischen Volksmusikinstrumente, Serie 1, Bd. 4), Leipzig 1981
Christine Burckhardt-Seebass: «Schweizerisches Volksliedarchiv – 75jährig. Nachdenken übers Volkslied», in: Schweizerische Musikzeitung, 122. Jahrgang, 1982, S. 32–35
Christine Burckhardt-Seebass: «Einleitung» zu: «Volksliedforschung heute. Beiträge des Kolloquiums vom 21./22. November 1981 in Basel zur Feier des 75jährigen Bestehens des Schweizerischen Volksliedarchivs», Basel 1983, S. 1–5
Markus Meyer: «Jubiläumsschrift 75 Jahre Polizei-Musik Basel 1909–1984», Basel 1984
Christine Burckhardt-Seebass: «Archivieren für wen? John Meier, Hoffmann-Krayer und die Frühzeit des Schweizerischen Volksliedarchivs», in: Jahrbuch für Volksliedforschung, 35. Jg., 1990, S. 33–43
Christine Burckhardt-Seebass, Alberto Bernasconi, Roland Inauen, Esther Schönmann, Agni Spohr-Rassidakis: «‹... im Kreise der Lieben›. Eine volkskundliche Untersuchung zur populären Liedkultur in der Schweiz», Basel/Frankfurt am Main 1993 (Nationales Forschungsprogramm 21 «Kulturelle Vielfalt und nationale Identität»)
Paul Roniger: «150 Jahre Knabenmusik Basel», in: Basler Stadtbuch 1992, 113. Jahr, Basel 1993, S. 188–192

zu Kapitel 8
«25 Jahre Darktown Strutters 1948–1973», Basel 1973
Christian Steulet: «Réception du Jazz en Suisse 1920–1960». Mémoire de licence Fribourg, Fribourg 1987
Ernst W. Buser: «Swinging Basel. Basler Big- und Swingbands 1924–1950», Basel 1988

Theo Mäusli: «Jazz und Geistige Landesverteidigung», Zürich 1995

zu Kapitel 9
Evi Matti-Zünd/René Lorenceau/René Matti: «See You Later, Alligator... Die Geschichte des Atlantis in Basel», Basel 1989
Johnny Engeler, Evi und René Matti: «Aloha Basilea. Hula Hawaiians & 50 Jahre Entertainment in Basel», Basel 1995
«Action Rock Guide. Das Schweizer Rockhandbuch», Wabern 1996

zu Kapitel 10
Basler Jahrbücher für historische Musikpraxis (ab 1977)
«Alte Musik – Praxis und Reflexion». Sonderband zum 50. Jubiläum der Schola Cantorum Basiliensis, hrsg. von Peter Reidemeister und Veronika Gutmann, Basel 1983

zu Kapitel 11
«In memoriam Adolf Busch», hrsg. von der Brüder-Busch-Gesellschaft, Dahlbruch o.J. (Redaktion Wolfgang Burbach)
Fritz Busch: «Aus dem Leben eines Musikers», Zürich 1949
Hans Ehinger: «Adolf Busch und Basel», in: Basler Jahrbuch 1955, S. 64–82
Hans Ehinger: «Adolf Busch. Kleines Porträt eines grossen Musikers», in: Riehener Jahrbuch Bd. 4, Riehen 1964, S. 5–14
Paul Gessler: «Erinnerungen an Adolf Busch», in: Riehener Jahrbuch, Bd. 4, Riehen 1964, S. 15–20
Hubert Giesen: «Am Flügel Hubert Giesen. Meine Lebenserinnerungen», Frankfurt a.M. 1972
Moshe Menuhin: «Die Menuhins». Zürich 1985
Diana Menuhin: «Durch Dur und Moll. Mein Leben mit Yehudi Menuhin», München/Zürich 1985
Nicolas Jaquet: «Männer, werdet Sänger! Aus der Geschichte des Männerchors Riehen», in: «z'Rieche 1991. Ein heimatliches Jahrbuch», Bd. 31, Riehen 1991, S. 71–82
«Veranstaltungen zum Gedenken an Adolf Busch aus Anlass seines 100. Geburtstages», hrsg. von der Brüder-Busch-Gesellschaft, Hilchenbach 1991 (Redaktion Wolfgang Burbach)
«Adolf Busch. Briefe – Bilder – Erinnerungen», hrsg. von Irene Serkin-Busch, Walpole 1991
Franz Scheerer: «Mit Rudolf Serkin unterwegs. Erinnerungen an einen grossen Pianisten», in: «z'Rieche 1991. Ein heimatliches Jahrbuch», Bd. 31, Riehen 1991, S. 65–69
«Werkverzeichnis Adolf Busch 1861–1952», hrsg. von Dominik Sackmann, Schweizerisches Musik-Archiv, Zürich 1994

Sigfried Schibli: «Der Pianist Rudolf Serkin und seine Riehener Jahre», in: «z'Rieche 1991. Ein heimatliches Jahrbuch», Bd. 31, Riehen 1991, S. 57–64

zu Kapitel 12
Hans Oesch: «Die Musik-Akademie der Stadt Basel. Festschrift zum hundertjährigen Bestehen der Musikschule Basel 1867–1967», Basel o.J.
Wilhelm Merian: «Gedenkschrift zum 50jährigen Bestehen der Allgemeinen Musikschule seit 1905 Musikschule und Konservatorium in Basel 1867–1917», Basel 1917
Antoine-E. Cherbuliez: «Geschichte der Musikpädagogik in der Schweiz. Beiträge zur Entwicklung der Musikerziehung im Rahmen der schweizerischen Musik- und Geistesgeschichte bis zum Ausgang des 19. Jahrhunderts», = Nr. 1 der vom Schweizerischen Musikpädagogischen Verband herausgegebenen Schriftenreihe, o.O. 1944
«Gedenkschrift zum fünfzigjährigen Bestehen der Abteilung Konservatorium 1905–1955», Basel 1955
Paul Kälin: «Musikerziehung in der Schweiz», Frankfurt am Main/Zürich 1976
Rudolf Jaggi: «Musikerziehung an Basler Schulen. Fünf Berichte nebst einigen Anmerkungen», in: «Basler Schulblatt», 47. Jg., H. 12, Dezember 1986, S. 170–174
Helmut Hubacher: «50 Jahre Volkssinfoniekonzerte», in: Basler Stadtbuch 1991, S. 175 f.
Wilfried Gruhn: «Geschichte der Musikerziehung. Eine Kultur- und Sozialgeschichte vom Gesangunterricht der ufklärungspädagogik zu ästhetisch-kultureller Bildung», Hofheim 1993
«Musikerziehung in der Schweiz. Festschrift 100 Jahre Schweizerischer Musikpädagogischer Verband», Bern 1993

zu Kapitel 13
«Schweizer Musiker-Lexikon», hrsg. im Auftrag des Schweizerischen Tonkünstlervereins, Red. Willi Schuh, Hans Ehinger, Pierre Meylan, Hans Peter Schanzlin, Zürich 1964
Anton Haefeli: «Die Internationale Gesellschaft für Neue Musik. Ihre Geschichte von 1922 bis zur Gegenwart», Zürich 1982

zu Kapitel 14
Paul Sacher: «Musik und Schule», in: «Orchester junger Basler 1922–27», Basel 1927
«Alte und neue Musik. Das Basler Kammerorchester (Kammerchor und Kammerorchester) 1926–1951», Zürich 1952

«Dank an Paul Sacher (zum 28. April 1976)», hrsg. von Mstislav Rostropovitch, Zürich/Freiburg i. Br. 1976
«Alte und neue Musik II. Das Basler Kammerorchester (Kammerchor und Kammerorchester) 1926–1976», Zürich 1977
«Paul Sacher als Gastdirigent. Dokumentation und Beiträge zum 80. Geburtstag», hrsg. von Veronika Gutmann, Zürich 1986
Paul Sacher: «Reden und Aufsätze», Zürich 1986
«Komponisten des 20. Jahrhunderts in der Paul Sacher Stiftung», Katalog, hrsg. von Hans Jörg Jans, Basel 1986
«Alte und neue Musik III. 60 Jahre Basler Kammerorchester. Kammerchor und Kammerorchester 1976–1987», Zürich 1988
«Fünfzig Jahre Collegium Musicum Zürich», hrsg. von Sibylle Ehrismann, Zürich 1994
Jürg Erni: «Paul Sacher. Musiker und Mäzen. Aufzeichnungen und Notizen zu Leben und Werk», Basel 1999

zu Kapitel 15
«Schweizer Musiker-Lexikon», hrsg. von Willi Schuh, Hans Ehinger, Pierre Meylan und Hans Peter Schanzlin, Zürich 1964
«Schweizer Komponisten in unserer Zeit. Biographien, Werkverzeichnisse mit Diskographie und Bibliographie», Winterthur 1993
Dino Larese, Jacques Wildberger: «Robert Suter», Amriswil 1967
«Klaus Huber». Dossier Musik Pro Helvetia/Zytglogge, Zürich/Bern 1989
«Rudolf Kelterborn», hrsg. von Andres Briner, Thomas Gartmann und Felix Meyer. Dossier Musik Pro Helvetia/Zytglogge, Zürich/Bern 1993
«Jürg Wyttenbach», hrsg. von Sigfried Schibli. Dossier Musik Pro Helvetia/Zytglogge, Zürich/Bern 1994
«Heinz Holliger», hrsg. von Annette Landau. Dossier Musik Pro Helvetia/Zytglogge, Zürich/Bern 1996
«Jacques Wildberger oder Die Lehre vom Andern. Analysen und Aufsätze von und über Jacques Wildberger», hrsg. von Anton Haefeli, Zürich 1996
«Christoph Delz (1950–1993)», hrsg. von Udo Rauchfleisch, Bad Schwalbach 1998
«Die Faszination des Monochords. Eine Dokumentation zum 100. Geburtstag von Walter Müller von Kulm», hrsg. von Verena Naegele, Zürich 1999
In der Reihe «Contemporary Swiss Composers» der Pro Helvetia sind bisher Dossiers erschienen über Gerald Bennett, Christoph Delz, Thomas Demenga, George Gruntz, Patricia Jünger, Mischa Käser, Thomas Kessler, Hans Ulrich Lehmann, Jost Meier, Christoph Neidhöfer, Daniel Ott, Bettina Skrzypczak, Mathias Steinauer, Robert Suter, Jacques Wildberger.

zu Kapitel 16
Karl Nef. «Katalog der Basler Instrumentensammlung» = Anhang zur Festschrift zum 2. Kongress der Internationalen Musikgesellschaft, 1906
Walter Nef: «Die Basler Musikinstrumentensammlung», in: «Alte und neue Musik Bd. 2. Das Basler Kammerorchester (Kammerchor und Kammerorchester) unter Leitung von Paul Sacher 1926–1976», Zürich 1977, S. 161–185
Veronika Gutmann: «Historische Blechblasinstrumente und Trommeln. Die Sammlung von Pfr. Dr. h.c. Wilhelm Bernoulli», in: «Basler Stadtbuch» 1982, 103. Jahr, Basel 1983, S. 79–82
Walter Nef: «Die Musikinstrumentensammlung Otto Lobeck», in: «Alte Musik. Praxis und Reflexion». Sonderband der Reihe «Basler Jahrbuch für Historische Musikpraxis» zum 50. Jubiläum der Schola Cantorum Basiliensis, Hrsg. von Peter Reidemeister und Veronika Gutmann, Winterthur 1983, S. 91–106
Veronika Gutmann: «Die neu eingerichtete Sammlung alter Musikinstrumente», in: «Basler Stadtbuch» 1986, 107. Jahrgang, Basel 1987, S. 175–178
Veronika Gutmann: «Das Virginal des Andreas Ryff (1572)». Basler Kostbarkeiten 12, Basel 1991
Jahresberichte des Historischen Museums Basel
«Antoinette Vischer. Dokumente zu einem Leben für das Cembalo», hrsg. von Markus Kutter und Ule Troxler, Basel 1967
«Musikhandschriften in Basel aus verschiedenen Sammlungen», Basel 1975
«Strawinsky. Sein Nachlass. Sein Bild», Ausstellungskatalog, Basel 1984
«Vom Trommeln und Pfeifen», hrsg. von Georg Duthaler, Brigitte Bachmann-Geiser, Urs Ramseyer und Christoph Kreienbühl, Basel 1986
Hans Oesch: «Aussereuropäische Musik» (Teil 2), = «Neues Handbuch der Musikwissenschaft», hrsg. von Carl Dahlhaus, Bd. 9, Laaber 1987
«The second international symposium Teaching musics of the world». Kongressbericht, hrsg. von Margot Lieth-Philipp und Andreas Gutzwiller, Affalterbach 1995
«Canto d'Amore», Ausstellungskatalog, Basel 1996
«Klassizistische Moderne. Eine Begleitpublikation zur Konzertreihe im Rahmen der Veranstaltungen ‹10 Jahre Paul Sacher Stiftung›», hrsg. von Felix Meyer, Basel 1996
«Die klassizistische Moderne in der Musik des 20. Jahrhunderts. Internationales Symposion der Paul Sacher Stiftung Basel 1996», hrsg. von Hermann Danuser, Basel 1997

Personenverzeichnis

Abt, Franz 109
Adam, Max 24, 43
Adams, John 58
Adenauer, Konrad 159
Adorno, Theodor W. 114
Afflerbach, Ferdi 96
d'Albert, Eugen 19, 44
Alioth, Dominique 128, 130, 132
Althaus, Arthur 70
Ambrosetti, Flavio 118 f.
Ambrosetti, Franco 119
Ammann, Benno 214
Anda, Géza 202
Andreae, Volkmar 159, 183
Andreasson, Gösta 156, 159
Anka, Paul 129
Ansermet, Ernest 46, 160
Appia, Adolphe 51, 63
Arlt, Wulf 138 ff.
Armstrong, Louis 113, 122
Arni, W. 181
von Arx, Cäsar 78
Atzmon, Moshe 27 f., 30
Auberson, Jean-Marie 34
Auberjonois, René 233

Baader-Nobs, Heidi 221
Bach, Carl Philipp Emanuel 200
Bach, Johann Sebastian 19, 70 f., 138, 140 ff., 156, 161, 165 f., 188, 194, 234
Backhaus, Wilhelm 26, 46
Bagge, Selmar 171 f.
Baklanoff, Georges 57
Balmer, Hans 23, 70
Balmer, Luc 213
Bamert, Matthias 34, 185
Bandini, Bruno 115 f.
Barbirolli, John 46
Barblan, Otto 190
Barenboim, Daniel 47
Barell, Colette und Emil 159
Bartók, Béla 19, 22, 24, 27, 64, 102, 138, 188, 191, 199 ff., 211, 213
Baumann, Max Peter 109
Baumbauer, Frank 57, 64
Baur, Albert 40

Baur, Hans 78
Baur, Fritz 81
Bavaud, Maurice 79
Bechet, Sidney 14
Beck, Andreas Theodor 27
Beck, Conrad 27, 78, 83 ff., 192, 200, 202, 204, 214, 225
Becker, Gottfried 54, 63
Beckett, Samuel 220
Bedot-Diodati, Maurice 230
Beethoven, Ludwig van 19 f., 25, 28, 34, 46, 71, 88, 148, 159 f., 162, 165 f., 184, 190, 218, 231
von Beinum, Eduard 46, 160
Bellini, Vincenzo 54
Benedetti Michelangeli, Arturo 47
Bennett, Gerald 221 f.
Beranek, Leo L. 43
Berg, Alban 27, 64, 165, 193, 205, 211, 220, 224
Berger, Fritz 95
Berghaus, Ruth 52
Berio, Luciano 193, 204, 222, 234
Berlioz, Hector 26, 71, 210
Bernoulli, Carl Albrecht 78
Bernoulli, Carl Christoph 156
Bernoulli, Wilhelm 231
Berri, Melchior 38, 40
Berry, Chuck 129
Bertschmann, Albert 23
Bertschy, René 122
Beyer-Hané, Hermann 23
Bickel, Otto Ewald 62
Binkley, Thomas 148
Birtwistle, Harrison 204
Bisang, Oskar 122
Bishop, Wallace 122
Bizet, Georges 56, 69, 211
Blacher, Boris 217
Blaser, Willy 96
Blindenbacher, Urs 122
Bloch, Ernest 164
Blum, Andreas 34
Blum, Robert 213
Boder, Michael 22, 64, 224
Bodmer, Helene 181
Böcklin, Arnold 171, 195, 211
Böhler, Fred 114
Boehm, Gottfried 234
Böhm, Karl 160
Boepple, Paul sen. 180

Boepple, Paul jun. 173, 180
Boerlin-Brodbeck, Yvonne 233
Bopp, Joseph 107, 176
Bopp-Panajotowa, Elena 23
Born, Aernschd 130
Borodin, Alexander 64
Bose, Hans Jürgen vob 58
Bosshardt, Willy 117
Boulanger, Nadia 214
Boulez, Pierre 27, 35, 176, 192 ff., 204 f., 219 f., 222, 234, 236
Bräm, Thüring 23, 222
Brahms, Johannes 20, 25 f., 34, 71, 156, 161, 166, 171, 205
Braunfels, Walter 211
Brechbühl, Fritz 120
Brecht, Bertolt 84, 200
Breh, Simon 118
Brejza, Josef 108
Brendel, Alfred 193 f.
Briellmann, René 95
Britten, Benjamin 182, 193, 202, 215
Brodtbeck, W. 40
Brown, Marshall 118
Bruckner, Anton 27, 46, 179, 211 f.
Brüderlin, Rolf 53
Bruhin, Rudolf 73
Brun, Annette 56
Brun, Fritz 26
Brunner, Armin 34
Brunner, Eddie 120
Bülow, Hans von 12, 19 f., 44, 171
Bürgi, Urssepp 105
Bumbry, Grace 57, 191
Burckhardt, Abel 109
Burckhardt-Seebass, Christine 102 f., 108 f.
Burckhardt, Ernst F. 52
Burckhardt, Jacob 78, 80, 112, 203
Burckhardt, Johann Jacob 38
Burckhardt, Lucius 38
Burckhardt, Lukas 96, 115 ff.
Burdon, Eric 130
Burger, Francis 118, 122
Buri, Samuel 86
Burkart, Erika 195
Burkhard, Paul 34, 56
Burkhard, Willy 27, 70, 191, 202, 217
Busch, Adolf 13, 26, 46, 154 ff., 175, 211 ff.,
Busch, Frieda 156, 158 ff., 166

Busch, Fritz 154, 161, 164
Busch-Vischer, Hedwig 159 ff.
Busch, Hermann 157, 159, 166
Busch, Irene 156, 158, 166
Busch, Nicholas Ragnar 160
Busch, Thomas 160
Buser, Body 118, 122
Buser, Cornelius 99
Buser, Ernst W. 115
Buser, Richard 182
Buser, Simon 73
Busoni, Ferruccio 44, 156, 173, 195, 213
Bussmann, Freddy 122

Caballé, Montserrat 57
Cage, John 193 f., 222, 234, 236
Calini, Richard 52
Cajöri, Christoph 71
Carter, Elliott 108, 204
Casals, Pablo 26, 44, 46
Casella, Alfredo 24
Castiglione, Tonino 130
Cavalli, Pierre 118
Cavelti, Elsa 56 f.
Cerletti, Marco 130
Charlet, André 71
Chávez, Carlos 193
Chesini, Pio 46
de Chirico, Giorgio 195
Chladek, Rosalia 174 f.
Christ, Robert B. (= Fridolin) 12
Ciaglia, John 98
Civatti, Werner 108
Coltrane, John 112
Cortot, Alfred 26, 44, 46
Courvoisier, Walter 212, 214
Cron, Joseph 173
Curtis, Alan 148

Dallapiccola, Luigi 193, 217
Damerini, Massimiliano 224
Danuser, Hermann 205, 234
Davis, Miles 119
Debussy, Claude 19, 26 f., 211, 236
Delibes, Léo 58, 179
Delz, Christoph 223
Demenga, Thomas 224
Dent, Edward 145

Dessau, Paul 52
Dibelius, Ulrich 192f.
Dischler, Carl 95
Döhl, Friedhelm 177, 205, 219
Doktor, Karl 156, 159
Doll, Susanne 75
Donizetti, Gaëtano 54
Dorati, Antal 28
Doret, Gustave 93
Dreyfus, Paul 24
Droogenbroeck, Joel van 130
Dufay, Guillaume 181
Düggelin, Werner 52, 56, 64, 130
Dünki, Jean-Jacques 23, 223
Dürig, A. 40
Dürrenmatt, Friedrich 217
Duncombe, Jimmy 129
Dumont, Cedric 114, 118, 120, 123
Duncan, Isadora 57
Durigo, Ilona 44, 199
Dutilleux, Henri 204
Dvořák, Antonin 19, 160
Dylan, Bob 129, 131

Eckinger, Isla 118
Eder, Leo 23, 25
Eglinger, Ruth 173
Ehinger, Hans 24
Eichenwald, Philipp 214f.
Eidenbenz, Peter 71
Einstein, Albert 158, 161, 165
Eisler, Hanns 107
Eldering, Bram 164
Elgar, Edward 19
Ellington, Duke 122
Eloy, Jean-Claude 176
Enescu, George 161ff.
Engel, Karl 47
Engel, Ivan 199
Eppens, Otto 80
Erdmann, Eduard 19
Escher, Peter 215
Evans, Gil 119
Ewald, Kaspar 224

Fahrländer, Max 159
Falla, Manuel de 24, 58
Fasolis, Silvano 107

Fauré, Gabriel 19
Feliciani, Rodolfo 23
Fenster, Urs 129
Ferneyhough, Brian 204, 224
Fischer, Balz 117
Fischer, Edwin 44, 46, 160, 172
Flämig, Martin 68
Flato, Irina 180
Fleig, Bernhard 73
Flesch, Carl 44, 46, 160
Flügel, Gertrud 143
Fortner, Wolfgang 192, 217, 219, 222
Forzano, Giovacchino 55
Franck, César 19
Freyer, Achim 64
Fuog, Hans Rudolf 46
Furrer, Willi 40
Furtwängler, Wilhelm 46, 158, 160

Gais, Don 122
Gantner, Theo 82
Gardiner, John Eliot 47
Gasset, Ortega y 114
Gassmann, Alfred Leonz 108
Gawrilow, Andrej 33
Geelhaar, Christian 233f.
Geering, Arnold 109
Geiser, Walther 23f., 27, 70, 72, 78, 204, 213
Geist, Justin 163
Geringas, David 33
Gersbach, Fritz 78
Gessler, Paul und Bethli 159
Geyer, Stefi 191, 199, 202
Gielen, Michael 35, 192
Giesen, Hubert 161ff.
Gieseking, Walter 46
Ginsberg, Allen 119
Glass, Phil 58
Glaus, Alfred 71
Globokar, Vinko 194
Gluck, Christoph Willibald 59
Goethe, Johann Wolfgang von 59
Goldschmidt, Harry 184
Goodman, Benny 122
Goetz, Hermann 56
Gohl, Willi 181
Gordon, Dexter 118
Gottesmann, Hugo 157

Graener, Paul 212
Greyerz, Otto von 102, 108f.
Grieder, Ernst 94f.
Grieder, Fritz 94f.
Grieder, Stephan 130
Grimm, Jim 217
Grosse, August 50
Grümmer, Paul 142, 156
Grüters, Hugo 156
Grunder, Karl 102
Gruntz, George 58, 79, 85 ff., 96, 98, 114 ff., 236
Gubaidulina, Sofia 204
Guersan, Louis 145
Güldenstein, Gustav 143, 168, 173, 180
Güldenstein, Nora 180
Gulda, Friedrich 46
Gullin, Lasse 118
Gutknecht, Esther 181
Gutmann, Veronika 231 ff.
Gutmann, Rolf 52, 54
Gutzwiller, Andreas 236
Gutzwiller, Sebastian 68
Guyas, Béla 31
Guyonnet, Jacques 193

Haas, Friedrich 73
Häberlin, Paul 158
Haefeli, Alex 96f.
Händel, Georg Friedrich 19, 148, 188, 194
Haley, Bill 128f.
Halffter, Christobál 193, 204
Hallyday, Johnny 129
Halm, August 138
Hamm, Adolf 71f., 75, 184, 200f.
Hampton, Lionel 122, 206
Handschin, Jacques 143, 205
Hanslick, Eduard 44, 171, 210
Harnoncourt, Nikolaus 47, 148
Hartmann, Karl Amadeus 27, 192
Hasenclever, Walter 194, 224
Haskil, Clara 26
Haubenstock-Ramati, Roman 234
Haug, Hans 34, 56, 70, 78, 200, 214
Hauri, Andreas P. 61, 205
Hausegger, Friedrich von 19
Hauser, Fritz 99, 130
Hauser, Fritz 184
Haydn, Joseph 68, 71, 148, 184, 188, 194, 200, 220, 234

Healy, Skip 98
Hebel, Johann Peter 109
Heeb, Christian 122
Hegar, Emil 69
Hegar, Friedrich 69, 190
Heid, Thomas 98
Helman, Ferdinand 143
Heiniger, Wolfgang 219
Hendrix, Jimi 130
Hengi, Erich 61
Henneberger, Jürg 24
Henning, Otto 62
Henze, Hans Werner 31, 58, 64, 192, 195, 202, 204
Herzog-Miville, Familie 68
Heusler-Sarasin, Andreas 71
Heymans, Philis 116
Heyne, Kurd E. 56
Heyne, Moriz 228
Hiebner, Armand 70, 72
Hildenbrand, Gerhard 178
Hildegard von Bingen 139
Hindemith, Paul 138, 156, 175, 192, 200, 202, 234
Hirsch, Robert von 159
Hirt, Fritz 23 f., 26
Hitler, Adolf 79, 158 f.
Hochhuth, Rolf 79
Hölderlin, Friedrich 220 f.
Hoesch, Hans E. 142
Hoever, Herbert 23
Hofer, Polo 132
Hoffmann-Krayer, Eduard 108
Hoffmann, Emanuel 198, 202
Holliger, Erich 56, 72, 184
Holliger, Heinz 64, 105, 176, 193 f., 202, 204, 206, 220 ff.
Hollmann, Hans 52, 63 f., 86
Honegger, Arthur 19, 24, 27, 56, 63, 69, 84, 138, 173, 188, 191, 202, 205, 214 f.
Horowitz, Vladimir 26, 46
Hubacher, Helmut 184
Huber, Bob 114
Huber, Hans 19 f., 78, 80 ff., 171 ff., 180, 190, 210 ff.
Huber, Klaus 64, 191, 193, 204 f., 217, 221 ff.
Humair, Daniel 119

d'Indy, Vincent 211
Impekoven, Niddy 57
Iselin, Isaak 86
d'Istria, Casanelli 122

Ives, Charles 58, 218

Jagger, Mick 134
Jaggi, Rudolf 179
Janáček, Leoš 182
Jans, Hans Jörg 233 f.
Jaques-Dalcroze, Emile 63, 173, 175, 179 ff., 190
Jarry, Alfred 193
Jecklin, Jürg 44
Jenny, Ernst 12, 68
Jensen, Walter 63
Joachim, Joseph 44, 156
Jöde, Fritz 181
Jones, Julia 30, 64
Jones, Philip 33
Jones, Sterling 148
Jordan, Armin 64, 193
Juen, Rob 122
Jünger, Patricia 223 f.

Kachler, Karl Gotthilf 51, 59
Kaegi, Werner 203, 234
Käser, Mischa 224
Kagel, Mauricio 61, 64, 204, 224
Kaiser, Albert E. 31, 68, 107, 184
Kaiser, Joachim 166
Kaiser, Marshall 121
Kaminski, Heinrich 19
Karajan, Herbert von 46
Karter, Egon 52, 79
Kasics, Tibor 56
Katzman, Bo 130, 132, 135
Kayser, Hans 213
Kayser, Thomas 236
Kehlstedt, W. 40
Keiser, Cés 86
Keller, Christoph 206
Keller, Gottfried 78
Kelterborn, Rudolf 28, 70, 177 f., 191, 193, 195, 202, 204 f., 217 f.
Kessler, Thomas 219
Kestenberg, Leo 181
Kirk, Roland 118
Kissling, Pius E. 106 f.
Klein, Oskar 118
Klemperer, Otto 46
von Klenze, Leo 38
Klick, Peter 53

Klingler, Kathrin 207
Klose, Friedrich 212
Kmetz, John 19
Knall, Klaus 68
Knuchel, Eduard Fritz 78, 83
Knüsel, Alfred 221
Kodály, Zoltán 24
Koechlin-Burckhardt, Ernst Adolf 61
Koechlin, Olga 70
Koelner, Richard 148
Kölner, Paul 78
Kolisch, Rudolf 24
Krähenbühl, Etienne 71 f.
Krannhals, Alexander 63, 184
Kraus, Else C. 46
Krause, Joachim 72
Krauss, Werner 55
Kreisler, Fritz 44
Kremer, Gidon 47
Křenek, Ernst 19, 175, 199, 202
Kretzschmar, Hermann 210
Küchler, Ferdinand 184
Kühner, Heiner 75, 194
Kurtág, György 204, 222
Kurmann, Stephan 122
Kutter, Markus 79, 85 ff.
Kutterer, Siegfried 98
Kym, Ivan 96

Lachenmann, Helmut 218
Landowska, Wanda 46, 140, 173
Lang, Max 215
Lang, Walter 212
Langlotz, Lukas 224
Lasek, Josef 23
Lasso, Orlando di 149
Lauber, Joseph 190
Lechner, Anna 181 f.
Lee, Brenda 128
Lehár, Franz 56
Lehmann, Hans Ulrich 24, 176, 193, 219
Leoncavallo, Ruggero 54
Lert, Ernst 62
Lesueur, Max 23
Levitt, Richard 148
Levy, Ernst 212, 214
Lewis, Jerry Lee 129
Lewis, Willie 121 f.

Ley, Bernhard 123, 178
Lichtenhahn, Ernst 236
Liebermann, Rolf 63f., 119, 191
Ligeti, György 58, 193f., 204, 222
Lind, Eva 57, 65
Linde, Hans Martin 148f.
Linder, Klaus 176f.
Linnartz, Hans 178
Lipatti, Dinu 46, 202
Liszt, Franz 19, 82f., 172, 210, 221
Lobeck, Otto 144f., 230
Loew, Heinrich 95
Löw, Rudolf 80
Löwlein, Hans 184
Logothetis, Anesthis 234
Lohr, Ina 143, 151, 181, 201
Lombriser, Roman 96
Lombardi, Luca 64
Looser, Rolf 220
Lortzing, Albert 54
Luana 124, 133, 135
Ludwig, Leopold 27
Ludwig, Peter 199
Lüll, Gérard 119, 122
Lüscher, Jean Jacques 158 ff.
Lutoslawski, Witold 193, 202
Lutz, Rudolf 68

Maag, Otto 12, 25 ff., 160, 184, 190
Maag, Peter 160
Maderna, Bruno 204, 234
Mäder, Urban 224
Magaloff, Nikita 46
Mahler, Alma 189
Mahler, Gustav 19, 26 ff., 58, 189f., 205, 211, 220
Majer, Marianne 143
Malipiero, Gian Francesco 19
Mangold, Burkhard 19, 69
Mann, Thomas 213
Mansutti, Onorio 122
Mariétan, Pierre 176
Markees, Ernst Th. 81
Markun, Martin 220
Marley, Bob 130
Marthaler, Adrian 34
Martin, Bobby 121
Martin, Bruno 108
Martin, Frank 27, 192, 202, 204, 220

Martinoty, Jean-Louis 64
Martinů, Bohuslav 202, 214
Mascagni, Pietro 54
Mathis, Edith 33
von Matt, Peter 81
Mazzola, Rudolf 57
Meerwein, Dora 172
Meier, Herbert 83, 88
Meier, John 108
Meier, Jost 220
Melitz, Leo 62
Mendelssohn Bartholdy, Felix 20, 26, 184, 211
Menotti, Gian Carlo 63
Menuhin, Diana 26, 164
Menuhin, Hephzibah 164
Menuhin, Marutha 164
Menuhin, Moshe 161
Menuhin, Yaltah 164
Menuhin, Yehudi 26, 46, 154, 161 ff.
Merrill, Helen 118
Merian Matthäus 86
Merian, Amadeus 38
Merian, Wilhelm 11f., 13, 19, 26, 171, 212
Messager, André 45
Messiaen, Olivier 46, 193, 236
Meyer, Felix 207, 234
Meyer, Traugott 78
Meyer, Werner 83
Meyerbeer, Giacomo 54, 65
Mihalovici, Marcel 214
Milhaud, Darius 138, 214
Milstein, Nathan 26, 46
Miville, Carl 61
Moeckel, Hans 107
Moeschinger, Albert 27f., 70, 192, 202, 212f.
Moeschlin, Felix 158
Mohr, Ernst 24
Moissi, Alexander 156
Moldenhauer, Hans 203, 234
Monteux, Pierre 160
Monteverdi, Claudio 142, 148, 181
Morel, Fritz 74f.
Moret, Norbert 202
Moritz, Carl 50
Mosch, Ulrich 234
Moser, Fritz 184
Moser, Roland 222
Moser, Rudolf 138, 143, 200, 212

Moskow, Heinrich 63
Moyse, Marcel 159
Mozart, Wolfgang Amadeus 19, 28, 50, 54, 69, 148, 164, 184, 190, 200, 231
Mrawinskij, Evgenij 47
Müller-Widmann, Annie 199
Müller, Dominik 106
Müller, Eduard 75
Müller, Ernst 70, 175
Müller, Hannelore 143
Müller, Hans-Joachim 195
Müller, Thomas 224
Müller von Kulm, Walter 72, 78, 149, 175f., 213f.
Müller-Siemens, Detlev 194, 224
Münch, Charles 27
Münch, Hans 26f., 54, 71, 75, 83, 160, 162, 175, 184, 213
Muschter, Christiane 13, 68
Mussolini, Benito 55
Mussorgsky, Modest 56
Mutter, Anne-Sophie 47, 200, 202
Mygel, Balthasar 73

Näf, Fritz 68
Nagel, Frank 178
Nancarrow, Conlon 204
Napoleon I. Bonaparte 88
Nault, Fernand 58
Nef, Karl 19, 108, 138, 142f., 145, 156, 172, 201, 230
Nef, Walter 140, 143, 145, 151, 176, 201, 230f.
Neidhöfer, Christoph 224
Nel, Christof 64
Nestasio, Enzo 122
Neudegg, Egon 62f.
Neugebauer, Hans 63
Neumeier, Mani 130
Neumeyer, Fritz 148
Ney, Elly 46
Nietzsche, Friedrich 215
Nikisch, Arthur 45
Nitzer, Werner 64
Nono, Luigi 58, 193, 217, 236
Norrington, Roger 47
Novsak, Primoz 23

Ochs, Peter 85ff.
Oeri, Albert 78
Oertli, Hans 159, 205, 236
Oesch, Erwin 97

Oesch, Hans 175f., 191, 236
Orff, Carl 84, 180f.
Orlikowsky, Wazlaw 57f., 64
Osterwald, Hazy 117, 120, 122
Ott, Daniel 224
Otter, Anne Sofie von 57
Otto, Fritz 95

Pachlatko, Felix 75
Pärt, Arvo 58
Pagliarini, Mario 224
Panassié, Hugues 113, 120
Patzak, Julius 46
Pauli, Hansjörg 213
Pawlowa, Anna 58
Pellegrini, Alfred Heinrich 40, 158
Pembaur, Joseph 214
Penderecki, Krzysztof 28, 193
Pergolesi, Giovanni Battista 70
Persson, Ake 118
Peter, Rico 102
Petri, Egon 44, 173, 214
Pfiffner, Ernst 216
Pfitzner, Hans 44
Philippi, Hans 113, 119ff.
Piatigorsky, Gregor 26
Piatti, Celestino 21
Picasso, Pablo 204, 233
Pickett, Wilson 129
Piguet, Michel 146
Pinsker, Karl 162
Plattner, Gian-Reto 43
Polaczek, Dietmar 206
Pollini, Maurizio 47
Portmann, Adolf 182
Pousseur, Henri 176, 217, 223
Praetorius, Michael 233
Presley, Elvis 129
Preiswerk-Braun, Familie 20
Prokofjew, Sergej 195
Puccini, Giacomo 54, 64
Purcell, Henry 54, 200

Raaflaub, Beat 69
Rachmaninow, Segej 211
Raff, Joachim 210
Rameau, Jean-Philippe 54, 56, 148
Ramm, Andrea von 148

Ramseyer, Urs 98, 236 f.
Rasser, Alfred 105
Ravel, Maurice 19, 27, 211
Refardt, Edgar 21
Regamey, Constantin 191
Reger, Max 28, 44, 71, 156, 166, 190, 211 f.
Rehberg, Willy 173
Reich, Steve 58
Reidemeister, Peter 149, 151, 178
Reinecke, Carl 69, 78, 210 f.
Reinhart, Werner 205, 212
Reininghaus, Frieder 220
Reiser, Niki 130
Reiss, Kurt 160
Reiter, Ernst 11, 22
Renggli, Felix 23
Reutter, Hermann 162
Richter, Karl 237
Riemeyer, Albert 230
Rifkin, Joshua 136, 148
Riggenbach-Stehlin, Friedrich 68, 71
Rihm, Wolfgang 202, 204
Ritter, Max 122
Ritz, Hans und Gertrud 159
Robert, Richard 165
La Roche, Emanuel 50, 80, 172
Rokeah, David 220
Rosbaud, Hans 46
Rosé, Arnold 46
Rosen, Heinz 58
Rosenthal, Albi 203, 233
Rossel, Maurice 95, 116
Rossini, Gioacchino 54
Rostropowitsch, Mstislav 202
Rota, Nino 107
Roth, Karl 93 ff.
Rothmüller, Marco 58
Roussel, Albert 214
Rubinstein, Arthur 44, 46 f.
Rudolf von Rohr, Benedikt 68
Rüegg, August 78
Ryff, Andreas 228, 231

Sacher, Maja 40, 152, 198 ff.
Sacher, Paul 24, 31, 43, 54, 69, 75, 138 ff., 172 ff., 191 ff., 197 ff., 213 f., 230, 233 f.
Sachs, Curt 145
Sachs, René 33

Sackmann, Dominik 223
Saint-Saëns, Camille 19, 54, 211
Sakurai, Yoshimasa 43
Saladin, Walti 95
Sandoz, Paul 57
Sanjust, Filippo 148
Santi, Nello 28, 33
Sarasin, Philipp 83
Satie, Erik 138
Sauer, Emil von 26, 46
Sax, Adolphe 231
Sawallisch, Wolfgang 27
Scarlatti, Domenico 194
Scelsi, Giacinto 218
Schaaremann, D. 236
Schader, Basil 82
Schäfer, Eduard 73
Schäublin, Johann Jacob 170 f.
Schaller, Paul 68
Schanzlin, Hans Peter 68
Scheck, Gustav 142
Scheerer, Franz 166
Scheim, Fredy 105
Schell, Karl 94 f.
Scherchen, Hermann 34, 70
Scherer, Victor Emil 62
Scherrer, Andy 118
Schiess, Ernst 74
Schillings, Max von 19, 211
Schindhelm, Michael 59
Schlaefli, Johannes 31
Schlager, Ernst 236
Schlömer, Joachim 55, 59
Schlusnus, Heinrich 46
Schmassmann, René 115 f.
Schmid, Daniel 107
Schmid, Duri 95
Schmid, Erich 34, 195
Schmidli, Peter 117
Schmidlin, Peter 118
Schmidt, Katharina 234
Schmitt, Charles 92
Schnabel, Artur 172
Schneeberger, Hansheinz 191, 199
Schneider, Hans 95, 97
Schneider, Hansjörg 220
Schneider, Max F. 23, 25
Schnitger, Arp 74

Schoeck, Othmar 54
Schönberg, Arnold 24, 28, 46, 64, 166, 182, 193, 205, 211, 217, 220
Scholer, Claudius 132
Scholz, Martin 233
Schostakowitsch, Dimitri 58, 217
Schrade, Leo 205
Schrameck, Charlotte 172
Schramm, Friedrich 63
Schreker, Franz 157, 165, 211
Schubert, Franz 20, 26 ff., 69, 71, 82, 166, 186, 188, 190, 194, 211
Schütz, Heinrich 142
Schulthess, Walter 202, 207
Schumacher, Hans Lorenz 181 f.
Schumacher, Heinrich 230
Schumann, Clara 20, 44
Schumann, Robert 20, 171, 211, 220
Schwabe-Burckhardt, Rudolf 61
Schwalm, Peter 120
Schwarz, Felix 52, 54
Schweitzer, Albert 27, 71, 73, 75
Schwientek, Norbert 86
Schwitters, Kurt 220
Seebass, Tilmann 19, 233, 236
Senn-Dürk, Willy 24
Serkin, Peter 166
Serkin, Rudolf 13, 46, 156 ff., 175, 213
Severin, Samuel Fürchtegott 92
Seyffarth, Hermann 230
Seyss-Inquart, Arthur 159
Sieber, Adrian 133
Siegin, Fritz 106
Silbermann, Familie 73 f.
Simon, Michael 64, 224
Skrzypczak, Bettina 224
Sledge, Percy 129
Speiser-Sarasin, Paul 20
Spitta, Philipp 71
Spoerli, Heinz 53, 58
Spörri, Bruno 118
Sprague-Coolidge, Elizabeth 199
Staehelin, Thomas 22
Statkus, Horst 56, 61
Stauffer, Teddy 115
Steffen, Albert 158
Stehlin-Burckhardt, Johann Jakob 38, 40, 50, 54
Stehlin-Hagenbach, Johann Jakob 38

Stehlin-von Bavier, Fritz 40, 50 ff., 61, 80, 172, 198
Steib, Katharina und Wilfried 203
Stein, Horst 28, 30, 71
Steinauer, Mathias 149, 224
Steinbach, Fritz 160
Sterk, Walter 69 f., 184
Stern, Isaac 28, 47
Stern, Martin 78 f.
Stiedry, Fritz 46
Stieger, Armin 61
Stockhausen, Julius 20
Stockhausen, Karlheinz 176, 192, 194, 219, 223, 233, 236
Straube, Karl 71
Straumann, Bruno sen. 160, 181 f.
Straumann, Bruno jun. 157, 160
Strauss, Ernest 23
Strauss, Johann 50
Strauss, Richard 19 f., 28, 34, 45, 54, 56 f., 64, 156, 160, 171, 184, 190, 211, 216
Strawinsky, Igor 19 f., 24, 26 f., 46, 58, 63 f., 138, 175, 188, 192, 195, 202 ff., 211, 213 f., 218, 233 f.
Strittmatter, Mac 116 ff.
Strobel, Heinrich 141
Studer, Carmen 173
Stutz, Christoph 43
Suk, Josef 165
Suter, Hermann 18 ff., 25, 70 ff., 78, 107, 156, 173, 184, 190, 211 f.
Suter, Robert 24, 28, 70, 98, 117, 120, 191, 193, 204, 215, 221, 225
Sutermeister, Heinrich 27, 56, 70
Svendsen, Johan 210
Szell, George 46
Szigeti, Joseph 44

Tanner, Jakob 84
Telemann, Georg Philipp 56
Tenney, James 194
Thibaut, Jacques 44
Thomas, Ambroise 54
Tinguely, Jean 54, 202
Toscanini, Arturo 156, 158 ff.
Trakl, Georg 220
Travis, Francis 24
Trefzer, Karl 44
Truan, Olivier 130
Trümpy, Balz 31, 222 f.
Tschaikowsky, Peter 19 f., 58

Tugi, Hans 73
Turner, Joe 122

Uhlmann, Michael 68f.
Ulbrich, Hermann 69
Ulbrich, Markus 69
Ustwolskaja, Galina 204

Vàmos, Youri 58
Varviso, Silvio 58
Végh, Sandor 23
Venzago, Mario 2, 16, 26, 30, 184, 224
Verdi, Giuseppe 54, 56, 64
Veress, Sándor 191, 219f., 222
Vischer, Antoinette 223, 234
Vischer-Staehelin, Benedict 156, 158f.
Vischer, Wilhelm 78
Vogel, Wladimir 70, 213, 215f.
Vogt, Emil 33, 205
Volkland, Alfred 18, 184, 210
Vortisch, Helen 70

Wackernagel, Hans Georg 145
Wackernagel, Rudolf 68, 78, 80 ff.
Wälterlin, Oskar 52, 54, 62f., 78, 83
Wagner, Philipp 108
Wagner, Richard 45, 51f., 54, 62f., 64, 82, 184, 205, 210
Walliser, Christoph 95
Walser, Robert 220
Walter, August 201
Walter, Bruno 162
Wartburg, Walter P. von 61
Webber, Andrew Lloyd 65
Weber, Carl Maria von 83
Weber, Johann Rudolf 179
Weber, Karl 78
Webern, Anton 24, 58, 177, 193, 203, 205, 211, 222, 234
Wedekind, Hermann 58, 63
Weigle, Carl G. 73
Weill, Kurt 107
Weingartner, Felix von 13, 25 ff., 45, 54, 59, 62f., 70, 107, 173 ff., 184, 190, 211, 231
Weissberg, Daniel 98, 194, 224
Weller, Walter 28, 30
Wenzinger, August 23f., 138, 141f., 151, 156, 200f.
Wenzinger, Maja 143
Wernicke, Herbert 61, 64f.
Werthemann, Manfred 112 ff.

Wettstein, Johann Rudolf 86
Wetz, Richard 158
Whyte, George R. 220
Wick, Otti 96
Widmer, Kurt 57
Wiesner, Albert 63
Wildberger, Jacques 28, 191, 193, 205, 214, 216f., 221, 225
Wilson, Robert 119
Window, Barry 129
Wintzer, Joseph 94 ff.
Wohlhauser, René 224
Wohnlich, David 108, 224
Wolf, Hugo 19
Woods, Philip 118
Wüstenhöfer, Arno 52
Wüthrich-Mathez, Hans 195, 219, 222
Wunderlich, Fritz 191
Wyss, Paul de 122
Wyss, Peter 120
Wyttenbach, Jürg 24, 193, 202, 218f., 222

Zappa, Frank 129
Zehntner, Louis 182
Zeugin, Peter 47
Ziegler, Hans 21 f.
Zimerman, Krystian 33, 47
Zimmermann, Bernd Alois 64, 217
Zimmermann, Jakob 73 f.
Zinsstag-Preiswerk, Adolf 63
Zörner, Wolfgang 64
Zogg, Adolf 63
Zuberbühler, Albert 106
Zuckerman, Ken 237
Zurkinden, Irène 122